Einkommensteuerreform oder Einkommensteuerersatz?

Schriften zur Wirtschaftstheorie und Wirtschaftspolitik

Herausgegeben von
Rolf Hasse, Jörn Kruse, Wolf Schäfer, Thomas Straubhaar
und Klaus W. Zimmermann

Band 30

PETER LANG
Frankfurt am Main · Berlin · Bern · Bruxelles · New York · Oxford · Wien

Philip Jensch

Einkommensteuerreform oder Einkommensteuerersatz?

Alternative Ansätze einer Reform der direkten Besteuerung unter besonderer Berücksichtigung steuerpraktischer Gesichtspunkte

PETER LANG
Europäischer Verlag der Wissenschaften

Bibliografische Information Der Deutschen Bibliothek
Die Deutsche Bibliothek verzeichnet diese Publikation in der Deutschen Nationalbibliografie; detaillierte bibliografische Daten sind im Internet über <http://dnb.ddb.de> abrufbar.

Zugl.: Hamburg, Univ. der Bundeswehr, Diss., 2002 u.d.T.: Jensch, Philip: Einkommensteuerreform oder Einkommensteuerersatz? Eine Darstellung und Analyse alternativer Ansätze einer Reform der direkten Besteuerung mit besonderem Blick auf steuerpraktische Gesichtspunkte und unter speziellem Bezug auf die deutsche Steuerpraxis.

Gedruckt mit Unterstützung der
Universität der Bundeswehr Hamburg.

D 705
ISSN 1433-1519
ISBN 3-631-50643-0

www.peterlang.de

Vorwort

Die vorliegende Arbeit entstand als Dissertation während meiner Tätigkeit am Institut für Finanzwissenschaft der Universität der Bundeswehr in Hamburg (Helmut-Schmidt-Universität). Eingereicht wurde die Arbeit im Frühjahr 2002. Die spätere steuerliche Gesetzgebung und steuerpolitische Diskussion konnte daher nur noch am Rande berücksichtigt werden.

Meinem Doktorvater, Herrn Prof. Dr. Hackmann, danke ich ganz herzlich für die Betreuung dieser Arbeit. Er hat zunächst mein Interesse am Themenkomplex *Finanzwissenschaftliche Steuerlehre* geweckt. Bei auftretenden Fragen konnte ich stets mit seiner Hilfe rechnen. Gern denke ich auch an die vielen fruchtbaren Diskussionen mit ihm über steuerliche und andere volkswirtschaftliche Themen zurück, die mir wichtige Hinweise gaben und halfen Klarheit zu gewinnen. Auch dem Zweitgutachter, Herrn Prof. Dr. Zimmermann, danke ich für wertvolle Anregungen.

Zum Gelingen dieser Arbeit hat auch die gute menschliche Atmosphäre am Institut für Finanzwissenschaft beigetragen. Hierfür danke ich neben Herrn Prof. Hackmann auch Frau Naziri im Sekretariat sowie meinen Kollegen Eckart Bauer und Peter Haug. Ein großer Dank gilt auch Stephanie Anstätt, Michael Bahrs, Ahmed Demir, Sabine Deszka sowie Marco Haub, die als Studentische Hilfskräfte am Institut tätig waren.

Dem Fachbereich Wirtschafts- und Organisationswissenschaften der Universität der Bundeswehr Hamburg (Helmut-Schmidt-Universität) danke ich für die Gewährung eines Druckkostenzuschusses.

Abschließend möchte ich noch meinen Eltern und meinem Bruder für vielfältigste Unterstützung danken.

Philip Jensch

Inhalt

Tabellenverzeichnis

Abkürzungsverzeichnis

5. VermBG:	Fünftes Vermögensbildungsgesetz
AHGB:	Allgemeines Deutsches Handelsgesetzbuch
AktG:	Aktiengesetz
AO:	Abgabenordnung
ASt:	Ausgabensteuer
AStG:	Außensteuergesetz
BFH:	Bundesfinanzhof
BGBl:	Bundesgesetzblatt
BiRiLiG:	Bilanzrichtlinien-Gesetz
BMF:	Bundesminister der Finanzen
BStBl:	Bundessteuerblatt
BVerfG:	Bundesverfassungsgericht
ESt Ab:	Einkommensteuer mit abgeltender Besteuerung von Kapitalerträgen
ESt alt:	Einkommensteuer vor Unternehmenssteuerreform 2001 (Anrechnungsverfahren)
ESt neu:	Einkommensteuer nach Unternehmenssteuerreform 2001 (Halbeinkünfteverfahren)
ESt SZE:	Einkommensteuer neu mit Sollzinsergänzung
EStG:	Einkommensteuergesetz
EStR:	Einkommensteuer-Richtlinien
FG:	Finanzgericht
FN:	Fußnote
HGB:	Handelsgesetzbuch
KAGG:	Kapitalanlagengesellschaftengesetz
KStG:	Körperschaftsteuergesetz
OFD:	Oberfinanzdirektion
ROHG:	Reichs-Oberhandelsgerichts
SFAS:	Statements of Financial Accounting Standards
SfF:	Senator für Finanzen
SZE:	Sollzinsergänzung
UESt:	Umfassende Einkommensteuer
UESt SZE:	Umfassende Einkommensteuer mit Sollzinsergänzung
UmwStG:	Umwandlungssteuergesetz
WoGG:	Wohngeldgesetz
ZbSt:	Zinsbereinigte Einkommensteuer

A. Einführung

Die Steuern vom Einkommen zählen in Deutschland wie auch in den meisten industrialisierten Staaten zu den aufkommensmäßig gewichtigsten Steuern: Im Jahr 2001 hatten sie mit einem Aufkommen von 181,9 Mrd. EUR einen Anteil von 40,8 Prozent an den gesamten Steuereinnahmen (= 446,2 Mrd. EUR).[1] Die überragende Bedeutung der Einkommensteuer impliziert natürlich auch, dass den mit ihr verbundenen Probleme eine besondere Beachtung zukommt. Ökonomen und speziell Finanzwissenschaftler haben in den letzten Jahren ihre Aufmerksamkeit vor allem auf im Sinne der Optimalsteuertheorie verstandene Effizienzfragen gerichtet[2] und weisen daher primär auf die intertemporale A-neutralität der Einkommensteuer hin, die zu Zusatzlasten der Besteuerung (*Excess burden* aufgrund mikroökonomischer Substitutionseffekte) führe. Steuerpflichtige und Steuerverwaltung hingegen schenken diesem Sachverhalt überwiegend nur eine geringe Aufmerksamkeit und beklagen vielmehr die große Komplexität des Steuersystems und den Aufwand der Steuererbringung, welche eine zusätzliche Belastung der Steuerpflichtigen neben der eigentlichen Steuerzahlung darstellten. Auch diese Transaktionskosten können im Grunde als eine Dimension von Zusatzlasten[3] interpretiert werden.[4] Obwohl in einer umfassend verstan-

---

[1] Vgl. BUNDESMINISTERIUM DER FINANZEN (2003, S. 34f.).

[2] In Deutschland bringen die entsprechenden Personen ihre Neuorientierung durch den Ausdruck *Neue Finanzwissenschaft* zum Ausdruck (vgl. RICHTER / WIEGARD 1993). FEHR und WIEGARD (1998a, S. 199) schreiben, dass „... die Steuerreformdiskussion ... in der neueren finanzwissenschaftlichen Literatur recht eindeutig von Effizienzüberlegungen dominiert ist. ... Dies ist jedenfalls der Eindruck, wenn man die letzten Jahrgänge des *Journal of Public Economics*, des *Finanzarchivs* oder des seit 1994 erscheinenden *International Tax and Public Finance* durchblättert. Aber auch die praktische Steuerpolitik scheint in erster Linie effizienzorientiert zu sein. ... Die Dominanz von Effizienzüberlegungen in der neueren finanzwissenschaftlichen Steuerlehre erklärt sich zum großen Teil durch das Aufkommen und das Vordringen der Optimalsteuertheorie mit Beginn der 70er Jahre."

[3] Vgl. in diesem Sinne jüngst auch TIPKE (2002, S. 149) „Die bestehenden Steuergesetze erzeugen enorme Reibungsverluste beim Vollzug. Sie schaffen ein gigantisches Beschäftigungspotential für Steuerbeamte, Steuerberater und Steuerrichter, ohne daß dadurch das Volksvermögen erhöht würde."

[4] SANDFORD / GODWIN / HARDWICK (1989, S. 15) unterscheiden mit Zahllast (*Sacrifice of Income*), Excess Burden (*Distortion*) und Steuererhebungskosten (*Compliance Costs*) drei Arten von *Private Sector Costs from Taxation*. Eine ähnliche Unterteilung nimmt auch RECKTENWALD (1984) vor, der die mit der Steuererhebung verbundenen (priva-

denen Analyse der Effizienz von Steuern im Grunde beiden Kategorien von *Excess burden* Raum eingeräumt werden müsste, finden steuerpraktische Aspekte bei Ökonomen gegenwärtig noch ein vergleichsweise geringes Interesse.[5] Anders in früheren Zeiten, in denen steuerpraktische Forderungen grundlegender Bestandteil aller Systeme von Besteuerungsregeln waren. ADAM SMITH sprach etwa mit Bezug auf die Gehälter der Steuerbeamten, die im Endeffekt von den Steuerzahler aufzubringen seien, von einer *„additional tax"* und forderte, dass diese möglichst gering sein sollte.[6] In jüngerer Zeit befassten sich vor allem KAPLOW, SANDFORD und SLEMROD in theoretischen und empirischen Arbeiten mit Fragen von Steuerkomplexität und –vereinfachung. Neben empirischen Erhebungen und ökonometrischen Untersuchungen der Kosten der Steuererhebungen (s.u.) erörterten diese auch Ansätze für eine Theorie der Steuerkomplexität und widmeten sich dem Vergleich von Steuerreformvorschlägen.[7]

Die deutsche Einkommensteuer wird seit längerer Zeit nahezu einhellig als zu kompliziert angesehen, bisweilen wird sogar von *Steuerchaos*[8] gesprochen. Kritik kommt dabei von nahezu allen mit der Besteuerung befassten Gruppen wie Steuerpflichtigen und Steuerverwaltung, Politikern

---

ten) Kosten in Zahllast, Ausweichlast, Zusatzlast, Folgekosten und Erhebungskosten aufgliedert. SLEMROD (1996, S. 358, FN 4) bezeichnet Steuererhebungskosten als "a natural complement to excess burden [in a narrow sense] as an indicator of the efficiency cost of taxation" (SLEMROD 1996, S. 358, FN 4).

[5] „It has been only recently that tax avoidance and excess burdens moved into the center of research of public finance. Especially the Anglo-Saxon literature deals intensively with the theory of optimal taxation but only with *one* type of additional losses, the *excess burden* which are losses of consumer's and producer's surplus. In addition, there are a number of additional costs including especially *administrative* and *compliance* costs. Although many authors, including ADAM SMITH, and, later, ALFRED MARSHALL have recognized and described these phenomena, in-depth research and above all empirical proof is lacking. This is surprisingly because additional burdens and resistance by companies and private households are rising steadily" (GRÜSKE 1989, S. 243).

[6] SMITH (1767, V.ii.b, 6 / 1976, S. 826).

[7] Konzeptionelle Fragen werden vor allem in den Beiträgen von SLEMROD (1984), KAPLOW (1996b) und KAPLOW (1998) angesprochen. Für steuerpraktische Vergleiche von Reformvorschlägen mit Bezug auf das amerikanische Steuersystem vgl. SLEMROD (1996) oder GALE (2001), der auch einen generellen Überblick gibt. Eine ökonometrische Untersuchung zweier Vorschläge zur Vereinfachung des amerikanischen Einkommensteuersystems nimmt SLEMROD (1989) vor.

[8] Vgl. LITTMANN (1964), MEYDING (1993) oder LANG (1994).

und Steuerberatern, Steuerjuristen und Finanzwissenschaftlern sowie sonstigen Steuerwissenschaftlern. Die beklagten steuerpraktischen Probleme sind zum einen solche, die mit der Ermittlung steuerbarer Sachverhalte und deren Kontrolle durch die Finanzverwaltung zusammenhängen und zum anderen solche der Abgrenzung zwischen steuerlich unterschiedlich behandelten Tatbeständen. Besondere Relevanz dürfte dabei der Abgrenzung zwischen Erwerbs- und Privatsphäre, der Besteuerung von Vermögenswertänderungen, des (intratemporalen) Verlustausgleichs und der (intertemporalen) Verlustverrechnung sowie der internationalen Besteuerung zukommen. Weitere Komplizierungen ergeben sich zudem aus der Berücksichtigung wirtschafts-, familien-, sozial-, regional-, verteilungs-, umwelt- oder kulturpolitischer Ziele im Steuerrecht.[9] Mit letzteren zusammenhängende Problemdimensionen bleiben in dieser Arbeit jedoch weitgehend unberücksichtigt, da sie nicht direkt mit dem Steuersystem als solchem zusammenhängen.

Folgen der Komplexität des Steuersystems sind neben den schon genannten Steuererhebungskosten auch, dass einige Steuerpflichtige, weil sie die Steuergesetze nicht verstehen oder ihnen der Aufwand der Bemessungsgrundlagenermittlung zu groß ist, zu viel oder zu wenig Steuern zahlen. Des weiteren können komplizierte Steuern auch (zwar legale im Grunde jedoch unerwünschte) Steuerumgehungen oder (illegale) –hinterziehungen fördern. Außer dass umständliche Regelungen u.U. einen größeren Raum für Steuerverkürzungen bieten, könnten sie auch durch die Kompliziertheit des Steuersystems selbst gefördert werden, wenn etwa aufgrund eines Nichtverstehens die Steuer insgesamt für unfair erachtet wird.[10]

Als empirische Indizien für die Relevanz des Steuerkomplexitätsproblems könnten etwa die große Zahl finanzgerichtlicher Verfahren und die hohen Kosten, die Steuerzahlern und Finanzverwaltung im Zusammenhang mit der Steuererhebung entstehen, genommen werden.[11] Der jährli-

---

[9] EBNET (1978, S. 28ff.) spricht diesbezüglich von *Nebenzielen der Besteuerung*. Vgl. hierzu auch LITTMANN (1964, S. 116f.). „And some complexity buys nothing; misguided attempts to ‚encourage' particular activities often both distort the economy and cause complexity" (SLEMROD 1996, S. 381).

[10] „Evidence also suggests that people are more likely to evade taxes that they consider unfair. People who cannot understand tax rules may also question the fairness of the tax system and feel that others are reaping more benefits than they are, and thus prove more likely to evade taxes" (GALE 2001, S. 1465).

[11] Die ersten empirischen Arbeiten zur Schätzung der Höhe der *Costs of Tax Complian-*

che Neuzugang an Klagen beträgt derzeit beim Bundesfinanzhof über 3.500 und bei den Finanzgerichten der Länder über 70.000.[12] Die Steuererbringungskosten (*Compliance Costs*) der gesamten deutschen Unternehmen für das Jahr 1983 wurden von TÄUBER (1984, S. 147) auf mindestens 40 Mrd. DM (20 Mrd. EUR) geschätzt.[13] Dieses entspricht einem Anteil am damaligen Bruttosozialprodukt (zu Marktpreisen) von 2,36%. TIEBEL (1986, S. 207) berücksichtigte auch Erbringungskosten privater Haushalte, für die er auf einen jährlichen monetären Aufwand (einschl. Zeitaufwand) zwischen 3,1 und 4,41 Mrd. DM (1,58 - 2,25 Mrd. EUR) kam. Für Unternehmen (S. 209) errechnete er eine Gesamtbelastung von 70,49 Mrd. DM (36 Mrd. EUR).[14] Insgesamt gelangt TIEBEL somit zu einer Steuererbringungskostenquote von 4% des Bruttosozialprodukts zu Marktpreisen (S. 232). Die Kosten der Finanzverwaltung (*Verwaltungskosten, Administrative Costs*) für die gesamte Steuererhebung wurden von BAUER (1988, S. 272) für Anfang der 80er Jahre auf 1,83% des Steueraufkommens[15] geschätzt (ohne Kosten der Gesetzgebung, der Finanzgerichte und der Steuerprüfungen).[16]

---

ce beruhten meist auf einfachen Umfragen unter Unternehmen oder der Finanzverwaltung. Vgl. so etwa HAIG (1935), MARTIN (1944) für die USA oder BRYDEN (1961) für Kanada. Im Laufe der Zeit entstanden weltweit eine Reihe empirischer Studien über die Höhe der Steuererhebungskosten. Vgl. für einen internationalen Überblick *Administrative and Compliance Costs of Taxation* (1989). Für eine ausführliche Untersuchung der Steuererhebungskosten in Großbritannien vgl. SANDFORD / GODWIN / HARWICK (1989, S. 51ff.). Zu Steuererbringungskosten US-amerikanischer natürlicher Personen bzw. Großunternehmen vgl. die Untersuchungen von SLEMROD / SORUM (1984) bzw. SLEMROD / BLUMENTHAL (1996).

Für eine Untersuchung über den Anstieg des Aufwands der Einkommensteuer für die Steuerpflichtigen in den USA vgl. EDWARDS (2001, S. 3f.), der dabei auf Indikatoren wie die Seitenzahl der Steuergesetze, die Zahl der unterschiedlichen Steuerformulare oder die Anrufe bei der Finanzverwaltung Bezug nimmt.

[12] Vgl. STATISTISCHES BUNDESAMT (2001, S. 363). Für Zahlen zu den Verfahren des Bundesfinanzhofs vgl. auch BUNDESFINANZHOF [2003], S. 7.

[13] Für seine Schätzungen befragte er 373 Handelsunternehmen.

[14] Wobei (bezogen auf die Beschäftigtenzahlen und den Umsatz) eine stark regressive Wirkung besteht (vgl. TIEBEL 1986, S. 167ff.). Vgl. hierzu auch SANDFORD / GODWIN / HARWICK (1989, S. 1911ff.), die zu dem Fazit gelangen, dass „compliance costs are often inequitable and regressive in their incidence" (S. 203).

[15] Wobei die Spannweite zwischen der „billigsten" und der „teuersten" Steuer sehr weit ist (vgl. BAUER 1988, S. 273f.). Geringe Verwaltungskosten verursacht etwa die Kapitalertragsteuer, mittlere die Körperschaft- und Lohnsteuer.

[16] Statt von Steuererbringungs- und Verwaltungskosten spricht GRÜSKE (1987) von

Auch wenn die genannten Schätzungen der Höhe der Steuererhebungskosten mit Unsicherheiten verbunden sind, machen sie doch hinreichend deutlich, dass nach Möglichkeiten der Vereinfachung des deutschen Einkommen- und Körperschaftsteuersystems gesucht werden sollte. Schon seit Gründung der Bundesrepublik Deutschland sind zahlreiche Vorschläge zur Vereinfachung des Einkommensteuerrechts formuliert worden, die allerdings größtenteils unverwirklicht blieben.[17] Die erste Einkommensteuerkommission, die auch als „Vereinfachungskommission" oder „Durchforstungskommission" bezeichnet wurde, legte ihren Bericht 1964 vor.[18] Auch die 1968 berufene STEUERREFORMKOMMISION legte ganz besonderen Wert auf eine Vereinfachung des Steuerrechts.[19] Weitere bekannte Plädoyers für eine die Einkommensbesteuerung vereinfachende Reform in Deutschland stammten von LITTMANN (1985) und GADDUM (1986).[20]

Ein wesentlicher Inhalt der genannten und vieler weiterer Vorschläge zur Reform der Einkommensbesteuerung bestand in der Forderung nach einer Verbreiterung der Bemessungsgrundlage (Abschaffung von Ausnahmeregelungen).[21] In jüngerer Zeit wurden jedoch unter der Bezeichnung „duale Einkommensbesteuerung" auch vermehrt Reformvorschläge vorgebracht, die eine steuerliche Sonderbehandlung einzelner Einkommensbestandteile propagierten. Diskutiert wurde so etwa eine abgeltende Besteuerung von Kapitaleinkünften (ähnlich wie in Österreich).[22] Teilweise wurde auch die Abschaffung der Einkommensteuer gefordert, da dieser steuerpraktische Probleme inhärent seien. Der Weg zur Steuervereinfachung wird dann in der Einführung „konsumorientierter" Besteuerungsformen oder einer Besteuerung von Löhnen und Gewinnen (ausschließlich „Normalverzinsung") gesehen, wie sie auch

---

Folge- und Erhebungskosten der Besteuerung. Vgl. dort oder bei GRÜSKE (1989) auch für eine knappe Zusammenfassung der hier erwähnten empirischen Studien für die Bundesrepublik Deutschland.

[17] DZIADKOWSKI (2001, S. 1765) vermutet als Grund hierfür, dass „die Besitzstandwahrungen für bestimmte Kreise zu unüberwindbaren Hürden erstarkten und ständig irgendwo Wahlen bevorstanden."

[18] EINKOMMENSTEUERKOMMISSION (1964).

[19] STEUERREFORMKOMMISSION (1971).

[20] Vgl. auch den Sammelband von BARON / HANDSCHUCH (1996).

[21] Jüngst etwa im – u.a. unter der Mitwirkung von KIRCHHOF entstandenen – *Karlsruher Entwurf zur Reform des Einkommensteuergesetzes* (2001).

[22] Vgl. KRONBERGER KREIS (2000).

aus (im Sinne der Optimalsteuertheorie verstandenen) allokativen Gründen zu empfehlen seien.[23]

Eine Analyse der Möglichkeiten für eine Steuervereinfachung hätte die zuvor genannten und etwaige weitere Steuerreformvorschläge unter steuerpraktischen Gesichtspunkten miteinander zu vergleichen. Dabei wäre es methodisch jedoch unangemessen, die Einkommensteuer lediglich in Form der deutschen Besteuerungspraxis zu betrachten. Gemessen an konzeptionellen Vorstellungen – wie eigentlich eine Einkommensbesteuerung erfolgen sollte – ist die deutsche Praxis in vielerlei Hinsicht unvollkommen. Sie eignet sich daher nicht als Referenz für eine Einkommensteuer und als alleiniger Vergleichsmaßstab in einer steuerpraktischen Konfrontation mit konsumorientierten Reformvorschlägen. Wenn nicht der „old sport of comparing an impure income tax with a pure expenditure tax"[24] betrieben werden soll, ist für eine abgewogene Beurteilung daher erst einmal nach administrativen Verbesserungsmöglichkeiten der existierenden deutschen Einkommensteuer zu fragen. Eine Verbesserungsmöglichkeit könnte darin bestehen, wie schon häufig vorgeschlagen, die steuerrechtliche Bemessungsgrundlage umfassender zu gestalten. Dahinter steht die Vermutung, dass die steuerpraktischen Probleme der deutschen Einkommensteuer mit Abweichungen von der einkommensteuerlichen Konzeption zusammenhängen könnten. Diese Hypothese soll in dieser Arbeit geprüft werden. Hierzu wird eine umfassend verstandene Einkommensteuer mit weiteren ausgewählten Konzepten für eine Reform der direkten (personenbezogenen) Besteuerung systematisch unter steuerpraktischen Gesichtspunkten verglichen.

Wenn sich die Bemessungsgrundlage einer umfassend verstandenen Einkommensteuer („comprehensive income tax") also stärker auf die ihr zugrundeliegende konzeptionelle Vorstellung von Einkommen als steuerlichem Gleichheitsmaßstab beziehen soll, ist dieses allerdings sinnvollerweise nicht so zu verstehen, dass letztere „fundamentalistisch" umzusetzen wäre, vielmehr sind konzeptionelle und steuerpraktische Erfordernisse gegeneinander abzuwägen. Ein solcher Abwägungsprozess setzt jedoch zunächst eine Klärung des konzeptionell relevanten steuerlichen Gleichheitsmaßstabes voraus. Anfangs ist demzufolge ein stimmiger Einkommensbegriff zu entwickeln. Dieses setzt seinerseits eine nähe-

---

[23] Vgl. zum Neutralitätsargument von Konsumsteuern auch Fußnote 52.

[24] PREST (1979, S. 246).

re Betrachtung von Rechtfertigungsgründen für eine Besteuerung des Einkommens voraus.

Auch die hier neben der umfassenden Einkommensteuer in den steuerpraktischen Vergleich einbezogenen Steuerreformvorschläge basieren steuerpraktisch darauf, dass eine Einkommensermittlung erfolgt. Betrachtet werden eine *Sollzinsergänzung*, eine *Abgeltungsteuer auf Kapitalerträge*, eine durch *„(Normal)-Zinsbereinigung"* ermittelte Steuer auf Nichtzinseinkünfte und eine durch *„Sparbereinigung"* ermittelte *Konsumausgabensteuer*. Bei der von HACKMANN vorgeschlagenen *Sollzinsergänzung* werden nicht nur die tatsächlich entstandenen (deklarierten) Zinseinkommen besteuert, sondern unter Berücksichtigung von Freibeträgen zusätzlich noch die fiktiven Kapitalerträge (Zinsen), die ein Steuerpflichtiger würde erzielen können, hätte er nicht konsumiert. Die Methoden der *Sparbereinigung* (*„sparbereinigte Einkommensteuer"*) und der *Zinsbereinigung* (*„zinsbereinigte Einkommensteuer"*) kennzeichnen Verfahren der Bemessungsgrundlagenermittlung, die ihren Ausgangspunkt zwar im Einkommen (bzw. bei Einkommensteilen) haben; das Einkommen ist jedoch nicht faktisches Steuerobjekt. Wird vom Einkommen die Ersparnis abgezogen (*„bereinigt"*), ergibt sich der Konsum bzw. die Konsumausgaben. Deshalb wird meistens und traditionell (sowie sachlich angemessen) auch von einer *Ausgabensteuer* (*Expenditure Tax*) gesprochen.

Die *zinsbereinigte Einkommensteuer* entspricht einer Steuer auf Einkünfte, die keine „Normalverzinsung" des Kapitals darstellen, i.e. Arbeitseinkünfte und die sog. Normalverzinsung übersteigende Kapitaleinkünfte. Sie ist in den letzten Jahren von einem Kreis deutscher Ökonomen um MANFRED ROSE, FRANZ W. WAGNER und EKKEHARD WENGER besonders propagiert worden. Als deren besondere Vorzüge werden neben ihrer administrativen Einfachheit auch Fairness sowie Effizienzvorteile im Sinne von Besteuerungsneutralität gepriesen. Vor allem MANFRED ROSE hat es mit seinem großen und öffentlichkeitswirksamen Engagement erreicht, dass dieser Vorschlag eine breite Bekanntheit unter Ökonomen und in der Öffentlichkeit erlangt hat.[25] Anfang der 90er Jahre versuchte

---

[25] So ist in Verbindung mit der Alfred Weber-Gesellschaft e.V. (Arbeitskreis für Wirtschaft in Verbindung mit der Wirtschaftswissenschaftlichen Fakultät der Universität Heidelberg) eine unabhängige und überparteiliche Initiative *„Faires Steuersystem"* gegründet worden, die für eine *„marktorientierte Einkommensteuer"* als *„Einfach-Steuer für Deutschland"* wirbt (vgl. ROSE 1998b).

Die Forderung nach Abschaffung der Einkommensteuer und Einführung einer zinsbereinigten Einkommensteuer in Deutschland hat die Unterstützung einer Reihe die sog. KNS-Gruppe[26] mit Unterstützung der Deutschen Gesellschaft für Technischen Zusammenarbeit (GTZ), einige zur Marktwirtschaft übergehende ost- und mitteleuropäische Staaten für dieses Steuersystem zu gewinnen. Durch Vermittlung einer damals bei MANFRED ROSE in Heidelberg studierenden Kroatin, konnte die Gruppe schließlich ihr System in Kroatien implementieren.[27] Allerdings kehrte Kroatien im Jahre 2001 zur Einkommensbesteuerung zurück.[28]

Auch wenn es in dieser Arbeit primär um steuerpraktische Gesichtspunkte geht, so ist es bei steuerpolitischen Entscheidungen dennoch wichtig auch Effizienz-, Wachstums- und Stabilisierungsfragen sowie der Frage der föderalistischen Verteilung von Steuerquellen Beachtung zu schenken und zu fragen, ob die hinter einem Reformvorschlag stehende normative Vorstellung über den steuerlichen Gleichheitsmaßstab jeweils als akzeptabel gelten kann. Neben den Überlegungen über die Gestalt eines stimmigen steuerlichen Einkommensbegriff gibt es also noch einen weiteren – auch für die anderen Besteuerungsgrößen relevanten – Grund, einen Blick auf konzeptionelle steuerliche Gleichheitsmaßstäbe zu werfen. Zu Beginn dieser Arbeit wird daher in Teil B zunächst ein Blick auf die mit den hier zu behandelnden Bemessungsgrundlagen verbundenen Besteuerungsideen geworfen; dabei wird auf idealtypische Anknüpfungsgrößen der Besteuerung und Probleme von deren Konkretisierung eingegangen. Anschließend werden in Teil C die einzelnen, hier zu behandelnden Steuerreformvorschläge charakterisiert. Im Teil D wird dann nach der Relevanz ausgewählter steuerpraktischer Probleme in den einzelnen Steuerregimen gefragt. Im Sinne der Optimalsteuertheorie verstandene Effizienzargumente[29] wie auch makroökonomische Beschäftigungs- und Wachstumswirkungen[30] können im Rahmen dieser

---

deutscher Ökonomen (vgl. etwa KRONBERGER KREIS 2000) gewonnen.

[26] Reformgruppe zur konsumorientierten Neuordnung des Steuersystems (MANFRED ROSE, FRANZ W. WAGNER UND EKKEHARD WENGER).

[27] Vgl. GRESS / ROSE / WISWESSER (1998).

[28] Vgl. KESNER-ŠKREB / KULIŠ (2001, S. 20).

[29] S. hierzu Fußnote 52.

[30] Vielfach werden Konsumsteuern oder einer Freistellung von Zinserträgen (wie etwa im Rahmen einer Lohnsteuer) positive Wachstums- und Beschäftigungswirkungen zugesprochen. Begründet wird dieses mit einer sparfördernden Wirkung, welches wiederum den inländischen Kapitalstock vergrößere und zu einer – mit höheren Löhnen verbundenen – stärkeren Kapitalintensität führe. Das Argument der wachstumsfördernden Wirkung einer Besteuerung des Konsums ist schon sehr alt und

findet sich etwa auch bei SMITH (vgl. Fußnote 75).

Wichtig für die Argumentation ist die sparfördernde Wirkung konsumorientierter Steuerformen, wobei gewöhnlich zwischen einem Substitutions- und einem Vermögenseffekt unterschieden wird. Der Substitutionseffekt ist eindeutig, die Entscheidung zwischen Gegenwarts- und Zukunftskonsum wird bei konsumorientierter Besteuerung nicht verzerrt (unter der Annahme intertemporal konstanter Steuersätze). Auf die Ergebnisse empirischer Schätzungen der Substitutionselastizität zwischen Gegenwarts- und Zukunftskonsum kann hier nicht eingegangen werden, hingewiesen soll nur darauf, dass diese vermutlich nicht so bedeutend ist, wie oftmals vermutet. Ein Teil der Ersparnis dürfte etwa nur in geringem Maße zinselastisch sein, wie etwa Sparen aus Vorsichtsgründen (vgl. z.B. ENGEN / GALE 1997). Oftmals wird ohnehin der Vermögenseffekt für bedeutender erachtet (vgl. in diesem Sinne etwa SUMMERS 1981, S. 536). Der *Human Wealth Effect* wird damit begründet, dass ein höherer Zinssatz (nach Steuern) einen niedrigeren Barwert des künftigen Lohneinkommens bedeute. Sei also das Vermögen gesunken, werde – bei inferiorem Gegenwartskonsum – weniger in der Gegenwart konsumiert und – bei superiorem Arbeitsangebot – mehr gearbeitet (vgl. für eine Argumentation mit dem *Human Wealth Effect* auch KOTLIKOFF / SUMMERS 1979, KING 1980, BOADWAY / WILDASIN 1994). Überzeugen kann die Argumentation eines negativen Vermögenseffekts allerdings nur wenig. Ein höherer Zinssatz impliziert nämlich nicht nur einen niedrigeren Barwert künftigen Arbeitseinkommens sondern gleichzeitig auch künftiger Konsumausgaben. Wird davon ausgegangen, dass Individuen durchweg Ersparnisse für ihren Ruhestand bilden, ergäbe sich mithin ein positiver Vermögenseffekt, der nach der genannten Logik zu einem Rückgang der Ersparnis und des gegenwärtigen Arbeitsangebotes führen müsste. Wenn sich in numerischen Gleichgewichtsmodellen (wie bei FEHR / WIEGARD 1998b, S. 20) ein erhöhtes Arbeitsangebot ergibt, muss dieses also andere als die dort behaupteten Ursachen haben. Als Vermutung liegt nahe, dass diese die Folge eines weiteren Substitutionseffektes ist: Einkommensteuern verzerren nämlich nicht nur die Entscheidung zwischen Gegenwarts- und Zukunftskonsum sondern auch zwischen Gegenwarts- und Zukunftsfreizeit. Eine Einkommensteuer diskriminiert die Gegenwartsarbeit.

Kritisch zur wirtschaftsfördernden Wirkung einer steuerlichen Freistellung von Kapitaleinkommen KRAUSE-JUNK (1999, S. 148f.), der er es für möglich hält, dass eine Freistellung der Normalverzinsung zu einer Stärkerbesteuerung übernormaler Gewinne oder des Faktors Arbeit führen könne, wodurch – besonders für SCHUMPETERsche Unternehmer – die Standortattraktivität sinken könne. CLEMENS (1999) kommt sogar zu dem Ergebnis, dass (bei risikoaversen Wirtschaftssubjekten) eine Besteuerung der Kapitaleinkünfte wachstumspolitisch erforderlich und unter Wohlfahrtsgesichtspunkten sinnvoll sei.

Negative Wachstumswirkungen konsumorientierter Besteuerungssysteme vermutet wohl auch LANG (1990, S. 129), wenn er eine stärkere steuerliche Belastung des Konsums mit dem „umweltgefährdenden Konsumübermaß der Industriegesellschaft" begründet (wobei davon ausgegangen wird, dass es nicht darum geht, den „Konsum [zu] reduzieren, nur um das Wachsen eines Kapitalbestandes zu fördern, der so groß ist, dass die sinkende Erträge ihn der Fähigkeit beraubt haben, sein eigenes Wachsen

Arbeit nur am Rande betrachtet werden. Diese partielle Ausrichtung lässt sich damit rechtfertigen, dass – wie schon zu Begin dieser Einleitung konstatiert – das Interesse der Finanzwissenschaft in den letzten Jahren in großem Maße auf solche Fragen gerichtet war. Die Ausblendung besagt jedoch nicht, dass die mit der Optimalsteuertheorie (fast exklusiv) in den Vordergrund gerichteten Effizienzgesichtspunkte nicht doch eine erhebliche Bedeutung für die steuerpolitische Entscheidungsfindung über das auszuwählende Besteuerungsverfahren haben. Vor diesem Hintergrund ist weitergehendere Forschung zu wünschen, die Effizienzargumente im Sinne der Optimalsteuertheorie und steuerpraktischer Art zusammenführt[31] und eine umfassende *„theory of efficient taxation"* entwickelt, „which does not focus on an optimal taxation with a one-sided direction, but on a minimization of *all* additional burdens and by that, on an increased efficiency" (GRÜSKE 1989, S. 259).

---

zu gewährleisten und gleichzeitig einen Überschuss an zusätzlichem Konsum zu erbringen" (SOLOW 1971, S. 36f.).

[31] Vgl. zu entsprechenden Überlegungen Fußnote 174.

B. Allgemeine steuertheoretische Grundlagen

Steuerpraktische Argumente allein können niemals die Realisierung einer bestimmten steuerrechtlichen Bemessungsgrundlage rechtfertigen. Besondere Beachtung sind regelmäßig etwa auch dem Effizienzkriterium, makroökonomischen Überlegungen und auch der normativen (gerechtigkeitsmäßigen) Akzeptierbarkeit einer Steuer zu schenken. Wie oben schon begründet, wird auf die ersten beiden Gesichtspunkte in dieser Arbeit nicht weiter eingegangen. Die Ausführungen in diesem Kapitel beschränken sich daher darauf, die den hier zu behandelnden Besteuerungsformen zugrundeliegenden Gerechtigkeitsvorstellungen nachzuspüren und nach deren normativer Akzeptierbarkeit zu fragen.

1 Anknüpfungsgrößen personenbezogener Besteuerung im Überblick

Die grundlegende, logisch prioritär zu beantwortende Frage im Zusammenhang mit der Besteuerung ist die des steuerlichen Gleichheitsmaßstabs, d.h. der Größen, Merkmale bzw. Eigenschaften die eine Steuerschuld auslösen sollten und anhand derer festzustellen ist, ob verschiedene Individuen für steuerliche Zwecke als gleich situiert zu gelten haben bzw. wie groß das Ausmaß ihrer Ungleichsituiertheit ist. Für die (steuerrechtliche) Festlegung der konkreten Steuerverteilung werden regelmäßig verschiedenste Gruppen von Argumenten berücksichtigt. Auch wenn wirtschaftspolitische oder steuerpraktische Überlegungen dabei nicht unbedeutend sind, haben als Ausgangspunkt doch immer tiefer liegende Vorstellungen zu dienen, die hier als *Leitideen für die Steuerverteilung* bezeichnet werden sollen. Diese werden nicht unwesentlich durch *staatsphilosophische Vorstellungen* berührt.[32] Das Urteil, wie ein Staat

---

[32] „Die Frage, warum muß der Einzelne Steuern entrichten und nach welchem Maße soll er im Verhältnis zu andern Beiträge leisten, geht ... unmittelbar auf eine andere Fragestellung zurück, nämlich auf die nach Wesen und Aufgabe öffentlicher Gemeinwesen überhaupt. In diesem Sinne findet die Steuertheorie ihre letzte Begründung in der Staatslehre und Rechtsphilosophie" (GERLOFF 1928, S. 141). GERLOFF unterscheidet zwei grundlegende staatsphilosophische Auffassungen über das Wesen der Steuer und das Maß der Steuerpflicht: Nach der einen [etwa von den Sophisten vertretenen] Auffassung „gehe es im Staate wie in Handelsgesellschaften zu, man fördere einander, aber nur in der Voraussetzung entsprechender Gegenleistungen, auf daß, was man empfange und was man leiste, sich einander das Gleichgewicht

ein vorgegebenes Steueraufkommen auf die einzelnen Individuen verteilen soll, ist also in bedeutendem Maße von der normativen Sicht über das Verhältnis von Staat zu Bürgern bestimmt. Zu einer – ganz individualistischen – Sicht des Staates als „Dienstleistungsbetrieb" würde es etwa passen, als Leitidee für die Steuerverteilung zu fordern, dass die einem Individuum abverlangte Steuer äquivalent zu seinem Nutzen aus der für ihn erbrachten Staatsleistung oder aber auch zu den hierfür entstandenen Kosten sein sollte (Äquivalenzprinzip). Einer anderen staatsphilosophischen Vorstellung entspräche es zu fordern, dass jeder – unabhängig von der tatsächlich durch ihn in Anspruch genommenen Staatsleistung – entsprechend seiner Leistungsfähigkeit[33] an den Kosten des Staates beteiligt werden sollte. Bei einer Sicht des Staates als ideeller Verein oder überindividueller Gemeinwohlförderer hätte die Besteuerung hingegen „auf eine größere Verteilungsgleichmäßigkeit"[34] hinzuwirken.

Diese unterschiedlichen normativen Steuerverteilungssichten sollen nicht näher erörtert werden, es wird lediglich von der Vorgabe ausgegangen, dass Steuern grundsätzlich personenbezogen erhoben werden sollten und zwar in der Form von Personalsteuern.[35] Eine solche Subjektbesteuerung ermöglicht es, auch persönliche Verhältnisse der Steuerpflichtigen zu berücksichtigen (etwa durch Einräumung von Freibeträgen oder progressive Tarifgestaltung). Da sich eine solche Besteuerung kaum mit der Äquivalenztheorie in Einklang bringen lässt, ist für letztere im Grunde kein Platz in dieser Arbeit. Gleichwohl ist auch hier gelegentlich auf äquivalenztheoretische Steuervorstellungen Bezug zu nehmen und es kann sogar gerechtfertigt sein, in eine grundsätzlich leistungsfähigkeitsbasierte Besteuerung äquivalenzmäßige Erwägungen einfließen zu lassen[36].

---

halte." Nach der anderen [etwa von Aristoteles vertretenen] Auffassung sei „der Staat keineswegs nur eine Verbindung zu gegenseitiger Förderung oder Hilfe, sondern der Staat sei etwas Höheres, etwas über dem Einzelnen Stehendes, und nicht um leben zu können, befinde man sich in staatlicher Gesellschaft, sondern um das Gute im Leben zu erreichen" (ebd., S. 142). Vgl. auch GERLOFF (1926, S. 444ff.).

[33] Eine Diskussion des Leistungsfähigkeitsprinzips soll in dieser Arbeit nicht erfolgen. Vgl. hierzu etwa POHMER / JURKE (1984) und KRAFT (1991). Für eine kritische Auseinandersetzung vgl. LITTMANN (1970).

[34] So etwa HACKMANN (1983, S. 661f.).

[35] Zum Begriff der Personalsteuer vgl. NEUMARK (1980, S. 317ff.).

[36] Für Rechtfertigungsgründe, auch im Rahmen einer grundsätzlich auf dem Leistungsfähigkeitsprinzip beruhenden Steuerverteilung äquivalenztheoretische Überle-

Die Größen, in denen sich die maßgeblichen Leitideen für die Steuerverteilung konkretisieren, werden in dieser Arbeit als *Maßstabsgrößen der Steuerverteilung* (s. B.2) bezeichnet.[37] Sie sind der *originäre steuerliche Gleichheitsmaßstab* und geben an, wann zwei Sachverhalte konzeptionell als gleich zu gelten haben bzw. wie groß die Unterschiedlichkeit ist. Die Konzipierung der so verstandenen Maßstabsgrößen erfolgt nicht mit Blick auf steuerpraktische Erfordernisse, für ihre Bestimmung sind insbesondere Mess- und hinreichende Erfassbarkeit mithin keine Voraussetzung. *Messbarkeit* einer Größe meint, dass sich deren Wert durch eine objektive (interpersonell vergleichbare) Maßeinheit ausdrücken lässt. *Erfassbarkeit* hingegen bezieht sich auf die Ermittlung des Wertes einer Größe. Messbarkeit impliziert noch keine Erfassbarkeit, denn selbst wenn eine Größe messbar ist, kann ihre Feststellung (durch Dritte) äußerst kompliziert oder gar unmöglich sein.[38] Da für die praktische Steuerverteilung an eine messbare Größe angeknüpft werden muss und diese zudem – zumindest abstrakt – auch direkt erfassbar sein sollte, bedürfen *Maßstabsgrößen*, die diese Anforderung nicht erfüllen, eines Indikators als Proxy. Diese *Messgrößen* (oder Messbarkeitsgrößen) für die Steuerverteilung (s. B.3) sind als *derivative steuerliche Gleichheitsmaßstäbe* und grundsätzliche Anknüpfungspunkte der Besteuerung zu verstehen. Erfüllt eine Maßstabsgröße schon selbst die genannten Bedingungen der Mess- und Erfassbarkeit stimmt sie mit der Messgröße überein.

Von den Maßstabs- und Messgrößen der Steuerverteilung zu unterscheiden sind die Steuerbemessungsgrundlagen. Mit ihnen wird festgelegt, wie Messgrößen konkret zu ermitteln und zu bestimmen sind. Gewissermaßen sind sie als Berechnungsvorschriften für die Ermittlung der wie hier definierten Messgrößen zu verstehen.

---

gungen zu berücksichtigen, vgl. Fußnote 59 und C.1.4.5.

[37] *Maßstabsgrößen der Steuerverteilung* haben eine gewisse Nähe zu dem, was KIRCHHOF (etwa 1990, S. 124f.) als *Belastungsgrund der Steuerverteilung* bezeichnet.

Der Begriff Maßstabsgröße der Steuerverteilung als steuerlicher Gleichheitsmaßstab ist offen sowohl für das Leistungsfähigkeitsprinzip als auch das Äquivalenzprinzip. Aus einer Perspektive des Leistungsfähigkeitsprinzips entspricht die Maßstabsgröße der Steuerverteilung dem „Leistungsfähigkeitsindikator" (WEISFLOG 1983) bzw. dem Erkennungsmerkmal von steuerlicher Leistungsfähigkeit.

[38] Ein Beispiel: Die Maßstabsgröße Einkommen kann objektiv durch die Maßeinheit „Geld" gemessen werden, allerdings wird die Erfassung der Höhe des Einkommens einer Person (durch Dritte) häufig mit nicht unerheblichen Erfassungsproblemen verbunden sein.

Problemstellung:
Der Fiskus möchte ein gegebenes Steueraufkommen erzielen.
Wie ist dieses auf die einzelnen Bürger aufzuteilen?

Staatsphilosophische Vorstellungen

↓

Leitzielsetzungen für die Steuerverteilung

↓

Maßstabsgrößen der Steuerverteilung
(originärer steuerlicher Gleichheitsmaßstab)

↓

Messgrößen (Indikatorgrößen) der Steuerverteilung
(derivativer steuerlicher Gleichheitsmaßstab)

↓

Idealtypische Bemessungsgrundlage

↓

Sinnvollerweise zu implementierende Bemessungsgrundlage

↕

Steuerrechtlich implementierte Bemessungsgrundlage

↓

Praktisch vollzogene Bemessungsgrundlage

Tabelle B-1: Ordnungshierarchie für die Bestimmung steuerlicher Anknüpfungsgrößen

In der realen Welt mit Unsicherheiten, Transaktionskosten, Steuerunehrlichkeit, unvollkommenen Märkten, asymmetrischer Informationsverteilung wird es weder möglich noch sinnvoll sein, steuerrechtliche Bemessungsgrundlagen so zu formulieren, dass sich eine perfekte Realisierung der Messgrößen der Steuerverteilung ergibt. Regelmäßig wird allerdings auch das, was für eine bestimmte Steuerart sinnvoll scheint, von dem abweichen, was steuerrechtlich in Form von Steuergesetzen, Steuerrichtlinien, Durchführungsverordnungen und Verwaltungsanweisungen implementiert ist. Hinzu kommt noch, dass die Steuergesetze wohl auch nie vollständig vollzogen werden, stets wird es Abweichungen der vollzogenen Bemessungsgrundlage von der steuerrechtlichen – d.h. Vollzugsdefizite - geben.[39] Über die grundlegenden Beziehungen, die zwischen den Größen für die Bemessungsgrundlagenbestimmung und der Bemessungsgrundlagenpraxis bestehen, informiert die Übersicht in der Tabelle B-1.

2 Maßstabsgrößen der Steuerverteilung und deren Umsetzung in Messgrößen

Maßstabs- und Messgrößen der Steuerverteilung artikulieren die grundlegenden steuerlichen Gleichheitsmaßstäbe. Während erstere – im Verbund mit dem Steuertarif – die Leitideen der Besteuerung möglichst genau umsetzen, berücksichtigt letztere die Anforderungen der Messbarkeit und Erfassbarkeit. Messgrößen können ggf. auch mit den Maßstabsgrößen übereinstimmen, anders als Bemessungsgrundlagen geben sie jedoch noch nicht Auskunft über die konkrete Ermittlung der zu versteuernden Größe.

Die in dieser Arbeit zu behandelnden Steuerreformvorschläge basieren auf den Messgrößen Einkommen, Konsum und „Nichtzins"-Einkünfte (Arbeitseinkünften zuzüglich Gewinne, ohne Normalverzinsung des eingesetzten Kapitals). Sie lassen sich, wie im Folgenden deutlich werden wird, auf die Maßstabsgrößen Nutzen, Lebensausstattung, Zuwachs an ökonomischer Verfügungsmacht oder Verbrauch ökonomischer Res-

---

[39] Die Ursachen für Vollzugsdefizite sind nicht nur bei den Steuerpflichtigen und der Finanzverwaltung zu suchen. Auch politische Entscheidungsträger können (etwa aus wirtschaftspolitischen Gründen) ein Interesse haben, dass die Steuergesetze nicht genau vollzogen werden bzw. Abweichungen der Steuerpflichtigen hiervon nicht verfolgt werden.

sourcen für die konsumtive Verwendung[40] zurückführen (s. Tabelle B-2).[41]

<table>
<tr><th>Maßstabsgrößen
der Steuerverteilung
(originärer Gleichheitsmaßstab)</th><th>Messgrößen
der Steuerverteilung
(derivativer Gleichheitsmaßstab)</th></tr>
<tr><td rowspan="4">Nutzen</td><td>Einkommen</td></tr>
<tr><td>Konsum von Gütern und Leistungen</td></tr>
<tr><td>Arbeitseinkünfte zuzüglich die Normalverzinsung übersteigende Kapitaleinkünfte („Nichtzins“-Einkünfte)</td></tr>
<tr><td>Konsum von Gütern und Leistungen zuzügl. Vermögen</td></tr>
<tr><td rowspan="2">Lebensausstattung</td><td>Arbeitseinkünfte zuzüglich die Normalverzinsung übersteigende Kapitaleinkünfte („Nichtzins“-Einkünfte)</td></tr>
<tr><td>Konsum von Gütern und Leistungen</td></tr>
<tr><td>Zuwachs an
ökonomischer Verfügungsmacht</td><td>Einkommen</td></tr>
<tr><td>Verbrauch
ökonomischer Ressourcen</td><td>Konsum von Gütern und Leistungen</td></tr>
</table>

Tabelle B-2: Leitideen und Indikatoren der Steuerverteilung

---

[40] Diese vier Größen gelten wohl auch in der Literatur (unabhängig von den hier diskutierten Steuerreformvorschlägen) als die wesentlichen Größen. Vgl. z.B. ähnlich SCHNEIDER (1979).

[41] Nutzen, Lebensausstattung und Zuwachs an ökonomischer Verfügungsmacht können als Umsetzung der Leitidee einer Besteuerung nach der Leistungsfähigkeit verstanden werden. Verbrauch ökonomischer Ressourcen als eigenständige Maßstabsgröße für die Steuerverteilung ist hingegen eher äquivalenztheoretisch begründet.

2.1 Der erzielte Nutzen als Maßstabsgröße für die Steuerverteilung

In ökonomischen Analysen wird als Verhaltensmotiv für Menschen durchweg von der Annahme der individuellen Nutzenmaximierung ausgegangen: Der sog. „Homo oeconomicus" versuche aus den ihm gegebenen Mitteln den größten Nutzen zu ziehen – er maximiere seine Nutzenfunktion. Dass dieses Modell die faktische Entscheidungsfindung von Menschen nicht richtig beschreibt (wird nicht von einem leerformelhaften Nutzenbegriff ausgegangen), impliziert nicht, dass es generell unbrauchbar ist; es ist vielmehr nach der Problemadäquanz dieser Annahme für den jeweils zu untersuchenden Sachverhalt zu fragen. Problematisch ist es in Sonderheit, aus der Annahme der Nutzenmaximierung abzuleiten, dass der Nutzen auch der (steuerliche) Gerechtigkeits- und Gleichheitsmaßstab zu sein habe: Hätten zwei Individuen gleichen Nutzen – ginge es ihnen also so verstanden gleich gut – sollten sie auch steuerlich „gleich" behandelt werden. Eine solche Verknüpfung des steuerlichen Gerechtigkeitsmaßstabs mit der – wirkungsanalytisch maßgeblichen – Zielgröße des Handelns entwickelte sich jedoch schon im 19. Jahrhundert (Grenznutzenschulen). Da allerdings Nutzengrößen nicht messbar seien, wurde nach Indikatorgrößen des Nutzens gesucht (s. B.2.1.1 und B.2.1.2). Es überrascht, dass trotz der intensiven Beschäftigung vieler Ökonomen mit der Suche nach geeigneten Nutzenindikatoren die Frage der konzeptionellen Eignung des Nutzens als Gleichheitsmaßstab nur wenig thematisiert worden ist.[42] Auch hier wird diese Grundsatzfrage erst abschließend in B.2.1.3 behandelt.

2.1.1 Aus Einkommen erzielter Nutzen

Der Größe Nutzen mangelt es – wie schon gesagt – an Messbarkeit, daher bedarf es eines entsprechenden Nutzenindikators als Messgröße. Im 19. Jahrhundert wurde dabei vor allem an das Einkommen gedacht. Bei

---

[42] Vgl. etwa WENGER (1983, S. 210): „Auch wenn die Wahl eines solchen Kriteriums [vorgelagertes Gleichmäßigkeitskriterium, i.e. konzeptionell relevante Maßstabsgröße für die Steuerverteilung] letzten Endes auf Wertungen beruht, die sich einer wissenschaftlichen Nachprüfung entziehen, ist nicht erkennbar, mit welcher Begründung man sich über die Tatsache hinwegsetzen könnte, dass Idealvorstellungen steuerlich Gleichmäßigkeit regelmäßig auf nutzentheoretischen Überlegungen aufbauen."

einem – wie regelmäßig angenommenen – abnehmenden Grenznutzen des Einkommens, bestehe zwischen Nutzen und Einkommen allerdings keine proportionale Beziehung. Zunächst dachte man, dass Nutzen als originärer Gleichheitsmaßstab durch Anwendung eines progressiven Steuertarifs im derivativen Gleichheitsmaßstab Einkommen abgebildet werden könne. Diese Begründung für eine progressive Einkommensteuer fand in der finanzwissenschaftlichen Literatur eine starke Beachtung. Schon bald wurde allerdings gezeigt, dass aus abnehmendem Grenznutzen des Einkommens nicht zwingend ein progressiver Einkommensteuertarif folgt.[43]

Die Vorstellung, dass der Nutzen als konzeptionell maßgebliche Maßstabsgröße für die Besteuerung zu dienen habe, hat sich im 20. Jahrhundert weitgehend durchgesetzt, auch wenn dabei eine Abwendung vom Einkommen als Indikator des Nutzens erfolgte. Einkommen selbst sei kein Bestandteil der Nutzenfunktion, es stifte nur indirekt Nutzen, indem es Zugang zu nutzenstiftenden Gütern bzw. Aktivitäten ermögliche. Ein wesentlicher Nutzenstifter ist zweifellos der Konsum. Ohne Ersparnisbildung (und ohne interpersonelle Vermögensübertragungen) stimmen Einkommen und Konsum in jeder Periode überein. Das Periodeneinkommen wäre dann ein perfekter Indikator des Periodenkonsums. Wenn Individuen allerdings durch Sparen bzw. Kreditaufnahme Kaufkraft intertemporal verlagern, weichen Einkommen und Konsum in den einzelnen Perioden voneinander ab. Ausgehend vom Konsum als Quelle des Nutzens scheint es damit plausibel, dass der Konsum ein besserer Indikator des Nutzens ist als das Einkommen.[44] Zu einem solchen Ergebnis gelangen auch viele ökonomischen Modelle[45] und entsprechend gehen Befürworter einer Konsumbesteuerung häufig auch von nutzenorientierten Gerechtigkeitsvorstellungen[46] aus. Eine genauere Analyse

---

[43] Vgl. COHEN STUART (1889 / 1958, S. 48ff.).

[44] Eine – allerdings theoretisch nicht überzeugende – Begründung, weshalb Einkommen auch in einem Mehr-Perioden-Modell ein adäquater Indikator des Nutzens sei, findet sich bei HALLER (1981, S. 57). Vgl. SCHNEIDER (1971) für eine Auseinandersetzung mit den Argumenten HALLERS aus einer nutzenorientierten Sicht, vgl. des weiteren auch HACKMANN (1986).

[45] Die Größe Konsum liege näher als Einkommen an der steuerlichen Zielgröße Nutzen, entsprechend geringer seien auch die Zusatzlasten der Besteuerung. Zu berücksichtigen wäre daneben allerdings auch noch der Freizeitnutzen (vgl. hierzu B.2.1.2).

[46] Vgl. z.B. SCHNEIDER (1971, S. 360ff.); SCHNEIDER (1979, S. 46f.). In neueren Veröffentlichungen (so z.B. 1999) verteidigt SCHNEIDER allerdings die Einkommensteuer.

zeigt allerdings, dass sich von einer nutzenorientierten Verteilungssicht eine Konsumbesteuerung nicht zwingend ableiten lässt. Es lassen sich Präferenzstrukturen vorstellen, bei denen es sich beim Einkommen im Mehr-Perioden-Kontext um den besseren Nutzenindikator handelt.[47] Zu berücksichtigen ist des weiteren, dass das Vermögen (unabhängig von dessen konsumtiver Nutzung) eine eigenständige Nutzenbedeutung haben kann. Vermögen kann Prestige, Macht und Sicherheit bedeuten.[48] Um auch diese Nutzeneffekte steuerlich zu erfassen, wird gelegentlich empfohlen, Konsumsteuern durch eine Vermögensteuer zu ergänzen.[49] Mitunter wird mit Hilfe dieses Argument auch versucht, eine Einkommensteuer (nutzenorientiert) zu rechtfertigen.[50] Der mögliche unmittel-

---

[47] Dies lässt sich gut anhand eines Beispiels verdeutlichen, wenn ein etwaiger Nutzen der Freizeit unberücksichtigt bleibt: Realzinssatzerhöhungen bedeuten für Sparer grundsätzlich eine Nutzenerhöhung, denn bei gegebenem Gegenwartskonsum kann ein höherer Zukunftskonsum erzielt werden (die intertemporale Bilanzgerade dreht sich nach außen). Bei proportionalem Steuertarif wäre ein idealer Nutzenindikator dadurch gekennzeichnet, dass er den Bruttonutzen sowohl vor als auch nach Zinserhöhung steuersatzproportional kürzt, das Verhältnis von Brutto-Nutzen zu Netto-Nutzen muss also konstant bleiben. Ein solches Ergebnis ergibt sich bei dem Nutzenindikator Konsum nur für spezielle Nutzenfunktionen, ebenso wären ein Anstieg oder ein Rückgang des Verhältnisses möglich. Der Nutzenanstieg aufgrund einer Zinssatzerhöhung könnte also bei Konsumbesteuerung relativ größer sein als der Nutzenanstieg im Fall ohne Steuern. Für diesen Fall von Nutzenfunktionen würde eine konsequente Nutzenorientierung eine stärkere Belastung des Sparens (Zukunftskonsums) gebieten, wie es etwa durch eine Einkommensteuer erreicht werden könnte. Die Gründe dafür, dass das Ergebnis von der konkreten Nutzenfunktion abhängt, sind dieselben, aufgrund derer auch bei abnehmenden Grenznutzen keine Aussage darüber gemacht werden kann, durch welche Einkommensteuertarifstruktur eine proportionale Belastung des Nutzens erreicht werden kann (s. Fußnote 43).

[48] „In a world where capital accumulation proceeds as it does now, there is something sadly inadequate about the idea of saving as postponed consumption" (SIMONS 1938, S. 97). In der deutschen Literatur betonte besonders SCHNEIDER (vgl. z.B. 1971, S. 367f.) die eigenständige Nutzenbedeutung des Vermögens.

[49] Vgl. etwa SCHNEIDER (1971, S. 355).

[50] Vgl. z.B. HALLER (1981, S. 56f.) oder MUSGRAVE (1991, S. 44). Eine solche Sichtweise kann aber nur eine grobe Annäherung darstellen, denn die Höhe der Zinseinkünfte spiegelt nicht den Nutzen des Vermögens wider. Der Vermögensnutzen hängt nicht von der (konjunkturabhängigen) Höhe der Zinssätze ab: Können die Anleger unter mehreren, sich im Zinssatz und der Liquidität unterscheidenden Anlageformen wählen, ist sogar ein inverser Zusammenhang zwischen Zinssatz und Vermögensnutzen wahrscheinlich. Weniger liquide Anlageformen weisen oftmals einen höheren Zinssatz auf, der als nutzenmäßiger Ausgleich für den Liquiditätsverzicht verstanden werden kann.

bare Nutzen des Vermögens (jenseits einer Einkommensgenerierung) soll im weiteren Verlauf der Arbeit jedoch ebenso wie das Vermögen als Maßstabsgröße der Besteuerung überhaupt unberücksichtigt bleiben.

2.1.2 Der Gesamt-Lebensnutzen

Individuen erzielen Nutzen nicht nur aus der Verwendung von Einkommen für den Konsum von Gütern und für die Bildung eines Vermögensbestandes, sondern u.a. auch aus dem „Konsum" von Freizeit. Eine konsistente Umsetzung einer Gerechtigkeitsperspektive, die im Nutzen die adäquate Maßstabsgröße für die Steuerverteilung sieht, hätte dieses zu berücksichtigen. Eine Beschränkung auf den aus Einkommen erzielten Nutzen würde eine Verkürzung darstellen und diejenigen begünstigen, die eine überdurchschnittlich starke Freizeitpräferenz haben und dementsprechend relativ weniger Einkommen erzielen und Konsumgüter konsumieren.[51] Konzeptionell wären damit steuerlich alle nutzenbedeutenden Aktivitäten relevant. Neben nutzenstiftenden Sachverhalten wären auch schadenstiftende beachtenswert; Arbeitsleid etwa wäre steuerlich dann als eine Art von „Werbungskosten" zu behandeln. Bei einer solchen umfassenden „Nutzenbesteuerung" ist es allerdings – auch jenseits der zuvor angesprochenen intertemporalen Zusammenhänge – nicht zwingend, dass die Größe Konsum dem Einkommen als Indikator des Nutzens überlegen ist.[52]

---

[51] Da eine direkte Besteuerung von Freizeit wohl an Erfassungsproblemen scheitern würde, wird im Rahmen der Optimalsteuertheorie deren indirekte Erfassung durch die Besteuerung typischer Freizeitgüter diskutiert.

[52] Auch dies hängt von der genauen Spezifikation der Nutzenfunktion ab. Meist wird von Zwei-Perioden-Modellen ausgegangen, in denen Personen über kein Anfangsvermögen verfügen und lediglich in der Gegenwart durch Verzicht auf Freizeit (*F*) Arbeitseinkommen erzielen können. Das Gegenwartseinkommen kann entweder sofort für Konsum (C_G) verwendet oder für Zukunftskonsum (C_Z) gespart werden. Die Entscheidung über den Freizeit-Konsumplan wird von Ökonomen als Maximierung der Nutzenfunktion $U(F, C_G, C_Z)$ unter Beachtung der Budgetrestriktion $(1-F) \cdot w = C_G \cdot p + (C_Z \cdot p)/(1+i)$ dargestellt; bei Normierung der in der Gegenwart zur Verfügung stehenden Zeit auf *1* und mit *w* als dem Lohnsatz, *p* als dem intertemporal konstanten Konsumgüterpreis und *i* als dem Zinssatz. Nutzenmaximal sind ein Arbeitsangebot und eine intertemporale Konsumallokation, bei denen die Grenzraten der Substitution jeweils betragsmäßig mit den betreffenden reziproken Preisverhältnissen übereinstimmen. Eine Steuer verursacht Zusatzlasten (*Excess-burden*), wenn sie dieses

2.1.3 Nutzen als Maßstabsgröße für die Steuerverteilung in kritischer Sicht

Nutzen als Maßstabsgröße für die Steuerverteilung will (konzeptionell) den Lebensnutzen eines Individuums in seiner Gesamtheit steuerbar machen. Eine konsequente Nutzenorientierung der Besteuerung würde damit auch den Privatbereich (Freizeit etc.) der steuerlichen Erfassung unterwerfen. Um ihrer Steuerzahlpflicht zu genügen, könnten Individuen damit u.U. zu einer ganz anderen Lebensgestaltung gezwungen werden.[53] Aus einer liberalen (freiheitlichen) Perspektive ist eine solche Steuerkonzeption aufgrund ihrer starken illiberalen Tendenzen bedenklich. Steuerobjekte sollten eine gewisse Anonymität bzw. Anonymisierbarkeit haben.

Der umfassende Charakter einer Nutzenorientierung wird nicht nur daran deutlich, dass potentiell alle nutzenstiftenden Aktivitäten eines Individuums steuerlich relevant sind, sondern auch dass gleichzeitig zu

---

Preisverhältnis *verzerrt*, d.h. einen Sachverhalt relativ stärker besteuert als den anderen. Da sowohl Einkommen- als auch Lohn- und Konsumsteuer die Freizeit unbesteuert lassen, verzerren sie alle die Arbeits-Freizeit-Entscheidung. Eine Einkommensteuer verzerrt zudem noch die intertemporale Konsumallokation, durch die Besteuerung von Zinseinkommen wird Zukunftskonsum relativ teurer als Gegenwartskonsum.

Daraus, dass die Einkommensteuer auf zwei Ebenen verzerrt, Konsum- und Lohnsteuern jedoch nur auf einer, lässt sich allerdings noch nicht schließen, dass letztere wohlfahrtsmäßig überlegen seien. Zwei Effekte sind dabei in Betracht zu ziehen: Zum einen kann bei Aufkommensgleichheit aufgrund der größeren Bemessungsgrundlage der Steuersatz einer Einkommensteuer c.p. niedriger sein und damit die Arbeits-Freizeit-Entscheidung relativ geringer verzerrt werden. Zum anderen ist (im Sinne der *Second-Best-Logik* der Optimalsteuertheorie) zu fragen, ob nicht eine Steuer das unbesteuerte Gut Freizeit indirekt mitbesteuert. Entsprechend der Corlett-Hague-Regel (CORLETT / HAGUE 1953) wäre dann die Steuer, die das freizeitkomplementäre Gut (gemessen anhand der Kreuz-Preis-Elastizität der Freizeit zum Preis dieses Gutes) stärker besteuert, vorzuziehen. Unter Sicherheit ist damit eine implizit separable Nutzenfunktion (wie im Cobb-Douglass-Fall) hinreichende Bedingung für die Optimalität einer Konsumsteuer. Für entsprechende Analysen vgl. etwa SANDMO (1974), ATKINSON / STIGLITZ (1976), AUERBACH (1979), ATKINSON / SANDMO (1980), AUERBACH (1985), SANDMO (1987). Die genannte Aussage lässt sich jedoch (selbst in einem neoklassischen Bedingungsrahmen unter vereinfachten Analysebedingungen) nicht für beliebige Formen von Nutzenfunktionen verallgemeinern.

[53] Menschen mit hoher Freizeitpräferenz etwa wären gezwungen zu arbeiten, um Einkommen für die Leistung der Steuerzahlungen zu erzielen.

berücksichtigen ist, wie viel Freude es an ihnen empfindet. Konsumieren zwei Individuen denselben Warenkorb, schöpfen jedoch unterschiedlichen Nutzen hieraus, hätte dieses regelmäßig unterschiedliche Steuerzahlbeträge zur Folge.[54] Die Fähigkeit, Freude und Leid empfinden zu können, würde zu einem steuerlich relevanten Tatbestand. Ethisch ließe sich dies wohl kaum billigen, denn „in welcher Intensität jemand seine Bedürfnisse befriedigt, geht einen liberalen, die Menschenwürde respektierenden Staat selbst dann nichts an, wenn die Steuerlasten verteilt werden sollen."[55] Deshalb und weil sich Mittel-Nutzen bzw. Einkommens-Nutzen-Beziehungen der Individuen praktisch sowieso nicht ermitteln lassen, helfen sich Anhänger nutzenbegründeter Besteuerungskonzeptionen damit, „eine Nutzenfunktion des Einkommens künstlich zu schaffen, von der man annimmt, dass sie den ‚normalen' Nutzenschätzungen einigermaßen entspricht."[56] Sie stehen damit in der Tradition eines schon von BENTHAM verfolgten Ansatz, eine Nutzenfunktion „not by calculation, but by assumption, justified by the desirability (somehow determined) of its corollaries" vorzugeben.[57] Wird somit eine eineindeutige Beziehung zwischen Höhe der Mittel und der Höhe des unterstellten Nutzens vorgegeben, hängt der Wert des Gleichheitsmaßstabs nur noch von der Höhe der Mittel ab, und dies läuft im Effekt auf eine Besteuerung der Lebensausstattung hinaus (s. B.2.2).

2.2 Die Lebensausstattung als Maßstabsgröße für die Steuerverteilung

Nach dem Nutzen als der Zielseite des Haushaltsentscheidungsproblems wird nun mit dem *Budget* dessen Mittelseite als konzeptionell relevanter Gleichheitsmaßstab für die Besteuerung betrachtet. Dieses Budget wird vielfach auch als *Lebensausstattung*[58] (oder Ressourcenausstattung) be-

---

[54] Dies muss allerdings nicht unbedingt so sein, da die Umrechnung von Nutzengrößen in Geldgrößen von der Höhe des Grenznutzen des Geldes abhängt.

[55] HACKMANN (1983), S. 665. Für eine im Grunde ähnliche Argumentation s. auch PUTTERMAN / ROEMER / SILVESTRE (1998, S. 865f.) zum „problem of expensive tastes" wie auch die dortigen Hinweise u.a. auf SEN und DWORKIN.

[56] HALLER (1981, S. 79).

[57] Vgl. STIGLER (1950, S. 309). Er bemerkt hierzu: „This resort to a question-begging assumption was a fundamental failure of his project to provide a scientific basis for social policy: the scientific bases was being justified by the policies to which it led."

[58] Vgl. etwa MCLURE / ZODROW (1991, S. 119).

zeichnet und ist im einfachsten Fall (kein Arbeitsangebot) als vorgegebenes Anfangsvermögen zu begreifen. Da eine Gleichheit der Lebensausstattung zweier Personen bedeutet, dass auch ihre Möglichkeiten für den Konsum gleich hoch sind, besagt die Maßstabsgröße Lebensausstattung damit, dass Personen mit gleichen Konsummöglichkeiten – unabhängig davon, wie sie diese nutzen – gleich viel Steuern zahlen sollten. Lediglich die Höhe der Anfangsausstattung, nicht wie diese intertemporal auf Gegenwart und Zukunft aufgeteilt wird, soll steuerlich relevant sein. Aus einer solchen Perspektive bewirkt eine Einkommensteuer dann eine als Stärkerbelastung des Zukunftskonsums verstandene *Doppelbelastung des Sparens*: Neben der Anfangsausstattung (aus der Gegenwartskonsum und Ersparnis erfolgen) unterliegen bei ihr nämlich auch die Zinseinkünfte der Besteuerung.[59] Zinseinkünfte seien also kein Teil der Lebensausstattung, sie machen nur zu verschiedenen Zeitpunkten anfallende Zahlungen miteinander vergleichbar.

In der Realität ist die Lebensausstattung kaum als ein vorgegebenes Anfangsvermögen (bei fehlendem Arbeitsangebot) zu begreifen; es ist zu berücksichtigen, dass Individuen Arbeits- und (nicht als Vermögensverzinsungen aufzufassende) Gewinneinkünfte erzielen. Unter der vereinfachenden Annahme exogen vorgegebenen Arbeitsangebots wird das Konzept einer möglichkeitenorientierten Besteuerung zunächst in B.2.2.1 weiter entfaltet. Diese Restriktion wird anschließend in B.2.2.2 aufgehoben und nach einem ökonomisch schlüssigen Verständnis des Begriffes

---

[59] Die Forderung, dass Zinseinkünfte unbesteuert bleiben sollte, wenn die Anfangsausstattung bereits besteuert wurde, findet vor allem von liberalen Ökonomen (zum Teil vehemente) Unterstützung. Schon MILL (1848 Book V, Ch. ii, § 4 / 1965, S. 816) argumentierte: „For when saved and invested (...) it thenceforth pays income tax on the interest or profit which it brings, notwithstanding that it has already been taxed on the principal. Unless, therefore, savings are exempted from income tax, the contributors are twice taxed on what they save, and only once on what they spend." Die Titulierung der Stärkerbelastung des Zukunftskonsums als Doppelbelastung ist allerdings nur Konsequenz der gewählten Betrachtungsperspektive. Aus der Perspektive anderer Gleichheitsmaßstäbe – etwa dem Einkommen oder auch dem Nutzen (s. Fußnoten 47 und 52) muss die Besteuerung von Zinseinkünften keineswegs doppelbelastend sein. Dies gilt auch, wenn die Steuerverteilung – wie es im Grunde zum liberalen vertragsstaatlichen Denken passt – nach dem Äquivalenzprinzip erfolgen soll. Es spricht nämlich vieles dafür, dass die vom Staat produzierten öffentlichen Güter wie erhöhte Rechtssicherheit und auch die staatlich finanzierte Infrastruktur im Endeffekt auch einen höheren (risikolosen) Zinssatz bewirken. Äquivalenztheoretische Argumente könnten deshalb für eine Besteuerung von Zinseinkünften sprechen (für eine solche Argumentation vgl. auch KRAUSE-JUNK / MÜLLER 1999a, S. 547).

Konsummöglichkeiten gefragt. Eine solche Maßstabsgröße für die Steuerverteilung wäre jedoch – wie deutlich werden wird – weder praktisch realisierbar, noch ist ihre normative Akzeptierbarkeit zu erwarten. Die Problematik einer Basierung der Steuerverteilung auf einem Verständnis von Gleichheit als Gleichheit der Möglichkeiten wird abschließend in B.2.2.3 angesprochen.

2.2.1 Die Lebensausstattung als Barwert lebenszeitlicher „Nichtzins"-Einkünfte

Wird die Lebensausstattung nicht als vorgegebenes Anfangsvermögen aufgefasst, sondern als die zu verschiedenen Zeitpunkten anfallenden „Nichtzins"-Einkünfte" (*Ressourcen*), sind diese durch Abzinsung auf einen einheitlichen Zeitpunkt vergleichbar zu machen. Als Lebensausstattung wird dann der Barwert der lebenszeitlichen „Nichtzins"-Einkünfte verstanden.[60] Saldenmechanisch muss die Lebensausstattung mit dem – auch als *Lebenskonsum* bezeichneten – Barwert des Konsums und des hinterlassenen Vermögens übereinstimmen.[61] Formal lassen sich die Zusammenhänge durch eine intertemporale Budgetgleichung wie (B-1) darstellen. Dabei wird angenommen, dass Individuen von Periode 0 bis T leben. Zum intertemporal konstanten Abzinsungszinssatz i können in beliebiger Höhe Anlagen getätigt und Kredite aufgenommen werden. Die linke Seite von (B-1) beschreibt die Entstehung von Konsummöglichkeiten (Entstehungsseite des Budgets). Zu den „Nichtzins"-Einkünften zählen das – als Erbschaft deutbare – Anfangsvermögen V_0, Lohneinkünfte (Lohnsatz w_t; Arbeitszeit l_t) und Gewinneinkünfte G_t.

---

[60] Mitunter wird in diesem Zusammenhang auch von *Total lifetime income* bzw. *Lebenseinkommen* gesprochen (vgl. etwa KAY and KING 1978 / 1983, S. 80 ; ROSE 1998c, S. 99). Eine solche Begrifflichkeit ist allerdings – allein schon aus sprachlichen Gründen – unpassend. Auch Zinseinkünfte stellen Einkommen dar und die Doppelbelastung des Sparens ist somit konstitutiv für den Einkommensbegriff. Lebenseinkommen werde daher hier als einfache Summe der Periodeneinkommen verstanden (in realen Kaufkraftkategorien gemessen). Vgl. entsprechend HACKMANN (1990, S. 50), der auch einen knappen Überblick über die Verwendung des Begriffes Lebenseinkommen gibt.

[61] ROSE (1998c, S. 99) unterscheidet zwischen Lebenskonsum im engeren und im weiteren Sinne. Nur der Lebenskonsum im weiteren Sinne umfasst auch die „vom Steuerpflichtigen während seines Lebens geleisteten Schenkungen und das von ihm hinterlassene Vermögen."

Die rechte Seite der Gleichung beschreibt die Verwendung des Budgets für Konsum in den einzelnen Perioden (Güterpreise p_t; Gütermengen x_t) und den hinterlassenen Vermögensbestand V_T in T.

$$\text{(B-1)} \qquad \sum_{t=0}^{T} \frac{l_t \cdot w_t + G_t}{(1+i)^t} + V_0 = \sum_{t=0}^{T} \frac{x_t \cdot p_t}{(1+i)^t} + \frac{V_T}{(1+i)^T} .$$

Der Gewinnbegriff umfasst dabei keine Zinseinkünfte, sondern lediglich die sog. *Überrenditen*, d.h. die die kalkulatorische Normalverzinsung des eingesetzten Eigenkapitals überschreitenden Erträge. Praktisch lässt sich ein solcher Gewinn wohl am einfachsten als Bilanzgewinn abzüglich kalkulatorischer Eigenkapitalverzinsung bestimmen.[62] Aufgrund dieser Ermittlungsmethode hat es sich eingebürgert, auch von einer *zinsbereinigten Einkommensteuer* zu sprechen: Wird etwa bei einem Eigenkapital von 100 ein Bilanzgewinn von 30 erzielt, ergibt sich bei einem Zinssatz von 10% der *zinsbereinigte Gewinn* als 20. Dieses Verfahren ist – wenn die Risikoübernahme nicht diskriminiert werden soll – auch im Verlustfall anzuwenden.[63] Vereinfachend kann das Verfahren der Zinsbereinigung

---

[62] Dies impliziert, dass (bei gegebenem Eigenkapital und proportionalem Steuertarif) die durchschnittliche steuerliche Belastung des gesamten Einkommens (einschließlich kalkulatorischer Eigenkapitalverzinsung) mit steigender Eigenkapitalrendite ansteigt. Eine Einkommensteuer mit einer solchen zur Eigenkapitalrendite progressiven Besteuerung gab es schon im China der Kuomintang bis 1946. Dabei blieb eine Mindestkapitalrendite von bis zu 5% steuerfrei. Gerechtfertigt wurde dieser Tarif mit der Förderung der Investitionstätigkeit und der Kapitalbildung von Unternehmen (vgl. LASARS 1993). Die folgende Tabelle gibt den Stufendurchschnittssatztarif an, der nach dem Einkommensteuergesetz von 1936 erhoben wurde.

Eigenkapitalrendite	Durchschnittssteuersatz
unter 5 %	steuerfrei
5 % unter 10 %	3 %
10 % unter 15 %	4 %
15 % unter 20 %	6 %
20 % unter 25 %	8 %
über 25 %	10 %

Tabelle: Steuertarife für gewerbliche Einkünfte unter Berücksichtigung der Eigenkapitalrentabilität (chin. Einkommensteuergesetz 1936)

[63] Vgl. BOND / DEVEREUX (1995). Wird etwa bei einem Eigenkapital von 100 ein Bilanzverlust von 30 erzielt, beträgt bei einem Zinssatz von 10% der steuerlich geltend

auch als Besteuerung des Gesamteinkommens bei gleichzeitiger Gewährung einer *Subvention* auf das Eigenkapital dargestellt werden.[64]

Wie auch aus (B-1) deutlich wird, ist unter idealtypischen Bedingungen (keine Transaktionskosten, keine Unsicherheit, Übereinstimmung der intertemporal konstanten Soll- und Habenzinssätze, unbegrenzte Kreditaufnahmemöglichkeiten) und bei proportionalem und intertemporal konstantem Steuertarif eine Besteuerung des Konsums und des Endvermögens belastungsmäßig äquivalent zu einer Besteuerung von Erbschaften und „Nichtzins"-Einkünften.[65] Eine (vorgelagerte) Besteuerung zu den Einkünfteentstehungszeitpunkten – vielfach wird auch von einem *Prepayment-Approach*[66] gesprochen – entspricht einer Besteuerung zum Einkunftsverwendungszeitpunkt bei einer zinssatzproportional höheren Bemessungsgrundlage.[67] Diese Äquivalenz hängt damit zusammen, dass

---

machbare *zinsbereinigte Verlust* 40.

[64] SIEGEL (2000, S. 737) spricht von einer Kombination der klassischen Einkommensteuer mit einer negativen Vermögensteuer.

[65] Vielfach wird vom Bestehen von Anfangs- und Endvermögen abstrahiert und von einer Äquivalenz von Konsumsteuer und zinsbereinigter Einkommensteuer gesprochen. Diese Äquivalenzbedingung ist nicht nur ohne Anfangs- und Endvermögen ($V_0 = V_T = 0$) erfüllt, sondern auch dann, wenn das Endvermögen dem aufgezinsten Anfangsvermögen entspricht ($V_T = V_0(1+r)^T$), das Individuum also den Barwert des Erbes nicht angreift, sondern ihn – aufgezinst – in vollem Umfang weitervererbt.

[66] Ausgehend von den Begrifflichkeiten könnte bei kreditfinanziertem Konsum allerdings auch eine Steuer auf den Konsum als ein Prepayment einer Besteuerung der Nicht-Zinseinkünfte begriffen werden.

[67] Kann jemand nicht auf Vermögen zurückgreifen und ist die Möglichkeit einer unbegrenzten Kreditaufnahme nicht gegeben, würde eine zu einer Konsumbesteuerung belastungsmäßig äquivalente vorgelagerte Besteuerung es erfordern, dass auch sämtliche Gewinne unbesteuert bleiben, d.h. nur Lohneinkünfte steuerbar wären. Vgl. für eine derartige Argumentation *Structure and Reform of Direct Taxation* (1978, S. 179f.; ähnlich auch in den *Blueprints* 1977 / 1984, S. 115f.). Habe jemand etwa ein Anfangsvermögen von 2.000 und erziele er durch dessen Anlage einen Gewinn von 18.000, so würde bei einem Konsumsteuersatz von 50% ein Netto-Betrag von 10.000 für Konsumzwecke zur Verfügung stehen. Bei einer vorgelagerten Besteuerung stünde hingegen nur ein Anlagebetrag von 1.000 zur Verfügung, damit könnte auch nur ein halb so hoher Gewinn erzielt werden, im Endeffekt ergäbe sich also auch hier ein Netto-Konsumbetrag von 10.000.

Bei bestehenden – den Bedingungen eines vollkommenen Kapitalmarktes entsprechenden – Kreditaufnahmemöglichkeiten lässt sich jedoch der Liquiditätseffekt der vorgelagerten Besteuerung neutralisieren, so dass wiederum ein steuerbarer Brutto-Gewinn von 18.000 erzielt werden kann. Nach Abzug der Fremdkapitalzinsen und

– ein Konsum zu den Einkünfteentstehungszeitpunkten und ein späterer – entsprechend der Verzinsung dann höherer – Konsum im Sinne einer Inanspruchnahme des Lebensbudgets gleich sind. Zinsen bringen – wie schon gesagt – (buchhalterisch) lediglich zu verschiedenen Zeitpunkten anfallende Zahlungen auf einen Nenner.

2.2.2 Die Lebensausstattung als Barwert potentieller lebenszeitlicher „Nichtzins"-Einkünfte

Ausdruck einer möglichkeiten- bzw. potentialorientierten Steuergerechtigkeitsvorstellung ist es, dass die Allokationsentscheidungen eines einzelnen keinen Einfluss auf die Höhe seiner Steuerzahlung haben. Neben der intertemporalen stellt allerdings auch die intratemporale Allokation zwischen Arbeit und Freizeit eine wichtige Entscheidungsebene dar. Wird dieses berücksichtigt, hätte der steuerliche Gleichheitsmaßstab nicht auf das tatsächlich Erwirtschaftete, sondern auf die Einkommenserzielungskapazität abzustellen.[68] Dieses könnte zu der Konsequenz führen, dass Menschen trotz gleich hohen Einkommens unterschiedlich besteuert würden, wenn sie unterschiedlich viel arbeiten.

Der Gleichheitsmaßstab eines solchen „*full-resources* measure of the individual life time endowment" ergibt sich als „present value of potential earnings if the individual were to work *full time* (all the hours available for either work or leisure)."[69] Für eine diese Vorstellung beschreibende formale Darstellung ist die intertemporale Budgetgleichung (B-1) zu ergänzen: Wird die einem Individuum zur Verfügung stehende Zeit auf *1* normiert und die Arbeitszeit mit l beziffert, beträgt der durch Verzicht auf Arbeit ermöglichte „Freizeitkonsum" $(1-l)$. Der Preis einer Freizeiteinheit entspricht dem Lohnsatz w. Ausgaben für den Konsum von Gü-

---

der kalkulatorischen Eigenkapitalverzinsung (Zinssatz: 10%) verbleibt ein steuerbarer zinsbereinigter Gewinn von 17.800, der eine Steuerschuld von 8.900 nach sich zieht. Es verbleiben somit für konsumtive Zwecke 10.000 (1.000 Eigenkapital + 8.900 Gewinn nach Steuern + 100 steuerfreie Eigenkapitalverzinsung), so dass eine Äquivalenz zwischen zinsbereinigter Einkommensteuer und Konsumsteuer gegeben ist.

[68] KRAUSE-JUNK / MÜLLER (1999a, S. 545f.) sprechen von einer Besteuerung der „Chancen zur Einkommenserzielung". Dass eine Konsumsteuer im Grunde auf das Einkommenserzielungspotential („Solleinkommen") abstellt im Gegensatz zu einer sich auf das tatsächlich Erwirtschaftete beziehende Einkommensteuer (s. B.2.4) wird von HACKMANN (1983, S. 668) und KRAUSE-JUNK / MÜLLER (1999a) betont.

[69] ZODROW (1990, S. 98).

tern und für den „Konsum" von Freizeit ergeben zusammen dann das potentiell erzielbare Einkommen. Bei Nichtberücksichtigung von Gewinneinkünften und Anfangs- und Endvermögen ist die Lebensbudgetgleichung dann zu schreiben als:

$$\text{(B-2)} \qquad \sum_{t=0}^{T} \frac{w_t}{(1+i)^t} = \sum_{t=0}^{T} \frac{x_t \cdot p_t + (1-l_t) \cdot w_t}{(1+i)^t}$$

Neben dem „Freizeitkonsum" wäre weiter zu berücksichtigen, dass das Arbeitsangebot auch eine qualitative Dimension hat. Die Entlohnung eines Individuums hängt von seiner Anstrengung und seiner Qualifikation ab. Die Vorstellung, dass zwei Individuen mit gleichen Konsummöglichkeiten auch steuerlich gleich behandelt werden sollten, würde dann darauf hinauslaufen, auf die bei einer bestimmten Begabung (Befähigung) potentiell erzielbaren Einnahmen abzustellen (Fähigkeitsbesteuerung).[70]

Wird von einem solch weiten Begriff der Konsummöglichkeiten ausgegangen, ist es allerdings wiederum nicht sicher, dass Güterkonsum und zinsbereinigtes Einkommen dem Einkommen als Messgröße der Besteuerung überlegen sind. Es lässt sich nämlich nicht ausschließen, dass zwischen der Ausstattung mit *full-resources* und der Höhe der Zinseinkünfte eine positive Beziehung besteht. Würde nun eine Konsumsteuer erhoben, könnte durchaus der Fall eintreten, dass zwei Individuen steuerlich gleich behandelt werden, die aus konzeptioneller Perspektive (bei dem hier angenommenen Gerechtigkeitsverständnis) gerade ungleich zu behandeln wären.[71]

---

[70] Vgl. für ein entsprechendes Gerechtigkeitsverständnis ARROW (1973, S. 260) und auch BRADFORD (1986, S. 154f.).

[71] Das folgende Beispiel mag den dargestellte Fall illustrieren: Betrachtet werden eine kräftige und deshalb hoch entlohnte Person *1* und eine schwächliche und niedrig entlohnte Person *2*. Nun entscheide sich *1* jedoch dafür, relativ wenig zu arbeiten, und zwar gerade so viel, dass sie in jeder Periode so viel Güter wie *2* konsumieren kann. Während bei einer potentialorientierten Besteuerung *1* höhere Steuern als *2* zahlen müsste, ergäbe sich bei einer Güterkonsumsteuer eine gleiche Belastung. Letzteres gilt auch für eine Einkommensteuer, wenn der Güterkonsum einer Periode jeweils aus dem Arbeitseinkommen der betreffenden Periode finanziert wird. Entschließt sich *1* jedoch – etwa aus Risikoüberlegungen – dafür, primär in der Gegenwart zu arbeiten und für seinen Zukunftskonsum Ersparnisse zu bilden, besteht ein

2.2.3 Die Lebensausstattung als konzeptionell relevante Maßstabsgröße für die Steuerverteilung in kritischer Sicht

Die unter B.2.2.2 dargelegten Konsequenzen eines möglichkeitenorientierten Gerechtigkeitsverständnisses geben Anlass, nach dessen normativer Akzeptierbarkeit zu fragen. In einer Welt mit faktisch bestehender Unsicherheit stellt sich zunächst die Frage, wie Glück bzw. Pech im Möglichkeitenbegriff zu berücksichtigen ist.[72] Darüber hinaus ist zu fragen, ob es überhaupt gerecht ist, zwei Individuen mit denselben Möglichkeiten, die diese jedoch unterschiedlich nutzen und deshalb unterschiedliche „ökonomische Ergebnisse" erzielen, gleich stark zu besteuern oder ob es vielmehr auch diese subjektiven Gründe gebieten, auf das Ergebnis abzustellen. Ganz offensichtlich hätte eine Besteuerung der Fähigkeit, Einkommen zu erzielen (Einkommenserzielungskapazität) starke illiberale und die Entscheidungsfreiheit einschränkende Tendenzen: Die Steuerpflicht würde Individuen, die eigentlich eher wenig arbeiten wollen, zu vollem Arbeitseinsatz zwingen. Individuen mit hohen Befähigungen und damit hohem Einkommenspotential, die lieber weniger gut bezahlten (etwa im sozialen oder gesellschaftlichen Bereich) Berufen nachzugehen wünschen, wären gezwungen, zu Spitzenverdienern zu werden. Eine solche freiheitseinschränkende Besteuerung dürfte wohl kaum zu billigen sein. Bestimmte Bereiche der persönlichen Lebensführung wie die sog. Freizeit sollten nicht steuerbar sein. Notwendige Bedingung für die steuerliche Relevanz einer Aktivität wäre demnach eine gewisse Anonymität bzw. Anonymisierbarkeit. Zu einem liberalen Staatsverständnis gehört es, dass der Staat „es zu respektieren [hat], wenn ein Bürger trotz hohen Einkommenspotentials einen Beruf bzw. eine Lebensführung [bzw. eine Arbeits-Freizeit-Entscheidung] wählt, die als Folge dieser Entscheidung zu einem hinter seinem Einkommenspotential zurückbleibenden Einkommen führt. Der Bürger darf nicht durch die auf seinem Potential lastende Steuerzahlungsverpflichtung zu einem

---

positiver Zusammenhang zwischen Konsumpotential und Höhe der Zinseinkünfte. Da im Rahmen einer Einkommensteuer Zinsen steuerbar sind, entspräche die Höherbelastung des Sparens durch eine Einkommensteuer auch den aus der Perspektive einer potentialorientierten Besteuerung zu wünschenden Belastungskonsequenzen.

[72] „Lucky gamblers are not the same as unlucky gamblers" (GRAETZ, 1980, S. 171).

ganz anderen Lebensentwurf für sich selbst genötigt werden" (HACKMANN 1983, S. 687).[73]

Die bislang dargestellten Maßstabsgrößen für die Steuerverteilung wurden mit Gerechtigkeitsvorstellungen begründet, die von der tatsächlichen erzielten Bedürfnisbefriedigung als Gleichheitsmaßstab oder von den zur Bedürfnisbefriedigung zur Verfügung stehenden Mitteln ausgehen. Dabei stellen sich Probleme in doppelter Hinsicht: Zum einen sind die Wertesysteme, auf denen die genannten Maßstabsgrößen beruhen, aus einer normativen Perspektive fragwürdig. Zum anderen bestehen erhebliche Erfassungsprobleme, so dass die wie hier definierten Messgrößen in einem beträchtlichen Umfang von den Maßstabsgrößen abweichen. Dies mag zu dem Schluss führen, dass sich mit den dargestellten Argumenten weder eine Konsumsteuer noch eine Besteuerung der „Nichtzins"-Einkünfte begründen lassen. Aus pragmatischer Sicht könnte dann jedoch argumentiert werden, dass es gerade die aus einer liberalen Perspektive problematischen Implikationen einer steuerlichen Nutzen- wie auch einer Möglichkeitenorientierung seien, mit denen die praktischen Erfassungsprobleme zusammenhängen und dass von daher die hier gemachten normativen Einwände eine Konsumsteuer oder eine zinsbereinigte Steuer gar nicht träfen. Dies ist zwar richtig, allerdings würden die Größen Konsum bzw. zinsbereinigtes Einkommen dann als originäre Maßstabsgrößen – d.h. ohne Rückgriff auf Nutzen oder Konsummöglichkeiten – verstanden. Die Vertreter einer Konsumorientierung präsentieren bis auf eine Rechtfertigung einer Konsumbesteuerung mit dem Entzug ökonomischer Ressourcen für die persönliche Verwendung (vgl. B.2.3) die genannten Besteuerungsformen jedoch nicht in einer solchen Perspektive. Daher soll auch hier eine – wohl nur relativ aufwendig vorstellbare – Prüfung der normativen Rechtfertigbarkeit eines originär auf den Größen Konsum bzw. zinsbereinigtes Einkommen beruhenden steuerlichen Gleichheitsmaßstabes unterbleiben.

---

[73] Vgl. ähnlich auch SCHNEIDER (1979, S. 44ff.) und KIRCHHOF (1985, S. 324f.). Allerdings erstaunt, dass SCHNEIDER (1979) mit dem Argument des Illiberalismus gegen eine Fähigkeitsbesteuerung argumentiert, zugleich jedoch die erzielte Bedürfnisbefriedigung, die – wie zuvor in B.2.1.3 dargestellt – in analoger Weise illiberale Implikationen hat, zum Merkmal steuerlicher Leistungsfähigkeit machen möchte.

2.3 Entzug ökonomischer Ressourcen für eine persönliche Verwendung als Maßstabsgröße für die Steuerverteilung

Eine schon sehr alte Rechtfertigung des Konsums als Maßstabgröße der Besteuerung fußt auf dem Lob der Sparsamkeit. Neben der Ablehnung von Verschwendung aus ethischen Gründen,[74] erlangte mit der ökonomischen Klassik der Verweis auf Wachstumswirkungen eine besondere Bedeutung. Eine Hauptbotschaft von ADAM SMITH ist es, dass eine höhere Ersparnis zu einem größeren Kapitalstock und damit zu mehr Beschäftigung und Wohlstand führe.[75] Konsumiert jemand, stehen damit also gleichzeitig anderen (gegenwärtig oder zukünftig lebenden Menschen) weniger Güter zur Verfügung. „It is only by spending, not by earning or saving, that an individual imposes a burden on the rest of the community in attaining his own ends." Konsum schafft gleichsam „negative Externalitäten" und sollte damit steuerbegründend sein: „An Expenditure base would tax people according to the amount which they take out of the common pool, and not according of what they put into it" (KALDOR 1955, S. 53).[76]

---

[74] Dieses war wohl für merkantilistische Autoren das vorherrschende Argument, wenn als Vorteil von Konsumsteuern (Akzisen) hervorgehoben wurde, dass sie zur Sparsamkeit animieren und Luxus und Verschwendung unterdrücken (vgl. MANN 1937 / 1978, S. 55ff.).

[75] „Whatever a person saves from his revenue he adds to his capital ... Parsimony, and not industry, is the immediate cause to the increase of capital" SMITH (1767, II.iii, 14ff. / 1976, S. 337). Ein größerer Kapitalstock schaffe neue Beschäftigungsmöglichkeiten für Arbeiter und ist Voraussetzung für die Ausstattung der Arbeitskräfte mit besseren Maschinen. „Die fortlaufende Erhöhung der Kapitalgüterbestände, der Prozess der Kapitalakkumulation, ist daher ohne Zweifel von zentraler Bedeutung für die Wohlstandsentwicklung" (GEHRKE 1991², S. 134). Verschwenderischer Konsum bekommt damit eine gesellschaftlich negative Beurteilung: „The prodigal perverts it [his capital] in this manner. ... By diminishing the funds destined for the employment of productive labour, he necessarily diminishes ... the value of the annual produce of the land and labour of the whole country, the real wealth and revenue of its inhabitants. If the prodigality of some was not compensated by the frugality of others, the conduct of every prodigal, by feeding the idle with bread of the industrious, tends not only to beggar himself, but to impoverish his country" (SMITH 1767, II.iii, 14ff. / 1976, S. 339).

[76] Diese Argumentation wird häufig mit HOBBES Plädoyer für Konsumsteuer im *Leviathan* in Verbindung gebracht. Dieses ist darauf zurückzuführen, dass KALDOR auf derselben Seite neben den obigen Ausführungen auch auf HOBBES verweist. HOBBES hatte im *Leviathan* (1651, Ch. XXX; zitiert nach KALDOR 1955, S. 5) argumentiert: „...the Equality of Imposition consisteh rather in the Equality of that which is con-

Drei Punkte verdienen bei der Beurteilung dieses Steuerbegründungsansatzes besondere Aufmerksamkeit. Bei einer auf die Inanspruchnahme volkswirtschaftlicher Ressourcen abstellenden Steuerbegründung wird die Belastung des Konsums im Grunde äquivalenztheoretisch[77] gerechtfertigt. In einem solchen Rahmen lässt sich eine steuerliche Berücksichtigung individueller (familiärer) Verhältnisse – etwa durch Freibeträge oder in der Form eines progressiven Tarifs – nicht begründen. Als zweites ist nach der Höhe der Belastung der Gesellschaft durch Konsum zu fragen. Diese dürfte von der Kapitalknappheit abhängen und mithin im Zeitablauf schwanken.[78] Die „Belastung der Gesellschaft" durch individuellen Konsum wäre damit mehr oder minder stark variabel im Zeitab-

---

sumed, than of the riches of the persons that consume the same. For what reason is there, that he which laboureth much, and sparing the fruits of his labour, consumeth little, should be more charged, than he that living idlely getteth little, and spendeth all he gets: seeing the one hath no more protection from the Commonwealth than the other? But when the Impositions are layd upon those things which men consume, every man payeth Equally for what he useth: Nor is the Common-wealth defrauded by the luxurious waste of private men." HOBBES möchte Steuern zwar auch als Lenkungsabgabe gegen aus ethischen Gründen verwerflichen Luxuskonsum einsetzen, steuerbegründend ist für ihn jedoch (äquivalenztheoretischen Vorstellungen folgend) *the protection from the Commonwealth* (Äquivalenzprinzip). Als Maßstabsgröße der Steuerverteilung scheint ihm dabei die Lebensausstattung vorzuschweben.

Die „common pool"-Argumentation von KALDOR (wie sie sich ähnlich auch bei Smith findet, vgl. Fußnote 75) kann als in gewisser Weise kollektivistisch (sozialistisch) bezeichnet werden. Im Grunde impliziert sie, dass der Einkommenserwerb für die Gesellschaft erfolgt, der „common pool" wird vergrößert. Die private Verfügung erfolgt erst mit dem Konsum und sei im Grunde „gemeinschaftsschädlich". Eine Verfügungsmachtperspektive impliziert als Zweck der Einkommenszielung hingegen die Erhöhung der individuellen Verfügungsmacht. Aus einer solchen Perspektive überrascht es, wenn die Einkommensteuer – insoweit sie als schlechtere Alternative im Vergleich zu einer Konsumbesteuerung gedacht wird – als „sozialistisch konzipiert" (LANG 1994, S. 20) tituliert wird.

[77] Aus der Perspektive einer äquivalenztheoretischen Steuerbegründung gibt es allerdings auch gute Gründe für eine Besteuerung von Zinseinkünften (vgl. für eine entsprechende Argumentation Fußnote 59).

[78] LITTMANN (1991, S. 230ff., speziell S. 232) etwa wirft die Frage auf, ob die Sparquote in der Bundesrepublik Deutschland nicht vielleicht im Vergleich zu anderen Volkswirtschaften, namentlich den USA schon zu hoch sein könnte und mithin eine auf Sparförderung ausgerichtete Steuersystemänderung gar nicht geboten sei.

Makroökonomisch durchaus vorstellbar sind auch Konstellationen, in denen nur negative Realzinssätze Angebot und Nachfrage von Kapital zum Ausgleich bringen können („Kapitalüberschuss"). Eine wie oben als Strafsteuer begründete Konsumbesteuerung implizierte dann eine Subventionierung des Gegenwartskonsums.

lauf, entsprechend wären die Konsumsteuersätze anzupassen oder Konsumsubventionen auszuzahlen.[79]

Dass auch bei dieser Rechtfertigung einer Konsumbesteuerung die Größe Konsum kein originärer Belastungsgrund ist sondern nur eine Indikatorfunktion hat, wird deutlich wenn man die Behauptung, dass „Sparsamkeit und nicht Erwerbsfleiß .. die unmittelbare Ursache für das Anwachsen des Kapitalbestandes" ist, in Frage stellt. Genauso wie durch den Konsum an Gütern werden auch durch den „Konsum" von Freizeit der Gesellschaft potentielle Güter entzogen. Folgerichtig wird in alten Wertekanons die Sparsamkeit meist neben dem Fleiß als zu empfehlende Tugend genannt; Verschwendung und Müßiggang werden gleichermaßen abgelehnt. Es lassen sich auch keine ökonomischen Argumente finden, weshalb Güterkonsum im obigen Sinne „schädlicher" als Freizeit sein sollte.

2.4 Der Zuwachs an ökonomischer Verfügungsmacht als Maßstabsgröße für die Steuerverteilung

Die im Zusammenhang mit den Maßstabsgrößen Nutzen und Lebensausstattung vorgebrachten Kritikpunkte legen es nahe, über Anforderungen an die Gestaltung des Steuerverteilungsmaßstabs aus einer – wie schon angeklungen – liberalen (freiheitlichen) Perspektive nachzudenken. Eine erste solche Anforderung an einen Steuerverteilungsmaßstab dürfte sein, dass er frei von in der Natur von Individuen liegenden subjektiven Sachverhalten ist, für die diese als eigenverantwortlich anzusehen sind. Wie ein Individuum etwas empfindet, sollte unerheblich sein. Bei der Maßstabsgröße muss es sich also um eine objektiv messbare (interpersonell vergleichbare) Größe handeln und das als Maßeinheit dienende Medium muss zwischen beliebigen Individuen direkt übertragbar sein, ohne dass sich bei der Übertragung dessen Wert (abgesehen von Transaktionskosten) ändert.[80] Weiter wäre zu fordern, dass der Steuerpflichtige in Höhe des Wertes der Maßstabsgröße auch tatsächliche Verfügungsmacht über das allgemeine Zahlungsmedium bzw. über das Medium, in dem die Steuerzahlung zu leisten ist, erlangt hat. Ökonomi-

---

[79] Damit wäre im Steuersystem allerdings ein starker automatischer Konjunkturstabilisationsmechanismus eingebaut.

[80] Für eine Nennung des Merkmals der Transferierbarkeit vgl. auch ROEMER (1986) und ELSTER (1992, S. 186ff.).

sche Verfügungsmacht muss also verwirklicht worden sein. Es ist nicht ausreichend, dass ökonomische Verfügungsmacht nur potentiell vorhanden ist bzw. es dem Individuen möglich wäre, sie zu schaffen. Nicht die Möglichkeiten bzw. das Potential sind zu besteuern, sondern das Ergebnis. Dem Individuum wird also die Freiheit belassen, ob es sein Potential nutzt oder nicht. Sind beide Anforderung an eine Maßstabsgröße für die Steuerverteilung erfüllt, hat diese einen anonymen Charakter bzw. ist sie anonymisierbar.

Die Maßstabsgröße Zuwachs an *(freier) ökonomischer Verfügungsmacht* (*Command over Market Resources, Purchasing Power*) erfüllt diese Anforderungen.[81] Der Zuwachs an ökonomischer Verfügungsmacht entspricht dem – in bestimmter Weise verstandenen – Einkommen. Anders als Nutzen, verfügbare Zeit oder der Besitz von Fähigkeiten ist Einkommen eine objektiv messbare Größe; für die Ermittlung des Einkommens bedarf es deshalb keines weiteren Indikators (Maßstabsgröße und Messgröße stimmen überein). Praktisch bedeutet dies, dass sich die durch Einkommen repräsentierte Kaufkraft in direkter und anonymisierter Form auf Dritte übertragen lässt. Auch wenn erst im folgenden Kapitel B.3 der Einkommensbegriff näher verdeutlicht wird, soll schon an dieser Stelle betont werden, dass auch Zinseinkünfte Einkommenscharakter haben. Zinseinkünfte erhöhen die ökonomische Verfügungsmacht eines Individuums. Dadurch, dass sich ein Individuum entschließt, mit dem Konsum „zu warten", erzielt es zusätzliches Einkommen und kann über größere Gütermengen für Güterkonsum- oder Investitionszwecke verfügen. Dabei ist es ohne Bedeutung, dass – aus einer buchhalterischen Perspektive – Zinsen lediglich zu verschiedenen Zeitpunkten anfallende Zahlungen vergleichbar machen. Früher erhaltene Zahlungen sind gerade deshalb mehr wert, d.h. werden weniger stark abgezinst, weil sie es ermöglichen, zusätzliche ökonomische Verfügungsmacht zu erzielen.[82]

---

[81] Für eine Definition von Einkommen als „Zuwachs an ökonomischer Verfügungsmacht" vgl. auch NEUMARK (1947, S. 36). EBNET (1978, S. 57) spricht vom „ökonomisch-finanziellen Dispositionspotential".

[82] Vgl. auch HACKMANN (1983, S. 668). Mit diesem Argument rechtfertigten auch SCHANZ (1896a, 17f.) und die in seiner Tradition stehenden deutschen Finanzwissenschaftler die gleichzeitige Besteuerung von gesparten Einkommensteilen und Zinserträgen (vgl. z.B. MOLL 1924, S. 136).

3 Konkretisierungsprobleme von Einkommen und Konsum

Unter B.2 wurden die Messgrößen Einkommen, „Nichtzins"-Einkünfte und Konsum ausgehend von Maßstabsgrößen der Besteuerung erörtert. Dabei wurde von „informellen" Begriffen ausgegangen, ohne eine genauere Definition zu geben. Dieses soll nun nachgeholt werden, indem die Messgrößen Einkommen und Konsum theoretisch stimmig präzisiert werden, ohne dabei jedoch auf praktische Fragen der Steuererhebung einzugehen. Die Aufmerksamkeit ist dabei vor allem auf den Einkommensbegriff zu richten, weil auf dessen Grundlage später die Bemessungsgrundlage einer umfassenden Einkommensteuer entwickelt werden soll und weil auch die regelmäßig für eine praktische Umsetzung empfohlene Konsumsteuer (in Gestalt einer durch Abzug der Ersparnisse vom Einkommen ermittelten „Ausgabensteuer") am Einkommensbegriff anknüpft. Eine ausdrückliche Erörterung des Begriffes der „Nichtzins"-Einkünfte kann unterbleiben, da er in einem engen begrifflichen Zusammenhang zum Einkommensbegriff steht.

In der Literatur werden die Begriffe Konsum und Einkommen keineswegs einheitlich verstanden. Hier ist nicht der Platz, die Dogmengeschichte der steuerlichen Konsum- und Einkommensdefinitionen[83] im einzelnen nachzuzeichnen. Mithin wird – den Ausführungen in B.2.4 folgend – als Leitlinie von einem Verständnis des Einkommens als „Zugang an ökonomischer Verfügungsmacht" und einem dazu kompatiblen Konsumverständnis ausgegangen. Diese Auffassungen werden dann jeweils mit anderen Meinungen konfrontiert.[84] Ein verfügungsmachtori-

---

[83] Vgl. für eine dogmenhistorische Darstellung der frühen Diskussion über den Einkommensbegriff in Deutschland, den USA und Italien WUELLER (1938a, 1938b, 1939).

[84] Nicht berücksichtigt werden dabei *degenerierte* Einkommensdefinitionen. Für Anhänger konsumorientierter Besteuerungsformen sind Zinseinkünfte oftmals kein Einkommensbestandteil. Mit Blick auf das kroatische Steuersystem schreibt beispielsweise KIESEWETTER (1997, S. 27): „Besteuert werden sollen alle durch Markthandlungen erzielten Einkommen gleichermaßen. Der sichere Zins gilt nicht als Einkommen, was dem ökonomischen Verständnis dieser Größer als Warteprämie für Konsumverzicht entspricht." Mit der gleichen Begründung wären auch Löhne als Prämie für das Arbeitsleid kein Einkommen.

Überhaupt gibt es, was das Einkommens- und Konsumverständnis anbelangt, in ökonomischen Kontexten eine Fülle an Unklarheiten, Ambivalenzen und sogar Konfusionen. Diese begriffliche Verwirrung ist wohl auch auf IRVING FISHER zurückzuführen, der Vermögensmehrungen (Ersparnissen) einen Einkommenscharakter abentiertes Einkommensverständnis passt zu Vorstellungen, wie sie sich in der Literatur unter der Bezeichnung *Reinvermögenszugangskonzept* finden und üblicherweise mit den Namen SCHANZ[85], HAIG[86] und SIMONS[87] in

---

sprach. Einkommen im eigentlichen Sinne sei „Enjoyment income" (FISHER 1930, S. 5) als einer „psychological entity". „Theoretisch würde eine genaue Einkommensteuer ihre Opfer bis zum Mittagstisch verfolgen und ihren Zoll von jedem Bissen erheben, würde mit ihm ins Theater gehen und jedes Lachen besteuern. Keine Einkommensteuer, die vor diesen letzten Befriedigungen haltmacht, kann je eine vollkommene Einkommensteuer sein" (FISHER 1928, S. 33). Wenn auch das Enjoyment Income nicht direkt messbar sei, könne es indirekt (durch einen Indikator) approximiert werden, „by going one step back of it to what is called *real income*. ... *Real income* includes the shelter of a house, the music of a victrola [Schallplattenspieler] or a radio." (1930, S. 5). *Real income* ist als Netto-Nutzleistung eines Gutes bzw. als Konsum zu begreifen. Da sich auch *real income* nicht leicht messen lässt, kann auch auf die Konsumausgaben („cost of living") abgestellt werden. „Enjoyment income, real income, and the cost of living are merely three different stages of income. All three run closely parallel to each other, although they are not exactly synchronous in time. These discrepancies ... are negligible as between real and enjoyment income" (S. 7). „To spend is to pay money for enjoyment which come very soon. To invest is to pay money for enjoyments which are deferred to a later time" (S. 9). „Daraus folgt, dass Ersparnisse und Wertvermehrung im Kapitalswert immer Kapital und nicht Einkommen sind. Sie sind kein Einkommen dadurch, dass sie wieder investiert werden" (1928, S. 28). Dabei ist es ohne Bedeutung, dass Individuen „could use the savings as income and still keep his capital unchanged. Yes, he could, but he didn't, otherwise there would be no savings" (1930, S. 28). Der FISHERsche Einkommensbegriff kann nur als verwirrend bezeichnet werden. Wird Einkommen zum Synonym für Nutzen oder Konsumausgaben, wird er als eigene definitorische Kategorie überflüssig, welches nur zu billigen wäre, wenn eine Differenzierung überflüssig wäre – wovon jedoch nicht auszugehen ist. Vgl. für eine Kritik hieran aus begrifflicher Perspektive HEWETT (1925, S. 13f.) oder LINDAHL (1933, S. 400).

[85] „Wir wollen wissen, welche selbständige wirtschaftliche Kraft eine Person in einer bestimmten Periode darstellt, wollen wissen, welche Mittel sie in dieser Zeit zu ihrer Disposition hat, ohne dass sie ihr eigenes Vermögen verzehrt oder fremde Mittel (Schulden) hinzunimmt" (SCHANZ 1896a, S. 5). Einkommen ist das, „was in einem Zeitabschnitt einer Person derart zugeflossen ist, dass dieselbe darüber disponieren kann, ohne ihr bisheriges Vermögen selbst zu mindern ... Er zeigt uns, welche Leistungsfähigkeit dieser Person in einem bestimmten Zeitmoment zugeführt worden ist. Der Begriff erweist sich als Reinvermögenszugang eines bestimmten Zeitabschnitts inkl. der Nutzungen und geldwerten Leistungen Dritter" (ebd., S. 23).

[86] HAIG (1921, S. 7) definiert Einkommen als „increase or accretion in one's economic power to satisfy his wants in a given period in so far as that power consists of (a) money itself, or, (b) anything susceptible of valuation in terms of money. ... Income is the money value of the net accretion to one's economic power between two points of time." Ein solcher steuerlicher Gleichheitsmaßstab war für ihn allerdings nicht die konzeptionell maßgebliche, sondern nur "the closest practicable approximation of

Verbindung gebracht werden.[88] Es impliziert eine gleichungsmäßige Darstellung[89] des Einkommens einer Periode als (in bestimmter Weise verstandenem) Konsum zuzüglich Vermögensänderung in der betrachteten Periode.[90] Diese Gleichung ist ggf. noch um geleistete Transfers zu

---

true income" (S. 7). Dabei versteht er unter *true income* im Grunde Nutzen („income as a flow of satisfactions") ähnlich FISHERS Konzept des *real income* (vgl. Fußnote 84).

[87] SIMONS (1938, S. 50) definiert steuerbares Einkommen als „sum of (1) the market value of rights exercised in consumption and (2) the change in the value of the store of property rights between the beginning and end of the period in question. In other words, it is merely the result obtained by adding consumption during the period to *wealth* at the end of the period and then subtracting *wealth* at the beginning." SIMONS begründet seine steuerliche Einkommensdefinition eher pragmatisch als konzeptionell, wie sich aus einigen Ausführungen (vgl. vor allem S. 52f.) schließen lässt, die auch deutlich machen, dass er zum Teil auch nutzenorientiert denkt.

[88] Der Name HEWETT (1925, S. 22f.) wird in diesem Zusammenhang kaum genannt, obwohl gerade er klar zwischen *satisfaction* und *income* differenziert. Nutzen als Steuerverteilungsmaßstab lehnt er ab und stellt auf das individuelle Einkommen ab. „Net individual income is the flow of commodities and services accruing to an individual through a period of time and available for disposition after deducting the necessary cost of acquisition." Ob ein Individuum Einkommen erzielt hat oder nicht, könne anhand folgender Testfrage festgestellt werden: „Does it add to his control over part of the social income? If the individual has gained in control over part of the social income, the item must be included as part of his personal income." Einkommen ist „the ability of an individual to command commodities and services" (S. 24). Wenn Hewett eine Beziehung zwischen *individual incomes* und *social income* herstellt, so ist damit nicht gemeint, dass individuelles Einkommen immer mit der Entstehung von Volkseinkommen einhergehen muss; vielmehr soll ausgedrückt werden, dass mit dem Entstehen von individuellen Einkommen gleichzeitig Ansprüche an volkswirtschaftliche Ressourcen entstehen. So stellen nach Hewett auch Schenkungen und Erbschaften (S. 23) und Vermögenswertänderungen aufgrund von Änderungen der relativen Preise (S. 32) Einkommen dar.

[89] Verfügungsmachtvorstellung und gleichungsmäßige Darstellung des Einkommens als Vermögensänderung zuzüglich Konsum sind jedoch nicht identisch. Letztere ließe sich auch mit anderen Einkommensverständnissen verbinden (die dann auch mit anderen Verständnissen von Vermögen bzw. Konsum einhergingen).

[90] Einkommen als Stromgröße lässt sich nur in bezug auf bestimmte Perioden ermitteln. Bei einem positiven Nominalzinssatz kommt der Länge der Zeitspanne, auf die bezogen das steuerpflichtige Einkommen ermittelt und finanzamtlich festgestellt und dem Zeitpunkt der Steuerfälligkeit eine erhebliche Belastungsbedeutung zu. Für den Zeitraum zwischen Einkunftsentstehung bzw. Einkunftszufluss und Steuererhebung wird dem Steuerpflichtigen nämlich vom Fiskus im Grunde ein kostenloser Steuerkredit gewährt. Dieser ist desto größer, je länger die *Einkommensermittlungsperiode* (*Assessment-Periode*) ist und je später Steuerzahlungen zu leisten sind. Die Länge der *Einkommensermittlungsperiode* ist darüber hinaus im Zusammenhang mit Vermö-

erweitern, sofern diese nicht als Konsum gedeutet werden. Die Stromgrößen Einkommen und auch Konsum werden damit auf die Bestandsgröße Vermögen zurückgeführt. Einkommen ist Zugang an ökonomischer Verfügungsmacht, wobei dieser auch negativ (Untergang bzw. Verlust ökonomischer Verfügungsmacht) sein kann. Konsum stellt eine Vermögensverwendung dar (Verbrauch ökonomischer Verfügungsmacht). Wäre nicht konsumiert worden (und hätte der Einkommensbezieher trotzdem überlebt), wäre das Vermögen ceteris paribus im Umfang des Konsums höher. In diesem Sinne ist Konsum als *potentielles Vermögensmehr* zu verstehen.

Um ein präziseres Verständnis der Begriffe Einkommen und Konsum zu gewinnen, ist vor dem soeben erläuterten definitorischem Hintergrund der Blick zunächst auf das Vermögen als die zu einem bestimmten Zeitpunkt vorhandene ökonomische Verfügungsmacht zu richten.[91] Ökonomische Verfügungsmacht zeichnet sich dadurch aus, dass sich durch ihre Hingabe im Tausch unter Anonymen marktliche Güter (einschließlich Dienste) erwerben lassen. Der Besitz eines Gutes bzw. einer Forderung stellt also dann ökonomische Verfügungsmacht dar, wenn es bzw. sie

---

genswertänderungen von Interesse (s. B.3.3.2).

Bei einem progressiven Tarif beeinflusst die Länge der Periode, auf die bezogen die Höhe des nach einem einheitlichen Tarif zu versteuernden Einkommens bemessen wird, auch die Stärke der steuerlichen Belastung. Eine Periodizität der *Bemessungsperiode* bewirkt nämlich in Verbindung mit einer progressiven Tarifgestaltung, dass zwei Steuerpflichtige gleichen Lebenseinkommens jedoch mit unterschiedlicher periodischer Verteilung regelmäßig steuerlich unterschiedlich stark belastet werden, selbst wenn von einer Diskontierung aufgrund des Einkommensanfalls zu unterschiedlichen Zeitpunkten abstrahiert wird: Jemand, der in den zwei betrachteten Perioden ein gleich hohes Einkommen erzielt, wird – gemessen an der nominellen Summe der Steuerzahlungen – stärker belastet als jemand, der in der ersten Periode keine Einkünfte erzielt, in der zweiten Periode dafür jedoch um so höhere. Von finanzwissenschaftlicher Seite wurde daher empfohlen, die Länge der *Bemessungsperiode* nicht – wie in den meisten Staaten – auf ein Jahr festzulegen (die Möglichkeit zu Verlustvor- und –rückträgen schafft allerdings für den Fall negativer Einkünfte eine gewisse Durchbrechung), sondern zu einer *Lebenseinkommensbesteuerung* überzugehen. Sich aus der Progressivität des Steuertarifs ergebende konzeptionelle und steuerpraktische Probleme werden in dieser Arbeit nicht systematisch beachtet. Für die Ausarbeitung einer (praktisch realisierbaren) Lebenseinkommensbesteuerung vgl. HACKMANN (1982) in Anlehnung an HACKMANN (1979). S. dort (S. 44f.) auch für eine Unterscheidung der für die Einkommensbesteuerung relevanten Zeiträume.

[91] Vgl. HACKMANN (1983, S. 669f.). „Wealth ... refers to the total purchasing power a person commands at a given time" (BRADFORD 1986, S. 21).

sich (in seiner Eigenschaft als Vermögensgegenstand) interpersonell übertragen und marktlich veräußern lässt – also *marktfähig* ist. Der Wert des Vermögensgegenstandes entspricht dabei der Höhe der durch ihn ausübbaren ökonomischen Verfügungsmacht bzw. seiner Kaufkraft. Von Problemen der Wertfeststellung, die sich speziell bei Gütern stellen, die weniger marktgängig sind, soll hier zunächst noch abgesehen werden. An dieser Stelle reicht es zu konstatieren, dass der bei einem Verkauf erzielbare (Nettoveräußerungs-)Erlös als grundsätzlicher Orientierungsmaßstab zu dienen hat.

Die aus der abstrakt vermittelten Idee des Verfügungsmachtkonzepts resultierenden Einkommens- und Konsumverständnisse sind im Folgenden noch zu konkretisieren und an anderen Einkommens- und Konsumvorstellungen zu messen. Grundsätzliche Problemfelder sind, welche Sachverhalte Einkommen schaffen und welche Konsum darstellen, wobei – es sei in Erinnerung gerufen – praktische Fragen der Steuererhebung zunächst auszuschließen sind. Nach dem Verfügungsmachtkonzept haben sowohl (Geld-)Einkünfte (in der Form von Lohn-, Gewinn- oder Zinseinkünften) als auch Spekulationsgewinne, Erbschaften oder Schenkungen sowie die Produktion von (anonym veräußerbaren) Gütern für den Eigenverbrauch Einkommenscharakter: Für die Qualifikation von Einkommen ist es unerheblich, welches der Grund (die Ursache) für den Zugang an ökonomischer Verfügungsmacht ist. Darin unterscheidet sich dieser Einkommensbegriff von anderen – in der Literatur verbreiteten – Auffassungen, die noch zusätzliche Bedingungen wie die Marktbezogenheit (s. B.3.1), den Niederschlag im Sozialprodukt (s. B.3.2), die Schaffung einer dauerhaften Entnahmemöglichkeit (s. B.3.3.1) oder eine Realisation (s. B.3.3.2) voraussetzen. Die Diskussion dieser Anforderungskriterien im Folgenden erlaubt gleichzeitig eine Verdeutlichung eines verfügungsmachtorientierten Einkommensverständnisses. Anschließend werden in B.3.4 sich bezüglich des Abgangs an ökonomischer Verfügungsmacht stellende Fragen behandelt. Hierbei geht es darum, wie ein solcher festzustellen ist und unter welchen Umständen er als Verlust (negative Einkünfte) bzw. Konsum aufzufassen ist. Unberücksichtigt bleibt in dieser Arbeit die Frage, ob bestimmte Einkommens- bzw. Konsumverwendungen als nicht steuerbare Sonderausgaben gelten sollten, weil sie – wie etwa existenzsichernde Aufwendungen des Steuerpflichtigen und dessen Familie – aus gesellschaftlicher Sicht als zwangsläufig, unvermeidbar oder indisponibel gelten.[92] Als (primär)

---

[92] Vgl. HACKMANN (2001) wie auch HACKMANN (1972, S. 167ff.) und das dortige Ab-

maßgeblicher Gleichheitsmaßstab wird hier somit der *Zugang an ökonomischer Verfügungsmacht* genommen.

3.1 Marktfähigkeit versus Marktbezogenheit als qualifizierendes Kriterium für steuerbares Einkommen

Nach dem Reinvermögenszugangskonzept stellt Einkommen ein (potentielles) Vermögensmehr dar. Neben Geldeinkünften können Individuen Vermögensvorteile auch dadurch erzielen, dass sie Güter, Dienste und Nutzungen selbst erstellen, die sie sonst am Markt käuflich erwerben müssten. Beispiele hierfür sind *Naturaleinkünfte* wie das Obst aus dem eigenen Garten, aber auch das Bewohnen einer eigenen Wohnung (ersparter Mietzins) und die eigene Verrichtung der Hausarbeit. Stellen auch solche Vermögensvorteile Einkommen dar bzw. wie weit ist der Einkommensbegriff zu fassen?[93] Aus einer Verfügungsmachtperspektive ist es konstitutiv für Einkommen, dass es einem als anonyme Person die Verfügung über Marktgüter ermöglicht. Dieses ist für den Vermögensvorteil eigenerzeugter Güter und Leistungen dann gegeben, wenn diese sich anonym veräußern lassen. Einkommen ist also nicht an einem Vorliegen von Zahlungsströmen auszumachen, sondern an der *Marktfähigkeit* der erwirtschafteten Vermögensvorteile.[94] Aus einer einkommensorientierten Gerechtigkeitssicht müssten somit zwei – sonst gleiche – Personen, von denen eine Geldeinkünfte erzielt, um sich hiermit einen be-

---

stellen auf den *Zugang an freier ökonomischer Verfügungsmacht.*

[93] Diese Frage wurde schon früh in der finanzwissenschaftlichen Literatur gestellt. Vgl. KLEINWÄCHTER (1896), der auf Probleme des Einkommensbegriffs durch entsprechende „Rätselfragen" aufmerksam machen will. Für eine Auseinandersetzung mit diesen Problemen aus einem – allerdings nicht ganz konsequenten – Verfügungsmachtverständnis vgl. SCHANZ (1896b). Auch SIMONS (1938) beschäftigt sich im Rahmen seiner Einkommensdefinition mit den Kleinwächter-Problemen, er weiß allerdings keine Lösung: „The problem is clearly hopeless" (S. 53).

[94] Der Begriff der *Marktfähigkeit* besitzt eine inhaltliche Nähe zu dem in juristischem Schrifttum anzutreffenden Begriff der *Kommerzialisierbarkeit.* So findet sich bei NIESKENS (1989, S. 74) mit Blick auf die Besteuerung der Nutzungsvorteile selbstgenutzten Wohneigentums die Aussage: „Anders ausgedrückt, verlangt die [steuerliche] Erfassung erhöhter wirtschaftlicher Leistungsfähigkeit [im Rahmen einer Einkommensteuer] eine *Kommerzialisierung* der sich aus dem Wirtschaftsgut ergebenden Eigennutzung. Diese Kommerzialisierung verlangt einen umsetzbaren, die Eigennutzung ausdrückenden Marktpreis."

stimmten Warenkorb zu kaufen, und die andere den gleichen Warenkorb selbst erstellt, prinzipiell auch gleich hohe Steuern zahlen.[95]

Auch wenn die konkrete Beurteilung eines Sachverhalts oftmals Schwierigkeiten bereiten wird, dürfte das Kriterium der *Marktfähigkeit* doch eine gewisse Leitlinie für die Abgrenzung einkommensrelevanter (einkommenskonstitutiver) von einkommensirrelevanten Sachverhalten schaffen. Dieses Kriterium erfüllen der Eigenverbrauch eines Landwirts, die Reparatur des eigenen Kraftfahrzeuges oder die Nutzung der eigenen Wohnung („Vermietung an sich selbst"). Demgegenüber wären die eigene Körperpflege oder bestimmte hauswirtschaftliche Eigenleistungen nicht als (an sich steuerbares) Einkommen zu klassifizieren. Eine Ausübung dieser Tätigkeiten hilft zwar Ausgaben zu ersparen, allerdings haben sie einen hohen persönlichen Charakter und lassen sich deshalb kaum anonym (auf dem Markt) veräußern bzw. unterscheiden sich in ihrem Wesen grundlegend von ihren am Markt angebotenen Substituten.[96] Es ist etwas anderes, sein Essen selber zu bereiten oder sich selber zu waschen, als die entsprechende Leistung am Markt zu kaufen.[97]

---

[95] Auch die in dieser Arbeit nicht zu behandelnde Forderung nach neutraler Besteuerung gebietet einen solchen umfassenden Einkommensbegriff.

[96] „Es fällt keinem Menschen ein, dafür, dass er sich selbst ankleidet, sich selbst die Speisen zuführt, seinem Körper die Reinlichkeitspflege angedeihen lässt, einen ökonomischen Wert anzusetzen und sich zu berechnen, was diese Arbeit wert ist, weil er sich auch ankleiden, füttern und waschen lassen könnte. Es sind die Lebensbethätigungen, die man nicht in Geld schätzt. Aehnlich ist es in der Familie; es fällt dem Vater nicht ein, jede Ermahnung, die er den Kindern gibt, oder sonstige Erziehungsakte zu verrechnen ... Es liegt ein Gemeinschaftsleben vor, innerhalb dessen der rechnerische Kalkül in Bezug auf gegenseitige Dienstleistungen für rein persönliche Zwecke zurücktritt; ... Die persönlichen Dienstleistungen wird man nur insoweit in das Einkommen rechnen dürfen, als dieselben nach allgemeiner Anschauung einen Vermögensvorteil darstellen, nach allgemeiner Anschauung auch wirklich in Geld gewertet werden, sonach als ein Reinvermögenszugang gelten" (SCHANZ 1896b, S. 436f.).

[97] Eine dogmenhistorische Auseinandersetzung mit der Frage der Besteuerung des Eigenverbrauchs an Waren und Dienstleistungen sowie der Nutzungswerte dauerhafter Güter kann in dieser Arbeit nicht erfolgen. Es soll lediglich kurz auf die Position von STEICHEN (1995, S. 380f. u. 384ff.) eingegangen werden, da er für sich ebenfalls das Vorliegen *ökonomischer Verfügungsmacht* als Zentralkriterium für eine Steuerbarkeit reklamiert, allerdings eingeschränkt auf den Fall, dass diese *objektiviert* ist. Abgesehen von „beträchtlichen Ermittlungsschwierigkeiten" lehnt er die Besteuerung des Eigenverbrauchs aus Aktivitäten der Privatsphäre deshalb ab, „weil die Produktion in aller Regel zu Lasten der steuerfreien Freizeit geht" (S. 385). Eine solche Argumen-

Ausgehend vom Konzept der *Marktfähigkeit* lässt sich auch eine Antwort auf die Einordnung von Freizeit und Humankapital finden. Da eine Person ihre Zeit – im Unterschied zu den Ergebnissen gewisser Zeitverwendungen – nicht interpersonell übertragen und damit auch nicht veräußern kann, stellt der Geldwert der Freizeit kein Einkommen dar.[98] Aus denselben Gründen gewährt auch der alleinige Besitz von Humankapital noch keine ökonomische Verfügungsmacht. Humankapital als solches ist (in einer Gesellschaft ohne Sklaverei) nicht veräußerbar und lässt sich auch nicht wie Sachkapital von einer Person auf eine andere übertragen.[99] In dieser fehlenden Marktfähigkeit und Transferierbarkeit unterscheidet sich Humankapital grundsätzlich von sonstigen Kapitalien. Änderungen seines (abgezinsten) Ertragswertes haben keinen Einkommenscharakter und es ist deshalb unpassend, das aus dem Humankapital fließende Einkommen als dessen Ertragswertverzinsung anzusehen.[100]

---

tation würde allerdings (gemessen am Zugang ökonomischer Verfügungsmacht) eine Ungleichbehandlung von Menschen, die ihre Freizeit etwa für bezahlte Überstunden am Markt nutzen, und solchen, die sie für Heimarbeit nutzen, implizieren. Eine solche Ungleichbehandlung wird von der - von STEICHEN gerade kritisierten – Markteinkommenskonzeption gefordert, auf die in diesem Kapitel noch eingegangen werden wird. STEICHEN möchte die genannte Ungerechtigkeit dadurch ausgleichen, dass Berufstätige, die nicht über eine entsprechende Freizeit für Eigenproduktion verfügen, eine „realitätsgerechte Pauschale" von der Bemessungsgrundlage abziehen können (S. 386). Seine Vorstellung scheint zu sein, dass Menschen eine bestimmte Stundenanzahl von Zeit haben sollten, die sie steuerfrei für Haushaltsproduktion oder Marktproduktion nutzen können. Diese Auffassung hat eine gewisse inhaltliche Nähe zu einer möglichkeitenorientierten Gerechtigkeitsvorstellung (s. B.2.2.2), die weniger auf das Ergebnis als auf das Potential abstellt. Weitere Argumente von STEICHEN sind steuerpraktischer Natur, wenn hiermit HACKMANNS Kriterium der Veräußerbarkeit („Marktfähigkeit") kritisiert wird (S. 385), erfolgt eine Durchmischung von konzeptioneller und steuerpraktischer Ebene.

[98] Vgl. HACKMANN (1983, S. 670). Die (konzeptionelle) Einbeziehung des in der Freizeit potentiell erzielbaren Einkommens wird gleichwohl von einigen Vertreter einer Einkommensbesteuerung für „appropriate in principle" gehalten. SIMONS (1938, S. 52) etwa schreibt, „that leisure is itself a major item of consumption; that income per hour of leisure, beyond a certain minimum, might well be imputed to persons according to what they might earn per hour if otherwise engaged." Eine solche Auffassung stellt im Grunde jedoch eine Orientierung an der Lebensausstattung dar (s. B.2.2.2) und passt nicht zu einem verfügungsmachtorientierten Einkommensbegriff.

[99] Für ARROW (1999) gehört zum Kapital die Eigenschaft seiner „alienability", also laut Oxford Dictionary die Fähigkeit „to be transferred to new ownership." Allerdings ist dieses „not true for human capital" (S. 4).

[100] Der Vorwurf, dass die *Conventional Income Tax* eine Vorzugsbehandlung des Hu-

Marktfähige eigenerzeugte Güter und Dienste als steuerbares Einkommen aufzufassen („latentes Einkommen"), war für viele ältere Autoren selbstverständlich.[101] In jüngerer Zeit wird in einigen steuerjuristischen Veröffentlichungen allerdings aus konzeptionellen Gründen (also nicht allein erfassungstechnisch) für eine Beschränkung der Steuerbarkeit auf das sog. *Markteinkommen* plädiert. Als Vertreter einer solchen Position ist vor allem der ehemalige Verfassungsrichter KIRCHHOF zu nennen, der seine Position auch verfassungsrechtlich zu untermauern versucht.[102]

---

mankapitals darstelle, ist ein Standardargument der Anhänger konsumorientierter Besteuerung. Vgl. etwa die Beiträge von KAPLOW (1994, 1996a): Während die Besteuerung der realisierten Erträge des Sach- bzw. Finanzkapital entsprechend des *Income-Tax-Modell* erfolge (*Accretion-Prinzip*), würde die Behandlung der Humankapitals dem *Consumption-Tax-Modell* folgen (*Zufluss-Prinzip*). Bei einer idealtypischen Einkommensbesteuerung des Humankapitals müsste nicht auf die empfangenen Löhne abgestellt werden, sondern auf den zum Zeitpunkt der Geburt zu ermittelnden Kapitalwert der künftigen Erträge (*„human capital endowment"*). Da ein solches jedoch aufgrund von Bewertungs- und Liquiditätsproblemen ausscheide, stellt KAPLOW eine *Proxy Taxation of Human Capital* vor, bei der Lohneinkünfte einem höheren Steuersatz unterlägen, „that reflects the extent to which ideal income would otherwise be undertaxed" (1994, S. 1507f.). Praktisch sinnvoller als eine Höherbesteuerung von Arbeitseinkünften sei jedoch die Einführung einer Konsumbesteuerung; auch diese würde die Sach- und Humanvermögensbildung gleich behandeln. Sein Gleichheitsmaßstab ist dabei offensichtlich der einer allokativen Neutralität. Den fundamentalen Unterschied zwischen Human- und Finanz- bzw. Sachkapital kann er auf diese Weise jedoch nicht sehen. Vgl. in diesem Sinne ZELENAK (1995, S. 9): „But, if the theoretical foundation of the income tax is ability to pay, and if future earning capacity creates no current ability to pay, an accrual tax on that capacity would not be justified theoretically. ... At a minimum .. it means that things that are neither cash or nor currently convertible to cash ordinarily should be exempt from tax." Für eine Antwort auf die Kritik ZELENAKs s. KAPLOW (1995).

[101] Vgl. etwa ROSCHER (1886a, S. 376). „Jedes Einkommen besteht aus Producten (Arbeitserfolgen oder Vermögensnutzungen). Diese kann der Producent entweder selbst verbrauchen, oder zur Befriedigung eines dringenden Bedürfnisses gegen andere vertauschen" (S. 371). Ganz explizit zum Volkseinkommen zählt er auch „die zahllosen persönlichen Dienste, welche vom Leistenden selbst genossen werden; [und] auch die meisten Nutzungen von Gebrauchskapitalien, welche der Eigenthümer selbst gebraucht. (Latentes Einkommen!)" (S. 376 i.V.m. S. 374f.). Er verweist allerdings darauf, dass sich manche Posten dieser Einkommensklasse der Berechnung entzögen.

NEUMARK (1947, S. 42) hält eine Einbeziehung des Selbstverbrauchs in den fiskalischen Einkommensbegriff für prinzipiell nicht verzichtbar, wobei allerdings Ermittlungsschwierigkeiten zu berücksichtigen seien.

[102] Vgl. vor allem KIRCHHOF (1988), daneben auch RUPPE (1978, S. 16) und die ausführliche Darstellung bei WITTMANN (1992). Das Markteinkommenskonzept (im normati-

Steuerbares (der Besteuerung konzeptionell zu unterwerfendes) Einkommen entstehe erst durch gegenseitigen Austausch am Markt, d.h. „im Zusammenwirken der Leistung des Einkommensbeziehers und der Zahlungen seines Vertragspartners, [es] setzt den Austausch von Sach- oder Dienstleistungen gegen Geldzahlungen voraus" (KIRCHHOF 1988, S. F 16).[103] Einkommen resultiert also nicht schon allein aus der Erstellung von Gütern oder Leistungen, die am Markt verkauft werden könnten, sondern erst aus deren tatsächlicher Veräußerung.[104] „Einkommen ist

---

ven Sinne) wird entweder als wünschenswerterweise zu verwirklichende theoretische Konzeption oder als aus pragmatischen Gründen der Erfassbarkeit zu empfehlender Ansatz (vgl. z.B. LANG 1988, S. 18f., 21, 30f. und LANG 2002 § 8, RZ 31) aufgefasst. S. für eine Unterscheidung verschiedener Begründungsansätze für eine Beschränkung der Einkommensbesteuerung auf das Markteinkommen auch TIPKE (1993, S. 565ff.), der hervorhebt: „Die Schwierigkeiten im Umgang mit der Reinvermögenszugangstheorie sind weniger theoretischer als vielmehr praktischer Art. Es bereitet mehr oder weniger große praktische Schwierigkeiten, nicht am Markt erwirtschaftetes Einkommen ... zu erfassen." Allerdings sei eine gänzliche Beschränkung auf das Markteinkommen weder angemessen noch aus Praktikabilitätsgründen erforderlich (ebd., S. 589).

Teilweise wird das Markteinkommenskonzept auch als im deutschen Steuerrecht umgesetzt angesehen (so etwa LANG 2002, § 8, RZ 30). Für eine Kritik hieran sowie am Markteinkommenskonzept insgesamt vgl. STEICHEN (1995) und SÖHN (1995). SÖHN geht auch auf die unterschiedlichen Markteinkommenskonzeptionen ein (S. 344ff.) und kommt zu dem Ergebnis, dass sich „der Steuergegenstand des Einkommensteuergesetzes ... jedenfalls tatsächlich nicht mit der Größe ‚Markteinkommen' [deckt]" (S. 346). Er verweist dabei die frühere Nutzungswertbesteuerung und die Besteuerung von Unterhaltsbezügen i.S. des § 22 Nr. 1a EStG. Des weiteren ist auch die Handhabung von Lohn- und Einkommensersatzleistungen im deutschen Steuerrecht nicht markteinkommenskonform. Diese sind zwar steuerbefreit, es gibt allerdings einen Progressionsvorbehalt (§ 32b EStG). Auch Erbschaften und Schenkungen sind in Deutschland steuerpflichtig, wenn sie auch statt durch die reguläre Einkommensteuer mit Erbschaft- und Schenkungsteuer durch spezielle Einkommensteuern erfasst werden. Für einen weitere Nichtübereinstimmung von deutschem Steuerrecht und Markteinkommenskonzept vgl. Fußnote 107.

[103] Anders als beim Verfügungsmachtkonzept wird beim Markteinkommenskonzept also nicht schon auf die *Marktfähigkeit* eines Gutes – dass es potentiell am Markt gehandelt werden könnte – abgestellt, sondern auf die *Marktbezogenheit* des konkreten Gegenstandes – dass konkret dieses Stück am Markt gehandelt wurde. Bei „entsprechender" Interpretation der Begründung von KIRCHHOF für das Marktbezogenheitskriteriums könnte sich allerdings vermuten lassen, dass es im Grunde seiner Intention entspräche, auf die Marktfähigkeit abzustellen. Vgl. hierzu auch Fußnote 105.

[104] Es kann nur überraschen, wenn das Markteinkommenskonzept von deren Vertretern (etwa LANG 2002, § 8, RZ 30) häufig auf ROSCHER und (etwa von WITTMANN 1992, S. 123) auf NEUMARK zurückgeführt wird. Vgl. zu deren Position Fußnote 101.

nicht steuerbar, weil es wirtschaftliche Handlungsfreiheit vermittelt, sondern weil die Rechtsgemeinschaft an seinem Entstehen mitgewirkt hat. ... Gesteigert sozialpflichtig ist nicht der Vermögenszuwachs, sondern das von anderen Erworbene" (ebd., S. F 20f.). „Das Erwerben ist ein Vorgang des wirtschaftlichen Begegnens mit dem Mitbürger, mit dem staatlich organisierten und geförderten Markt unter Nutzung der vom Staat angebotenen rechtlichen Ordnung. Die Steuer realisiert den Anteil des Staates an dem individuellen Erwerb. Steuerbar sind *Einnahmen aus der Nutzung einer marktabhängigen Erwerbungsgrundlage*" (ebd., S. 23f.).

Ein solches Einkommensverständnis impliziert im Grunde eine äquivalenztheoretische Überdeckung des Leistungsfähigkeitsprinzips.[105] Neben der Problematik einer äquivalenztheoretischen Gerechtigkeitsperspektive kann die Einengung der im Äquivalenzsinne zu vergütenden Leistung des Staates auf den Markt, zu kaum zu billigenden Ergebnissen führen:[106] Verzichten Individuen auf den vom Staat angebotenen rechtlichen Ordnung zur Abwicklung ihrer Transaktionen (z.B. Schwarzarbeit), lässt sich Steuerbarkeit nicht begründen. Aus der Entscheidung für den Verzicht auf eine Besteuerung würde damit konzeptionell die Steuerfreiheit resultieren. Ähnliches gilt für Einkünfte aus illegalen Aktivitäten, auch diese wären steuerlich freizustellen.[107] Des weiteren schafft ein auf

---

[105] TIPKE (2002, S. 156) spricht davon, dass „das Leistungsfähigkeitsprinzip unnötig mit dem Äquivalenzprinzip vermischt [und] die Äquivalenz dabei zu eindimensional auf den Markt bezogen [wird]."

An anderer Stelle findet sich jedoch auch bei KIRCHHOF eine konkrete Bezugnahme auf das Leistungsfähigkeitsprinzip, die sich in der Verfügungsmöglichkeit über „besteuerbare Wirtschaftsgüter" messe, wobei die Steuerbarkeit eines Gutes dadurch als gegeben angesehen wird, dass sie eine *Zahlungsfähigkeit* des Steuerpflichtigen ausweist (vgl. KIRCHHOF 1985, S. 321). Eine solche Zahlungsfähigkeit weisen unzweifelhaft jedoch auch eigenproduzierte Güter und Leistungen aus, wenn sie *marktfähig* sind. Die Argumentation bei KIRCHHOF steht damit in gewisser Weise zu sich selbst in einem Widerspruch. Diese Widersprüchlichkeit könnte die Einschätzung begründen, dass es der eigentlichen Intention der sog. „Markteinkommenstheorie" entspricht, auf die *Marktfähigkeit* abzustellen und dass Kriterium der *Marktbezogenheit* lediglich eine Fehlformulierung darstellt.

[106] Überzeugen kann auch nicht folgender Fall: Verkauft jemand ein selbst erstelltes Gut, schafft er damit steuerbares Einkommen. Der Einkommenscharakter bleibt auch dann bestehen, wenn der Verkäufer sich nach einer gewissen Zeit entscheidet, den Gegenstand doch wieder selbst zu besitzen und ihn zurückkauft. Hätte er ihn allerdings gleich behalten, läge kein steuerbares Einkommen vor.

[107] Vgl. in diesem Sinne auch STEICHEN (1995, S. 372).

In Deutschland ist es für die Steuerbarkeit unerheblich, ob der steuerlich relevante die konkrete Marktbezogenheit abstellendes Konzept aus sich heraus (also nicht bloß auf Erfassungs- oder Beurteilungsproblemen beruhende) gravierende Abgrenzungsprobleme. So wird die Steuerbarkeit des Eigenverbrauchs (Entnahmetatbestände beim eigenen Unternehmen) damit begründet, dass die für die Erstellung der betreffenden Güter eingesetzte Erwerbsgrundlage wohl regelmäßig zu großen Teilen auch auf Markttransaktionen zurückgehe (ebd., S. 26). Wird eine solche Argumentationslogik konsequent zu Ende gedacht, müssten auch viele der von privaten Haushalten erstellten marktfähigen Güter steuerbar sein, da auch deren Erstellung regelmäßig zu einem bedeutenden Teil auf marktbezogen Inputs beruht.[108]

3.2 Niederschlag im Sozialprodukt als Anforderungskriterium an die Steuerbarkeit von Einkünften

Als ein gedanklicher Ausgangspunkt für das Markteinkommenskonzept wird von seinen Vertretern häufig die Auffassung genannt, dass steuerbares Individualeinkommen aus einer Beteiligung des Empfängers an der Bildung des Sozialprodukts stammen müsse.[109] Ausgehend von der Vorstellung, dass nicht das gesamte Volksvermögen sondern nur der jährlich neu produzierte Reichtum als Fonds zur Besteuerung dienen könne,[110] wird die Schlussfolgerung gezogen, dass auch auf der indivi-

---

Tatbestand gegen ein gesetzliches Gebot verstößt (§ 40 AO). Auch dieses Beispiel verdeutlicht, dass die Behauptung, der deutschen Steuergesetzgebung liege die Markteinkommenskonzeption zugrunde (vgl. Fußnote 102) nicht richtig sein kann.

[108] Vgl. ähnlich auch SÖHN (1995, S. 350) unter Bezugnahme auf WITTMANN (1992, S. 95ff.).

[109] Vgl. etwa RUPPE (1978, S. 16).

[110] Etwa LOTZ (1917, S. 446): „Da aber hier nur vorhandene geldwerte Güter übertragen werden, so wird ein andrer innerhalb der Volkswirtschaft um so viel ärmer und weniger steuerkräftig als der Erwerber. Würde in einem Lande bloß spekuliert, gespielt, gewettet, geerbt und nicht produziert, so würde kein Fonds über den vorhandenen Reichtum hinaus gebildet, von dem das Gemeinwesen dauernd Steuern gewinnen könnte. Die Volkswirtschaft liefert nur mehr an Mitteln für Steuern, wenn die Produktion erfolgreich gesteigert worden ist und wenn bei bestehender Geldwirtschaft mehr Geldwerte an Gütern, Nutzungen und Diensten verfügbar geworden sind, als an Kosten aufgewandt worden ist." Dogmenhistorisch hängt diese Auffassung mit der Ende des 19. Jahrhunderts entstandenen *Quellentheorie* zusammen (ROSCHER 1886a, LOTZ 1917 und – in dieser Tradition stehend – auch NEUMARK 1947).

duellen Ebene nur das Vermögensmehr einer Person steuerbar sein sollte, das originär, d.h. neu entstanden sei, dem also eine entsprechende Produktion von Gütern und Diensten gegenüberstehe.[111] Einkünfte, denen bei einer (oder mehreren) anderen Person ein gleich großer Verlust an nicht für eigenen Konsum verwendeter realer ökonomischer Verfügungsmacht entspricht, wären demnach nicht steuerbar. Zu diesen *abgeleiteten Einkünften* zählen gewisse Arten von Vermögenswertänderungen, Glücksspielgewinne und Übertragungen (Erbschaften, Schenkungen, gefundenes Geld und staatliche Transfers).[112]

Auch wenn an dieser Stelle noch nicht diskutiert werden soll, inwieweit die unterschiedlichen Arten abgeleiteter Einkünfte steuerbar sein sollten, ist jedoch darauf hinzuweisen, dass die Auffassung, dass Steuern nur aus den *Früchten* und nicht aus dem *Vermögensstamm* aufgebracht werden sollten, wird sie gesamtwirtschaftlich verstanden, keineswegs impliziert, dass dieses auch für jede einzelne Person gelten muss. Dies macht es auch sinnvoll, zwischen dem steuerlichen Einkommensbegriff und

---

„Die Quellentheorie beruht auf der römisch-rechtlichen Unterscheidung zwischen Stamm und Frucht und verweist den Stamm (die Quelle) in den nichtsteuerbaren Bereich. Hierin steckt zweierlei: Erstens sind Wertänderungen der Quelle steuerlich unbeachtlich, und zweitens werden nur die Einnahmen, die [das Potential haben,] regelmäßig aus einer Quelle [zu] fließen, besteuert" (HOMBURG 1997, S. 219f.). Vgl. für eine Darstellung der Vertreter der Quellentheorie mit entsprechenden Zitaten SCHANZ (1896a, S. 12ff.), den ein derartiger Einkommensbegriff konzeptionell nicht überzeugte, weil für die meisten Einkunftsarten eine Regelmäßigkeit des Anfalls und der Höhe nicht gegeben sei und sich eine scharfe Trennlinie somit nicht ziehen lasse.

[111] „Individualeinkommen kann nur als *Teil des Volkseinkommens* entstehen. ... Das durch wirtschaftliche Tätigkeit Hinzuerworbene lässt den Einkommensempfänger an der Bildung des Sozialprodukts teilhaben. Das Sozialprodukt ist jener Teil der Jahreserzeugnisse einer Wirtschaftsgesellschaft (des Nationalprodukts), der auf die Märkte gelangt ... Individualeinkommen ist deshalb Teil des durch die Wirtschaftsgemeinschaft produzierten, durch die Marktnachfrage anerkannten Wertzuwachses (KIRCHHOF 1988, S. F 17). Ähnliche Äußerungen finden sich bei RUPPE (1978, S. 16) und WITTMANN (1992, S. 8f.). Als Referenz für die Auffassung, dass Individualeinkommen nur dann steuerbar sein sollte, wenn es gleichzeitig Teil des Volkseinkommens sei, wird dabei gern auf ROSCHER und NEUMARK verwiesen (etwa von RUPPE 1978, S. 16 oder WITTMANN 1992, S. 8). Jedoch gerade diese Autoren unterscheiden zwischen einem „ökonomischen" und einem „fiskalischen Einkommensbegriff" (vgl. etwa ROSCHER 1886a, §146, S. 374f. und 1886b, § 72, S. 292 und NEUMARK 1947ff.).

[112] Die Bezeichnung „Übertragung" wird hier als Oberbegriff für alle Arten von Leistungen ohne Gegenleistung verwendet. Er umfasst damit sowohl Übertragungen unter Privaten (Erbschaften und Schenkungen), Spenden als auch staatliche Transfers (sofern es sich bei diesen nicht um Versicherungsleistungen handelt).

demjenigen der Volkswirtschaftlichen Gesamtrechnung zu unterscheiden.[113] Während letzterer auf die Erfassung gesamtwirtschaftlicher Größen abstellt, geht es bei ersterem darum, die als „Anspruch auf einen entsprechenden Teil des jeweiligen Sozialproduktes"[114] verstandene Leistungsfähigkeit der einzelnen Personen zu erfassen, unabhängig davon wie viel diese jeweils zum Volkseinkommen beigetragen haben. Ein „All-purpose-Einkommensbegriff" würde daher keinen Sinn machen.[115]

Abgesehen davon verwundert es auch, weshalb manche Autoren, die Vorstellung der Sozialproduktsgebundenheit des steuerbaren Einkommens gerade mit dem Markteinkommenskonzept in Verbindung bringen.[116] Beide Auffassungen sind – trotz gewisser Berührungspunkte – grundverschieden. Während sich das Markteinkommenskonzept auf einen Vorgang (Art und Weise der Einkommensentstehung) bezieht, stellt die Anforderung der Sozialproduktswirksamkeit grundsätzlich auf die Ergebnisse von Produktionsvorgängen ab. In eine ökonomisch sinnvollen Volkseinkommensdefinition sollten deshalb auch die erzeugten Güter einfließen, die nicht über den Markt umgesetzt werden;[117] dies entspricht auch – wenn die Erfassungsprobleme nicht zu groß werden – der statistischen Praxis.[118] Markteinkommen in dem Sinne, dass sie unter

---

[113] „Der Begriff des Sozialprodukts [wurde] nicht für den Zweck konzipiert .., ein sinnvolles Kriterium für die Bestimmung des steuerlichen Einkommens zu liefern" (EBNET 1978, S. 72). Der unterschiedliche Informationsgehalt der Begriffe des Volkseinkommens und der des persönlichen Einkommens wurde besonders von SIMONS hervorgehoben. „In Simons' view, calculation of social income has a different purpose than calculation of personal income, and different definitions, therefore, were in order." (MCCOMBS 1990, S. 483f.).

[114] OBERHAUSER (1998, S. 114).

[115] Ein anderer „All-purpose"-Ansatz möchte nicht den steuerbaren Einkommensbegriff verengen, sondern auch Capital Gains in ein *Extended Account for National Income and Product* einbeziehen. Vgl. EISNER (1988, S. 1611, speziell S. 1624).

[116] Selbst Kritiker der Markteinkommenskonzept stellen eine solche Verbindung her. „Mit der Markteinkommenstheorie wird eine Brücke geschlagen zwischen dem steuerrechtlichen Einkommensbegriff und der volkswirtschaftlichen Gesamtrechnung: Einkünfte sind nur dann steuerpflichtig, wenn sie auch einen selbständigen Teil des Volkseinkommens bilden" (STEICHEN 1995, S. 369).

[117] Nur so wäre das Volkseinkommen Indikator der Güterversorgung bzw. Knappheitsminderung in einer Volkswirtschaft. Vgl. hierzu auch die umfassende Volkseinkommensdefinition ROSCHERs in Fußnote 101.

[118] Die deutsche volkswirtschaftliche Gesamtrechnung berücksichtigt explizit die „Produktion für die Eigenverwendung", wobei die Herstellungspreise vergleichbarer auf dem Markt verkaufter Güter angesetzt werden (vgl. BLESES 1999, S. 263, 268f.).

Nutzung der vom Staat angebotenen rechtlichen Ordnung entstanden sind, wären hingegen auch die grundsätzlich nicht sozialproduktswirksamen Lotterie- und realisierten Spekulationsgewinne.

3.3 Steuerbarkeit von Vermögenswertänderungen

3.3.1 Zum Einkommenscharakter von Vermögenswertänderungen allgemein

Hat Vermögen (Güter und Forderungen) die Eigenschaft, dass es anonym (auf dem Markt) veräußerbar ist, informiert es über die ökonomische Verfügungsmacht zu einem bestimmten Zeitpunkt. Der Vermögenswert eines Gutes oder einer Forderung entspricht – wie schon gesagt – seinem bei (bestmöglicher) Veräußerung erzielbaren Netto-Preis. Ist dieser Preis ein Datum – d.h. kann er vom Steuerpflichtigen nicht merklich beeinflusst werden – entspricht er dem Marktpreis.[119] Reale (inflationsbereinigte)[120] Änderungen in den Marktwerten der Vermögenstitel eines Individuums ändern damit auch dessen ökonomische Verfügungsmacht oder – anders ausgedrückt – sind einkommenswirksam. Auf die Ursache für die Vermögenswertänderungen kommt es dabei nicht an.[121] Ein konzeptionell am Verfügungsmachtkonzept ausgerichteter Einkommensbegriff würde damit sowohl Wertminderungen von Vermögensgegenständen aufgrund von Abnutzung als auch solche aufgrund von Preis- und Zinssatzänderungen oder geänderten Zukunftserwartungen berücksichtigen. Letztere werden (wie in den nächsten Absätzen dargestellt) oftmals auch als Kapitalgewinne bzw. -verluste (Capital Gains bzw. Capital Losses) bezeichnet.

Obwohl für den steuerlichen Einkommensbegriff im Sinne des Reinvermögenszugangskonzepts konzeptionell nicht zwischen den verschiedenen Ursachen von Wertänderungen zu unterscheiden ist, wird eine sol-

---

Im Übrigen werden vor allem die Eigennutzungen von Wohnungen als einkommens- und sozialproduktswirksam erfasst.

[119] Würde die Veräußerung eines Vermögensgutes den Marktpreis beeinflussen, wäre dieser Effekt bei der Vermögensbewertung zu berücksichtigen.

[120] Rein nominelle, auf Preisniveauveränderungen beruhende Vermögenswertänderungen stellen keinen Zuwachs an ökonomischer Verfügungsmacht dar. Vgl. zur Berücksichtigung von Preisniveauänderungen beispielsweise EBNET (1978, S. 92ff.).

[121] Vgl. HACKMANN (1985, S. 422).

che Differenzierung sowohl in der steuertheoretischen als auch steuerpraktischen Diskussion häufig vorgenommen.[122] Dieses hängt damit zusammen, dass für die steuerliche Einkommensdefinition häufig auf den *kapitaltheoretischen Einkommensbegriff* in der Tradition von FISHER, LINDAHL und HICKS zurückgegriffen wird – selbst wenn es dabei nicht unbedingt deren Intentionen entsprach, einen steuerlichen Einkommensbegriff zu formulieren. Kapitaltheoretisch ergibt sich der Wert eines Vermögensgegenstandes als Ertragswert (Kapitalwert), d.h. als Barwert des mit diesem Vermögensgegenstand verbundenen Zahlungsstroms. Einkommen im kapitaltheoretischen Sinne („ökonomischer Gewinn") ist als Verzinsung dieses Ertragswertes mit dem Kalkulationszinsfuß („income as interest"[123]) zu verstehen.[124] Alternativ kann der sog. „ökonomische Gewinn" auch als Cash-flow zuzüglich der Ertragswertab- bzw. -zuschreibungen in der betreffenden Periode bestimmt werden.[125] Im Umfang dieses Betrages kann das Individuum Mittel für Konsumzwecke entnehmen[126], ohne dass dies eine andauernd gleich hohe künfige Entnahmemöglichkeit verhindert ("dauerhafte Entnahmemöglichkeit"[127])

Da künftige Zahlungsströme wie auch künftige Zinssätze grundsätzlich der Unsicherheit unterliegen und die Bewertung der Zukunft subjektiv ist, handelt es sich bei dem kapitaltheoretischen Einkommen im Prinzip um eine (subjektive) Erwartungsgröße. Stellen sich die Erwartungen über die Höhe der künftigen Zinssätze oder über die Höhe des künftigen

---

[122] Eine systematische Zusammenstellung von und Auseinandersetzung mit Argumenten gegen eine Steuerbarkeit von Wertzuwächsen als Einkommen findet sich bei NAUST (1983, S. 187ff.). Der Verfasser zeigt zwar gewisse Sympathien für den Konsum als Leistungsfähigkeitskriterium, argumentiert jedoch in dem betreffenden Abschnitt aus der Perspektive, dass Einkommen besteuert werden sollte.

[123] LINDAHL (1933, S. 400).

[124] Der kapitaltheoretische Einkommensbegriff ähnelt dem Einkommensbegriff der älteren Quellentheorie des Einkommens, nach der Einkommen das Bestehen einer ständig (regelmäßig) fließenden Einkommensquelle voraussetzt. Vgl. zur Quellentheorie Fußnote 110.

[125] Aus sprachlichen Vereinfachungsgründen wird der Begriff Abschreibungen im Folgenden so verstanden, dass er auch Zuschreibungen umfasst.

[126] Dabei wird unterstellt, dass die Abschreibungen wieder zum Kalkulationszinsfuß angelegt werden können.

[127] Einkommen ist „the maximum value which [a man] can consume during a week, and still expect to be as well off at the end of the week as he was at the beginning. Thus, when a person saves, he plans to be better off in the future; when he lives beyond his income, he plans to be worse off." (HICKS 1946, S. 172).

Zahlungsstrom als falsch heraus, ändert sich der Kapitalwert. Solche Änderungen des Kapitalwertes („*Adjustments*") werden als Kapitalgewinne bzw. -verluste (Capital Gains bzw. Capital Losses) bezeichnet, aufgrund ihrer Unerwartetheit spricht man auch von *Windfalls*. Da sie keine dauerhafte Entnahme ermöglichen, handelt es sich (wegen ihres analytischen Einmalcharakters) kapitaltheoretisch nicht um Einkommen.[128] Würde ein z.B. aus einer Zinssatzsenkung resultierender Capital Gain entnommen werden, könnte künftig nur noch ein geringeres periodisches Einkommen als das vorher dauerhaft entnehmbare erzielt werden.[129] Auch wenn der Capital Gain aus der Erwartung höherer künftiger Zahlungsströme resultiert, ist keine dauerhafte Entnahmemöglichkeit gegeben. Der Capital Gain ist ein „Kapitalgewinn", der lediglich Zins- und einmalige Erwartungsänderungen reflektiert; er sei deshalb der „Vermögenssphäre" und nicht der „Einkommenssphäre" zuzurechnen.

Mitunter wird auch argumentiert, dass eine gleichzeitige Besteuerung von Kapitalgewinnen und laufenden Erträgen eine Doppelbelastung bedeute, da gleichzeitig Vermögensstamm und die Erträge aus diesem belastet würden. Eine solche Argumentation ist verständlich (und im Grunde auch richtig), da die Ertragswerte von Vermögensgütern auf den erwarteten Zukunftserträgen basieren. Aus einer verfügungsmachtorientierten Gerechtigkeitsperspektive ist gleichwohl einzuwenden, dass unterschiedliche Sachverhalte besteuert würden, daher es unangemessen sei von einer Doppelbelastung zu sprechen. Durch „Glück" gewonnenes Vermögen darf danach nicht anders behandelt werden als auf andere Art erworbenes.[130] Jemand, der einen Capital Gain erzielt, muss – im Ver-

---

[128] „These adjustments of the existing capital values have of course a quite different economic meaning from an increase or reduction in capital value through an excess or deficit of current interest in relation to consumption" (LINDAHL 1933, S. 404). Sie sind damit kein Einkommensbestandteil. „Income as interest can thus be said to correspond to the total sum of consumption and the saving expected to take place during a certain period, the element of saving being expressed in the value of the capital, exclusive of gains and losses" (LINDAHL 1933, S. 401).

[129] Diesem Argument maß KALDOR eine sehr große Bedeutung bei. Wenn eine Einkommensteuer erhoben würde, sollten auf Zinsänderungen zurückzuführende Vermögenswertänderungen kein Bestandteil der Bemessungsgrundlage sein. Es handele sich nämlich lediglich um fiktive Wertänderungen. Bei Realisation einer auf einen Zinsrückgang zurückzuführenden Wertsteigerung könne ein Individuum zwar gegenwärtig über mehr Konsumgüter verfügen, aber „without a corresponding increase in the flow of real income accruing from that wealth" (KALDOR 1965, S. 44).

[130] Eine andere konsequente Alternative wäre es, nicht lediglich Capital Gains in

gleich zu (sonst identischen) anderen – in geringerem Maße auf gegenwärtigen Konsum verzichten, um denselben Einkommensstrom zu erzielen.[131] Abgesehen vom Gleichbehandlungsargument dürfte es auch praktisch unmöglich sein wird, zu identifizieren ob eine Wertänderung erwartet worden ist oder nicht.[132]

Der kapitaltheoretische Einkommensbegriff ist ursprünglich nicht für steuerliche Zwecke entwickelt worden. Die subjektive[133] und ex-ante-orientierte Ausrichtung des kapitaltheoretischen Einkommensbegriffes wurde damit begründet, dass: „The purpose of income calculations in practical affairs is to give people an indication of the amount which they can consume without impoverishing themselves."[134] Dieses Einkommen sei die Basis für die Entscheidungsfindungen der Individuen und sei damit für die theoretische Ökonomie, die Ursache-Wirkungs-Beziehun-

---

konsumorientierender Weise zu behandeln, sondern – wie IRVING FISHER – aus der Anforderung der dauerhaften Entnahmemöglichkeit an Einkommen die Schlußfolgerung zu ziehen, dass alle für die Bildung von Ersparnissen verwendeten Mittel kein Einkommen darstellen und daher der Konsum zu besteuern sei. Der kapitaltheoretische Einkommensbegriff hängt eng mit FISHERS Einkommensdefinition zusammen. LINDAHL beginnt seinen maßgeblichen Aufsatz von 1933 (S. 399) denn auch: „The main essentials of the concept of income have perhaps been most clearly laid down by IRVING FISHER in his well-known definitions: ‚A *stock of wealth* existing at a given *instant* of time is called *capital*; a *flow of benefits* from wealth through a *period* of time is called *income*.'" Anschließend kritisiert LINDAHL, dass FISHER jedoch die Begriffe *Einkommen* und *Konsum* als Synonyme verwende. „It should also be possible to construct quite logically a concept of income to include saving, starting from the same premises as IRVING FISHER."

131 Damit ist auch die Steuerbarkeit von auf Zinssatzänderungen zurückzuführende Capital Gains zu rechtfertigen.

132 Sollen auf Windfalls beruhende Vermögenswertänderungen unbesteuert bleiben, müssen die Ex-ante Auszahlungsströme bekannt sein, um auf diese Weise die erwarteten Ertragswertabschreibungen bzw. -zuschreibungen bestimmen zu können. Da hiervon nicht ausgegangen werden kann, erweist sich der kapitaltheoretische Einkommensbegriff als nicht operationabel.

133 Damit ist die Höhe des Einkommens „dependent on the particular expectations of the individual in question" (HICKS 1946, S. 177). Einkommensdefinitionen „are concerned with what a person can consume during a week and still *expect* to be as well off as he was. ...Nothing is said about the realization of this expectation" (ebd., S. 178). Vgl. ähnlich LINDAHL (1933, S. 402).

134 HICKS (1946, S. 172). „Remembering that the practical purpose of income is to serve as a guide for prudent conduct, I think it is fairly clear that this is what the central meaning must be."

gen bestimmen wolle, von Interesse.[135] Eine Verbindung mit Besteuerungsfragen findet sich in HICKS' (1946) und LINDAHLS ursprünglichem Beiträgen denn auch nicht. Auch spätere – ausdrücklich Besteuerungsfragen einschließende – Äußerungen von HICKS sind nicht so zu werten, dass der kapitaltheoretische Gewinnbegriff als Maßstab für die Steuerverteilung zu nehmen sei.[136]

3.3.2 Die Realisation als Anforderungskriterium an die Steuerbarkeit von Einkünften

Das Verfügungsmachtkonzept macht eine Einkommensentstehung nicht davon abhängig, dass ein Zufluss von Geld stattgefunden, sondern dass das Individuum in den Besitz von Gütern bzw. Forderungen gelangt ist, die marktlich (also anonym) veräußert werden können. Besondere Relevanz hat dieses Merkmal der anonymen Veräußerbarkeit – neben der oben erörterten Klassifizierung der Eigenproduktion für den Eigenverbrauch als Einkommen – für Vermögenswertänderungen. Diese stellen konzeptionell demnach auch dann steuerbares Einkommen dar, wenn sie noch nicht realisiert wurden. Unter Steuerjuristen und Betriebswirten ist allerdings die Auffassung sehr verbreitet, dass eine Steuerbarkeit von Gewinnen erst zu dem Zeitpunkt, an dem sie durch einen Umsatzprozess in Erscheinung getreten sind,[137] bestehen könne: Nicht allein die Kombination von Produktionsfaktoren und Vorleistungen und die Möglichkeit, das Produkt gewinnbringend verkaufen zu können o-

---

[135] „Income including windfalls" oder „income *ex post*" hätten hingegen nur Bedeutung für „economic and statistic history" (HICKS 1946, S. 178f.).

[136] In einem mit "The Concept of Income in Relation to Taxation and to Business Management" (1981) betitelten Konferenzbeitrag begründet Hicks zwar ausführlich, weshalb volkswirtschaftlich – in Abhängigkeit von ihrer Ursache – zwischen verschiedenen Arten von Vermögenswertänderungen zu differenzieren sei, in bezug auf die Besteuerungsfrage wendet er diese Argumente jedoch nicht an. Statt dessen argumentiert er: "To tax a large exceptional gain, accruing in one year only, having little or no relation to the taxpayer's normal circumstances, on a progressive scale, would surely be monstrous" (S. 83). Eine comprehensive income tax "would therefore have to be accompanied by special treatment of exceptional gains" (ebd.). Dieses sei jedoch sehr schwierig zu verwirklichen. Hicks Äußerungen lassen nicht darauf schließen, dass der kapitaltheoretische Einkommensbegriff von ihm als auch für steuerliche Sachverhalte konzeptionell angesehen wird, er möchte lediglich ungerechtfertige Progressionseffekte vermieden wissen.

[137] WÖHE (1992, S. 357).

der der Anstieg des Marktwertes eines Vermögenswertes, begründeten steuerbares Einkommen, sondern erst der Verkauf zu diesem Preis. Dieses (regelmäßig noch durch das Imparitätsprinzip eingeschränkte, s.u.) *Realisationsprinzip*[138] kann einerseits als konzeptionell-theoretisches Konzept verstanden werden (unrealisierte Erträge seien kein steuerbares Einkommen), andererseits (bei grundsätzlicher Akzeptanz der Einkommenseigenschaft von unrealisierten Erträgen) als Verfahren zur Vereinfachung der Einkommensmessung. In diesem Kapitel wird lediglich auf konzeptionelle Fragen eingegangen; ob das Realisationsprinzip aus steuerpraktischen Gründen angemessen ist, wird weiter unten in C.1.4.2 und C.1.6 geprüft.

Ausgehend von einer – aus der Verfügungsmachtperspektive im Grunde gebotenen – periodischen Besteuerung aller Wertänderungen (*Accrual Taxation*) stellt das Realisationsprinzip (wie es üblicherweise verstanden wird) eine steuerliche Begünstigung dar, die einen bedeutenden Umfang annehmen kann. Dadurch, dass Gewinne statt zum Entstehungszeitpunkt erst zum Realisationszeitpunkt („nachgelagert") der Besteuerung unterliegen, wird den Steuerpflichtigen ein *Steueraufschubvorteil* in Form eines zinslosen *Steuerkredits* gewährt: Diese haben damit die Möglichkeit, die entstandenen Gewinne in voller Höhe (nicht durch Steuern gekürzt) einer verzinslichen Wiederanlage zuzuführen, die effektive steuerliche Belastung sinkt.[139] Das Realisationsprinzip behandelt damit thesaurie-

---

[138] SCHNEIDER (1978, S. 50) unterscheidet – unter (fälschlicher) Bezugnahme auf LION (1928) – zwischen *Reinvermögenszuwachstheorie* und Theorie des *realisierten Reinvermögenszugangs*. LION bezog diese begriffliche Differenzierung jedoch nicht auf die Frage der Realisation sondern auf die der Einkommensermittlung. Einkommen kann entweder als *Vermögenszuwachs* durch „Vergleich (Saldo) des Vermögensstandes an zwei verschiedenen Tagen" (S. 287) bestimmt werden oder [alternativ] als „Addition der Einnahmen (mit dem erweiterten Begriff als ‚Vermögenszugang') einerseits, der Hinzurechnung der Werterhöhungen der einzelnen Vermögensstücke andererseits, und dem Abzug der Wertminderungen der einzelnen Vermögensstücke von der Gesamtsumme" (S. 288). Durch Vermögensvergleich- und durch Überschussrechnung bestimmte Einkommensgrößen seien nicht wesensgleich, auch wenn im „rechnerischen Ergebnis eine Übereinstimmung … vorliegen mag" (S. 288).

[139] Die auf die gesamte Laufzeit n bezogene Brutto-Wertsteigerung einer abgezinsten (Zinsauszahlung am Laufzeitende) n-jährigen-Anlage beträgt $(1+i)^n-1$ bei einem Zinssatz von i. Bei einer Besteuerung im Sinne des Realisationsprinzips (Steuersatz t) ergibt sich die Netto-Vermögensmehrung damit als $(1-t)[(1+i)^n - 1]$. Bei einer Anlage mit einperiodischer Zinsausschüttung und Wiederanlage zum gleichen Zinssatz würde das Individuum bezogen auf die gesamte Laufzeit jedoch nur eine Netto-Vermögensmehrung von $[1+i(1-t)]^n - 1$ erzielen. Die Begünstigung durch das Realisa-

rende Anlageformen quasi „konsumorientiert" und setzt für die Anleger entsprechende Anreize.

Gerechtfertigt wird das Realisationsprinzip mit dem Vorsichtsprinzip. Ein Wertanstieg von Finanzvermögenstiteln oder Sachvermögensgütern über ihren Anschaffungspreis hinaus könne – wie die Volatilität des Aktienmarktes zeige – ein zufälliges Ereignis oder nur transitiver Natur sein.[140] Bei produzierten Gütern sei es nicht sicher, ob diese tatsächlich

---

tionsprinzip kann – wie schon gesagt – ein hohes Ausmaß annehmen. Bei einem jährlichen Wertzuwachs von 10% wäre das Netto-Vermögen eines Individuums bei hälftiger Besteuerung zum Realisationszeitpunkt nach 50 Jahren auf das 58fache gestiegen. Bei jährlich hälftiger Besteuerung der Wertzuwächse – wie es eine Einkommensteuer nahe legen würde – hätte sich das Netto-Vermögen jedoch nur auf das 11fache erhöht. Dieser Steueraufschubvorteil wird bei progressiven Steuertarifen allerdings etwas relativiert. Vgl. für Beispielsrechnungen für die Höhe des Steueraufschubvorteils EBNET (1978, S. 133ff.), für eine Übersicht von Hilfskonstruktionen, die den Steueraufschubvorteil und den Progressionsnachteil mildern bzw. verhindern sollen NAUST (1986, S. 235ff.) und zu den Belastungswirkungen unterschiedlicher *frequency of assessment and taxation* von Vermögenswertänderungen vgl. STRNAD (1990).

Es wäre allerdings möglich, eine Besteuerung zum Realisationszeitpunkt auch derart auszugestalten, dass sie in grober Annäherung dieselben belastungsmäßigen Konsequenzen hat, wie eine Accrual Taxation. „A potential solution to the problems of both realization and accrual taxation is a realization-based tax that offsets the deferral advantage of holding gains by imposing a higher tax rate on gains held for longer periods of time. The effect is to simulate a system under which capital gains taxes are computed on an accrual basis but collected, with interest, only upon realization" (AUERBACH 1991, S. 168). Ist der Anteil jeder einzelnen Periode am Totalerfolg unbekannt, sind Hypothesen über den Pfad der Wertentwicklung zu bilden (vgl. für den entsprechenden Vorschlag einer *Retrospective Capital Gains Taxation* AUERBACH (1991).

In eine andere Richtung geht der Ansatz von CUNNINGHAM / SCHENK (1992). Bei Vermögensobjekten ohne regelmäßige Ausschüttungen soll eine fiktive „Normalverzinsung" auf das gebundene Kapital zu versteuern sein. Auf diese Weise sollen Wertänderungen, die nicht auf Risiko sondern auf dem Ablauf von Zeit beruhen, steuerlich vor dem Realisationszeitpunkt erfasst werden.

[140] Vgl. z.B. SELIGMAN (1919, S. 529): „If, however, in the same year the value of the land rose, the owner would undoubtedly feel that he was wealthier. But would this appreciation in the value of the land constitute income? The answer everywhere is in the negative; and properly so, because we are in the presence of an unrealized gain. The land may have appr[e]ciated in the value by the tax date; but it may equally well depreciate immediately thereafter. If the appreciation is realized through the sale of the property, there is of course a realized gain which is correctly held to be taxable income ... The reason why a mere unrealized increase in the value of the land does not constitute income is primarily because of the uncertainty as to whether this particular consequence [realisierter Capital Gain] may not happen. In the same way, if I

abgesetzt werden könnten. Es bestehe grundsätzlich das Risiko, ob Vermögenswerterhöhungen später auch tatsächlich realisiert würden. Unrealisierte Gewinne könnten *Scheingewinn*-Charakter haben, und ihre Besteuerung damit Substanzbesteuerung sein.[141] Sicherheit über einen Vermögenszuwachs bestehe erst dann, wenn Geld zugeflossen oder zumindest eine Geldforderung entstanden sei. Im Folgenden ist diese Argumentation zu prüfen, speziell die Problematik einer Besteuerung von Scheingewinnen und ob das Realisationsprinzip wirklich mit einer konsequenten Vorstellung von Vorsicht vereinbar ist.

„Scheingewinne" sind aus der Logik des Realisationsprinzips nicht realisierte temporäre Wertsteigerungen von Vermögensgegenständen, die sich später (aufgrund gesunkener Marktwerte) als nicht realisierbar erweisen. Eine Verfügung über solche „Scheingewinne" in Form von Ausschüttungen (Konsum) würde eine Verfügung über das Kapital (die Substanz) bedeuten. Es dürfte daher gute Gründe für Individuum oder Unternehmen geben, unrealisierte Gewinne nicht als (andauernd) für konsumtive Zwecke zur Verfügung stehend, anzusehen. Vielfach wird ähnlich argumentiert, dass Scheingewinne auch nicht für Steuerzahlungen zur Verfügung stünden. Allerdings ist das Verhältnis zum Staat ein anderes. Steuerüberzahlungen - können anders als Konsum - rückgängig gemacht werden. Erweist sich ein unrealisierter Gewinn in einer Folgeperiode als lediglich temporär, ergibt sich besteuerungslogisch schließlich (sofortiger Verlustausgleich unterstellt) eine entsprechende Steuerrückzahlung.[142] Trotzdem kommt es auf diese Weise jedoch zu einer definitiven Belastung des Steuerpflichtigen: Die zu einem Zeitpunkt erfolgende Steuerzahlung wird bei positiven Nominalzinssätzen nicht durch eine zeitlich später erfolgende Steuerrückzahlung gleicher nominaler Höhe kompensiert. Ein solcher Belastungswirkung entspricht allerdings der Verfügungsmachtlogik, zeitweilig bestand ein Zuwachs an ökonomischer Verfügungsmacht. Analoge Effekte ergeben sich in vielen Bereichen, ohne dass von einer „Scheingewinnbesteuerung" gesprochen wird, etwa wenn in der ersten Periode kassenmäßig ein Gewinn realisiert wird, dieser reinvestiert wird „und in der zweiten Periode als Folge der (Fehl-)Investition ein den Gewinn der ersten Periode kompensierende[r]

---

own securities which rise in value, there is a realized gain or taxable income only when the securities are sold."

[141] Vgl. etwa SCHNEIDER (1978, S. 56).

[142] Vgl. für eine solche Argumentation auch SIEGEL (1999, S. 196).

Verlust"[143] gemacht wird. Auch hier ergibt sich eine definitive Belastung daraus, dass der im ersten Jahr erhobene Steuerbetrag im nächsten Jahr in gleicher nomineller Höhe zurückgezahlt wird. Das Realisationsprinzip ist daher mit einer Gerechtigkeitsvorstellung, die in allen Fällen temporärer Gewinne eine gleiche steuerliche Belastung für geboten ansieht, nicht vereinbar.

Auch wenn das Argument der Scheingewinnbesteuerung nicht unbedingt überzeugt, soll im Folgenden noch gefragt werden, ob das Realisationsprinzip wenigstens als ein sinnvoller Ausfluss eines Vorsichtsprinzips angesehen werden kann. Das Realisationsprinzip impliziert eine Bewertung zum Anschaffungswert. Ob dieser ein besserer Indikator des *wahren Wertes* eines Vermögensgegenstandes ist als der aktuelle Marktwert, ist fraglich. Der Anschaffungspreis ist nur eine zufällige Größe, die – in Abhängigkeit vom Anschaffungszeitpunkt – schwankt.[144] Haben verschiedene Individuen das gleiche Gut zu verschiedenen Zeitpunkten zu verschiedenen Preisen angeschafft, müsste es von allen unterschiedlich bewertet werden.[145] Die vergangenheitsorientierten Anschaffungspreise sind häufig keine besonders guten Indikatoren des gegenwärtigen *(oder auch langfristigen) Wertes* eines Wirtschaftsgutes.[146] Da dieses für den Verlustfall ganz offensichtlich ist, wird das Realisationsprinzip häufig auch durch das *Imparitätsprinzip* eingeschränkt und nur auf den Fall von Wertsteigerungen bezogen.[147]

---

[143] HACKMANN (1983, S. 674).

[144] SEICHT (1970, S. 599f.) spricht davon, dass der Anschaffungspreis der „subjektivste und der willkürlichste aller Werte" ist.

[145] Ein solches zufallsabhängiges Bewertungsverfahren stört ganz erheblich die horizontale Gleichbehandlung.

[146] Nicht zweifelhaft kann es sein, dass es der Wortbedeutung *Vorsicht* nicht entspricht, wenn ein bestimmtes Gut deshalb höher bewertet wird, weil es – etwa als Folge einer schlechten Marktübersicht – zu einem überhöhten Preis gekauft wurde.

[147] Drohende Verluste hingegen sollten – *imparitätisch* – schon zum Entstehungszeitpunkt (auch wenn sie noch nicht realisiert wurden) berücksichtigt werden. Es gelte ein *Niederstwertprinzip*: Vermögensgegenstände sind je nachdem, welcher Wert niedriger ist, nach dem Anschaffungs- oder dem Zeitwert zu bewerten. In diesem Zusammenhang wird auch davon gesprochen, dass das Realisationsprinzip durch das Imparitätsprinzip eingeschränkt wird.

Im deutschen Handelsrecht wird zwischen *strengem* und *gemilderten* Niederstwertprinzip unterschieden. Das strenge Niederstwertprinzip gilt für Umlaufvermögen, Abschreibungen müssen immer vorgenommen werden, wenn der Wert gesunken ist.

Des weiteren ist darauf zu verweisen, dass selbst nachdem ein entsprechender Umsatzakt stattgefunden hat und entsprechende Geldforderungen entstanden sind, ein entsprechender Mittelzufluss noch nicht sichergestellt ist.[148] Bei konsequenter Umsetzung der Auffassung, dass nur Geld ein sicherer Wertgegenstand sei, nicht jedoch Sachvermögensgüter oder Geldvermögenstitel, müsste auf den Zahlungseingang abgestellt werden.[149] Aus einer solchen Perspektive besteht eigentlich auch kein Raum für die Bilanzierung zu Anschaffungspreisen. Eine konsequente Umsetzung des Realisationsprinzips würde dementsprechend eine Orientierung an Zahlungsströmen (Cash-flows)[150] mit Sofortabschreibung von Investitionen in das Sachvermögen bedeuten. Der schon – bei der Darstellung der effektiven Steuerbelastung – deutlich gewordene Eindruck, dass das Realisationsprinzip systematisch eher mit konsumorientierten Vorstellungen verbunden ist, wird hierdurch bekräftigt.

3.4 Konkretisierungen des Konsumbegriffs

In der reinvermögenszugangstheoretischen Definitionsperspektive wird das steuerliche Einkommen traditionell additiv definiert als die Summe

---

Das gemilderte Niederstwertprinzip gilt für das Anlagevermögen, Abschreibungen sind nur dann vorzunehmen, wenn die Wertminderung voraussichtlich dauernd ist; ansonsten besteht ein Wahlrecht. Im Steuerrecht gilt ähnliches, man spricht dann von Abschreibungen auf den niedrigeren Teilwert. *Teilwertabschreibungen* im Anlagevermögen sind nur zulässig, wenn es sich um eine voraussichtlich dauernde Wertminderung handelt (§ 6 Abs. 1 Satz 2 EStG).

Für eine Ablehnung des Imparitätsprinzips vgl. SCHNEIDER (1978, S. 62ff.). Er argumentiert dabei, dass die Vorwegnahme drohender Verluste zu einer Diskriminierung der Überschussrechner (Bezieher von Lohneinkünften) gegenüber Gewinnermittlern führe. Wenn die mit einem Wirtschaftsgut zusammenhängenden Auszahlungen in der Zukunft abnähmen, könnten Gewinnermittler schon in der Gegenwart die (unrealisierte) Wertminderung steuerlich geltend machen, für Überschussrechner würden sich künftige Lohnminderungen hingegen nicht auf das gegenwärtige Einkommen auswirken. Mit dieser Argumentation denkt SCHNEIDER offensichtlich nicht in Kategorien von Einkommen sondern in Kategorien von Auszahlungen. Vgl. für den grundlegenden Unterschied zwischen Human- und Sachkapital auch Fußnote 100.

[148] Eine „unrealisierte" Wertsteigerung, die sich daraus ergibt, dass ein Grundstück noch zum Wert der DM-Eröffnungsbilanz bilanziert wird, ist fraglos wesentlich sicherer als manche – als „realisierter Ertrag" geltende – Geldforderung an Kunden.

[149] Vgl. für eine entsprechende Argumentation SCHNEIDER (1978, S. 57, S. 60f.), der ein auf Geldströme abstellendes „reines Realisationsprinzip" propagiert.

[150] Vgl. in diesem Sinne auch NAUST (1983, S. 198).

aus Konsum und Vermögensänderung. Bezüglich des Konsums kann es nun verschiedene Verständnisse geben. Von vornherein ist nicht zu erwarten, dass diese Verständnisse unabhängig davon übereinstimmen, ob eine Einkommens- oder Konsumbesteuerung erfolgen soll oder in welcher normativen Rechtfertigungsperspektive die Besteuerung gesehen wird. Auch ohne dass dies differenziert geklärt wird, stellen sich jedoch eine Reihe von im Folgenden zu erörternden Grundsatzfragen.

3.4.1 Ein verfügungsmachtorientiertes Konsumverständnis

Aus einer Verfügungsmachtperspektive bedeutet Konsum Verwendung ökonomischer Verfügungsmacht für die private Lebensführung, die mit einem Untergang (Verbrauch) von Verfügungsmacht einhergeht. Konsum impliziert damit eine Entscheidung für eine tendenzielle Vermögensminderung: Hätte das Individuum nicht konsumiert, wäre sein Vermögen in entsprechendem Umfang höher. Konsum hat damit eine Gemeinsamkeit mit negativen Einkünften (Verlusten). Für eine Konkretisierung des Konsumbegriffes stellen sich deshalb zwei Problemaspekte. Zum einen ist nach den Erkennungsmerkmalen einer *tendenziellen Vermögensminderung* zu fragen. Zum anderen ist, wenn eine tendenzielle Vermögensminderung besteht, zu prüfen, ob diese auf Konsum beruht oder die Folge eines Verlustes ist. Die erste Fragestellung steht zwar sachlogisch an erster Stelle, dennoch ist es sinnvoll, vorher die wichtigsten Grundsatzprobleme einer Abgrenzung der Einkommens- von der Konsumsphäre zu verdeutlichen.

3.4.1.1 Unterscheidung zwischen konsumtiven und verlustbedingten Vermögensminderungen

Ein beobachteter (tendenzieller) Rückgang der ökonomischen Verfügungsmacht eines Individuums kann – wie gesagt – sowohl auf Konsum als auch der Erzielung negativer Einkünfte beruhen. Ist ein solcher Rückgang zwecks Befriedigung von Bedürfnissen der persönlichen Lebensführung intendiert, liegt Konsum vor.[151] Ist er hingegen das Ergebnis ei-

---

[151] Im Unterschied zu Minderungen gibt es bei der Einordnung von Erhöhungen der ökonomischen Verfügungsmacht keine vergleichbaren (analogen) Problemlagen. Erhöhungen sind – unabhängig davon, wie bzw. mit welcher Intention sie entstanden sind – stets Einkommen, Konsum reduziert grundsätzlich die ökonomische Ver-

nes (missglückten) Versuches, die ökonomische Verfügungsmacht zu erhöhen, stellt er Verlust dar. Für die Abgrenzung der Einkommens- von der Konsumsphäre ist somit die Einkommenserzielungsabsicht zu prüfen. Bei dieser Prüfung ist besonders auf eine Trennung (*Kompartmentalisierung*) der verschiedenen Tätigkeitsbereiche einer Person zu achten, um eine Verrechnung etwa der Gewinne aus Schweinemast mit den Verlusten aus einem Reitstall zu vermeiden. Zu beachten ist dabei auch, dass allein das Entstehen von Erlösen noch nicht das Bestehen einer Einkommenserzielungsabsicht beweist: Es gibt eine Reihe von *Liebhaberei*[152]-Aktivitäten, in deren Zusammenhang zwar marktliche Erlöse anfallen, Kostendeckung jedoch – weil zugleich Bedürfnisse der persönlichen Lebensführung gedeckt werden – weder angestrebt noch erreicht wird.

3.4.1.2 Unterscheidung zwischen einkommensteuerlich relevantem Konsumwert und Konsumausgaben

Der im Sinne eines reinvermögenszugangstheoretischen Einkommensverständnisses maßgebliche Konsum ist nicht mit Konsumausgaben gleichzusetzen. Lediglich der eigentliche Akt des Konsumierens impliziert eine Vermögensminderung, Konsumausgaben hingegen bewirken zunächst nur eine Vermögensumschichtung (einen Aktivtausch). Bei kurzlebigen Gütern ist es jedoch akzeptabel, den Konsum durch die Höhe der getätigten Ausgaben zu approximieren. Güter mit einer kurzen Lebensdauer werden durch eine Benutzung regelmäßig endgültig verbraucht, zudem liegen Verbrauchszeitpunkt und Anschaffungszeitpunkt zeitlich meist relativ nahe beieinander.

Größere Schwierigkeiten bereitet die Ermittlung des Konsumwertes bei langlebigen Gütern (*Consumer durables*), also solchen, die typischerweise über einen längeren Zeitraum genutzt werden können und deren Wert daher über einen längeren (Abnutzungs-)Zeitraum sinkt. Die Anschaffung langlebigen Konsumvermögens führt damit nicht zu einer Vermö-

---

fügungsmacht. Nur bei Minderungen ökonomischer Verfügungsmacht stellt sich daher die „Verlustfrage".

[152] Die Liebhaberei-Problematik beschäftigte das oberpreußische Verwaltungsgericht schon Ende des letzten Jahrhunderts. Liebhaberei können z.B. der Unterhalt eines Pferdegestüts oder die Herausgabe eines Buches im Eigenverlag sein.

Der Begriff der *Liebhaberei* wird auch noch in einem anderen Zusammenhang verwendet, vgl. hierzu C.1.1.1.

gensminderung im Umfang des Anschaffungspreises. Für die Bestimmung des laufenden Konsum ist danach zu fragen, wie hoch die mit Blick auf den angestrebten konsumtiven Zweck eingetretene bzw. hingenommene Vermögensminderung in der betreffenden Periode ist bzw. wäre. Hierbei ist zu berücksichtigen, dass sich dauerhafte Konsumgüter – zumindest potentiell – anonym vermieten lassen. Aus verfügungsmachtorientierter Sicht ist die Selbstnutzung eigener langlebiger Konsumgüter deshalb als Vermietung an sich selbst zu interpretieren und deren Anschaffung als Investition.[153] In Höhe des Betrages, in der auf grundsätzlich mögliche Mieteinnahmen verzichtet wird, wird auf potentielles Vermögensmehr verzichtet, d.h. konsumiert. Das mit der Nutzung eines solchen Objektes verbundene *Einkommen* ergibt sich dann nach Abzug bestimmter Kosten von den potentiell erzielbaren Mieteinnahmen und unter Berücksichtigung etwaiger Wertänderungen. Diese Kosten entsprechen grundsätzlich denen, die auch im Fall einer Fremdvermietung angesetzt würden, d.h. kalkulatorische Zinsen auf das eingesetzte Eigenkapital finden keine Berücksichtigung.

Die „Erträge einer Eigennutzung von Konsumvermögen" können – auch bei Berücksichtigung von Vermögenswertänderungen – negativ sein. Solche „Verluste" werden sich häufig darauf zurückführen lassen, dass das eigengenutzte Konsumvermögen speziell auf die individuellen Bedürfnisse des jeweiligen Eigentümers zugeschnitten ist[154] oder dass Marktunvollkommenheiten bestehen, so dass die potentiell (bei einer anonymen Vermietung) erzielbare Brutto-Miete verhältnismäßig niedrig ist oder dass eine Veräußerung regelmäßig nur zu einem weit unterhalb dem Anschaffungspreis liegenden Wert möglich ist.[155] Obendrein dürften viele Eigennutzer im Vergleich zu marktlichen Anbietern auch ungünstigere Produktionsbedingungen haben. Ein Investor ohne Eigennutzungsabsicht würde, da er schon ex-ante keine Kostendeckung erwartet, in solche Objekte nicht investieren. Sich auf diese Weise einstellende „Verluste" sind als aus Gründen der privaten Lebensführung in Kauf genommen anzusehen („Liebhaberei") und demgemäss als konsumtive

---

[153] Vgl. hierzu auch die Erläuterungen in B.3.1.

[154] Etwa eine mit goldenen Wasserhähnen und Verzierungen aus Blattgold ausgestattete Wohnung.

[155] Lässt sich ein langlebiges Konsumgut (etwa eine sehr spezifische Sonderanfertigung) gar nicht veräußern, entspräche der „Verlust" dem Anschaffungspreis. Ein verfügungsmachtorientiertes Konsumverständnis hätte insoweit dann eine prinzipiell gleiche belastungsmäßige Konsequenz wie ein Abstellen auf Konsumausgaben.

Einkommensverwendung (fehlende Einkommenserzielungsabsicht) zu werten. Der einer Selbstnutzung langlebiger Konsumgüter beizulegenden Gesamtkonsum ergibt sich daher aus diesem „Verlust" zuzüglich der marktlich potentiell erzielbaren Brutto-Miete.

Allerdings handelt es sich bei auftretenden „Verlusten" als Folge von Selbstnutzung nicht in jedem Fall um konsumtive Einkommensverwendung. Langlebige Konsumgüter können etwa auch unerwartet im Wert sinken,[156] wovon sowohl eigennutzende als auch fremdvermietende Eigentümer betroffen wären. Auch bei Einkommenserzielungsabsicht kann es Fehlinvestitionen geben. Darauf zurückzuführende unerwartete Wertminderungen haben mithin keinen konsumtiven Charakter, sondern sind konzeptionell als steuerlich echte Verluste (negative Einkünfte) zu begreifen.[157]

3.4.2 Andere Konsumverständnisse

Ein gewichtiger Einwand gegen das vorgestellte verfügungsmachtorientierte Konsumverständnis könnte sein, dass Individuen ja auch dadurch, dass sie Freizeit genössen, auf ökonomische Verfügungsmacht verzichten. Zudem würde Freizeit wie der Konsum von Gütern Nutzen stiften. Gründe, die gegen einen Einschluss der Freizeit in eine steuerliche Bemessungsgrundlage sprechen, sind schon in B.2.1.2 erörtert worden. An dieser Stelle ist hierauf daher nicht weiter einzugehen. Mit ähnlichen

---

[156] Etwa der unerwartete Rückgang der Immobilienpreise aufgrund einer Steueränderung.

[157] Dafür sprechen auch allokative bzw. Gesichtspunkte der Besteuerungsneutralität. Ansonsten würde eine Vermietung an sich selbst gegenüber einer Vermietung an Dritte diskriminiert. Es versteht sich allerdings, dass sich solche Verluste von den oben zu behandelnden „Kostenunterdeckungen" für einen externen Beobachter regelmäßig nicht unterscheiden lassen: Hat jemand etwa bestimmte edle Materialien für den Bau seiner selbstgenutzten Wohnung verwendet, um seine snobistischen Bedürfnisse zu befriedigen, oder hat er sie genutzt, weil er – fälschlicherweise – eine entsprechende Wertsteigerung seiner Wohnung erwartete?

Gegen eine Anerkennung von Verlusten aus der Selbstnutzung der eigenen Wohnung spricht auch folgendes Argument: Unerfahrene Investoren dürften häufiger falsche Investitionsentscheidungen treffen als erfahrene. Da Personen, die eine Wohnung mit Blick auf die Eigennutzung erwerben, regelmäßig entsprechende Erfahrungen und Know-how mangeln, werden sie erwartungsgemäß häufiger Verluste erzielen als erwerbsmäßige Vermieter.

Argumenten wie für die Wertung der Freizeit als Konsum ließe sich auch behaupten, dass das verfügungsmachtorientierte Einkommens- und Konsumverständnis sich nicht mit einer Bewertung des Konsums zu den am Markt erzielbaren Mieten (korrigiert um Wertänderungen usw.) begnügen dürfte. Auch insoweit der (potentielle) Nettonutzvorteil (absichtsvoll) hinter der kalkulatorischen Verzinsung des Eigenkapitals zurückbleibe, sei einkommenswirksam von Konsum auszugehen. Schließlich verschafft solches Konsumvermögen ihren Eigentümern von Besitzperiode zu Besitzperiode fortlaufend Nutzen.

Für ein solches (weitergehendes) Konsumverständnis spricht nicht nur eine Nutzenorientierung. Auch wenn der Konsum darüber informieren soll, was jemand für sich an Ressourcen in Anspruch nimmt bzw. aus dem „common pool" herausnimmt, ist der Konsumbegriff so zu fassen, dass die kalkulatorischen Zinsen auf das eingesetzte Eigenkapital sich grundsätzlich vollumfänglich konsumerhöhend auswirken, und zwar auch dann, wenn sie sich über Vermietungen nicht am Markt realisieren lassen. Der Erwerb von Konsumvermögen, welches nicht die Marktverzinsung erbringt, ist ein Verzicht auf andere zinsbringende Ertragsmöglichkeiten. Wird die Ertragsrate von Investitionen als Indikator von deren volkswirtschaftlicher Nützlichkeit interpretiert, bedeutet die Entscheidung, Eigenkapital für Anschaffungen zu verwenden, die zwar nicht zu Verlusten führen, jedoch die Marktrendite nicht erreichen, ein Verlust von „volkswirtschaftlicher Nützlichkeit": Es werden volkswirtschaftliche Ressourcen mit Blick auf die persönliche Bedürfnisbefriedigung in Anspruch genommen. Bedeutet die Anschaffung von langlebigem Konsumvermögen also gleichzeitig Zinsverzicht, wäre auch dies – zusätzlich zu einem etwaigen „Verlust" – nach diesem Konsumverständnis auch als Konsum zu werten.

4 Steuerpraktische Grundüberlegungen für eine Formulierung steuerrechtlicher Bemessungsgrundlagen

4.1 Einführung: Die Forderung nach steuerpraktischer Einfachheit als Bestandteil historischer Steuergrundsätze

In der Einleitung zu dieser Arbeit wurde schon darauf hingewiesen, dass steuerpraktische Anforderungskriterien grundlegender Bestandteil aller

Kataloge („Systeme") von Besteuerungsregeln in der Vergangenheit waren.[158] Schon bei den Merkantilisten findet sich regelmäßig die Forderung, dass man „Contributionen und Abgaben eine solche Einrichtung geben muß, daß sie auf die bequemste und leichteste Art, und mit so wenigen Kosten, als es immer möglich ist, sowohl auf Seiten des Staats, als der Unterthanen, gehoben werden können" (JUSTI 1766, § 705, S. 368). Diese Anforderung galt als selbstverständlich, so dass es einer Begründung nicht bedurfte. „Je mehr Hebungskosten, je weniger genießet der Staat Einkünfte, oder desto mehr müssen die Unterthanen auf eine unnöthige Art mit Abgaben beschweret werden" (ebd.). ADAM SMITHS Forderung nach „Wohlfeilheit der Besteuerung" war insofern „keineswegs für jene Zeit etwas Neues, sondern nur eine Wiederholung dessen, was der Literatur durchaus bekannt und geläufig war" (GERLOFF 1926, S. 450).[159]

Auch spätere Autoren berücksichtigten in ihrem Regelsystemen regelmäßig steuerpraktische Erfordernisse. Genannt seien von den deutschsprachigen Autoren beispielhaft WAGNER (1890, S. 460), HALLER (1957 / 1972[5], S. 239ff.) und NEUMARK, dessen *Grundsätze gerechter und ökonomisch rationaler Steuerpolitik* (1970) sicherlich den End- und Höhepunkt des Formulierens von Grundsätzen „richtiger" oder „guter" Besteuerung darstellen.[160] Er unterscheidet eine Reihe von (*„steuerrechtlichen" und „steuertechnischen"*) steuerpraktischen Grundsätzen wie Widerspruchslosigkeit, Transparenz, Praktikabilität, Wohlfeilheit und Bequemlichkeit der Besteuerung.

Auf die Ausformung der einzelnen Regelsysteme ist hier nicht weiter einzugehen. Auch wenn sie die Bedeutung steuerpraktischer Fragen hervorheben, so sind sie häufig jedoch nicht als theoretische Systeme zu verstehen, wie schon von GERLOFF (S. 450f.) betont wurde: „Gemeinsam ist allen diesen älteren Lehren, daß sie nicht theoretisch, d.h. aus dem We-

---

[158] Zu historischen Katalogen von Besteuerungsgrundsätzen vgl. JENETZKY (1978, S. 99ff.) für den Kameralismus und SCHEER (1987, S. 112ff.) für die deutsche Klassik. Vgl. auch SCHEER (1998).

[159] Vgl. in diesem Sinne auch MANN (1937 / 1978, S. 144f.), der darlegt, dass SMITHS „klassische Maximen" keine neue Erkenntnis waren, sondern in ähnlicher Form auch schon Bestandteil merkantilistischer Regelsysteme waren.

[160] Seine Systematisierung der verschiedenen Besteuerungsregeln basiert auf GERLOFF (1926, S. 451ff.). Seiner ausführlichen Monographie ging eine kleinere Arbeit über *Grundsätze der Besteuerung in Vergangenheit und Gegenwart* voraus (NEUMARK 1965 / 1970[2]).

sen der Besteuerung als solcher entwickelt sind, sondern sich als Ableitungen aus oder Kritik an der Steuerpraxis darstellen. Gerade die Hauptforderungen der Kameralisten wie der Klassiker betreffen in der Regel solche Selbstverständlichkeiten, die sich immer wieder von selbst durchgesetzt haben." Dies wird auch daran deutlich, dass vielfach abstrakte Ratschläge formuliert wurden, denen es an einer Einbettung in den Gesamtzusammenhang mangelt.[161]

4.2 Die Berücksichtigung steuerpraktischer Erfordernisse bei der Formulierung steuerrechtlicher Bemessungsgrundlagen

In B.3 sind steuerliche Gleichheitsmaßstäbe diskutiert und konkretisiert worden, die die Forderungen der Messbarkeit und abstrakten Erfassbarkeit erfüllen. Die dortigen Ausführungen waren überwiegend konzeptioneller Natur, so dass steuertechnische (wie sich diese Größen konkret ermitteln und feststellen lassen) und steuerpraktische Fragen (welcher Aufwand und welche Probleme mit der Ermittlung der Größen verbunden sind) grundsätzlich unbeachtet blieben. Im Zusammenhang mit der Steuererhebung entstehen jedoch regelmäßig sowohl für die Steuerpflichtigen (bzw. Steuerschuldner) als auch die öffentliche Hand Kosten. Bei diesen *Steuerermittlungskosten* bzw. *Steuererhebungskosten*[162] (*costs of operating a tax system* bzw. *tax operating costs*) handelt es sich um „Transaktionskosten".

Betreffen sie die Steuerpflichtigen, wird von *Steuererbringungskosten* (*Compliance Costs*) gesprochen, betreffen sie die öffentlichen Hände von *Verwaltungskosten* (*Administrative Costs*).[163] Steuererbringungskosten sind

---

[161] Vgl. in diesem Sinne auch die (sicherlich historistisch motivierte Kritik) von WAGNER (1890, S. 460): „Aber das Mass, in welchem sie [die Principien der Steuerverwaltung] befolgt werden und werden können, hängt weit mehr von den gegebenen Verhältnissen des Volks-, des Wirthschafts- und des Staatslebens und von der hierdurch wieder so entscheidend mit bestimmten Wahl der Steuerarten und Gestaltung des ganzen Steuersystems ab, als von bestimmten, frei nach dem Zielpuncte jener Principien zu treffenden Einrichtungen der Steuerverwaltung."

[162] Obwohl die Begriffe *Steuererhebungskosten* und *Steuerermittlungskosten* streng genommen nicht deckungsgleich zu verstehen sind, werden sie hier durchweg synonym verstanden.

[163] Vgl. SANDFORD / GODWIN / HARDWICK (1989) für Begriffsbestimmungen, Abgrenzungen, weitere Differenzierungen und methodische Ansätze der Messung der *Ad-*

damit in einen Zusammenhang zu bringen, dass die Privaten das Steuerrecht begreifen und im Rahmen ihrer Steuererklärung die dort vorgeschriebenen Aufzeichnungen anfertigen müssen (*Recordkeeping*), wozu sie vielfach der Hilfe externer Berater bedürfen. Daneben werden häufig diskretionäre Aufwendungen („discretionary costs") ergriffen, um die eigene Steuerbelastung zu senken. Steuererbringungskosten können zum Teil also auch freiwilliger Natur sein. Größtenteils dürften sie jedoch unfreiwilliger Natur („involuntary costs") sein.

Die administrativen Kosten der Finanzverwaltung resultieren daraus, dass sie die Angaben der Steuerpflichtigen verarbeiten und auch überprüfen muss, um (unbeabsichtigten) Fehlern und Steuerhinterziehungen entgegenzuwirken. Hinzu kommen bei der Finanzverwaltung noch die Kosten der Steuereintreibung und die (sicherlich nicht unbedeutenden) Kosten für Steuerrechtsverfahren.[164]

Statt in Kostenkategorien wird im Zusammenhang der hier noch zu erörterten Sachverhalte mitunter auch von *Komplexität des Steuersystems* gesprochen. Die Steuererhebungskosten werden dabei als Maß der Komplexität eines Steuersystems genommen.[165] Mit der Unterscheidung von *Rule Complexity*, *Compliance Complexity* und *Transactional Complexity* werden unterschiedliche Gründe von Steuererhebungskosten bezeichnet.[166] *Rule Complexity* bezieht sich auf die Verständlichkeit, Klarheit und innere Widersprüchlichkeit von Steuergesetzen und –richtlinien, *Compliance*

---

ministrative und *Compliance Costs*.

[164] Kosten der staatlichen Steuergesetzgebung werden in dieser Arbeit nicht betrachtet, die Kosten der öffentlichen Hände werden als „costs of administering an existing tax code" (SANDFORD 1989, S. 5) verstanden.

[165] Vgl. in diesem Sinne vor allem SLEMROD (1984) und SLEMROD (1996). „The ideal analysis [for measuring complexity] would predict the change in welfare for all members of the society. If, as is likely, there are some winners and some losers, one must apply standards of social justice to judge whether the changes are desirable. The total resource cost of collecting the revenue is a useful summary measure of the cost of tax complexity. The cost of collection is the sum of the tax collection agency's budget, the value of the time and money spent by the taxpayers, and costs incurred in the collection process by third parties, such as employers who withhold tax for their employees. I shall refer to the budget of the Internal Revenue Service (IRS) as administrative cost and to the costs borne directly by taxpayers and third parties as the compliance cost of taxation" (SLEMROD 1996, S. 358).

[166] Vgl. zu dieser Terminologie CUNNINGHAM / SCHENK (1992, S. 750f.) und auch BRADFORD (1986, S. 266f.).

Complexity auf die Sachverhaltsermittlung und *Transactional Complexity* auf das Bestehen von Steuerhinterziehungs- und steuervermeidenden Steuergestaltungsmöglichkeiten. Diese drei Kategorien von Komplexität sind, wie noch deutlich wird, nicht zwingend in dem Sinne gleichsinnig, dass eine höhere Kompliziertheit auf einer Ebene auch eine höhere auf einer anderen Ebene impliziert. Auch das Gegenteil ist möglich. Unter Umständen können etwa schwerer verständliche Regeln die sonstigen Kompliziertheiten verringern.

Volkswirtschaftlich sind Steuererhebungskosten *Zusatzlasten* (*Excess burden*) für die Steuerpflichtigen.[167] Durch Senkung der „Transaktionskosten der Besteuerung" lassen sich mithin Effizienzgewinne erzielen. Es ist nun zu fragen, welche Konsequenzen dieses für das Design von Bemessungsgrundlagen haben sollte. Wie für die Messung technischer Größen stehen auch für die Bestimmung der Größen, nach denen sich die Steuerverteilung richten soll, regelmäßig unterschiedliche Messverfahren zur Auswahl, die sich in den Messkosten und der Messgenauigkeit unterscheiden. Der Versuch, eine Messgröße der Steuerverteilung steuerlich perfekt zu erfassen, hätte regelmäßig ziemlich sicher unangemessen hohe Erhebungskosten zur Folge.[168] Die Kosten einer genauen Ermittlung mancher steuerbarer Sachverhalte könnten sogar das damit verbundene Steueraufkommen überschreiten.[169] Die Steuererhebungskosten lassen

---

[167] Dies heißt allerdings nicht, dass Ausgaben eines Steuerpflichtigen für die Bemessungsgrundlagenermittlung grundsätzlich die gesellschaftliche Wohlfahrt reduzieren. Eine präzisere Bemessungsgrundlagenermittlung bedeutet einen Gewinn an steuerlicher Gleichbehandlung. Häufig dürften jedoch die Kosten der Steuererbringung ihren gesellschaftlichen Nutzen überschreiten – selbst wenn keine ausgefeilten Steuervermeidungsstrategien verfolgt werden. „In many of these settings, taxpayer's incentives to obtain information are socially excessive because in essence they are making expenditures designed to reduce their transfers to the government and they do not take into account the government's lost revenue in considering whether to obtain information" (KAPLOW 1998, S. 64). Vgl. dort (S. 70ff.) auch für eine Analyse dieser Fragestellung in verschiedenen Modellrahmen.

[168] Dieser Zusammenhang ist evident und ein typisches Beispiel für Zielkonflikte in Systemen von Besteuerungsgrundsätzen. Vgl. etwa Neumark (1970, S. 387): „Wenn ... man im Interesse des Leistungsfähigkeits- und des Gleichmäßigkeitsgrundsatzes sämtliche für die individuelle Leistungsfähigkeit bedeutsamen persönlichen Momente bei der Steuerbemessung berücksichtigt" „so muß das relativ hohe Verwaltungskosten je Steuerfall mit sich bringen."

[169] Hinzu kommt, dass das Ausmaß der für eine perfekte Durchsetzung der Besteuerung notwendigen Kontrollen der Finanzverwaltung wohl kaum mit einem liberalen Staatsverständnis vereinbar ist: Es widerspräche dem Grundrecht auf Schutz der

sich regelmäßig reduzieren,[170] indem – unter Abweichung vom eigentlichen steuerlichen Gleichheitsmaßstab – steuerbare Sachverhalte vereinfacht ermittelt werden, auf die Besteuerung mancher Sachverhalte gänzlich verzichtet (Steuerfreistellung) oder die Steuerentrichtung vereinfacht wird (wobei Kombinationen nicht ausgeschlossen sind). Eine vereinfachte Sachverhaltsermittlung wird vor allem dann angebracht sein, wenn sich Größen nicht objektiviert – d.h. unabhängig vom Betrachter – ermitteln lassen. Verfahren hierzu sind alle Formen von Typisierungen, Pauschalierungen und von indirekten Einkünfteermittlungen. In solchen Fällen sollte eine durchschnittliche Erfassung der steuerbaren Sachverhalte angestrebt werden, allerdings wird „im Einzelfall auf eine genaue Ermittlung des tatsächlichen Sachverhaltes im Interesse der Erhebungsvereinfachung verzichtet und der Besteuerung bewusst ein bloß angenommener (fingierter, vermuteter) Sachverhalt zugrundegelegt."[171] Vereinfachungen der Steuerentrichtung sind etwa die Erhebung von anrechenbaren oder abgeltenden Quellensteuern.

Privatsphäre, neben jeden Staatsbürger einen Steuerbeamten zu stellen.

[170] Wobei für die folgenden Ausführungen von der Bedingung eines gleichbleibenden Netto-Steueraufkommens ausgegangen wird. Das Netto-Steueraufkommen werde hier als Steuerzahlungen der Steuerpflichtigen (Brutto-Steueraufkommen) abzüglich der Kosten der Finanzverwaltung und der Finanzgerichtsbarkeit verstanden.

[171] RUPPE (1998, S. 39), der auch die verschiedenen Formen von Steuererhebungsvereinfachungen systematisiert. Die vereinfachte Sachverhaltsermittlung findet regelmäßig auch verfassungsrechtlich Billigung, wenn „ein angemessenes Verhältnis zwischen den Vorteilen der Typisierung und der mit ihr notwendig verbundenen Ungleichheit der steuerlichen Belastung" gegeben ist. Zur verfassungsrechtlichen Legitimation einer „Modifikation des Belastungsgrunds" bei der Formulierung handhabbarer Steuerbemessungsgrundlagen aufgrund „steuertechnischer Anforderungen" vergleiche auch KIRCHHOF (1994, S. 144f.), der auch auf entsprechende Urteile des Bundesverfassungsgerichts verweist. „Wenn der Gesetzgeber bei der Ordnung von Massenerscheinungen, wie sie insbesondere im Steuerrecht auftreten, nicht um die Gleichbehandlung aller denkbaren Einzelfälle besorgt zu sein braucht, so verstößt die generalisierende, typisierende und pauschalierende Regelung nicht schon wegen der mit ihr unvermeidlich verbundenen Härten gegen den allgemeinen Gleichheitssatz. Allerdings ist immer wieder als Voraussetzung der Typisierung formuliert worden, dass die durch sie eintretenden Härten und Ungleichheiten nur eine verhältnismäßig kleine Zahl von Personen betreffen und der ‚Verstoß gegen den Gleichheitssatz' nicht sehr intensiv sein dürfe" KIRCHHOF (1994, S. 9f.). S. auch KIRCHHOF (1998). Angesichts dieser Bedingungen ist jedoch zu fragen, ob das Kriterium der kleinen Zahl von Personen entscheidend ist und nicht eventuell sogar das Ausmaß des Betroffenseins einzelner eine größere Beachtung verdient.

Die Minimierung der Steuererhebungskosten ist jedoch nicht als monokausales Ziel zu verfolgen. Eine – wie beschrieben – Vereinfachung der Steuererhebung impliziert stets, dass konzeptionell im Grunde gleich zu behandelnde Sachverhalte unterschiedlich behandelt werden. Dadurch wird grundsätzlich die steuerliche Gleichbehandlung (im Sinne horizontaler Gerechtigkeit) gestört,[172] d.h. im Vergleich zum Referenzmaßstab zahlen „some individuals .. relatively too much tax; others pay relative too little."[173] Eine Ungleichbehandlung konzeptionell gleicher Sachverhalte verletzt zudem regelmäßig die allokative Neutralität.[174] Es besteht tendenziell ein Abwägungsproblem zwischen Messkosten und Messgenauigkeit:[175] Eine weniger genaue Messung reduziert die Mess-

---

[172] Eine interpersonell einheitliche unterschiedliche Behandlung gleich zu behandelnder Sachverhalte bleibt dabei jedoch weiterhin gewährleistet. Letzteres könnte als „steuerrechtliche Gleichbehandlung" bezeichnet werden in Abgrenzung zur (aus steuerpraktischen Gründen grundsätzlich gestörten) steuerlichen Gleichbehandlung.

[173] KAPLOW (1996b, S. 145).

[174] Vgl. hierzu etwa KAPLOW (1998, S. 62). Eine weniger genaue Einkommensbesteuerung verschlechtere die Einkommensverteilung, d.h. es wird weniger wahrscheinlich, dass „high-income individuals pay high taxes and low-income individuals pay low taxes." Allerdings komme es auch zu entsprechenden Verhaltensanpassungen der Individuen, „when individuals, at the time they choose their level of effort, are aware of how their income will be mismeasured. When net income is overstated a the margin, individuals work less; when it is understated, they work more. Both changes in behavior would be inefficient were it not for the preexisting labor-leisure distortion caused by the income tax" (ebd., S. 63). Diese Verhaltensanpassungen können die zuvor genannten Verteilungswirkungen neutralisieren. „To this extent [wie es zu Verhaltensanpassungen der Individuen kommt], instead of an equity cost there will be an *efficiency cost*. In particular, consider individuals of a given skill level who are deciding whether to be an employee in sector A or to be entrepreneur in sector B. For given work effort and resulting income the employee in sector A pays much higher taxes. This will encourage individuals to be entrepreneurs in sector B. When the labor market is in long-run equilibrium, the following will be true. First, the net, after-tax wages of the two sets of workers must be such that their utilities are the same. If that is the case, there is no equity effect. ... Second the tax difference causes an economic distortion: the economy has too much labor in sector B and too little in sector A (KAPLOW 1996b, S. 145). KAPLOW fasst die *equity cost* zwar nutzenorientiert auf, seine Aussage ließe sich jedoch auch auf eine verfügungsmachtorientierte Argumentation übertragen.

[175] Vgl. in diesem Sinne auch HACKMANN (1983, S. 687): "Die distributiven, die im engeren Sinne allokativen und etwaigen sonstigen Vorteile einer besseren Ermittlung der finanzwissenschaftlich relevanten steuerlichen Tatbestände [müssen] gegen die höheren Verwaltungskosten abgewogen werden." Ähnlich spricht auch KAPLOW (1996b, S. 139) von einem „trade-off between compliance costs and accuracy of as-

kosten, bewirkt regelmäßig jedoch *Equity Costs* und kann die allokativen Zusatzlasten[176] erhöhen. Zu beachten ist, dass sich diese Tendenzaussage

---

sessment." Vgl. für einen einfachen Modellansatz für die Fragestellung wie genau Einkommen besteuert werden sollte KAPLOW (1998, S. 64ff.).

Eine genauere Analyse der Abwägung von Verwaltungskosten und sonstigen zielrelevanten Sachverhalten kann in dieser Arbeit nicht erfolgen. Es werde lediglich darauf hingewiesen, dass die plausibel erscheinende Aussage, dass die marginalen Steuererhebungskosten das marginale Steueraufkommen nicht überschreiten sollen, zu präzisieren ist. Zunächst können nämlich die (monetär bewerteten) marginalen Nutzeffekte aus der Steueraufkommensverwendung durchaus das marginale Steueraufkommen betragsmäßig übersteigen und damit die Steuererhebungskosten überkompensieren. Sodann können – selbst wenn die Verwendung des Steueraufkommens unberücksichtigt bleibt – die distributiven Vorteile einer personenbezogen gleichmäßigeren Steuerverteilung gesellschaftlich höher zu bewerten sein als die Kosten der Steuererhebung. Des weiteren ist die obige Aussage nur auf die gesamten Verwaltungskosten des Staates zu beziehen. Bezogen auf den einzelnen Steuerpflichtigen kann es durchaus begründet sein, dass die marginalen Steuererbringungskosten das Steueraufkommen übersteigen (vgl. in diesem Sinne SANDFORD / GODWIN / HARDWICK 1989, S. 205). Auch die Einbeziehung von Sachverhalten in die Steuerpflicht, die (in direkten Steueraufkommenskategorien gemessen) nicht sonderlich „rentabel" sind, kann sinnvoll sein, wenn dadurch Steuerschlupflöcher geschlossen werden, die sonst zu einem geringeren Gesamtsteueraufkommen geführt hätten. Vgl. für eine entsprechende Argumentation mit Blick auf die Auswahlkriterien der Besteuerung von Wertänderungen EBNET (1978, S. 104ff.).

[176] Eine interessante Frage ist, wie sich die allokativen Verzerrungen aus einer ungenauen Steuererhebung zu den allokativen Verzerrungen aufgrund der konzeptionellen Aneutralität einer Steuer verhalten. Sind steuerrechtliche Bemessungsgrundlagen so gestaltet, dass sich Abweichungen vom konzeptionellen Gleichheitsmaßstab nach oben und unten entsprechen, könnte eine Verstärkung der in der Maßstabsgröße angelegten Aneutralität vermutet werden: „Nevertheless, inaccuracy tends to increase the familiar labor-leisure distortion: when deadweight loss rises disproportionately with the effective tax rate, errors that result in a higher effective tax rate cause more distortion than is avoided by errors that result in a lower effective tax rate" (KAPLOW 1998, S. 62f.). Ein anderes Ergebnis könnte sich jedoch ergeben, wenn die steuerlichen Regelungen so ausgestaltet sind, dass die Unterbesteuerung umfangsmäßig bedeutender ist als die Überbesteuerung. Auch wenn hier keine Untersuchung der Steuergesetze und –richtlinien in Hinblick auf diese Fragestellung stattfinden kann, spricht für die Tendenz einer stärkeren Unterbesteuerung, dass das in Deutschland vorherrschende öffentliche Meinungsklima (wie auch die Steuerrechtsprechung) wohl eine zu hohe Belastung einzelner für gravierender ansieht als eine zu niedrige Belastung einzelner. Unabhängig davon – auch nicht allein auf die Arbeits-Freizeit-Entscheidung bezogen – kann aber wohl davon ausgegangen werden, dass eine stärker am konzeptionellen Gleichheitsmaßstab orientierte Besteuerung die allokativen Verzerrungen reduziert. Vgl. hierzu auch YITZHAKI (1979), der argumentiert, dass eine breitere Bemessungsgrundlage (comprehensive tax system) die Ver-

nicht unbedingt auf einzelne steuerliche Sachverhalte übertragen lässt. Eine isoliert gravierend erscheinende Realisierungslücke kann (an der Abweichung vom idealen Gleichheitsmaßstab gemessen) im Gesamtkontext wesentlich weniger problematisch sein und umgekehrt kann ein als harmlos vermuteter Besteuerungsverzicht in Kombination mit anderen steuerpraktischen Vereinfachungen sehr bedeutsame Ungleichbehandlungen zur Folge haben. Einzelne Mess- und Erfassungsungenauigkeiten können sich also kompensieren oder gegenseitig verstärken.

Für das Abwägen von Messkosten und Messgenauigkeit ist des weiteren zu berücksichtigen, dass eine steuerrechtliche Ungleichbehandlung konzeptionell gleichermaßen steuerbarer Sachverhalte regelmäßig auf Steuerersparnis gerichtete Verhaltensreaktionen der Zensiten nach sich zieht. Steuerpflichtige werden versuchen, Sachverhalte so zu gestalten, dass sie steuersparende Substitutionsmöglichkeiten wahrnehmen können. Zu versteuerndes Einkommen wird etwa in eine steuerfreie oder minderbesteuerte Form ökonomischer Verfügungsmacht transformiert. Die damit einhergehende Aushöhlung der Steuergesetze verstärkt ungleichbehandelnde Steuervereinfachungen noch weiter. Benachteiligt sind diejenigen, die – sei es aufgrund ihrer Einkunftsart, von Transaktionskosten, Einkommenshöhe oder Wissensstand – solche Gestaltungsformen gar nicht oder sinnvollerweise nicht realisieren können oder auch aus „Anstand" nicht realisieren wollen.

Das Bestehen von Möglichkeiten für Steuerpflichtige, ihre Steuerbelastung zu reduzieren – die sog. *Transactional Complexity* [177] –, ist jedoch nicht allein aus distributiven und allokativen Gründen problematisch. Die von den Steuerpflichtigen hierfür aufgewandten diskretionären Kosten müssen volkswirtschaftlich als Verschwendung gelten. Die Finanzverwaltung wird auf die Steuerumgehungen regelmäßig mit Gegenmaßnahmen wie Missbrauchsvorschriften reagieren.[178] Hierdurch nimmt die

---

zerrung zwischen besteuerten und unbesteuerten Aktivitäten reduziert.

[177] „For many high-income individuals and businesses, the discretionary costs can currently be large, because the tax system encourages transactions that would not otherwise make sense. The degree to which a tax system encourages such behavior is often called 'transactional complexity', and some tax systems would drastically reduce it" (SLEMROD 1996, S. 358).

[178] Hinzu kommen noch Kontrollen auf etwaige illegale Steuerhinterziehung (Steuerfahndung). Auf die Fragestellung der optimalen Steuerüberprüfung und die Zusammenhänge zwischen Gestalt der Bemessungsgrundlage und Kontrollerfordernissen ist hier nicht näher einzugehen. Vgl. hierzu etwa KAPLOW (1996b, S. 143f.).

Rule Complexity zweifellos zu, die Steuergesetze werden noch weiter verkompliziert und erhöhen damit tendenziell die von allen Steuerpflichtigen aufzubringenden unfreiwilligen Steuererbringungskosten. Dennoch können diese Maßnahmen sinnvoll sein, wenn sie das Steueraufkommen erhöhen und die steuerliche Gleichbehandlung verbessern. Insgesamt kann es sogar zu einem Rückgang der Steuererhebungskosten kommen, wenn dadurch transaktionskostenintensive Formen der Steuerumgehung verhindert werden.[179] Durch eine größere *Rule Complexity* würde also die *Transactional Complexity* verringert.

Die gerade erörterten Zusammenhänge machen deutlich, dass die Höhe der Steuererhebungskosten nicht eindimensional zu begreifen ist. Beim Design von Bemessungsgrundlagen sind das Zusammenspiel verschiedener administrativer Einzelaspekte und der Verhaltensreaktionen der Steuerpflichtigen zu berücksichtigen einschließlich der Frage der optimalen Kontrolle. Auch wenn aufwendige empirische Untersuchungen unternommen würden, dürften sich die hierfür erforderlichen Kenntnisse kaum mit definitiver Verlässlichkeit ermitteln lassen. Die Erwartung, ausgehend von den genannten Zusammenhängen – etwa im Rahmen von Kosten-Nutzen-Analysen[180] – für eine Messgröße eindeutig eine optimale (praktisch sinnvollerweise zu implementierende) *Bemessungsgrundlage* (quantitativ) bestimmen zu können, ist vermutlich überzogen. Aufgrund der (zeitvarianten) Abhängigkeit der Ergebnisse vom Untersuchungszeitpunkt, würden solche Ergebnisse zudem auch wohl immer nur eine zeitpunktbezogene Gültigkeit beanspruchen können. Im folgenden Kapitel C wird daher ein weniger anspruchsvoller Ansatz gewählt und überwiegend auf abwägende Erörterungen oder herrschende Literaturauffassung zurückgegriffen.

---

[179] „Also note that it is not necessarily the case that a more complex set of rules will lead to greater compliance costs, as it is possible that more complex rules will deter more expensive forms of transactions that would arise if rules were simpler" (KAPLOW 1998, S. 61, FN 3). S. in einem solche Sinne auch HACKMANN (1982, S. 176).

[180] „Serious cost-benefit analysis of tax design should be undertaken, just as is currently done for many public projects in which the expenditure of resources is more apparent" (KAPLOW 1998, S. 78).

C. Steuerrechtliche Bemessungsgrundlagen ausgewählter Steuerreformvorschläge

Im Mittelpunkt dieser Arbeit stehen Vorschläge für eine Reform der deutschen Einkommensbesteuerung. Diese Vorschläge beruhen auf unterschiedlichen Messgrößen der Besteuerung, drei sind einkommensorientiert und zwei konsum- bzw. lebensausstattungsorientiert[181]. Im Zentrum der Überlegungen für eine einkommensorientierte Steuerreform steht die Idee einer umfassenden Einkommensbesteuerung. Die beiden anderen Ansätze einkommensorientierter Besteuerung sind nicht als selbständige Steuerformen zu sehen; es handelt sich vielmehr um Module zur Ergänzung bzw. Variation einkommensteuerlicher Bemessungsgrundlagen. Die von HACKMANN entwickelte *Sollzinsergänzung* der einkommensteuerlichen Bemessungsgrundlage (*„sollzinsergänzte Einkommensteuer"*) ergänzt das der Besteuerung zu unterwerfende Einkommen um eine Sollzinskomponente. Eine Abgeltungsteuer auf Kapitalerträge besteuert diese statt zum regulären Einkommensteuertarif abgeltend mit einem besonderen proportionalen Steuersatz. Beide Module sind grundsätzlich mit einer Vielzahl unterschiedlicher einkommensorientierter Besteuerungsformen kompatibel, etwa mit dem derzeitigen deutschen Einkommensteuerrecht oder auch mit einer – wie hier verstandenen – umfassenden Einkommensbesteuerung. In D werden Kombination der derzeitigen deutschen Einkommensteuer (Halbeinkünfteverfahren) einerseits mit der Abgeltungsteuer und andererseits mit einer Sollzinsergänzung bewertet werden. Durch solche Kombinationen soll gezeigt werden, ob auch ohne grundlegenden Umbau des deutschen Steuersystems mit lediglich einigen Modifikationen positive steuerpraktische Effekte erzielt werden können. Die Sollzinsergänzung wird des weiteren auch mit einer umfassenden Einkommensteuer verbunden werden. Eine Kombination von umfassender Einkommensteuer und abgeltender Besteuerung von Kapitalerträgen wäre praktisch zwar denkbar, widerspräche jedoch im Grunde der Konzeption einer umfassenden Einkommensteuer. Sie wird daher in dieser Arbeit nicht erörtert werden.

---

[181] Wenn im Folgenden die Lebensausstattungsorientierung keine ausdrückliche begriffliche Erwähnung findet, hat das seinen vornehmlichen Grund darin, dass (wie unter B.2.2.1 erläutert) unter bestimmten idealtypischen Bedingungen zwischen einer Besteuerung des Konsums und der Lebensausstattung eine belastungsmäßige Äquivalenz besteht.

Auch die hier präsentierten konsumorientierten Steuerreformvorschläge nehmen für die Bemessungsgrundlagenermittlung Einkommensgrößen zum Ausgangspunkt. Bei der sog. Ausgabensteuer wird die Bemessungsgrundlage aus Summe von bestimmten Einkommensteilen abzüglich der Ersparnisbildung und zuzüglich der Verfügung über Ersparnisse („Sparbereinigung") ermittelt. Bei der „zinsbereinigten Einkommensteuer" erfolgt die Besteuerung der „Nichtzins"-Einkünfte durch Abzug einer Normalverzinsung vom Einkommen („Zinsbereinigung"). Die Bezeichnung „zinsbereinigte Einkommensteuer" (wie auch der Terminus „sparbereinigte Einkommensteuer" für eine Ausgabensteuer) weist lediglich auf den Berechnungsmodus hin – orientiert an den faktisch der Besteuerung unterworfenen Größen handelt es sich jedoch nicht um Einkommensteuern.

Eine auf eine abschließende Beurteilung zielende Erörterung, ob die hier genannten Bemessungsgrundlagen jeweils optimale Umsetzungen der Messgrößen Einkommen, Konsum und „Nichtzins"-Einkünfte (i.e. Arbeits- und die Normalverzinsung überschreitende Kapitaleinkünfte) sind, würde aufwendige empirische Untersuchungen erfordern, die sich wohl kaum in einem „Ein-Personen-Projekt" realisieren lassen. Zudem wären – worauf schon zum Schluss von Kapitel B.4.2 hingewiesen wurde - selbst bei einem sehr weit gezogenen Untersuchungsrahmen alle Ergebnisse mit erheblicher Unsicherheit behaftet, und es ist zu erwarten, dass sich manche Fragen nicht einmal ansatzweise beantworten lassen. Diese Arbeit begnügt sich daher damit, Möglichkeiten für die Gestaltung der Bemessungsgrundlage einer umfassenden Einkommensteuer – auch mit Bezug zur deutschen Einkommensbesteuerungspraxis – vergleichsweise ausführlich zu erörtern. Für die anderen Reformvorschläge wird weitgehend auf die entsprechenden Darstellungen in der Literatur zurückgegriffen. Die üblicherweise dort für die Bemessungsgrundlagengestaltung vorgebrachten Empfehlungen werden also nicht im Detail geprüft. Insgesamt haben die folgenden Ausführungen somit eher einen hypothetischen Charakter. Für sie wird nicht beansprucht, dass auf ihrer Basis eine definitive Bewertung erfolgen kann, die alle potentiell relevanten Problemdimensionen berücksichtigt. Vornehmlich soll die Argumentation geeignetes Diskussionsmaterial bieten und zu einer Schärfung von Problembewusstsein sowie für die Gewinnung eines Gespürs der Komplexität der involvierten Problemlagen beitragen, wenn es um wissenschaftlich hinreichend begründete Steuerpolitikempfehlungen geht.

1 Umfassende Besteuerung eines im Sinne der Reinvermögenszugangstheorie verstanden Einkommens (und die deutsche Einkommensbesteuerung)

Im Folgenden soll versucht werden, die in B.3 erörterten verfügungsmachtorientierten Vorstellungen in eine steuerrechtliche Bemessungsgrundlage umzusetzen. Hierzu wird ein Entwurf für eine umfassende Einkommensteuer („comprehensive income tax") präsentiert, wobei sich „umfassend" sowohl auf die Bemessungsgrundlage als auch deren Durchsetzung bezieht. Die Darstellung hier konzentriert sich dabei vor allem auf die Sachverhalte, die bei einer umfassenden Einkommensteuer anders als bei der bestehenden deutschen Einkommensteuer geregelt werden sollten.

Eine umfassende Einkommensteuer hätte eine wesentlich breitere Bemessungsgrundlage als die deutsche Einkommensteuer.[182] Insofern stünde ihre Einführung in Übereinstimmung mit den steuerpolitischen Tendenzen der jüngeren Zeit, Ausnahmen, Begünstigungen und Steuerschlupflöcher abzuschaffen und dadurch das Steuerrecht zu vereinfachen sowie die Bemessungsgrundlage auszuweiten. Die in diesem Zusammenhang zu findenden Steuerreformvorschläge[183] zielen durchweg jedoch auf wesentlich weniger breite Bemessungsgrundlagen als die hier präsentierten Vorstellungen. In den auf Bemessungsgrundlagenausweitung gerichteten Vorschlägen sind nämlich regelmäßig weder eine Besteuerung eigenerzeugter Güter und Leistungen einschließlich der Nutzung der eigenen Wohnung noch eine haltefristen- und realisationsunabhängige Erfassung von Wertänderung vorgesehen.[184] Allerdings wird

---

[182] Interessant ist, dass der für die Bestimmung von Ansprüchen auf Sozialleistungen des Staates zugrundegelegte Einkommensbegriff wesentlich breiter ist als der steuerliche. Vgl. etwa zum Begriff des Jahreseinkommens im Sinne des Wohngeldgesetzes § 10 WoGG. Es ist zu vermuten, dass eine Vereinheitlichung dieser unterschiedlichen Einkommensbegriffe bedeutende administrative Vorteile hätte, vor allem würde aber die Überprüfung auf Leistungsmissbrauchs bei Sozialleistungen wesentlich erleichtert.

[183] Aktuell zu nennen ist der unter Federführung von PAUL KIRCHHOF (2001) erarbeitete *Karlsruher Entwurf zur Reform des Einkommensteuergesetzes.*

[184] Vgl. etwa EEKHOFF / ENSTE / LEPACH (1998): „Zu der [umfassenden] Steuerreform gehört zwingend der Abbau vielfältiger Steuervergünstigungen, so daß das Steuersystem gerechter wird und eine breitere Basis erhält ... Die sogenannte Spekulationsfrist von zwei Jahren [auf Immobilien] sollte nicht ausgedehnt werden" (S. 12f.). Dabei wird mit dem Lock-in-Effekt (vgl. hierzu Fußnote 238) und der Ungerechtigkeit

auch eine konsequente Besteuerung eines umfassend verstanden Einkommens, stets einige Formen des Zugangs an ökonomischer Verfügungsmacht nicht oder nur unvollkommen besteuern, wenn sie praktisch sinnvoll erfolgt. Die in diesem Zusammenhang anzustellenden theoretischen Überlegungen und Abwägungen sind schon in B.4 beleuchtet worden.

1.1 Grundsätzliche Probleme der Einkünfteermittlung

Die Reinvermögenszugangsgleichung (s. B.3) definiert Einkommen als Summe aus Konsum und Vermögensänderung. Es könnte daher nahe liegen, auch für die Feststellung der konkreten einkommensteuerlichen Bemessungsgrundlage einer Person die Summe ihres Konsums und Gesamtvermögensbestands am Periodenende abzüglich Vermögensbestand am Periodenanfang zu nehmen. Eine solche Einkommensermittlung von der *Verwendungsseite* ist mit erheblichen Schwierigkeiten verbunden, insoweit sie eine direkte Konsumermittlung erfordert. Einfacher ist es, das steuerliche Einkommen ausgehend von der *Entstehungsseite* her zu ermitteln und den einzelnen Entstehungsgründen für Einkommen nachzuspüren. Die praktisch sinnvolle Bemessungsgrundlage einer Einkommensteuer ergäbe sich dann als Summe der einzelnen und separat zu ermittelnden Einkünfte verschiedener Einkommens- bzw. *Einkunftsarten.* Eine solche Vorgehensweise entspricht im Prinzip auch den rechtlichen Regelungen in wohl allen Staaten, nach denen der steuerliche Einkommensbegriff durch eine (abschließende) Aufzählung der einzelnen Einkunftsarten *(Enumerationsprinzip)* definiert wird. Jede Aufzählung birgt jedoch immer die Gefahr der Unvollständigkeit. Daher ist es vermutlich sinnvoll – wie u.a. von NEUMARK[185] vorgeschlagen –, der Auflistung der

---

von Fristenregelungen argumentiert. Eine periodische Besteuerung von Wertänderungen zu akzeptablen Kosten wird für nicht realisierbar gehalten (vgl. ebd., S. 29f.).

Anders hingegen in den USA, vgl. etwa DAVID / MILLER (1969) oder SHAKOW (1986): *Taxation without Realization: A Proposal for Accrual Taxation.* Auch der frühere kanadische Finanzminister EDGAR BENSON (1969, S. 40f.) propagierte eine Besteuerung nichtrealisierter Aktienkursgewinne; er dachte an eine Erfassung im Abstand von fünf Jahren.

[185] „Nun ist aber natürlich keine noch so eingehende Kasuistik in der Lage, *alle* Fälle ausdrücklich zu regeln, und immer wieder wird daher die Praxis mit Schwierigkeiten zu ringen haben, wenn es sich um Einkünfte handelt, die sich nicht ohne weiteres in die gesetzlichen Einkunftskategorien einordnen lassen" (NEUMARK 1947, S. 37).

einzelnen Einkommenskategorien eine Generalklausel voranzustellen, die den steuerlichen Einkommensbegriffs zunächst allgemein definiert.[186] Der Einkünfte-Katalog hätte dann nur die Aufgabe, den Einkommensbegriff praktikabel zu illustrieren.[187]

1.1.1 Einkünfteerzielungsabsicht und Einkunftsartenabgrenzung

Die Frage der Abgrenzung zwischen Konsum und Einkommenserzielungskosten ist schon in B.3.4.1.1 aufgeworfen worden. Dabei ging es vor allem darum, die Aufwendungen für als Konsum zu verstehende „Liebhaberei" zu identifizieren. Wird von der konzeptionellen Ebene zur Ebene der steuerrechtlichen Bemessungsgrundlagengestaltung gewechselt, stellt sich noch eine weitere Abgrenzungsproblematik, wenn – etwa aus steuerpraktischen Gründen – das Einkommen nicht in seiner Gänze besteuert wird. Eine Entstehung von Einkommen im reinvermögenszugangstheoretischen Sinne (oder auch eines sonst irgendwie definierten Einkommens) impliziert dann nämlich nicht, dass auch Einkünfte im steuerrechtlichen Sinne erzielt werden. Für eine steuerliche Berücksichtigung von Aufwendungen genügt es deshalb nicht, nach einer Einkommensabzielungsabsicht zu fragen. Im Prinzip ist zu klären, ob auch der Steuer zu unterwerfende Einkünfte erzielt werden sollen. In diesem Sin-

---

[186] „Auf diese Weise würde ein fester Maßstab für die interpretative Bestimmung des Einkommenscharakters von Einnahmen geschaffen, die keine ausdrückliche Erwähnung im Gesetzestext gefunden haben" (NEUMARK 1947, S. 37). Diese Generalklausel allerdings nur auf das Markteinkommen (vgl. WITTMANN 1992, S. 123) zu beziehen, überzeugt nicht, da aus solchen Einschränkungen Besteuerungsprobleme resultieren können (s. B.3.1).

[187] Ein solcher Weg wurde in dem – unter dem Einfluss der SCHANZschen Reinvermögenszugangstheorie formulierten – Deutschen Einkommensteuergesetz vom 29. März 1920 beschritten. Dort wird zunächst in § 4 steuerbares Einkommen als „Gesamtbetrag, der in Geld oder Geldeswert bestehenden Einkünfte" nach Abzug der Werbungskosten und unter Ausschluss bestimmter in § 12 beschriebener Sachverhalte (negatives Enumerationsprinzip) definiert. Anschließend folgt in § 5 eine nähere Illustration durch Aufzählung bestimmter Einkommensarten, die dann in den Folgeparagraphen erläutert werden. Sollen bestimmte Zugänge ökonomischer Verfügungsmacht unbesteuert bleiben, wären diese dann explizit durch negative Enumeration zu kennzeichnen. Im Einkommensteuergesetz vom 10. August 1925 wurde (wieder) von einer Generalklausel abgesehen und in § 6 das steuerbare Einkommen lediglich durch (positive) Enumeration bestimmt. „Der Besteuerung des Einkommens nach diesem Gesetz unterliegen nur ..."

ne ist hier von *Einkünfteerzielungsabsicht* die Rede. Im deutschen steuerrechtlichen Kontext wird jedoch von Einkommenserzielungsabsicht gesprochen.

Die Frage, was *Einkünfteerzielungsabsicht* bedeutet, ist viel diskutiert worden und obendrein wohl eine der häufigsten Ursachen für Kontroversen zwischen Steuerpflichtigen und Finanzverwaltung. Die deutsche Steuerrechtsprechung nennt als Erkennungsmerkmal einer wie hier verstandenen Einkünfteerzielungsabsicht die Aussicht auf einen positiven Gesamtüberschuss („Totalgewinn in der Totalperiode")[188]. Die Prüfung ist dabei ohne Berücksichtigung (positiver) Steuererstattungen und (negativer) Steuerzahlungen vorzunehmen,[189] wobei prinzipiell lediglich die erwarteten[190] – aufgrund der Nichtübereinstimmung von ökonomischem

---

[188] Eine Mindestgröße für den Gewinn soll es dabei nicht geben. Nach herrschender Meinung soll für die steuerrechtliche Anerkennung einer Einkünfteerzielungsabsicht ein positiver Nominalgewinn ausreichen, Geldwertentwertung und Verzinsung seien dabei nicht zu berücksichtigen (vgl. GROH 1984, S. 2425). Vgl. in diesem Sinne auch eine – von THEISEN 1999, S. 260, FN 48 zitierte – Entscheidung des FG Berlin (29.10.1992 – IV 298/90), nach der auf die Gesamtnutzungsdauer des jeweiligen Objekts zumindest 1 DM Gewinn zu erzielen sei. Für eine zu Recht erfolgende Kritik an dieser Positionen vgl. ROSS (1998): „Vielmehr muß es sich um einen Gewinn handeln, der auf die Gesamtdauer der Tätigkeit bezogen als wirtschaftlich ins Gewicht fallend angesehen werden kann. Auch eine nur durch die Geldentwertung bedingte Betriebsvermögensmehrung reicht nicht aus. ... Es geht darum, ob die öffentliche Hand den unter Beachtung des Nominalwertprinzips ermittelten künftigen Steuereinnahmen einen höheren Wert zumessen kann als den gegenwärtigen Steuerausfällen. Hierbei handelt es sich um ein Bewertungsproblem. Es ist nicht zwingend, dass der Fiskus dabei den Zeit-/Zinsfaktor außer acht lässt. Vielmehr muß er ihn aus Sicht des ordentlichen Haushälters berücksichtigen, weil die fragliche Betätigung des Steuerpflichtigen sonst gerade keine positive Wirkung für das Gesamtsteueraufkommen hat" (ROSS 1998, S. 719).

[189] „Ein wirtschaftlicher Vorteil, der wie die Einkommensteuerermäßigung mit dem Gewinn nichts zu tun hat, kann die Gewinnerzielungsabsicht nicht begründen" (GROH 1984, S. 2424).

[190] Auch wenn für die praktische Klärung, ob eine konsumtive Einkommensverwendung vorliegt oder es sich um Einkünfteerzielungskosten handelt, auf faktisch nachhaltige, statt auf erwartet nachhaltige Verluste abgestellt wird, ist das ein steuerpraktisch wenig befriedigendes Abgrenzungskriterium. Ob eine Aktivität nachhaltig zu Verlusten führt, kann immer nur im nachhinein beurteilt werden, wenn die Auswirkungen der betreffenden Aktivität zu einem Ende gekommen sind. Bei langlebigen Konsumgütern kann dieser Beurteilungszeitpunkt sehr weit in der Zukunft liegen. Das Erreichen dieses Zeitpunktes kann steuerpraktisch nicht abgewartet werden, schon in der Zwischenzeit sind behördliche Entscheidungen über die relevanten

und steuerlichem Einkommensbegriff – steuerlich relevanten Erträge und Aufwendungen zu berücksichtigen sind. Für eine Beurteilung von Einzelfällen ist dieses Kriterium jedoch oftmals zu wenig konkret. THEISEN (1999) hat vorgeschlagen, zunächst zu fragen, ob die betrachtete Tätigkeit (nach der allgemeinen Lebenserfahrung) objektiv[191] – geeignet ist, nachhaltig positive Einkünfte zu erzielen. Anschließend sei dann zu klären, „ob die Beteiligten selbst, also subjektiv, mit einem Überschuss bzw. Gewinn rechnen und ob sich diese Prognose objektiv nachvollziehen und bestätigen lässt."[192] Anders ausgedrückt: Wären die Beteiligten der Aktivität auch nachgegangen, wenn sie keinen Überschuss aller (diskontierten) Aufwendungen über die (diskontierten) Einnahmen erwartet hätten. Wäre diese Frage zu bejahen, ist zunächst einmal nicht von einer Einkommenserzielungsabsicht auszugehen.

Aufwendungen können einen Bezug zu unterschiedlichen Einkunftsarten haben. Der Erwerb eines Mietshauses etwa führt nach dem deutschen Steuerrecht zu Einkünften aus Vermietung und Verpachtung und u.U. zu Veräußerungsgewinnen. Für die Prüfung der *Einkünfteerzielungsabsicht* bedeutet dies, dass sich die Prüfung über alle Einkunftsarten erstrecken muss. Die steuerliche Geltendmachung von Aufwendungen wäre somit nur dann zu verwehren, wenn sie nicht zu (steuerlichen) Einkünften irgendeiner Art führen. Die Tatsache, dass einer Einkunftsart zugeordnete Aufwendungen zu Einkünften einer anderen Art führen können, impliziert, dass es einen Verlustausgleich zwischen den von den Aufwendungen jeweils betroffenen Einkunftsarten geben sollte. Im Sinne einer Logik des Zweitbesten gibt es allerdings auch Argumente, die diesbezüglich zumindest eine Begrenzung nahe legen. Bei einer unvollkommenen Einkommensbesteuerung könnte ein Verlustausgleich zwischen verschiedenen Einkunftsarten dazu führen, dass Verluste einer Art

---

Sachverhalte zu treffen. Angesichts dieser Problemlage könnte es ein möglicher Lösungsweg sein, Aufwendungen für konsumträchtige Aktivitäten zunächst immer der Konsumsphäre zuzuordnen, und sie erst zu dem Zeitpunkt als Einkommenserzielungskosten anzuerkennen, wenn sie durch entsprechende Erträge ausgeglichen worden sind. Es wäre dann allerdings eine interperiodische Verrechnung der früheren (evtl. hochgezinsten) Aufwendungen mit den späteren Erträgen zuzulassen, wobei die Dokumentations- oder Nachweispflicht vom Steuerpflichtigen zu übernehmen wäre.

[191] Die Anwendung *objektiver Kriterien* entspricht im Grunde nicht der Ladung des Begriffes Einkünfteerzielungs*absicht.*

[192] THEISEN (1999, S. 258).

mit positiven Einkünften einer anderen Art verrechnet werden, obwohl gleichzeitig die mit den negativen Einkünften sachlich zusammenhängenden (in einem umfassenden Sinne verstandenen) Gewinne in anderen Periode nicht der Steuer zu unterwerfen sind. Dieses mag es rechtfertigen, einen Verlustausgleich nur mit solchen steuerlich erfassten Gewinnen zuzulassen, mit denen ein kausaler Zusammenhang besteht. Ist ein solcher Nachweis aus steuerpraktischen Gründen nicht möglich, wäre der Verlustausgleich zwischen verschiedenen Einkunftsarten wohl generell einzuschränken. Aus allokativer und auch distributiver Sicht sind solche Beschränkungen der Verlustverrechnungen jedoch durchweg als nachteilig zu werten.

Wird keine wirklich umfassende Einkommensteuer realisiert, wäre es aus einer solchen Perspektive daher sinnvoll, die Einkunftsarten so gegeneinander abzugrenzen, dass sachlich zusammenhängende Sachverhalte in einer Einkunftsart erfasst werden. Die deutsche Einkommensteuerpraxis folgt dieser Vorstellung nicht in jedem Fall, sondern orientiert sich eher an formalen Kriterien. Probleme stellen sich insbesondere im Zusammenhang mit Einkünften aus Vermietung und Verpachtung (§ 21 EStG) und Gewinnen aus der Veräußerung von Grundstücken und Gebäuden (*Private Veräußerungsgeschäfte,* §23 EStG). Hinzu kommt noch, dass unrealisierte und außerhalb der Veräußerungsfrist realisierte Wertänderungen sowie der Nutzungswert eigener Wohnungen völlig unberücksichtigt bleiben. Im Rahmen der hier zu entwickelnden umfassenden Einkommensteuer sollten daher alle mit Sachvermögen (Wohnungen) zusammenhängenden Einkünfte in einer Einkunftsart zusammengefasst werden.[193] Ähnlich ließe sich auch eine Zusammenlegung von Zinsen und Dividenden und Wertänderungen von Wertpapieren rechtfertigen.

1.1.2 Verfahren der Einkünfteermittlung

Für die folgenden Überlegungen wird davon ausgegangen, dass es praktisch sinnvoll ist, das Einkommen nicht in seiner Gänze als Vermögensänderung zuzüglich Konsum zu ermitteln, sondern als Summe von ein-

---

[193] Überlegungen, Wertänderungen und Einkünfte aus Vermietung und Verpachtung in einer Einkunftsart zusammenzufassen, sind schon häufiger angestellt worden (etwa vom WISSENSCHAFTLICHEN BEIRAT BEIM BMF 1976, S. 21f. oder von PEZZER 2000, S. 466).

zeln und separat zu ermittelnden Einkünften verschiedener Einkunftsarten. Die verschiedenen Einkunftsarten unterscheiden sich zum Teil in ihrem Charakter. Schon von vornherein lässt dies erwarten, dass ihre Ermittlung unterschiedlich kompliziert ist und (sinnvollerweise) deshalb auch nur in unterschiedlicher Weise erfolgen kann. Steuerpraktisch könnte es damit zu rechtfertigen sein, einzelne Einkunftsarten ungleich zu behandeln – sei es durch Pauschalierungen und Freibeträge in unterschiedlichem Ausmaß, partielle Steuerfreistellung oder durch verschiedene Verfahren der Einkommensermittlung.

Von solchen Einzelheiten soll im Folgenden jedoch abgesehen werden und das Augenmerk auf grundsätzliche Vorgehensweisen für eine Ermittlung von Einkommen als Netto-Vermögensänderung während eines festgelegten Zeitraums gerichtet werden. Wird von allen Einzelheiten abstrahiert, lässt sich die Höhe einer Vermögensänderung prinzipiell auf zweierlei Weisen ermitteln, zum einen als Veränderung einer Bestandsgröße zwischen zwei Stichtagen, zum anderen durch Gegenüberstellung von Aufwendungen und Erträgen, die zu der Nettovermögensänderung geführt haben. Ein verfügungsmachtorientierter Aufwandsbegriff (Ertragsbegriff) umfasst dabei alle Vorgänge, die eine (tendenzielle) Vermögensminderung (Vermögenserhöhung) bewirken, einschließlich von Wertänderungen. Beide Ansätze führen prinzipiell zum selben Ergebnis. Der erste Ansatz wird gewöhnlich als *Vermögensvergleich* bezeichnet, der zweite könnte als *Aufwands-Ertrags-Rechnung* tituliert werden. Gewöhnlich wird statt von *Aufwands-Ertrags-Rechnung*[194] allerdings von *Überschussrechnung* gesprochen, und hierunter wird die Ermittlung von Einkommen als Überschuss der Einnahmen über die Werbungskosten verstanden. Es soll also nicht auf die Erträge abgestellt werden sondern auf die Einnahmen (als Zahlungsstrom). Da gleichzeitig jedoch der Werbungskostenbegriff (jedenfalls die Absetzungen für Abnutzungen gemäß § 9 Abs. 1 Nr. 7 EStG) nicht auf Ausgaben sondern auf Aufwand abstellt, ist eine derartige Bezeichnung inkonsistent.[195]

Die meisten Einkommensteuergesetze – so auch das deutsche – kennen beide Verfahren der Einkommensermittlung. Diesbezüglich wird häufig von einem *Einkünftedualismus* gesprochen. Dieser bewirke eine Ungleichbehandlung unterschiedlicher Einkunftsarten. Aufgrund dieses

---

[194] Die Gegenüberstellung von Aufwendungen und Erträgen ist auch die Sprachweise im kaufmännischen Rechnungswesen.

[195] Vgl. in diesem Sinne auch LANG (2002) § 9, Rz. 474.

„Grundproblem[s] der Steuereformdiskussion" könne es dazu kommen, dass das, „was bei einem Vermögensvergleich zu Einkommen führt, .. u.U. bei einer Überschussrechnung steuerfrei bleiben [kann] und umgekehrt."[196] Während bei dem Verfahren des Vermögensvergleichs Veräußerungsgewinne steuerbar seien, blieben sie bei einer Überschussrechnung steuerfrei.[197] Es wird dann die Schlussfolgerung gezogen, dass der Dualismus der Methoden der Einkunftsermittlung überwunden werden müsse. Da „ein einheitlicher Vermögensvergleich für alle Einkunftsarten" jedoch eine Bewertung des Humankapitals zum Ertragswert erfordere, dieses jedoch „gänzlich unpraktikabel" sei, „kommt als einheitliche steuerliche Ermittlungsmethode für alle Einkünfte nur eine Überschussrechnung auf Basis des realisierten Cash-flows in Frage" (WAGNER 1999, S. 1523).

Eine solche Schlussfolgerung kann jedoch nicht überzeugen, denn der Begriff Einkommen wird für Sachverhalte verwendet, die bei einem verfügungsmachtorientierten Einkommensverständnis gar kein Einkommen sind. Der grundlegende Unterschied zwischen Human- und Sachkapital wird nicht gesehen. Wie schon in B.3.1 dargestellt,[198] ist Humankapital anders als Sach- oder Finanzkapital nicht marktfähig und dessen „Wertänderungen" haben steuerlich daher keinen Einkommenscharakter. Eine Ermittlung der Einkünfte aus unselbständiger Tätigkeit anhand eines Vermögensvergleichs impliziert mithin gar keine ertragswertbezogene Ermittlung der Erträge des Humankapitals. Das fehlende Verständnis für einen stimmigen Einkommensbegriff offenbart sich dann auch in der Schlussfolgerung, alle Einkünfte durch Überschussrechnung auf Basis des realisierten Cash-flow zu besteuern. Dieses bedeutet nämlich nichts anderes, als von einer einkommens- zu einer konsumorientierten Besteuerung überzugehen.

Für die Überwindung des Einkünftedualismus wäre lediglich das Verfahren einer Überschussrechnung im Sinne einer *Aufwands-Ertrags-Rechnung* konsistent als Ermittlung von Einkommen als Überschuss der Erträge über die Werbungskosten zu definieren. Würde so verfahren, wäre der Unterschied von Überschussrechnung und Vermögensver-

---

[196] Vgl. etwa WAGNER (1999, S. 1523).

[197] Vgl. etwa WAGNER (1999, S. 1523) oder LANG (2002, § 9, RZ 181ff.). LANG (ebd., RZ 183) selbst verweist allerdings auch auf die Steuerbarkeit von privaten Veräußerungsgewinnen innerhalb der Veräußerungsfrist.

[198] Vgl. speziell auch Fußnote 100.

gleich allerdings nur noch technischer Natur. Welches Verfahren zur Anwendung kommen sollte, wäre allein eine Praktikabilitätsfrage und hätte im Prinzip nichts zu tun mit der Frage der steuerlichen Gleichbehandlung.

1.2 Einkommen aus der Vermietung und Verpachtung von Sachvermögen, insbesondere von Immobilien

Das deutsche Einkommensteuerrecht regelt die Ermittlung von Einkünften aus Vermietung und Verpachtung (§ 21 EStG) als Überschuss der Einnahmen über die Werbungskosten. Die Werbungskosten sind als zum Zweck der Einkunftserzielung unternommene Aufwendungen zu verstehen, wozu (entgegen einer streng zahlungsorientierten Zuflussrechnung) auch die Hinnahme tendenzieller Vermögensminderungen (speziell durch Abnutzung) zählt. Aus einer Verfügungsmachtperspektive wären die Einkommen aus Vermietung im Grunde ähnlich als Zahlungsüberschuss allerdings zuzüglich aller (negativer oder positiver) Wertänderungen zu ermitteln. Eine besondere Aufmerksamkeit verdienen dabei Grundstückswertänderungen. Darauf wird in dieser Arbeit noch an gesonderter Stelle in C.1.6.2 eingegangen. Die Erörterung hier beschränkt sich auf unrealisierte Wertänderungen an der Gebäudesubstanz.

Mit zunehmendem Alter sinkt gewöhnlich der Wert der Gebäudesubstanz. Das deutsche Einkommensteuerrecht berücksichtigt diese Wertminderungen pauschal in Form von linearen Abschreibungen, wobei jährlich ein absolut gleichbleibender Betrag geltend gemacht werden kann. Durch entsprechende Investitionen (Renovierungen) werden diese Wertminderungen jedoch häufig wieder ausgeglichen. Das deutsche Einkommensteuerrecht erlaubt es, den so verstandenen *Erhaltungsaufwand* im gleichen Jahr als Werbungskosten anzusetzen. Eine solche Regelung ist aus einer Verfügungsmachtperspektive jedoch unangemessen: Führen Investitionen zu einer Wertsteigerung, so sind diese zu aktivieren und dann pro rata temporis den Wertminderungen entsprechend geltend zu machen.[199] Die weitgehende Wertung von Erhaltungsaufwand

[199] Lediglich außerordentliche Ausgaben (etwa für die Reparatur von Schäden aufgrund höherer Gewalt wie Sturm) und solche für den laufenden Unterhalt sollten als Werbungskosten im gleichen Jahr berücksichtigt werden, falls die dadurch bedingten Wertminderungen nicht eigens berücksichtigt werden.

als Werbungskosten und der gleichzeitige Ansatz von Abschreibungen für Wertminderungen im deutschen Steuerrecht führen zu einer massiven Begünstigung der Wohnungsvermietung, und in der Tat liegen die steuerlichen Buchwerte von Wohnungen oftmals weit unterhalb dem Verkehrswert.[200]

Für eine Aktivierungspflicht von Erhaltungsaufwand spricht auch, dass sich mit ihr das Problem der Abgrenzung von Erhaltungsaufwand und nachträglichen Herstellungskosten mildern lässt.[201] Letztere können nach dem gültigen deutschen Steuerrecht nämlich nur pro rata temporis abgeschrieben werden. Wäre auch Erhaltungsaufwand zu aktivieren, sollte deren Abschreibung allerdings nicht den Regeln für nachträgliche Herstellungskosten folgen.[202]

---

[200] Wird eine voll oder partiell abgeschriebene Wohnung zu einem höheren Preis als zum Buchwert verkauft, kann der neue Eigentümer Abschreibungen auf seinen Kaufpreis geltend machen, ohne dass der Veräußerer seinen Veräußerungsgewinn zu versteuern hat. Gesamtwirtschaftlich kann es so zu einer mehrfachen Abschreibung ein- und desselben Wirtschaftsgutes kommen. In diesem Zusammenhang könnte von einem *Lock-Out-Effekt* gesprochen werden: Steuerliche Gründe machen es attraktiv, eine Wohnung nach Vollabschreibung zu verkaufen und sich eine andere Wohnung zu kaufen (Verkürzung der individuellen Nutzungsdauer). Die Verlängerung der Veräußerungsfrist auf zehn Jahre mindert allerdings solche Anreize.

[201] Die Abgrenzung von Herstellungsaufwendungen und sofort abziehbaren Erhaltungsaufwendungen führt immer wieder zu Auseinandersetzungen zwischen Steuerpflichtigen und der Finanzverwaltung und war auch Gegenstand einer Reihe von BFH-Verfahren. Besondere Relevanz hat die Abgrenzung von Herstellungskosten und Erhaltungsaufwand, wenn in zeitlicher Nähe zur Anschaffung einer Immobilie hoher Reparatur- oder Modernisierungsaufwand, sog. *anschaffungsnaher Herstellungsaufwand* anfällt. Jüngst musste die bisherige Besteuerungspraxis (vgl. BMF-Schreiben v. 16.12.1996 - IV B 3 - S 2211 - 69/96, BStBl 1996 I, S. 1442) aufgrund dreier BFH-Urteile korrigiert werden (vgl.: BFH-Urteil v. 12.09.2001 – IX R 39/97, BStBl 2003 II, S. 569; BFH-Urteil v. 12.09.2001 – IX R 52/00, BStBl 2003 II, S. 574; BFH-Urteil v. 22.01.2003 – X R 42/99, BStBl 2003 II, S. 596; BMF-Schreiben v. 18.07.2003 – IV C 3 – S 2211, BStBl 2003 I, S. 386).

[202] Sind für ein Gebäude nachträgliche Herstellungskosten angefallen, bemessen sich die weiteren AfA, indem die nachträglichen Herstellungskosten der bisherigen AfA-Bemessungsgrundlage zugeschlagen werden, von der ausgehend dann die jährlichen Abschreibungen (unveränderter Abschreibungssatz) berechnet werden (vgl. BFH-Urteil v. 20.02.1975 – IV R 241/69, BStBl 1975 II, S. 412). Dieses Verfahren führt zwar zu einer Verlängerung des Abschreibungszeitraums, jedoch nicht in ausreichender Weise, die berücksichtigt, dass Erhaltungsaufwand Wertminderungen rückgängig

1.3 Einkommen aus der Eigenerstellung von Gütern und der Eigennutzung eigener Güter

1.3.1 Eigenerstellung von Konsumgütern zur privaten Nutzung

Auch wenn der Wert eigenproduzierter Konsumgüter (sofern er sich auf dem Markt realisieren ließe – also „Marktfähigkeit" besteht) konzeptionell Einkommen darstellt, ist doch zu erwarten, dass eine praktische Erfassung regelmäßig mit unverhältnismäßig hohen Verwaltungsaufwendungen verbunden ist. Mit zunehmender beruflicher Spezialisierung und Frauenerwerbstätigkeit dürften die quantitativen Unterschiede in der Höhe dieses Eigenkonsums allerdings im Laufe der Zeit abgenommen haben.[203] Eine regelmäßige Ausnahmen ist jedoch der Fall, dass aufgrund der Tätigkeit in einem Betrieb über die von diesem Betrieb produzierten Güter verfügt wird. Im Einkommensteuerrecht gelten solche Wertabgaben aus dem Betrieb zu außerbetrieblichen Zwecken als Ent-

---

macht und damit die Nutzungsdauer verlängert. Dieses lässt sich einfach zeigen, wird beispielsweise von einer linearen AfA von 2% ausgegangen, so dass der anfängliche Abschreibungszeitraum 50 Jahre beträgt. Betrugen nun etwa die ursprünglichen Anschaffungskosten 100 und ist nach 50 Jahren Erhaltungsaufwand in Höhe von ebenfalls 100 notwendig, um die eingetretene Wertminderung rückgängig zu machen, sollte auch dieser wieder über einen Zeitraum von 50 Jahren abgeschrieben werden müssen. Eine Übertragung der Regelung für nachträgliche Herstellungskosten auf Erhaltungsaufwand würde jedoch zu einem anderen Ergebnis führen: Die neue AfA-Bemessungsgrundlage betrüge 200 (100 + 100), woraus bei einem AfA-Satz von 2% eine jährliche AfA von 4 resultiert. Bei einer jährlichen Abschreibung des Erhaltungsaufwandes von 4 ergibt sich ein Abschreibungszeitraum von nur 25 Jahren.

Sinnvoller dürfte es sein, Erhaltungskosten auf den Buchwert zuzurechnen und gleichzeitig die Länge des Abschreibungszeitraums zu verlängern. Erhaltungsausgaben würden dann als Rückgängigmachung der Wertminderung interpretiert und die Restabschreibungsdauer wäre eine Funktion des Buchwertes. Ein Beispiel: Der Abschreibungssatz betrage 2%, d.h. es ist regulär über einen Zeitraum von 50 Jahren abzuschreiben. Tätigt nun jemand nach 50 Jahren auf eine voll abgeschriebene Wohnung Erhaltungsaufwand in Höhe von 100% der kumulierten bisherigen Abschreibungsbeträge, steigt der Buchwert auf den ursprünglichen Anschaffungspreis und der Abschreibungszeitraum wäre um 50 Jahre zu verlängern (Preisniveaustabilität unterstellt).

[203] Dies gilt allerdings nicht für die klassischen Do-it-yourself-Aktivitäten wie Malerarbeiten. Aufgrund unterschiedlicher Fähigkeiten dürfte der aus solchen Aktivitäten resultierende Konsumwert interindividuell sehr unterschiedlich sein.

nahmen bzw. als Sachbezüge (§ 8 Abs. 2 EStG), sie sind also nach dem gegenwärtig geltenden Recht Einkommen. Aufgrund von Erfassungsschwierigkeiten und geringen Kontrollmöglichkeiten werden sich die Entnahmen bzw. Sachbezüge allerdings häufig nicht oder nur ungenau ermitteln lassen. Die Steuerverwaltung setzt daher (für Einkommen- und Umsatzsteuer) Pauschbeträge für den Eigenverbrauch[204] an, wenn jemand in der Erzeugung typischer Konsumgüter tätig ist und gleichzeitig eine Verfügungsmöglichkeit über diese Güter hat (wie etwa bei selbständigen Bäckern oder Landwirten).[205] Des weiteren bietet sich steuerpraktisch eine Besteuerung der einkommensmäßigen Vorteile der Erstellung eines eigenen Hauses an, was aber der wohnungspolitischen Zielsetzung einer Eigenheimförderung zuwiderlaufen könnte.

1.3.2 Eigennutzung eigenen Sachvermögens, insbesondere Wohnungen

Anders als in vielen anderen Staaten[206] sind in Deutschland die Nutzungswerte eigener Wohnungen nicht mehr steuerbar, zum 01. Januar 1987 entschied man sich die Nutzungswertbesteuerung[207] abzuschaffen

---

[204] Vgl. für das Kalenderjahr 2002: BMF-Schreiben v. 31.05.2002 – IV D 2 – S 1544 – 5/02, BStBl 2002 I, S. 583. Für Bäcker beispielsweise betrug der für den Eigenverbrauch anzusetzende Pauschbetrag für unentgeltliche Wertabgaben EUR 852.

[205] Dass gleichzeitig die von privaten Haushalten erstellten Güter unbesteuert bleiben, lässt sich als eine Benachteiligung gewerblicher Produzenten bewerten. Sie ist allerdings als wenig gravierend anzusehen, da private Haushalte regelmäßig von den Produktionsbedingungen her benachteiligt sind (Skaleneffekte). Die Effizienzverluste könnten unter den Bedingungen der Moderne deshalb eher unbedeutend sein.

[206] Etwa in der Schweiz, den Niederlanden, Belgien, Luxemburg, Dänemark, Schweden, Norwegen, Finnland, Spanien, Portugal und Griechenland (vgl. HACKMANN 2000, S. 387f.).

[207] Die Nutzungswertbesteuerung war in § 21 Abs. 2 Satz 1 und § 21a EStG geregelt. Auch die nach deren Abschaffung eingeführten Übergangsregelungen sind inzwischen ausgelaufen.

Die Besteuerung des Nutzungswertes des Wohnens im eigenen Haus hat eine lange Tradition in Deutschland (vgl. hierzu NIESKENS 1989, S. 51ff.). Schon das erste deutsche Einkommensteuergesetz (Königsberger Kriegs-Schulden Reglement 1808; zitiert nach BAYER 1983, S. 77) formulierte, dass für den „selbst bewohnten oder benutzten Theil des Hauses" derjenige Preis anzusetzen sei, „den eine Wohnung oder sonstige Nutzung dieser Art, wenn sie gemiethet wird, gewöhnlich kostet." Auch das Einkommensteuergesetz in der späteren Weimarer Republik enthielt eine derartige Regelung, wobei die Einkunftsermittlung anfangs analog zu fremdvermieteten Woh-

und zur sog. Konsumgutlösung überzugehen. Dieses begründete die Bundesregierung u.a. damit, dass „das Wohnen zur persönlichen Lebensgestaltung gehört. Der Wegfall der Nutzungswertbesteuerung bedeutet deshalb den Rückzug des Staates aus dem privaten Bereich."[208] Außerdem bedeute er eine beachtliche Verwaltungsvereinfachung bei Bürgern und Verwaltung sowie die Beseitigung der (wie in FN 207 dargestellt) unterschiedlichen effektiven Belastung von selbstgenutzten Wohnungen in Ein- und Mehrfamilienhäusern.[209] Die Abschaffung der Nutzungswertbesteuerung stellt bei Zugrundelegung eines umfassenden

---

nungen durch Einnahme-Überschussrechnung erfolgte. Dieses Verfahren führte dazu, dass sehr viele Villenbesitzer aufgrund des Ansatzes erheblicher Aufwendungen permanente Verluste aus Vermietung und Verpachtung auswiesen. Mit der Einfamilienhaus-VO im Jahre 1937 wurde daher für Einfamilienhäuser zu einer typisierten Ermittlung des Netto-Nutzungswert als Verzinsung des Einheitswertes übergegangen, wobei die Werbungskosten außer Betracht blieben bis auf Fremdkapitalzinsen, deren Abzugsfähigkeit auf den Netto-Nutzungswert begrenzt war. Der dabei anzuwendende Zinssatz betrug 3% bzw. 3,5%, bis er im Jahre 1974 zusammen mit einer Erhöhung der Einheitswerte auf 1% gesenkt wurde (die diesem zugrunde liegende Vorstellung des Gesetzgebers war ein unverändertes partielles Steueraufkommen). Auf der Basis der Grundstückspreise des Jahres 1985 betrug der zu versteuernde Nutzungswert eines Standardhauses damit nur noch 0,22% des Verkehrswertes (vgl. OSTENDORF 1985a, S. 199). Für Wohnungen in Zwei- und Mehrfamilienhäusern ergaben sich hingegen weit höhere Nutzungswerte, da die Einkunftsermittlung weiterhin als Einnahme-Überschussrechnung vorgeschrieben war und in der Regel von der (durch die anderen Wohneinheiten im selben Gebäude bestimmten) *Marktmiete* ausgegangen wurde. Ließ sich diese nicht oder nur unter unverhältnismäßigen Schwierigkeiten feststellen (etwa bei besonders aufwendiger Bauweise), war die *Kostenmiete* anzusetzen, die als 6% der Anschaffungs- oder Herstellungskosten berechnet wurde. Vgl. für eine kurze Beschreibung der geschichtlichen Entwicklung STEUERREFORMKOMMISSION (1971) und OSTENDORF (1985a).

[208] So der Gesetzesentwurf der Bundesregierung (zitiert nach NIESKENS 1989, S. 23). Offensichtlich hat das Markteinkommenskonzept bei dieser Begründung Pate gestanden (s. B.3.1).

[209] Vgl. *Leitlinien zur Neuordnung der steuerlichen Förderung des selbstgenutzten Wohneigentums* (1984) und STUHRMANN (1986).

Die Abschaffung der Nutzungswertbesteuerung fand damals z.T. scharfe Ablehnung. Von juristischer Seite sah OSTENDORF (1985a) darin einen Verstoß gegen Art. 3 Abs. 1 GG (Gleichheitsgrundsatz), wobei er auch auf eine Entscheidung des Verfassungsgerichts vom 3.12.1958 (BStBl I; 1959, S. 68) verwies (vgl. dazu auch eine Erwiderung von FIEDLER (1985) und eine Replik von OSTENDORF (1985b)). Dieses Ergebnis wurde auch durch die Untersuchung von NIESKENS (1989) bestätigt. Eine neuere Argumentation für eine Nutzungswertbesteuerung, die auf Neutralitäts- und Gerechtigkeitsargumente Bezug nimmt, findet sich bei HACKMANN (2000).

Einkommensbegriffs (nicht nur im Sinne der Reinvermögenszugangstheorie) allerdings – wie übrigens auch die damalige Praxis – eine Systemwidrigkeit dar, deren Konsequenzen weder aus einer Neutralitäts- noch aus einer wohlverstandenen Gerechtigkeitsperspektive Billigung verdienen: Jemand, der in seine eigene Wohnung investiert und damit steuerfreie Erträge in Form gesparten Mietzins erzielen kann, wird begünstigt gegenüber jemanden, der in Finanz- oder anderes Sachkapital investiert hat und in einer Mietwohnung wohnt.[210] Eine Rechtfertigung dieser *Realisierungslücke* mit der Komplexität der früheren deutschen Regelung ist methodisch nicht zulässig, solange nicht geklärt ist, ob es alternative Formen der Erfassung von Nutzungswerten gibt, die gegenüber einer Abschaffung u.U. sogar noch steuerpraktische Vorteile bieten könnten. Im Folgenden soll versucht werden, eine praktisch sinnvollerweise zu realisierende Besteuerung des Nutzungswertes selbstgenutzter Wohnungen vorzustellen.[211]

Die Ermittlung der Einkünfte aus Eigennutzung von Wohnungen ist ungleich schwieriger als die aus der Vermietung an Dritte: Erlöse lassen sich nicht mit Rückgriff auf Mieteinnahmen ermitteln. Die für die Bestimmung der Abschreibungen sonst heranzuziehenden Anschaffungs- und Herstellungskosten sind vielfach nicht bekannt. Bezüglich der weiteren Aufwendungen stellt sich in hohem Maße die Frage, was wirklich noch als Kosten der Einkunftserzielung gelten kann und was Liebhaberei ist. Diese Gründe machen es sinnvoll, bei dieser Einkunftsart relativ viel mit Unterstellungen, Typisierungen und Pauschalierungen zu arbeiten. Die weitestgehende Pauschalierung würde darin bestehen, von dem

---

[210] Haben zwei Person eine gleich hohe Anfangsausstattung mit Kapital (x), stimmt die als Mietzins ${}^{M}r$ anzusehende Ertragsrate einer Investition in Wohnungen (von Abschreibungen abstrahiert) mit dem Marktzinssatz r überein und beträgt der Steuersatz t, dann kann derjenige, der sein Kapital in eine eigene Wohnung investiert, in einer Wohnung mit dem Wert x wohnen, derjenige, der sein Kapital zum Marktzinssatz anlegt, muss jedoch mit einer Wohnung im Wert von $(1-t)x$ vorlieb nehmen.

[211] Als Problem einer Besteuerung von Nutzungswerten wird oftmals darauf verwiesen, dass es Personen gebe, die nur deshalb in einer Wohnung mit einem sehr hohen Vergleichsmietwert wohnen könnten, weil ihnen die Wohnung selbst gehöre und sie damit keine Mietzinsen zahlen müssten. Bei einer Besteuerung des Nutzungswertes wären sie zu einem Verkauf oder zu einer Fremdvermietung gezwungen. Dies könnte für die betroffenen (vielfach älteren) Menschen eine starke Belastung darstellen. In diesen Fällen wäre aber eine Stundung der Steuerschuld denkbar. Die Relevanz dieses Falles wäre vor allem bei einer Kombination von teurer Wohnung mit sehr geringen anderen Einkünften gegeben.

steuerlichen Einheitswert oder einem typisiert (anhand leicht feststellbarer Parameter wie Wohnungsgröße, Ausstattung und Lage) ermittelten Wohnungswert auszugehen und durch Ansatz eines bestimmten Prozentsatzes Brutto-Mietwert, Aufwendungen (ohne Kapitalkosten) und damit auch Netto-Mietwert zu bestimmen. Ein solcher Weg wurde teilweise auch in Deutschland beschritten (§ 21a EStG; Fassung gültig bis 31.12.1999). Nach Abzug der Zinsen ergäben sich dann die zu versteuernden Einkünfte aus Eigennutzung von Wohnungen.[212]

Zu fragen ist allerdings, ob eine solch weitgehende Pauschalierung wirklich sinnvoll und notwendig ist. Es bietet nämlich grundsätzlich eine Reihe steuerpraktischer Vorteile, wenn Einkommen aus einer Wohnung bei Eigennutzung möglichst ähnlich dem bei Vermietung ermittelt wird. Mit Blick auf Werbungskosten würden etwa die derzeitigen Abgrenzungs- und Aufteilungsprobleme bei gemischtgenutzten Zwei- und Mehrfamilienhäusern und bei einem Nutzungswechsel[213] entfallen. Dadurch, dass Erhaltungs- und Herstellaufwand für die eigene Wohnung beleghaft nachgewiesen werden müssen, ließe sich außerdem die Schwarzarbeit am Bau bekämpfen.[214] Zudem handelt es sich bei der Unkenntnis der für die Bestimmung der Abschreibungen heranzuziehenden Anschaffungs- oder Herstellungskosten um ein Problem, welches auf der Unterlassung der Nutzungswertbesteuerung beruht und dessen Relevanz bei einer Nutzungswertbesteuerung mithin im Laufe der Zeit sinken könnte.[215] Lediglich für Altbestände wären weitergehende Pauschalierungen bzw. Schätzungen der anzusetzenden Werbungskosten erforderlich, wobei entweder die historischen Anschaffungs- oder Her-

---

[212] Wie schon in Fußnote 207 dargestellt, war die Abzugsfähigkeit von Schuldzinsen in Deutschland auf die Höhe des Netto-Mietwertes (Grundbetrag) begrenzt (§ 21a EStG Abs. 3 Nr. 1; Fassung gültig bis 31.12.1999).

[213] Ein Beispiel: Werbungskostenabzug ist gegenwärtig grundsätzlich nur möglich, wenn ein Zusammenhang mit künftigen steuerpflichtigen Einnahmen besteht. Jemand, der eine Wohnung vermietet hatte, diese jedoch künftig selbst nutzen will, kann daher Aufwendungen für Renovierungen nach Beendigung des Mietverhältnisses nicht steuerlich geltend machen (BFH-Urteil v. 20.12.1994 – IX R 61/91, BStBl 1995 II, S. 959). Würde er die Arbeiten jedoch (mit Blick auf seine künftige Eigennutzung) vor dem Auszug des Mieters durchführen, könnten er die Kosten absetzen.

[214] Vgl. LEY (1985).

[215] Bei Eigentümerwechseln durch Verkauf werden Kaufpreise offenbart, bei Vererbungen sind Grundstücks- und Gebäudewerte sowieso im Rahmen der Erbschaftsteuer festzustellen, wobei jedoch regelmäßig ein Sicherheitsabschlag genommen wird.

stellungskosten[216] zu schätzen oder eine bestimmte Quote des Mietwertes anzusetzen wäre.

Eine Ermittlung der Aufwendungen, die zu einem großen Maße auf den Angaben und Belegen des Steuerpflichtigen beruht, birgt stets die Gefahr, dass in betrügerischer Absicht Belege eingereicht werden, die ein anderes Objekt betreffen.[217] Hinzu kommen noch die aus der schwierigen Abgrenzung zwischen Einkünfteerzielungsabsicht und privater Lebensführung resultierenden Probleme. Wie schon ausgeführt, ist eine aufwendige, auf individuelle geschmackliche Besonderheiten zugeschnittene Ausstattung einer Wohnung, die keinen Niederschlag in einem entsprechend höheren Mietzins findet, als *Liebhaberei* zu werten. Diese Problemlage wird aber erheblich dadurch reduziert, dass verfügungsmachtorientiert die Frage der Liebhaberei nur zu stellen ist, soweit Verluste entstehen.[218] Obendrein legt dieses die pragmatische Regel nahe, Verluste aus selbstgenutztem Wohnungseigentum steuerlich grundsätzlich nicht anzuerkennen[219] oder ihre Verrechnung nur mit Gewinnen hieraus zuzu-

---

[216] Abschreibungen auf Basis des gegenwärtigen Marktwertes der Wohnung zu bestimmen, würde zu einer – wohl kaum akzeptablen – Ungleichbehandlung gegenüber Objekten mit Kenntnis der Anschaffungs- bzw. Herstellungskosten führen.

[217] Die Malerrechnung für die Mietwohnung des Sohnes wird etwa der selbstgenutzten Eigentumswohnung der Eltern zugeordnet. Gleichwohl dürfte es bei einer wie oben erläuterten Nutzungswertbesteuerung insgesamt zu einer Entschärfung der Problematik kommen, da für Vermieter kein Anreiz mehr bestünde, die die selbst genutzte Wohnung betreffenden Belege den Mietobjekten zuzuordnen. Die horizontale Gleichbehandlung könnte auch deshalb zunehmen, da sich die Möglichkeit zu Schummeleien einem größeren Personenkreis eröffnet.

[218] Der verfügungsmachtorientierte Konsumbegriff umfasst nicht den Verzicht auf Einkommen (s. B.3.4.1). Bei einem möglichkeiten- oder nutzenorientierten Konsumbegriff ergäbe sich ein anderes Urteil.

[219] Hiergegen könnte eingewandt werden, dass die Einkünfteerzielung durch Wohnungen generell sehr verlustanfällig sei, wie auch der Mietwohnungsbau zeige. Es ergäbe sich eine Ungleichbehandlung, wenn Vermieter Verluste aus der Vermietung von Wohnungen steuerlich geltend machen könnte, jedoch nicht Eigennutzer. Dieser Einwand ist jedoch zu relativieren. Dass Vermieter häufig negative steuerliche Einkünfte ausweisen, beruht weniger darauf, dass die Vermietung von Wohnungen Verluste an ökonomischer Verfügungsmacht verursacht, sondern vielmehr auf den derzeitigen steuerlichen Regelungen, die Wertänderungen unbesteuert lassen und gleichzeitig Absetzungen für Abnutzung und Absetzungen für Erhaltungsaufwand zulassen (s. C.1.2). Bei einer umfassenden Einkommensbesteuerung dürften die steuerlich ausgewiesenen Vermietungsverluste abnehmen.

Eine Untersagung der steuerlichen Geltendmachung von Verlusten aus der Eigenlassen, selbst wenn die Verluste gelegentlich auch das Resultat von Fehlinvestitionen sind.[220] Ein anderer Weg wäre es, für die Ermittlung der steuerlich anzuerkennenden Aufwendungen zu fragen, ob eine Ausgabe (sinnvollerweise) auch bei Vermietung der Wohnung getätigt worden wäre. Da sich das mit praktikabel vertretbarem Aufwand kaum herausfinden lässt, wird im Grunde zu prüfen sein, ob Ausgaben bzw. Aufwendungen im Verhältnis zum Brutto-Mietwert dem Üblichen an Umfang und Art entsprechen (bei Anwendung der schon unter C.1.2 dargestellten Abschreibungsmodalitäten).

Für die Ermittlung des Brutto-Mietwerte bei eigengenutzten Wohnungen ist nach geeigneten Typisierungen zu fragen. Eine erste Möglichkeit könnte darin bestehen, von den Aufwendungen und dem gebundenen Kapital auszugehen und so etwas wie eine Kostenmiete zu bestimmen.[221] Höhere Werbungskostenangaben würden dann automatisch zu einem höheren Wert des als Kostenmiete berechneten Mietwerts führen. Da niedrigere diesbezügliche Angaben einen niedrigeren kalkulatorischen Mietwert bedeuteten, besteht für Wohnungsbesitzer jedoch ein Anreiz, einen zu geringen Aufwand zu deklarieren. Zumindest aus Kontrollgründen wäre daher zusätzlich ein Mindestmietwert auf Basis typisierender Parameter wie Wohnungs- bzw. Grundstücksgröße und Lage festzulegen.[222] Dabei könnte teilweise auch auf Daten der Grundsteuer-

---

nutzung von Wohnungen könnte bei Personen, die gleichzeitig noch eine Wohnung vermieten, dazu führen, dass sie Schuldzinsen auf das vermietete Objekt konzentrieren, um ihre Liebhabereien durch Eigenkapital zu finanzieren. Auf Problemstellungen dieser Art wird noch in D.1.1.2 eingegangen werden.

[220] Bezüglich der Schuldzinsen (s. Fußnote 207) ist die deutsche Steuerpraxis auch traditionell schon diesen Weg gegangen. Zu bemängeln ist nur die einseitige Fokussierung auf die Schuldzinsen und nicht auf die Werbungskosten insgesamt.

[221] Das gebundene Kapital wäre im Grunde als Verkehrswert zu verstehen. Pragmatisch könnte wohl eine Orientierung an dem (entsprechend der Preisniveauentwicklung angepassten) Buchwert der Gebäudesubstanz und dem Wert des Grundstücks, der auch etwaige Wertsteigerungen beinhalten müsste, erfolgen.

Bei der Bestimmung der Kostenmiete ist zu berücksichtigen, dass Mieten i.d.R. nicht (wie bei einer ewigen Rente) als proportional zum in Gebäude und Grundstück gebundenen Kapital verstanden werden können. Dies hängt damit zusammen, dass Wohnungen abnutzbare Wirtschaftsgüter sind, während die jährlichen Erträge als weitgehend konstant angesehen werden können. Es wären daher im Grunde unter Berücksichtigung der Nutzungsdauer Annuitätenrechnungen durchzuführen. Der Aufwand eines solchen Verfahrens dürfte nicht unwesentlich sein.

[222] Der Mindestmietwert sollte insgesamt nicht zu hoch angesetzt werden, um marktmietmindernde Faktoren wie Dauer des Mietverhältnisses, Kündigungsmög-

bescheide zurückgegriffen werden. Der Vergleichsmieten-Ansatz ließe sich jedoch auch unabhängig von dem Kostenmieten-Ansatz umsetzen, was dann jedoch mit dem Problem verbunden wäre, dass kaum eine qualitative Differenzierung möglich wäre: Während sich Wohnungs- und Grundstücksgröße erfassen lassen, ist schon die Bewertung der Grundstückslage subjektiv geprägt. Ausstattungsunterschiede dürften sich auf diese Weise vollends nicht in angemessener Weise berücksichtigen lassen.

1.4 Einkommen aus unternehmerischer Betätigung

Das deutsche Einkommensteuerrecht (§ 2 EStG) unterscheidet verschiedene Arten unternehmerischen[223] Einkommens: Einkünfte aus Land- und Forstwirtschaft, Einkünfte aus Gewerbebetrieb, Einkünfte aus selbständiger Arbeit. Hierbei gelten jeweils Sonderregelungen für die Einkünfteermittlung. Aus einer verfügungsmachtorientierten Perspektive[224] wie auch aus einer neutralitätsorientierten Sicht allein lassen sich solche Differenzierungen nicht rechtfertigen: Die Ermittlung und Besteuerung von Unternehmereinkünften sollte grundsätzlich unabhängig davon sein, in welcher Branche und in welcher Rechtsform sie erzielt wurden und welcher Art (gewerblich oder freiberuflich) sie sind. Dieses schließt aber nicht aus, dass im Einzelnen (speziell steuerpraktische begründete) Differenzierungen begründet sein können.

Im Folgenden werden verschiedene Ansätze einer Besteuerung des unternehmerischen Einkommens diskutiert. Als Leitidee dient dabei wiederum das Verfügungsmachtkonzept.

---

lichkeiten, soziale und mietrechtsmäßige Bindungen zu berücksichtigen.

[223] Als Unternehmen werde hier eine rechtlich organisierte Einheit von Menschen und Sachwerten mit wirtschaftlicher Zweckrichtung verstanden.

[224] Wesentliche Anregungen zu einer verfügungsmachtorientiert konsequenten Sicht der Unternehmensbesteuerung verdanke ich dem Skript von HACKMANN „Grundlagen einer allgemeinen finanzwissenschaftlichen Steuerlehre".

1.4.1 Anknüpfungspunkte für eine Besteuerung unternehmerischen Einkommens im Überblick

Unternehmerische Einkommen sind dadurch charakterisiert, dass sich die sog. Unternehmer zu ihrer Erzielung bestimmter Institutionen – Unternehmen – bedienen, die als eigene Entitäten zu begreifen sind und denen darüber hinaus auch ein Eigenwert zukommen kann. Besonders offensichtlich ist dieses, wenn Unternehmen als Kapitalgesellschaft organisiert sind und eine eigene Rechtspersönlichkeit besitzen. Hieraus resultiert die Frage, ob der Institution Unternehmung für die direkte Besteuerung eine Bedeutung als eigenes Bemessungsgrundlagenermittlungsobjekt oder gar Besteuerungssubjekt zukommt. Fragestellungen dieser Art sind seit langem vielfach und außerdem nicht kontroversefrei erörtert werden. Diese Diskussion kann hier nicht nachgezeichnet werden. Stattdessen wird hier nach einem kurzen Überblick der Problemzugang durch die Frage bestimmt, wie eine Besteuerung unternehmerischer Gewinne aus verfügungsmachtorientierter Sicht konsequent erfolgen sollte und welche Probleme sich dabei zeigen bzw. wie sich diese sinnvollerweise lösen lassen.

In Tabelle C-1 sind mögliche Anknüpfungspunkte einer Besteuerung des unternehmerischen Einkommens zusammengestellt. Wesentlich dabei ist die Unterscheidung zwischen *Steuersubjekt* und *Steuerobjekt*. Steuersubjekt (Besteuerungssubjekt) ist die Person, auf dessen Bemessungsgrundlage der Steuertarif bezogen wird. Grundsätzliche Steuersubjekte können das Unternehmen selbst oder der Unternehmer (bzw. Anteilseigner) sein. Steuerobjekt (Bemessungsgrundlagenermittlungsobjekt) ist die Basis, auf der die Bemessungsgrundlage ermittelt wird. Grundsätzliche Steuerobjekte können der Unternehmensgewinn oder der (anteilige) Zuwachs an ökonomischer Verfügungsmacht des Unternehmers bzw. Anteilseigners sein. In der untenstehenden Tabelle wird versucht, unterschiedliche Konzeptionen für die Besteuerung unternehmerischen Einkommens nach Steuersubjekt und -objekt zu systematisieren.

Aus einer individualorientierten Steuerverteilungssicht, wie sie das Verfügungsmachtkonzept darstellt, können Steuersub- und –objekt im Grunde lediglich natürliche Personen bzw. deren Einkommen sein. Auch wenn natürliche Personen ihre Einkommenserzielung in Form von Unternehmen organisieren, hätte die Besteuerung letztendlich auf erstere abzustellen. Unternehmen haben (individualorientiert) keine eigenständige Werterelevanz (im Sinne eines Kantischen Zwecks für sich selbst).

Dies könnte darauf hinauslaufen, die Institution Unternehmung sowohl bei der Einkommensermittlung als auch bei der Besteuerung völlig unberücksichtigt zu lassen und für die einzelnen Personen nach der Höhe des durch die Beteiligung an einem Unternehmen vermittelten Einkommens, i.e. vereinnahmte Gewinnausschüttung und Wertänderung der Unternehmensanteile, zu fragen.

Steuerobjekt **Steuersubjekt**	Unternehmensgewinn	Gewinnausschüttungen + Wertänderungen der Anteile	Mischformen
Unternehmen	Betriebsteuer		
Unternehmer / Anteilseigner	Einstufige Teilhabersteuer	Mehrstufige Teilhabersteuer (Anrechnungsverfahren*))	
Mischformen			Klassisches System Halbeinkünfteverfahren

*) Das in Deutschland ehemals praktizierte Anrechnungsverfahren ist eher als Mischform zu verstehen, da die Anrechnung auf die ausgeschütteten Gewinne begrenzt war.

Tabelle C-1: Ansatzpunkte einer Besteuerung unternehmerischen Einkommens im Überblick

Die Informationsanforderungen an einen solchen Ansatz sind jedoch sehr hoch und dürften sich häufig nicht erfüllen lassen. Marktwerte für Unternehmensanteile gibt es lediglich bei börsennotierten Unternehmen, und auch diese sind als Wertindikator für ganze Unternehmen nur bedingt tauglich. Börsenkurse sind Preise für die Veräußerung kleinerer Anteilspositionen, wie sie sich typischerweise im Portfolio von Kapitalanlegern („Finanzinvestoren") befinden.[225] Für größere Anteilspakete werden regelmäßig Zuschläge gezahlt oder sind Abschläge fällig. Um ganze Unternehmen zu bewerten, könnte alternativ überlegt werden, Vergleichswerte der Peer-Group[226] heranzuziehen. Allerdings ließen sich dabei nicht die Eigenheiten des einzelnen Unternehmens berücksichtigen, Marktbewertungen „vergleichbarer" Unternehmen können mitunter stark differieren.

Diese Zusammenhänge legen es nahe, für steuerliche Bewertungszwecke auch in die Unternehmen hineinzuschauen. In C.1.4.2 wird daher zunächst versucht, einen verfügungsmachtorientierter Begriff des Unternehmensgewinns zu entwickeln. Anschließend werden dann in C.1.4.3 Überlegungen angestellt, wie ausgehend von einem derart ermittelten Unternehmensgewinn eine Besteuerung der Inhaber bzw. Anteilseigner des Unternehmens erreicht werden kann. Im Mittelpunkt stehen dabei Überlegungen der Integration von Unternehmens- und Unternehmerbesteuerung. Mit der Einführung des Halbeinkünfteverfahrens hat man sich in Deutschland grundsätzlich von einer solchen Integrationsidee verabschiedet und sich statt dessen für eine Kombination von Unternehmens- und Unternehmerbesteuerung entschlossen (s. C.1.4.4). Abgeschlossen wird dieses Kapitel mit einem Exkurs über internationale Aspekte der Unternehmensbesteuerung unter C.1.4.5.

1.4.2 Unternehmensgewinnermittlung

Auch wenn aus einer individualorientierten Steuerverteilungssicht die Ermittlung des Unternehmensgewinn und eine etwaige Besteuerung des Unternehmens immer nur Vorstufe einer Besteuerung der Individuen als Anteilseigner von Unternehmen sein kann, ist es für das Folgende hilfreich so zu argumentieren, als ob der Unternehmensgewinn eigenes Steuerobjekt und das Unternehmen eigenes Steuersubjekt wären. Daneben gibt es allerdings auch die Vorstellung einer verselbständigten und abschließenden Unternehmensbesteuerung. Eine solche *Schedulen-*

---

[225] Über den Wert einer Unternehmensbeteiligung vermag der Börsenkurs nur dann zu informieren, wenn er „von den Steuerpflichtigen nicht merklich beeinflusst werden kann und damit eine hinreichend objektivierte Größe" ist (vgl. EBNET 1978, S. 88).

[226] Unternehmen, die hinsichtlich Branche oder Spezialisierung miteinander vergleichbar sind.

oder *Ertragsbesteuerung* ist in Deutschland verschiedentlich unter der Bezeichnung *Betriebsteuer* oder dem fehlleitenden Begriff *Inhabersteuer*[227] propagiert worden. Eine solche Steuer sieht vor, Kapitalgesellschaften wie Personenunternehmen einer unternehmensbezogenen verselbständigten Steuer zu unterwerfen. Als Vorteile wird auf die Rechtsform- und Gewinnverwendungsneutralität (Thesaurierungsneutralität) hingewiesen, denn „für die einbehaltenen Gewinne inhabersteuerpflichtiger Unternehmen [gelten] .. grundsätzlich dieselben Regeln wie für die einbehaltenen Gewinne körperschaftsteuerpflichtiger Unternehmen ... Körperschaft- und Inhabersteuersatz sind in gleicher Höhe anzusetzen" (KOMMISSION REFORM UNTERNEHMENSBESTEUERUNG 1999, S. 24; vgl. hierzu auch LANG 1999).[228] Allerdings schlösse eine Betriebsteuer persönliche Differenzierungen wie einen progressiven Steuertarif aus und wäre daher ein Fremdkörper in einem System der Individualbesteuerung. Den Vorstellungen einer Betriebsteuer ähnlich ist das Konzept einer abgeltenden Besteuerung von Kapitalerträgen einschließlich körperschaftlicher Gewinnausschüttungen (s. C.2.2). Das Konzept einer Betriebsteuer ist des weiteren nicht auf eine einkommensteuerliche Bemessungsgrundlage beschränkt, es liegt auch der zinsbereinigten Gewinnsteuer, wie sie üblicherweise propagiert wird, zugrunde (s. C.3.2.2).

1.4.2.1 Grundsätzliche Überlegungen einer steuerlichen Gewinnermittlung

In Deutschland erfolgt die steuerliche Gewinnermittlung im allgemeinen[229] durch einen sog. *Betriebsvermögensvergleich*, d.h. als Veränderung des Betriebsvermögen im Laufe eines Wirtschaftsjahres (vermehrt um den Wert der Entnahmen und vermindert um den Wert der Einlagen). Aus einer Verfügungsmachtperspektive und auch aus steuerpraktischen Gründen ist dieses (bei verfügungsmachtorientiert zutreffender Ermitt-

---

[227] Bei der sog. „Inhabersteuer" wird gerade nicht der Inhaber besteuert, sondern vielmehr der Ertrag des Unternehmens. In dieser Arbeit wird daher sinnvoller von „Betriebsteuer" gesprochen werden. Der Begriff „Inhaberbesteuerung" wird im folgenden nicht im Sinne „Betriebsteuer" verwendet.

[228] Wie auch bei einer Körperschaftsteuer können für geschäftsführende Inhaber Geschäftsführergehälter vereinbart werden, die auf Unternehmensebene Betriebsausgaben darstellen und dann auf persönlicher Ebene steuerbar sind.

[229] Ausnahmen gibt es für Kleinstunternehmen.

lung der Vermögenswerte[230]) ein grundsätzlich geeignetes Verfahren der Gewinnermittlung. Die Ermittlung des Gewinns durch Vermögensvergleich erfordert die Bewertung des Unternehmens zu Beginn und zum Schluss der jeweiligen Einkommensermittlungsperiode, prinzipiell ist also jeweils der Gesamtwert unter Berücksichtigung aller Vermögensgegenstände und Schulden (Verbindlichkeiten) festzustellen.[231] Dabei ist es irrelevant, ob Wirtschaftsgüter selbstgefertigt oder fremdbezogen sind, ob sie materiell oder immateriell sind oder ob sie zum Umlauf- oder Anlagevermögen gehören.

Eine mögliche Vorgehensweise bei der Wertermittlung könnte sein, alle Wirtschaftsgüter, Forderungen und Verbindlichkeiten einzeln zu bewerten und dann entsprechend zu summieren und saldieren. Bei einem solchen Verfahren wird sich jedoch systematisch ein zu niedriger Wert des Gesamtunternehmens ergeben, denn es ignoriert, dass auch das Nebeneinander bzw. Zusammenwirken verschiedener Vermögensobjekte werteschaffend ist (oder vielleicht auch wertmindernd sein kann). Solche Aggregations- bzw. Kombinationseffekte („Synergieeffekte") gibt es auf

---

[230] Die Gewinnermittlung über Betriebsvermögensvergleich wie vom Steuerrecht beschrieben, weicht von einer solchen verfügungsmachtorientierten Definition allerdings erheblich ab.

[231] Dies schließt auch Forderungen und Verbindlichkeiten ein, bei denen die Person des Gläubigers nicht feststeht und deren Eintreten und Höhe ungewiss ist – etwa Garantie-, Sanierungsverpflichtungen oder spätere Pensionsverpflichtungen. Einer bestimmten Periode sind in diesem Sinne als Aufwand bzw. Ertrag also auch später anfallende unsichere Ausgaben und Einnahmen zuzurechnen, wenn sie sich auf den gegenwärtigen Unternehmenswert auswirken. Im Grunde spräche nichts dagegen entsprechende Aufwendungen und Erträge wie alle anderen auch zu behandeln und Risiken durch den Ansatz entsprechender Sicherheitsäquivalente zu berücksichtigen. Um die Ungewissheit allerdings herauszustellen, hat es sich in der Bilanzierungspraxis eingebürgert, diese besonders zu kennzeichnen und von *Rückstellungen* zu sprechen: Rückstellungen sind Passivposten, die für ungewisse Verbindlichkeiten und drohende Verluste aus schwebenden Geschäften angesetzt werden – ihre Bildung führt zu einer Gewinnminderung, ihre Auflösung zu einer Gewinnerhöhung.

In jüngerer Zeit wurden vermehrt konzeptionelle Zweifel an der Angemessenheit des Ansatzes von Rückstellungen in der Steuerbilanz angemeldet: „Aufwand ist in Rückstellungssachverhalten steuerlich nicht mit einer Rückstellung, sondern erst bei Auszahlung zu berücksichtigen. Diese Position ist allerdings zu korrigieren, wenn dem Rückstellungssachverhalt eine erhaltene Gegenleistung – z.B. Pensionszusage gegenüber Arbeitsleistungen – entspricht" (SIEGEL 1999, S. 196f.). Kritisiert wurde insbesondere, dass Rückstellungen für *drohende Verluste aus schwebenden Geschäften* in Ansatz gebracht werden können (vgl. ebd., S. 197).

mehreren Ebenen – innerhalb der einzelnen Unternehmensbereiche (Produktion, Marketing, Vertrieb) und im Zusammenwirken dieser. Aus konzeptioneller Sicht ist der Wert des Vermögens daher nicht als Summe der Einzelwerte zu bestimmen, sondern als der bei einer Veräußerung des Gesamtvermögens maximal erzielbare (Netto-)Verkaufserlös.[232] Dieses könnte die Schlussfolgerung nahe legen, dass versucht werden sollte, das Unternehmen in seiner Gänze zu bewerten. Als potentielle Wertindikatoren könnte dabei etwa die Börsenkapitalisierung (bei Publikumsgesellschaften) oder der Ertragswert[233] (abgezinster Wert der erwarteten künftigen operativen Erträge) in Frage kommen.

Börsenkurse lassen sich – wie oben schon angemerkt – am Markt jedoch regelmäßig nur für einzelne Anteile realisieren, für Pakete gibt es hingegen Bewertungszu- oder auch -abschläge. Börsenkurse sind aus einer Verfügungsmachtperspektive also kein zutreffendes Maß des Gesamtwertes eines Unternehmens. Jedoch auch der Ansatz von Ertragswerten ist nicht unproblematisch, setzt er doch Schätzungen künftiger Erträge voraus. Der hierfür erforderliche Aufwand (Bewertungsgutachten) ist regelmäßig bedeutend und die angesetzten Werte unterliegen häufig einer hohen Subjektivität, die eine Nachvollziehbarkeit erschweren.

Angesichts solcher Probleme ist im Folgenden daher zunächst zu fragen, ob sich überhaupt eine pragmatisch einigermaßen zufriedenstellende verfügungsmachtorientierte Unternehmensbewertung vorstellen lässt, und wie sie in der Form einer Einzelbewertung unter Einbeziehung der genannten Zusammenwirkungseffekte gestaltet werden sollte.[234] Für eine

---

[232] „Die zum steuerlichen Einkommen zu rechnende Nettovermögensänderung ergibt sich als Differenz zwischen dem maximalen Veräußerungserlös des gesamten Vermögens am Ende der Periode und dem maximalen Veräußerungserlös des gesamten Vermögens am Anfang" (EBNET 1978, S. 89). „Der Ablehnung des Einzelliquidationswertes als Bewertungsmaßstab liegt die Vorstellung zugrunde, dass meist bessere Verwertungschancen als Einzelveräußerung bestehen und diese Bewertung folglich zu einem zu niedrigen Wertansatz führt. ... Das bedeutet nicht, dass der maximale Aggregationsgrad, also die Veräußerung des Gesamtvermögens der Bewertung zugrunde zu liegen hat. Insbesondere bei großen oder stark diversifizierten Vermögen kann es möglich sein, dass die Aufspaltung des Gesamtvermögens und die damit verbundene Erweiterung des Kreises der Nachfrager die Erzielung eines höheren Veräußerungserlöses erlaubt, als das bei der Veräußerung des Gesamtvermögens als Einheit möglich wäre" (ebd., S. 90f.).

[233] Für eine typisierte Gesamtbewertung auf Basis von Ertragswerten vgl. etwa MOXTER (1980, S. 235).

[234] Zusammenwirkungseffekte des Betriebsvermögens mit dem Privatvermögen des

solche Vorgehensweise spricht auch, dass selbst bei einer Ertragswertermittlung nicht auf eine Substanzbewertung verzichtet werden kann. Für einzelne Wirtschaftsgüter oder das Gesamtunternehmen können nämlich die Ertragswerte niedriger sein als die – für diesem Fall aus einer Verfügungsmachtperspektive heranzuziehenden – Substanzwerte.[235] Um den Unterwert (Mindestwert) eines Betriebes zu ermitteln, sind daher stets Einzelbewertungen der Aktiva und Passiva vorzunehmen.

1.4.2.2 Bewertung von Sachanlagevermögen

Die Bewertung von abnutzbaren Wirtschaftsgütern des Sachanlagevermögens erfolgt steuerrechtlich gewöhnlich durch (planmäßige) Abschreibung von den Anschaffungs- oder Herstellungskosten (Absetzungen für Abnutzung, § 7 EStG). Gebräuchlich sind vor allem lineare und degressive Abschreibungen. Bei der degressiven Abschreibung ist der prozentuale Abschreibungssatz konstant, so dass die Raten degressiv fallen; bei der linearen Abschreibung sind die periodischen Abschreibungsbeträge konstant. Weil der als Wiederverkaufspreis verstandene Marktpreis eines einzelnen abnutzbaren Wirtschaftsgutes in den Anfangsperioden gewöhnlich stärker als in späteren Perioden fällt, ist zu vermuten, dass die degressive Abschreibung tendenziell besser die marktliche Wertentwicklung des einzelnen Wirtschaftsgutes nachzeichnet als eine lineare. Letztere verteilt die Anschaffungs- bzw. Herstellungskosten gleichmäßig auf die betriebsgewöhnliche Nutzungsdauer, sie dürfte jedoch die Abnutzung des technischen Leistungspotentials besser approximieren,[236] welches eher gleichmäßig abnehmen dürfte. Es ist zu erwarten, da im Rahmen einer Bewertung des Gesamtunterneh-

---

Unternehmers bzw. Anteilseigners bleiben dabei unberücksichtigt. Insofern wird eine Trennung zwischen Privat- und Betriebsvermögen impliziert. Hieraus resultiert die Notwendigkeit, Wirtschaftsgüter entweder dem Betriebs- oder Privatvermögen zuzuordnen.

[235] Vgl. hierzu auch Fußnote 232.

[236] Diese technizistische Ausrichtung kommt auch in der Bezeichnung *Absetzung für Abnutzung* zum Ausdruck. Sie ist nicht geeignet, andere Determinanten der wirtschaftlichen Wertänderung wie veränderte Knappheiten zu erfassen. Die Problematik einer ausschließlich technizistisch determinierten Vorstellung wird anhand eines BFH-Urteils vom 26.01.2001 (VI R 26/98, BStBl 2000 II, S. 194) deutlich: „Eine über 300 Jahre alte Meistergeige, die im Konzertalltag regelmäßig bespielt wird, unterliegt einem technischen Verschleiß, der eine AfA auch dann rechtfertigt, wenn es wirtschaftlich zu einem Wertzuwachs kommt."

mens, das technische Leistungspotential des Anlagevermögens stärker den Gesamtwert bestimmt als die Einzelveräußerungspreise der einzelnen Wirtschaftsgüter. In diesem Licht dürften auf einzelne Wirtschaftsgüter bezogene lineare Abschreibungsverfahren den Vorzug verdienen.

Neben planmäßigen Abschreibungen kennt das deutsche Einkommensteuerrecht auch außerplanmäßige aus technischen oder wirtschaftlichen Gründen bei voraussichtlich dauernder Wertminderung.[237] Abschreibungsbasis ist dabei der Teilwert, d.h. der Betrag, den ein Erwerber des ganzen Unternehmens im Rahmen des Gesamtkaufpreises für das einzelne Wirtschaftsgut ansetzen würde. Die Teilwertlogik basiert somit nicht auf einer isolierten Bewertung der einzelnen Wirtschaftsgüter sondern auf einer Bewertung, die sich an der Leitidee einer Gesamtbewertung des gesamten Unternehmens orientiert. Werden lineare Abschreibungen der einzelnen Wirtschaftsgüter und Teilwertabschreibungen des Anlagevermögens in dieser Perspektive gesehen, könnte es sich bei ihnen um geeignete Typisierungen im Rahmen einer umfassenden verfügungsmachtorientierten Einkommensteuer handeln.

1.4.2.3 Weiterführende Überlegungen für eine Berücksichtigung unrealisierter Wertänderungen des Betriebsvermögens

Eine umfassende Einkommensteuer verlangt neben einer steuerlichen Berücksichtigung unrealisierter Wertminderungen (in Form von Abschreibungen) im Grunde auch eine von unrealisierten Wertsteigerungen.[238] Hiergegen wird jedoch gewöhnlich eingewandt, dass sie dem

---

[237] Das deutsche Einkommensteuerrecht unterscheidet zwischen Absetzungen für außergewöhnliche technische oder wirtschaftliche Abnutzung (AfaA) (§ 7 Abs. 1 Satz 6 EStG) und Teilwertabschreibungen (§ 6 Abs. 1 Satz 2 EStG). Es gibt zwar (nach derzeitiger Auffassung) viele Anwendungsmöglichkeiten der AfaA, die gleichzeitig auch durch Teilwertabschreibungen abgedeckt werden, umgekehrt gilt jedoch nicht, dass alle Fälle, in denen Teilwertabschreibungen zulässig sind, auch in der Form von AfaA geltend gemacht werden können.

[238] Im gültigen deutschen Steuerrecht gibt es nur wenige Beispiele für eine Besteuerung unrealisierter Wertänderungen (mit Ausnahme der Wertaufholung bei vorangegangenen außerplanmäßigen Abschreibungen). Das deutsche Steuerrecht ermöglicht es land- und forstwirtschaftlichen Betrieben, den die Anschaffungs- oder Herstellungskosten übersteigenden Teilwert anzusetzen, wenn das den Grundsätzen ordnungsmäßiger Buchführung entspricht (§ 6 Abs. 1 Satz 1 EStG). Begründet wird

dies damit, dass die Bewertung mit den Herstellungskosten die gewichtigen Auswirkungen der Natur auf die Herstellung außer acht lassen würde und damit den Landwirten keine periodengerechte Verteilung des Ertrags ermöglichen würde. Das Außensteuergesetz kennt mit §6 AStG („Lex Horten") den Fall, dass Wertzuwächse einer wesentlichen Beteiligung zu versteuern sind, wenn eine natürliche Person ihren Wohnsitz ins Ausland verlegt.

Steuergeschichtlich ist hervorzuheben, dass noch Anfang des 20. Jahrhunderts in Oldenburg und Bayern die unrealisierten Vermögenswertänderungen aus Forstbesitz „unabhängig davon, was wirklich in den einzelnen Jahren geerntet und erlöst wird" als Einkommen zu versteuern waren (vgl. SCHANZ 1919, S. 62ff.). Auch im Rahmen einiger Bodenwertzuwachsteuern war eine Besteuerung unrealisierter Vermögenswertänderungen vorgesehen (näheres hierzu vgl. Fußnote 309). Auf freiwilliger Basis war sie außerdem im alten Baseler Steuerrecht (bis zur Revidierung 1949) möglich. Man stellte „es dem Ermessen und dem guten Willen des Steuerpflichtigen anheim, durch eine sukzessive Höherwertung seiner Aktiven für eine richtige Besteuerung seines anwachsenden Einkommens besorgt zu sein" (FLÜGE 1956, S. 150f.). Der Anreiz für den Ausweis unrealisierter Vermögenswertänderungen ergibt sich dabei aus dem progressiven Steuertarif.

Interessanterweise sind für die handelsrechtliche Bilanzierung Anschaffungswert- und Niederstwertprinzip historisch nicht fest verankert. Im 19. Jahrhundert wurden teilweise – unterstützt durch die handelsrechtliche Rechtsprechung – auch noch nicht realisierte Gewinne ausgewiesen (vgl. SCHNEIDER 1987, S. 422). Der entsprechende – ambivalent zu verstehende – Passus im Allgemeinen Deutschen Handelsgesetzbuch (AHGB 1861, § 37, Art. 31) lautete denn auch: „Bei der Aufstellung des Inventars und der Bilanz sind sämmtliche Vermögensgegenstände und Schulden nach dem Werthe anzusetzen, der ihnen in dem Zeitpunkte beizulegen ist, für welchen die Aufstellung stattfindet." Aufschlussreich ist in diesem Zusammenhang auch der Kommentar von KOCH (1863, S. 146, FN 50): „Es muß also nicht nur die durch Verderb der Waaren sowie auch die durch veränderte Konjunkturen verursachte Werthsverminderung, sondern auch die durch dergleichen Konjunkturen veranlaßte Werthsvermehrung in Betracht kommen." In einer 1873 verkündeten Entscheidung des Reichs-Oberhandelsgerichts (ROHG, Sen. II, Urteil v. 03.12.1873 i.S. Oldenburg. Spar- und Leihbank c. Propping; Rep. 934/73) heißt es: „Unter dem als maßgebend für die Bilanz zu ermittelnden gegenwärtigen Werthe ist aber überall der allgemeine Verkehrswerth ... zu verstehen, da die Bilanz der objectiven Wahrheit der wirklichen Vermögenslage entsprechen soll, woraus folgt, dass Vermögensbestandtheile (Activa oder Passiva), die einen Markt- oder Börsenpreis (Cours) haben, der Regel nach zu dem sich hieraus ergebenden Werthe in die Bilanz einzustellen sind, während für andere Vermögensbestandtheile deren gegenwärtiger objectiver Werth auf sonstige Weise zu ermitteln ist" (S. 18). Dabei wurde vom Gericht auf Art. 31 AHGB verwiesen: „Aus dieser ... ist vielmehr ebenfalls nur das Princip zu entnehmen, dass die Bilanz überhaupt ... der objectiven Wahrheit möglichst nahe kommen soll ... Der Bilanz liegt hiernach in der That die Idee einer fingirten augenblicklichen allgemeinen Realisirung sämmtlicher Activa und Passiva zum Grunde, wobei jedoch davon ausgegangen werden muß, dass in Wirklichkeit nicht die Liquidation, sondern viel-

Vorsichtsprinzip widerspreche und dass es bei rein nominellen (auf Geldwertentwertungen beruhenden) oder lediglich temporären Wertsteigerungen zu einer Scheingewinnbesteuerung komme (s. B.3.3.2). Zudem würden sich erhebliche steuerpraktische Probleme stellen.[239] Lediglich für standardisierte Vermögensgegenstände, die in hinreichend großer Zahl an Börsen gehandelt werden, könnten aktuelle Marktwerte festgestellt werden, nicht jedoch für die Mehrzahl der materiellen und immateriellen Wirtschaftsgüter und schon gar nicht für intangible Werte wie originäre Firmenwerte. Außerdem könnten sich für Unternehmen Liquiditätsprobleme[240] stellen, wenn unrealisierte Vermögenswertstei-

---

mehr der Fortbestand des Geschäfts beabsichtigt wird ..." (S. 19). Wie dieses Urteil verdeutlicht, waren im 19. Jahrhundert unterschiedliche Bewertungsverfahren verbreitet. Zur Dogmengeschichte der Bilanzierung vgl. im Übrigen SEICHT (1970, S. 34ff.).

Gegenwärtig gibt es in der handelsrechtlichen Bilanzierungspraxis wieder eine Tendenz, vom Anschaffungswertprinzip abzurücken. Mit der zunehmenden Verbreitung einer Rechnungslegung nach IFRS (IAS) oder US-GAAP kann bei bestimmten Bilanzposten unter bestimmten Voraussetzungen eine Bewertung zum sog. *Fair Value* erfolgen. Der *Fair Value* wird dabei üblicherweise als der aktuelle Marktwert verstanden. Auch der von der EUROPÄISCHEN KOMMISSION (2000) eingebrachte Vorschlag zur Aktualisierung der europäischen Rechnungslegungsvorschriften sieht vor, dass die Mitgliedstaaten eine Rechnungslegung bestimmter Finanzaktiva und -passiva zum *Fair value* gestatten bzw. unter Umständen sogar vorschreiben. Bei Finanzinstrumenten, bei denen ein verlässlicher Markt nicht ohne weiteres besteht, ist auf anerkannte Bewertungsmodelle und Bewertungsmethoden (Optionspreismodelle, *Discounted Cash Flows*) zurückzugreifen.

Die wachsende Bedeutung der IFRS-basierten Gewinnermittlung im Handelsrecht tangiert auch die steuerliche Gewinnermittlung. Es könnte dann entweder von der Maßgeblichkeit der Handelsbilanz für die Steuerbilanz abgerückt werden oder überlegt werden, ob die IFRS nicht auch für die steuerrechtliche Gewinnermittlung geeignet sein könnten. Da die IFRS (idealtypisch) im Grunde auf dem Konzept des ökonomischen Gewinns basieren, würde letzteres, wie im Zusammenhang mit der *Fair Value-Bewertung* eben schon deutlich wurde, eine Hinwendung des Steuerrechts zum Verfügungsmachtkonzept implizieren.

[239] Vgl. für Hinweise zu der Auffassung, dass nicht-realisierte Wertänderungen zwar grundsätzlich zum steuerlichen Einkommen zählten, eine Besteuerung jedoch zu aufwendig wäre, HACKMANN (1983, S. 692, Fußnote 57).

[240] Vgl. in diesem Zusammenhang speziell SHAKOW (1986, S. 1113), der die Relevanz des Bewertungs- und Liquiditätsproblems im Rahmen eines Vorschlags zur Besteuerung auch von unrealisierten Vermögenswertänderungen ausführlich erörtert.

Eine Berücksichtigung unrealisierter Wertsteigerungen hätte allerdings auch gewichtige positive allokative Auswirkungen. Werden nur realisierte Vermögenswertänderungen besteuert, kommt es nämlich zu einem *Lock-in-Effekt* („Immobilitätseffekt"):

gerungen, die ihrerseits keinen Liquiditätszugang bedeuten, zu Steuerzahlungen führten.[241] Stünden keine anderen liquiden Mittel zur Verfügung, zwänge die Steuerzahlpflicht zu einer (teilweisen) Liquidation oder Beleihung des Vermögens.

In der Tat dürfte „eine (genaue) Ermittlung aller Wertänderungen über eine alljährliche Einzelbewertung aller Wirtschaftsgüter, wenn überhaupt möglich, so doch steuertechnisch zu aufwendig [sein]. An den hergeleiteten Gleichbehandlungskriterien gemessen, rechtfertigt das aber kaum einen generellen Verzicht auf eine Erfassung nicht-realisierter Wertzuwächse."[242] Selbst eine ungenaue oder unvollständige Erfassung dieser kann im Endeffekt eine Förderung der Gleichbehandlung bewirken. Es ist also danach zu fragen, welche Wertänderungen hinreichend einfach und welche unter Gleichbehandlungsgesichtspunkten (wie auch aus allokativen Gründen) am dringlichsten zu erfassen sind. Besonders dringlich ist die Erfassung von Wertänderungen bei Gütern, die tendenziell sehr wertänderungsträchtig sind und wenn die Gefahr besteht, dass ansonsten steuerpflichtige Erträge in Wertänderungen transformiert werden.

Des weiteren ist zu fragen, ob es Erfassungsmodalitäten gibt, die die Relevanz der mit einer Erfassung von Wertänderungen u.U. verbundenen Probleme sinken lassen. Ein Ansatz hierfür könnte sein, statt auf die nominelle Wertentwicklung zwischen zwei bestimmten Stichtagen auf die reale[243] und *nachhaltige* („dauernde") Wertänderung[244] in einer Erfas-

---

Mit Blick auf die bei einer Veräußerung entstehenden Steuerzahlungen wird auf die Veräußerung eines Wirtschaftsgutes verzichtet, auch wenn in anderen Verwendungen eine höhere Vor-Steuer-Rendite erzielt werden könnte. Vgl. zum *Lock-in-Effekt* mit Beispielsrechnung etwa EBNET (1978, S. 143ff.). Um diesen *Lock-in-Effekt* zu vermeiden und die Wirtschaftsdynamik nicht zu stark einzuschränken, wird das Realisationsprinzip im deutschen Steuerrecht durch die Gewährung von Freibeträgen (§§ 14, 14a, 16 Abs. 4, 17 Abs. 3 EStG) und die Möglichkeit einer Übertragung stiller Reserven (§§ 6b, 6c EStG) vielfach und massiv durchbrochen. Die schon mit dem Realisationsprinzip verbundene Begünstigung wird durch diese steuerlichen Freistellungen noch weiter verstärkt.

[241] Dieses ist allerdings kein typisches Problem einer Besteuerung unrealisierter Vermögenswertänderungen, sondern besteht auch bei Substanzsteuern (Grundsteuer) und bei der Erbschaftsteuer (Vererbung von Familienunternehmen).

[242] HACKMANN (1983, S. 693).

[243] Steuerlich sollten nur auf Preisgefügeschwankungen beruhende Wertänderungen berücksichtigt werden, nicht jedoch preisniveaubasierte. Zur Berücksichtigung von Preisniveauänderungen bei einer Besteuerung von Wertzuwächsen vgl. EBNET (1978,

sungsperiode abzustellen. Auf eine steuerliche Berücksichtigung temporärer Wertschwankungen könnte also eher verzichtet werden. Auch dürfte der hieraus für den Fiskus resultierende Steuernachteil (entgangene Zinsgewinne) nicht sonderlich zu Buche schlagen. Steuertechnisch könnte dies etwa bedeuten, dass Wertänderungen erst mit einer gewissen Zeitverzögerung für die Besteuerung herangezogen werden; sie würden also erst, wenn sie über einen gewissen Zeitraum bestanden haben, als steuerlich beachtenswert angesehen. Ist die Zeitspanne zwischen Wertänderung und Realisierung typischerweise sehr kurz, kann es mithin steuerpraktisch gerechtfertigt sein, insoweit auf die Besteuerung unrealisierter Wertänderungen gänzlich zu verzichten.

Besonders wertänderungsträchtig sind außer dem schon erwähnten abnutzbaren Sachanlagevermögen Grundstücke, immaterielle Vermögensgegenstände des Anlagevermögens wie Konzessionen, gewerbliche Schutzrechte und Lizenzen, Firmenwerte und Beteiligungen an anderen Unternehmen. Für das Vorratsvermögen[245] scheint eine Erfassung von Wertsteigerungen – bis auf den Fall einer Einlagerung größerer Mengen von Rohstoffen – nicht so dringlich, wenn die Bewertung anhand des FIFO-Verfahrens erfolgt. Auf die Bewertung immaterieller Vermögensgegenstände des Anlagevermögens wird im Folgenden, auf die Bewertung von Grund und Boden wird in C.1.6.2 eingegangen. Die Bewertung von Beteiligungen bzw. Anteilen an anderen Unternehmen ist hier nicht zu erörtern. Wird jedes Unternehmen lediglich als eigenständiges Steuersubjekt genommen, ist die Gewinnbesteuerung im Unternehmen abschließend. Erst bei einer Besteuerung, die auf die hinter den Unternehmen stehenden Anteilseigner abstellt, stellen sich Fragen der Bewertung

---

S. 92ff.).

[244] Eine ähnliche Regelung gibt es bereits im deutschen Steuerrecht, welches Teilwertabschreibungen auf Anlagevermögen nur zulässt, wenn die Wertminderungen voraussichtlich dauernd bzw. nachhaltig sind (§ 6 Abs. 1 Satz 2 EStG).

[245] Da das Vorratsvermögen (wie Umlaufvermögen generell) keiner Abnutzung (im technischen Sinne) unterliegen kann, verlangt das deutsche Bilanzierungs- und Steuerrecht grundsätzlich seine Bewertung zu Anschaffungs- bzw. Herstellungskosten. Werden Waren jedoch schwer- oder unverkäuflich und wird erwartet, dass die Anschaffungskosten bzw. Herstellungskosten den voraussichtlich erzielbaren Verkaufserlös übersteigen, entspricht es der Logik einer reinvermögenszugangstheoretischen Einkommensteuer, außerplanmäßige Abschreibungen vorzunehmen. Das Einkommensteuergesetz ermöglicht daher bei voraussichtlich dauernden Wertminderungen sog. *Teilwertabschreibungen* (§ 6 Abs. 1 Satz 2 ESt) vor.

von Unternehmensanteilen. Hierauf wird daher erst in C.1.4.3 eingegangen.

1.4.2.4 Bewertung immaterieller Vermögensgegenstände des Anlagevermögens

Große Bewertungsschwierigkeiten stellen sich bei immateriellen Vermögensgegenständen des Anlagevermögens wie Konzessionen, gewerblichen Schutzrechten oder Lizenzen (Patente, Markenrechte, Software). Das deutsche Steuerrecht lässt eine Aktivierung von immateriellen Vermögensgegenständen des Anlagevermögens nur zu, wenn sie entgeltlich erworben wurden (§ 5 Abs. 2 EStG). Sind sie selbst erstellt, sind die Aufwendungen – etwa für eine Patententwicklung im eigenen Betrieb (Entwicklungsaufwand) – als Betriebsausgabe sofort geltend zu machen.[246] Eine solche Regelung ist darin begründet, dass der Marktwert für selbsterstellte immaterielle Vermögensgegenstände des Anlagevermögens häufig nicht bekannt ist und bei Schätzungen die Bewertung im Grunde in das subjektive Belieben des Bewerters gestellt würde. Insofern mangele es an der für eine Wertermittlung notwendigen Objektivierbarkeit. Eine solche Differenzierung zwischen selbst erstellten und erworbenen immateriellen Wirtschaftsgütern bedeutet naturgemäß eine steuerliche Ungleichbehandlung.

Zwecks Milderung dieser Ungleichbehandlung könnte überlegt werden, Ausgaben für Forschung und Entwicklung aktivierungspflichtig zu machen.[247] Allerdings ist Forschung nicht immer von Erfolg gekrönt und damit die Werthaltigkeit aktivierter eigener Forschungsausgaben regelmäßig zumindest zweifelhaft, so dass dies u.U. die beschriebene steuerrechtliche Differenzierung rechtfertigen könnte. Gegen dieses Argument ließe sich nun einwenden, dass die Nutzungskosten eines Patentes gerade deshalb so hoch seien, weil hiermit gleichzeitig fehlgeschlagene Entwicklungen finanziert werden müssten. Würde dieses berücksichtigt, ergäbe sich bei Aktivierung allen Forschungsaufwands im Durchschnitt doch ein richtiger Wert für erfolgreiche Entwicklungen. Dieser Zusammenhang lässt sich jedoch nicht problemlos auf ein einzelnes Unternehmen übertragen – individuell kann die Misserfolgsquote wesentlich hö-

[246] Vgl. BFH-Urteil v. 08.11.1979 (IV R 145/77, BStBl 1980 II, S. 146).

[247] Eine Aktivierungspflicht für sog. Entwicklungskosten gibt es in den IFRS (IAS). Forschungskosten sind hingegen nicht aktivierungsfähig.

her liegen –, somit könnte es angemessener sein, nur für den Erfolgsfall der Forschung eine Aktivierungspflicht festzuschreiben, womit dann jedoch ein bedeutendes Abgrenzungsproblem geschaffen würde. Die Klärung welcher der drei Ansätze unter Gleichbehandlungsgesichtspunkten vorzuziehen ist, würde weitere theoretische und empirische Untersuchungen erfordern, die in dieser Arbeit jedoch nicht geleistet werden können.[248]

Ein immaterieller Vermögenswert ist auch der originäre Firmenwert.[249] Im Rahmen einer Einzelbewertung wird es nie möglich sein, für sämtliche Vermögensgegenstände und Verbindlichkeiten unter Berücksichtigung ihrer Zusammenwirkung den ökonomischen Wert zu ermitteln. Defizite sind vor allem bei der Bewertung von etwa Schutzrechten, Markennamen, Kundenstamm oder Betriebsorganisation zu erwarten. Diese im Rahmen einer Einzelbewertung nicht im Buchwert enthaltenen Mehrwerte (bzw. Minderwerte) beinhaltet der Firmen- oder Geschäftswert. Da es sich bei ihm um eine Differenz- oder Restgröße handelt, hängt seine Höhe wesentlich davon ab, inwieweit Werte schon im Rahmen einer Einzelbewertung erfasst worden sind. Der originäre Firmenwert eines Unternehmens dürfte daher bei umfassenden Einzelbewertung niedriger sein als bei den gegenwärtigen steuerlichen Regelungen. Allerdings wird er sich wohl nie vollständig auf Basis von (isoliert erfolgenden) Einzelbewertungen erschließen lassen.

---

[248] Ähnliche Fragen wie bei der Bewertung von Patenten stellen sich auch bei der Bewertung von künstlerischen Rechten, wie Film- und Musikrechten. Bei Selbsterstellung ist auch hier eine Aktivierung ausgeschlossen, alle Aufwendungen können zum Zeitpunkt ihrer Entstehung steuerlich geltend gemacht werden. Diese Regelung hatte zur Folge, dass Filmfonds eine attraktive Kapitalanlage wurden; den Kapitalanlegern wurden hohe Verluste zugewiesen. Diese Wirkung des Aktivierungsverbotes fand allerdings bei der Finanzverwaltung wenig Beifall. Das Bundesministerium der Finanzen sieht deshalb neuerdings (vgl. BMF-Schreiben v. 05.08.2003 – IV A 6 – S 2241 – 81/03, BStBl I 2003, S. 406) Anleger, die sich an einem Medienfonds beteiligen, nur noch dann als Hersteller an, wenn sie maßgeblichen Einfluss auf Filmauswahl, Kostenkalkulation, Drehplan und Finanzierung nehmen. Entscheiden hingegen (wie bisher) lediglich die Fondsmanager, gelten die Anleger als Erwerber und der Fonds muss die Filmproduktionskosten aktivieren. Überzeugen kann diese Regelung allerdings nicht, da sie eine Ungleichbehandlung zwischen verschiedenen Filmfinanzierungsformen schafft. Wenn die Verlustzuweisung durch die Finanzierung immateriellen Anlagevermögens unterbunden werden soll, sollten konsequenterweise Aufwendungen für dessen Herstellung aktivierungspflichtig werden.

[249] Das deutsche Steuerrecht verbietet den Ansatz originärer Firmenwerte (§ 5 Abs. 2 EStG).

Die Betriebswirtschaftslehre kennt unterschiedliche Verfahren der Ermittlung von Geschäftswerten. Zum Konzept der ökonomischen Verfügungsmacht dürfte es am besten passen, ihn auf Basis des bei einer Veräußerung des Gesamtunternehmens erzielbaren Preises zu ermitteln.[250] Unter der – sicherlich nicht immer angemessenen – Annahme der Marktvollkommenheit entspricht dieses dem Ertragswert. Da allerdings – wie schon dargelegt – praktische Gründe eine Bewertung auf Basis künftiger Erträge ausschließen dürften, ist nach Alternativen für eine approximative Erfassung des Firmenwertes zu suchen. Ein Ansatz könnte es sein, hilfsweise anzunehmen, dass die künftigen Erträge dem gegenwärtigen bzw. einem Durchschnitt der vergangenen entsprechen.[251] Die Tauglichkeit von Vergangenheitswerten für Zukunftsprognosen ist allerdings begrenzt und zudem wird es starke branchen- und unternehmenstypusabhängige Unterschiede geben; bei Start-up-Unternehmen etwa dürfte die Vergangenheit nur eine geringe Aussagekraft für die Zukunft haben. Des weiteren wären die Vergangenheitswerte auch um außerordentliche (neutrale) Einflüsse (einschließlich solcher aus dem nicht-operativen Geschäft) zu bereinigen, welches manchen Diskussionsbedarf zwischen Steuerpflichtigen und Finanzverwaltung erwarten lassen dürfte. Obendrein kann das beschriebene Verfahren auch grundsätzlich problematisch sein: Die schon bei der gegenwärtigen Praxis der Gewinnermittlung bestehende Ungleichbehandlung aufgrund unterschiedlicher Gewinnausweisung würde noch potenziert, wenn die ausgewiesenen Erträge gleichzeitig auch zur Bestimmung der Änderung des Unternehmenswertes herangezogen werden.

---

[250] Vgl. in diesem Sinne auch die Definition des derivativen Firmenwertes im HGB (§ 255 Abs. 4 Satz 1): „Als Geschäfts- oder Firmenwert darf der Unterschiedsbetrag angesetzt werden, um den die für die Übernahme eines Unternehmens bewirkte Gegenleistung den Wert der einzelnen Vermögensgegenstände des Unternehmens abzüglich der Schulden im Zeitpunkt der Übernahme übersteigt."

[251] Ein anderer Ansatz wäre die Durchführung von Bewertungen durch Sachverständige, wobei auch ein Vergleich mit anderen Unternehmen derselben Peer-Group stattfinden sollte. DAVID / MILLER (1969, S. 4282) schlagen diesbezüglich "two-part procedures" vor: "Assessment of value would be required at maximum intervals, say at least once every five years, by qualified public accountants. Increments in value in the intervening years would be assessed annually by permitting the taxpayer to write-up his basis accounting to an index of asset values prescribed by the Treasury, or an interim valuation by public accountants if that is more favourable to the taxpayer."

Diese Argumente legen es nahe, wenn eine wie beschriebene (pauschale) Gesamtbewertung von Unternehmen mit ihren (aus der Vergangenheit projizierten) „Ertragswerten" erfolgt, die unterschiedliche Qualität einer solchen Bewertung im Vergleich zu einer Einzelbewertung auch bilanziell zu verdeutlichen. Dieses bedeutet, dass auch bei einer pauschalen Gesamtbewertung nicht auf eine Bewertung auf Basis von Einzelbewertungen verzichtet werden sollte. Die Einzelbewertung würde also lediglich um den Firmenwert als (positive[252]) Residual- bzw. Differenzgröße ergänzt werden.[253] Eine solche Verfahrensweise ließe auch Spielraum für eine steuerliche Sonderbehandlung dieser Art des Vermögensmehrs, etwa derart, dass eine Besteuerung erst bei Nachhaltigkeit der Vermögensmehrung greift oder lediglich auf Ebene der Anteilseigner erfolgt.

1.4.2.5 Abschließende Bemerkungen zu einer Bewertung von Unternehmen

Insgesamt bedürfen die hier angestellten Überlegungen für eine verfügungsmachtorientierte Gewinnermittlung einer noch näheren sowohl konzeptionellen als auch steuerpraktischen Analyse. Besondere Beachtung ist dabei der Berücksichtigung unrealisierter Wertänderungen und insbesondere der Erfassung des originären Firmenwertes zuzuwenden.

Im Rahmen einer umfassender angelegten Untersuchung müsste auch empirisch geprüft werden, ob durch die Besteuerung unrealisierter Wertänderungen in Unternehmen überhaupt eine bemerkenswert größere Gleichmäßigkeit der Besteuerung realisiert werden kann. Weiterführende Überlegungen lassen es sogar als möglich erscheinen, dass eine genaue Ermittlung des Unternehmensgewinns in vielen Fällen für eine Besteuerung des Einkommens aus Anteilen an Unternehmen unnötig ist. Wenn es sich bei einem Unternehmen nämlich um eine Publikumsgesellschaft (bzw. um das Tochterunternehmen einer Publikumsgesellschaft) handelt und sich dessen Wertänderungen im Börsenkurs niederschlagen, könnten die Unternehmenswertänderungen indirekt auch durch eine Besteuerung der Aktienkursänderungen erfasst werden (eine Anrech-

---

[252] Ein negativer Firmenwert – übersteigt also der Ertragswert den Buchwert auf Basis von Einzelbewertungen – bliebe unberücksichtigt, da ausgehend vom Verfügungsmachtkonzept jeweils der höhere Wert maßgeblich ist.

[253] Vgl. entsprechend auch HACKMANN (1983, S. 695f.).

nung der Unternehmenssteuern auf die Wertänderungsbesteuerung würde zudem insoweit entfallen können).

1.4.3 Verfügungsmachtorientierte Besteuerung von Unternehmensinhabern und Anteilseignern

1.4.3.1 Einstufige Teilhabersteuer

Aus der Perspektive einer gerechtigkeits- und das heißt individualorientierter Besteuerung ist für die Besteuerung von Unternehmensgewinnen im Grunde auf natürliche Personen abzustellen. Verfügungsmachtorientiert gewendet sind prinzipiell also nicht die Unternehmensgewinne als solche zu besteuern sondern der Zuwachs an ökonomischer Verfügungsmacht bei den Inhabern bzw. Anteilseignern. In diesem Sinne könnte es als ein einfacher Weg der Ermittlung des Einkommens aus Anteilsbesitz an Unternehmen erachtet werden, den entsprechend C.1.4.2 ermittelten Unternehmensgewinn auf die einzelnen Gesellschafter umzulegen. Dieses *Mitunternehmerkonzept* wird im deutschen Steuerrecht für Personenunternehmen (d.h. Einzelunternehmen und Personengesellschaften) realisiert. Bei Einzelunternehmen wird der Unternehmensgewinn direkt dem Inhaber zugeordnet. Verfügungsmachtorientiert ist dies auch der richtige Weg, weil ein Einzelunternehmer über den Gewinn auch allein verfügen kann. Bei Personengesellschaften findet nach deutschem Recht eine *einheitlich ermittelte und gesonderte Feststellung* des Gewinns statt: Der Gewinn wird einheitlich für das Unternehmen ermittelt und dann auf die einzelnen Gesellschafter (seien es natürliche oder juristische Personen) aufgeteilt (§§ 179, 180 Abs. 1 Nr. 2a AO). Eine Zurechnung auf die einzelnen Anteilseigner ist zwar aus verfügungsmachtorientierter Sicht nicht unproblematisch, da die Verfügungsmöglichkeit des einzelnen über seinen Gewinn ausgeschlossen sein kann, gleichwohl dürfte es eine angemessene Annäherung sein.

Wesentliche Voraussetzung dafür, dass sich das Einkommens aus Anteilseigentum an einem Unternehmen durch Aufteilung des Unternehmensgewinn auf die Anteilseigner ermitteln lässt ist es obendrein, dass der ermittelte Unternehmensgewinn auch die Wertentwicklung des Unternehmens korrekt abbildet. Hiervon kann nicht grundsätzlich ausgegangen werden, Bewertungsprobleme dürften sich – wie in C.1.4.2 deutlich geworden – insbesondere bei den immateriellen Vermögensgegenständen (im besonderen beim originären Firmenwert) stellen.

Eine Anwendung des Zurechnungsverfahrens für alle Unternehmen (einschließlich Publikumsaktiengesellschaften) ist verschiedentlich unter der Bezeichnung *Teilhabersteuer* vorgeschlagen worden.[254] Abgesehen von dem Problem der Unternehmensgewinnermittlung mag dieses aus einer Verfügungsmachtperspektive für maßgebliche Anteilseigner angemessen sein, weil für sie üblicherweise ein entscheidender Einfluss auf das Unternehmen unterstellt werden kann. Für Kleinaktionäre gilt dieses jedoch nicht unbedingt; ihnen ist es regelmäßig nicht möglich, über die thesaurierten Unternehmensgewinne zu verfügen bzw. wesentlichen Einfluss auf die Gewinnverteilung auszuüben.[255] Aus verfügungsmachtorientierter Sicht haben diese Gewinne für sie mithin keinen Einkommenscharakter, nur bei den ausgeschütteten Gewinnen handelt es sich, an diesem Maßstab gemessen, um ein Aktionärseinkommen.[256]

Hinzu kommt auch noch, dass eine direkte Zurechnung von Unternehmensgewinnen auf Kleinaktionäre auch auf administrative Hürden stößt: Anders als bei Personenunternehmen – sind die einzelnen Anteilseigner vielfach (kein Eintrag im Handelsregister) nicht bekannt (Inhaberaktien), zudem gäbe es Zurechnungsprobleme bei (unterjährigen) Anteilskäufen- und -verkäufen.[257] Diese Überlegungen führen zu dem Zwischenergebnis, dass es aus einer Verfügungsmachtsicht nahe liegen könnte, wenn die Gewinne von Personengesellschaften und Nicht-Publikumskapitalgesellschaften gemäß dem Konzept der Teilhabersteuer den Inhabern, Gesellschaftern bzw. Aktionären zugeordnet werden, bei Publikumsaktiengesellschaften die Streubesitzaktionäre jedoch entsprechend der erhaltenen Dividenden und der Änderung des Börsenkurses besteuert werden.[258] Allerdings würde dies eine steuerliche Un-

---

[254] Vgl. ENGELS / STÜTZEL (1968). Auch in den *Blueprints* (1977 / 1984, S. 64ff.) wird diese Möglichkeit einer „integration of the individual and corporation income taxes" dargestellt.

[255] Vgl. für die folgenden Überlegungen auch das Skript von HACKMANN „Grundlagen einer allgemeinen finanzwissenschaftlichen Steuerlehre".

[256] Da auch eine Parallelität zwischen thesauriertem Gewinn und Aktienkurs – selbst bei verfügungsmachtorientiert korrekter Bewertung – nicht zwangsläufig ist, lässt sich auch auf diesem Wege keine Beziehung zwischen thesauriertem Unternehmensgewinn und Zugang an Verfügungsmacht des Kleinaktionärs herstellen.

[257] Werden nachträglich – etwa im Rahmen einer Betriebsprüfung – Steuerbescheide berichtigt, wären in dieser Perspektive eigentlich auch sämtliche Steuererklärungen der – aufgrund von Käufen und Verkäufen nur noch teilweise mit den gegenwärtigen übereinstimmenden – damaligen Anteilsinhaber zu korrigieren.

[258] In den USA hängt denn auch die Besteuerung eines Unternehmens nicht von des-

gleichbehandlung verschiedener Gruppen von Anteilseignern bedeuten.[259]

1.4.3.2 Anrechnungsverfahren und mehrstufige Teilhabersteuer

Aus verfügungsmachtorientierter Sicht bestehen die aus einem Aktienbesitz resultierenden Aktionärseinkommen aus den Dividendenzahlungen zuzüglich der Aktienkursänderung – unabhängig davon ob es sich bei dem Anteilseigner um eine natürliche Personen oder ein Unternehmen handelt (auf die Ermittlung der Aktienkursänderung wird später

---

sen Rechtsform sondern von der Struktur des Gesellschafterkreises ab. Kapitalgesellschaften, die nicht mehr als 35 Gesellschafter haben, die sämtlich inländische natürliche Personen sind, können sich als *S-Corporation* wie eine Personengesellschaft (*General Partnership*) behandeln lassen, d.h. auf Gesellschaftsebene werden keine Körperschaftsteuern erhoben und die Aktionäre erklären die vereinnahmten Dividenden direkt in ihrer individuellen Steuererklärung. Die Besteuerung der anderen Körperschaften, der C-Corporations folgt hingegen dem klassischen System mit Besteuerung auf der Ebene der Gesellschaft und auf der Ebene der Anteilseigner.

[259] Bei Publikumsaktiengesellschaften hinge die Ermittlung der Reinvermögensänderung nämlich dann davon ab, ob der Aktionär seine Anlage als reine Kapitalanlage oder Beteiligung betrachtet. Abgrenzungskriterien hierfür könnten etwa die Höhe des Anteilsbesitzes, Weisungsgebundenheiten, personelle Verknüpfungen oder das Bestehen ausgeprägter Geschäftsbeziehungen sein. Bei reinen Finanzanlagen ist der (relative) Anteilsbesitz regelmäßig niedrig und Geschäftsbeziehungen sind nur von untergeordneter Bedeutung.

Eine ähnliche – allerdings anders begründete – Differenzierung nimmt das deutsche Steuerrecht derzeit schon vor, wenn in Abhängigkeit vom Besitzzweck Vermögensgegenstände dem Anlage- oder Umlaufvermögen zuzuordnen sind. Während im Umlaufvermögen ein niedrigerer beizulegender Wert zum Bilanzstichtag eine Teilwertabschreibung rechtfertigt, dürfen Abschreibungen beim Anlagevermögen nur dann vorgenommen werden, wenn die Wertminderung voraussichtlich längerfristig dauernd ist (§ 6 Abs. 1 Nr. 2 EStG). Vgl. zum Begriff der voraussichtlich dauernden Wertminderung BMF-Schreiben v. 25.02.2000.

Gegen eine Bewertung von Beteiligungen zu Börsenkursen könnte auch wirtschaftspolitische Gründe sprechen. Müssten kurzfristige Kurssteigerungen (in Hausse-Zeiten) zum Anlass genommen werden, auch einen entsprechend höheren steuerlichen Gewinn auszuweisen, könnte das beteiligte Unternehmen in Liquiditätsprobleme geraten. Um sich dieser Problemlage zu entziehen, könnten Unternehmen daher dazu tendieren, bislang rechtlich selbständige Tochterunternehmen allein aus steuerlichen Gründen vollständig in den Konzern zu integrieren (Fusion oder vollständige Übernahme unter Rücknahme der Börsennotiz).

unter C.1.6.1 eingegangen werden). Auf eine eigenständige Besteuerung von Unternehmen könnte damit verzichtet werden. Gegen solche Überlegungen wurde von steuerjuristischer Seite vorgebracht, dass unberücksichtigt bleibe, dass Kapitalgesellschaften als juristische Personen eine eigene Rechtspersönlichkeit besäßen, womit eine zivilrechtliche Trennung der Vermögenssphären von Kapitalgesellschaft und Anteilseigner einhergehe. Auch weitere Argumente sprechen für den Beibehalt einer eigenständige Körperschaftsteuer: Üblicherweise werden Steuern nicht erst zum Ende der Bemessungsperiode erhoben, vorher sind Vorauszahlungen fällig. Eine Erhebung solcher Vorauszahlungen nur bei den Anteilseignern setzt voraus, dass der Gesellschafterkreis der Finanzverwaltung bekannt ist, mithin sollte er – aus praktischen Gründen – auch nicht zu groß sein. Diese Bedingungen sind bei Publikumsgesellschaften nicht erfüllt. Nachteilig ist auch, dass es mehr Aktionäre als Aktiengesellschaften gibt und ein Aktienbesitz (bei bestehendem Bankgeheimnis oder auch bei Auslandsdepots oder privater Verwahrung) leicht verheimlicht werden kann. Als weiterer Nachteil kommt noch hinzu, dass die Aktionäre bei einem Einkommensanfall in der Form von Wertsteigerungen nicht unbedingt auch mit liquiden Mitteln zur Begleichung ihrer Steuerschulden versorgt werden. Bei einer auf der Aktionärsebene erfolgenden Besteuerung kann der Umstand eintreten, dass die Aktionäre durch die Steuerzahlungsverpflichtungen auf das Aktionärseinkommen veranlasst werden, Aktien (oder auch andere Wirtschaftsgüter) zu veräußern."[260]

Es spricht somit einiges dafür, eine eigenständige Steuer auf der Ebene der Unternehmen zu erheben. Eine solche Besteuerung und eine zusätzliche Besteuerung des Einkommens (Gewinnausschüttungen und Anteilswertänderungen) aus der Beteiligung an Unternehmen bei den Anteilseignern entsprechend des regulären Einkommensteuertarifes würde jedoch eine steuerliche Doppelbelastung von Unternehmensgewinnen bedeuten. Es ist daher nach geeigneten Maßnahmen eines Ausgleichs bzw. einer Belastungsminderung zu suchen. Ein Ansatz zur Vermeidung der genannten Doppelbelastung ist die Ausgestaltung der Unternehmensteuer als anrechenbare Quellensteuer[261]: Die Aktionäre erhalten bei Gewinnausschüttung die vom Unternehmen abgeführte Körperschaftsteuer in Form eines Steuerguthabens erstattet. Steuerpflichtig bei einer

---

[260] HACKMANN „Grundlagen einer allgemeinen finanzwissenschaftlichen Steuerlehre".

[261] Vgl. hierzu neben HACKMANN „Grundlagen einer allgemeinen finanzwissenschaftlichen Steuerlehre" auch entsprechende Hinweise bei KRAUSE-JUNK (2001, S. 57).

solchen „mehrstufigen Teilhaberbesteuerung"[262] wären dann die Summe aus Barausschüttung (Nettobetrag), Steuerguthaben[263] und Wertänderung des Aktienvermögens. Auf die auf dieser Basis ermittelten Steuerschuld wäre das Steuerguthaben dann anrechenbar („Anrechnungsverfahren").

Dieses Verfahren ermöglicht (wenn die Steuerpflichtigen das Steuerguthaben geltend machen) eine effektive Belastung der ausgeschütteten Gewinne mit dem individuellen Steuersatz des jeweiligen Gesellschafters, eine Doppelbesteuerung wird vermieden. Ein weiterer Vorteil dieses Verfahrens ist, dass gleichzeitig ein Kontrollmechanismus installiert wird: Wird die Steuererstattung nämlich zusammen mit der Dividende in Form eines mit der eigenen Steuerschuld verrechenbaren Steuerguthabens gewährt, erfordert dessen Inanspruchnahme gleichzeitig das Anzeigen der erhaltenen Dividendenzahlungen. Obendrein wird das sich bei einer Besteuerung von unrealisierten Kursgewinnen regelmäßig stellende Liquiditätsprobleme erheblich gemildert: Das Steuerguthaben bedeutet für die Zensiten einen Liquiditätszufluss, so dass Steuerzahlungen auf das aus Kurssteigerungen resultierende Vermögensmehr erbracht werden können, ohne die Wertpapiere verkaufen zu müssen.[264]

---

[262] Vgl. HACKMANN „Grundlagen einer allgemeinen finanzwissenschaftlichen Steuerlehre". Die Kennzeichnung als „mehrstufig" bezieht sich dabei darauf, dass im steuerlichen Zugriff (anders als bei der einfachen Teilhabersteuer) sowohl der den Unternehmenswert grundsätzlich steigernde einbehaltene Gewinn auf der Unternehmens- als auch die (diesen tendenziell reflektierenden) Wertsteigerungen auf der Aktionärsebene besteuert werden.

[263] Für die Aktionäre ist die Steuergutschrift ein Kaufkraftzufluss, sie hat aus verfügungsmachtorientierter Sicht mithin Einkommenscharakter.

[264] Das genannte Liquiditätsproblem lässt sich jedoch nicht vollständig vermeiden, da die Anteilswertänderungen regelmäßig von den steuerlich ausgewiesenen thesaurierten Gewinnen abweichen werden. Gründe hierfür sind zum einen eine unvollkommene steuerliche Gewinnermittlung auf Unternehmensebene und zum anderen dass Aktienkurse regelmäßig auch noch von anderen Faktoren beeinflusst werden.

Es ist auch möglich, dass es zu Nettosteuerrückzahlungen an die Aktionäre kommt, etwa (bei Übereinstimmung des Grenzsteuersatzes des Aktionärs mit dem Körperschaftsteuersatz) wenn der anteilig auf eine Aktie entfallende (zu versteuernde) Unternehmensgewinn größer ist als die Aktienkursveränderung. Dieses könnte dazu führen, dass in Baissezeiten die Gewinne von Aktiengesellschaften faktisch unbesteuert bleiben, da die Aktionäre Kursverluste geltend machen. Eine solche Entwicklung wäre für den Fiskus jedoch unerwünscht, da grundsätzlich ein Interesse an einem stetigen Steueraufkommen bestehen dürfte. Es könnte daher sinnvoll sein, die

In Deutschland ist von 1977 bis 2000 ein auf ausgeschüttete Gewinne beschränktes sog. „Vollanrechnungsverfahren" praktiziert worden (ehemals §§ 27ff. KStG, gültige Fassung bis 31.12.2000). Auf die ausgeschütteten Gewinne wurde den Aktionären gleichzeitig ein Körperschaftsteuerguthaben gewährt, welches die vom Unternehmen auf diesen Gewinn schon geleisteten Steuerzahlungen reflektierte und von der Steuerschuld abgezogen werden konnte. Steuerpflichtig waren die Summe aus Barausschüttung (Netto-Dividende) und Steuerguthaben.

1.4.4 Halbeinkünfteverfahren

Mit der Unternehmenssteuerreform 2001 wurde in Deutschland das (wie zuvor erläuterte) sog. *Anrechnungsverfahren* für die Gewinnausschüttungen von Kapitalgesellschaften abgeschafft, stattdessen erfolgte grundsätzlich eine Rückkehr zum klassischen System einer voneinander unabhängigen Besteuerung auf Unternehmens- und Anteilseignerebene. Eine Doppelbelastung wird (für Spitzenverdiener) beim *Halbeinkünfteverfahren*[265] dadurch vermieden, dass beide Steuern typisiert nur hälftig sind: Auf Unternehmensebene gilt für einbehaltene wie ausgeschüttete Gewinne (gegenwärtig) ein Steuersatz in Höhe von 25%,[266] was ungefähr der Hälfte des Spitzengrenzsteuersatzes entspricht. Auf der Ebene der Anteilseigner unterliegen Dividenden und Veräußerungsgewinne bei natürlichen Personen (und Personengesellschaften) einer hälftigen Besteuerung, bei Kapitalgesellschaften bleiben sie überwiegend unbesteuert. Zu beachten ist, dass das Halbeinkünfteverfahren im Grunde unvollkommen ist, denn die Besteuerung von Wertänderungen im Privatvermögen beschränkt sich auf die sog. privaten Veräußerungsgewinne (Spekulationsgewinne). Thesaurierte Gewinne von Kapitalgesellschaften, die langfristig regelmäßig zu entsprechenden Wertsteigerungen der Un-

---

Verrechenbarkeit des Steuerguthaben auf Dividendeneinkommen und Aktienkursgewinne (evtl. sogar auf solche des betreffenden Unternehmens) zu begrenzen.

[265] Für den Vorschlag zur Einführung des Halbeinkünfteverfahrens vgl. KOMMISSION REFORM UNTERNEHMENSBESTEUERUNG (1999). Ähnliche Ideen gibt es schon länger. In Österreich werden Gewinnausschüttungen von Kapitalgesellschaften nach dem *Halbsatzverfahren* besteuert, d.h. die körperschaftsteuerlich vorbelasteten Gewinne werden auf der Ebene der natürlichen Personen mit dem halben Steuersatz der Einkommensteuer belastet. Vgl. für entsprechende Ansätze auch RÄDLER / BLUMENBERG (1995, S. 463f., S. 468ff.).

[266] Für den Veranlagungszeitraum 2003 beträgt der Steuersatz 26,5%.

ternehmensanteile führen, unterliegen somit effektiv lediglich dem niedrigen Körperschaftsteuersatz, wenn die Anteilseigner die Gewinne erst außerhalb der Veräußerungsfrist durch Anteilsveräußerung realisieren.

Begründet wurde die Einführung des Halbeinkünfteverfahrens u.a. mit der mangelnden Europatauglichkeit des in Deutschland praktizierten Anrechnungsverfahren. Die Geltendmachung des Steuerguthabens war nämlich auf Inländer beschränkt, und Inländer konnten ausländische Körperschaftsteuer nicht anrechnen, wodurch ausländische Aktien auf dem deutschen Kapitalmarkt diskriminiert wurden.[267] Allerdings wären auch europataugliche Ausgestaltungen des Anrechnungsverfahrens möglich gewesen und werden z.T. auch in anderen Staaten praktiziert. Hierauf wird in C.1.4.5 noch weiter einzugehen sein.

Eine nähere Diskussion des Halbeinkünfteverfahrens unter konzeptionellen Gesichtspunkten soll hier unterbleiben,[268] es soll lediglich vermerkt werden, dass es einen Abschied vom Konzept der synthetischen Einkommensteuer und eine Hinwendung zu einer Schedulen- bzw. Ertragsbesteuerung bedeutet und dementsprechend distributive Implikationen hat, die nicht zu einer Einkommensbesteuerung passen. Die negativen Verteilungswirkungen beruhen darauf, dass das Halbeinkünfteverfahren die effektive steuerliche Belastung von Kapitalanlagen in Aktien für Bezieher niedriger und kleiner Einkommen erhöht.[269] Die Attraktivität für Bezieher niedriger Einkommen, ihre Ersparnisse in Aktien anzulegen oder gar selbst in der – aufgrund der Haftungsbeschränkung oftmals bevorzugten – Rechtsform einer Kapitalgesellschaft unternehmerisch tätig zu werden, sinkt. Dies widerspricht dem erklärten sozialpolitischen Ziel, solche Kreise verstärkt für eine Beteiligung am Produktivkapital der Volkswirtschaft zu gewinnen.[270] Wenn – wie vielfach behaup-

---

[267] Die Europäische Kommission hat 1995 ein Vertragsverletzungsverfahren gegen Deutschland eingeleitet mit dem Vorwurf, dass der Erwerb ausländischer Aktien durch Inländer steuerlich diskriminiert würde. Vgl. hierzu auch KRAUSE-JUNK (2001, S. 57f.).

[268] Vgl. hierzu etwa *Unternehmenssteuerreform – Einstieg in die duale Einkommensteuer?* (2000); SÖLLNER (2000); BAREIS (2001); HOMBURG (2001).

[269] Vgl. für Modellrechnungen der Auswirkungen des Halbeinkünfteverfahrens auf die Steuerbelastung von Kapitalgesellschaften und deren Anteilseigner in Abhängigkeit von unterschiedlichen Grenzsteuersätzen *Unternehmenssteuerreform – Einstieg in die duale Einkommensteuer?* (2000, S. 143f.).

[270] Dieses Ziel kommt z.B. in dem im Jahre 1998 beschlossenen *Gesetz zur Förderung der Beteiligung der Arbeitnehmer am Produktivvermögen und anderer Formen der Vermö-*

tet – die langfristige durchschnittliche Ertragsrate einer Aktienanlage größer ist als die einer Spareinlage, sind zudem langfristig negative Auswirkungen auf die Einkommensverteilung zu erwarten. Auf administrative Aspekte des Halbeinkünfteverfahrens wird in D eingegangen werden.

1.4.5 Exkurs: Internationale Aspekte der Besteuerung von Unternehmen und deren Anteilseignern

Wie schon in C.1.4.4 erwähnt, wird die mangelnde Europatauglichkeit des bis dato praktizierten „Anrechnungsverfahrens" als wesentliches Argument für die Einführung des Halbeinkünfteverfahrens genannt. Im Folgenden sollen einige Überlegungen angestellt werden, wie das Anrechnungsverfahren bzw. eine (wie in C.1.4.3.2 dargestellte) mehrstufige Teilhabersteuer europatauglich gestaltet werden könnten.

1.4.5.1 Beteiligung von Ausländern an inländischen Unternehmen

Die einfachsten Möglichkeiten für die Herstellung einer Europatauglichkeit eines sog. Anrechnungsverfahrens bestehen darin, eine (einseitige) Anrechnung ausländischer Körperschaftsteuer durch den deutschen Fiskus[271] oder eine volle Vergütung der Körperschaftsteuer auch an Gebiets-

---

gensbildung der Arbeitnehmer (Drittes Vermögensbeteiligungsgesetz) zum Ausdruck, wonach die Arbeitnehmersparzulage nur noch für Einzahlungen in Aktienfonds und Bausparen gewährt wird und das Fondssparen mit 20% ungleich höher gefördert wird als das Bausparen mit 10% (5. VermBG § 2, § 13 Abs. 2 ; Fassung gültig ab 01.01.1999).

[271] Damit würde eine Verlagerung von Aktivitäten der deutschen Wirtschaft in das Ausland gefördert, und es bestünde eine hohe Missbrauchsanfälligkeit. „Die Regelungen schaffen für einen Ausländer einen Anreiz, seine im Ausland außerhalb seines Heimatstaates getätigten Aktivitäten über eine Doppelholding in Deutschland zu koordinieren, um sich die außerhalb seines Heimatstaates gezahlten ausländischen Steuern in Deutschland ganz oder zum Teil erstatten zu lassen. ... Diese Regelungen führen .. dazu, dass der deutsche Fiskus, ohne besondere Vorteile für den Standort Deutschland zu erfahren, die im Ausland gezahlte Steuer erstattet, nur weil über entsprechende Konstruktionen im Ausland erwirtschaftete und mit ausländischen Steuern belastete Gewinne über Deutschland geleitet werden" (CATTELAENS 1993, S. 258).

fremde[272] vorzunehmen. Beide Ansätze hätten jedoch gleichermaßen starke Steuerausfälle zur Folge. Ohne auf die Frage der Aufteilung des Steueraufkommens zwischen Wohnsitz- und Quellenland näher einzugehen, wird für diese Arbeit von der Auffassung ausgegangen, dass ein Anspruch des Quellenlandes auf einen Teil der in ihm entstandenen Einkünfte gerechtfertigt sei. Hierfür sprechen äquivalenztheoretische Argumente: Inländische Unternehmen profitieren, auch wenn sie im Besitz von Ausländern sind, von inländischen öffentlichen Gütern.[273] Mit einem steuerlichen Zugriff im Quellenstaat kommen mithin legitime Interessen dieses Landes zum Tragen. Eine solche Interessenberücksichtigung ist auch international akzeptiert; das OECD-Muster-Doppelbesteuerungsabkommen (Art. 10 OECD-MA 2000) gestattet dem Quellenland eine der Höhe nach begrenzte (nicht rückforderbare) Besteuerung von Ausländern, die sich an inländischen Kapitalgesellschaften beteiligen.[274] Wird dem Wohnsitzland ein Teilanspruch auf Besteuerung des in anderen Ländern erzielten Einkommens zugesprochen, bedeutet dies, dass jeweils beide Staaten zu einer Vermeidung einer Doppelbelastung ausländischer Einkünfte beizutragen haben (wird von der Möglichkeit eines

---

[272] Dieses hätte zur Konsequenz, dass Unternehmensgewinne, soweit sie an Ausländer ausgeschüttet werden, im Inland unbesteuert blieben. Die Vergütung der inländischen Körperschaftsteuer auch an Ausländer wurde z.B. von Frankreich (*avoir fiscal*) praktiziert.

[273] Wird eine gewisse Besteuerung der inländischen Gewinne von Ausländern äquivalenztheoretisch gerechtfertigt, könnte hieraus die Schlussfolgerung gezogen werden, dass auch Inländer mit niedrigen Grenzsteuersätzen in Höhe dieser „Mindestbesteuerung" belastet werden sollte. Deutschland hat diesen Weg im Rahmen der Unternehmenssteuerreform 2001 in Verbund mit dem schon erwähnten Halbeinkünfteverfahren beschritten. Ein solcher Ansatz widerspräche jedoch der dieser Arbeit zugrundegelegten Steuerverteilungssicht. Wenn trotzdem in diesem Rahmen mit dem Äquivalenzprinzip argumentiert wird, so erfolgt dieses nur hilfsweise, da das Inland bezogen auf Ausländer sinnvollerweise keine Distributionspolitik verfolgt.

[274] Die Begrenzung dieser Quellensteuer auf 15% lässt sich wohl darauf zurückführen, dass bei den Regelungen von einem klassischen Körperschaftsteuersystem ausgegangen wird, welches die Körperschaftsteuer in voller Höhe (ohne Anrechnungsmöglichkeit) dem Quellenland zuweist.

Auch die Besteuerung rechtlich unselbständiger Betriebsstätten im Ausland und die Beteiligung an einer ausländischen Personengesellschaft ziehen (nach nationalem Recht und nach DBA-Recht) jeweils eine Besteuerung der Gewinne im Ausland nach sich (vgl. auch Art. 7 OECD-MA 2000). Kapitaleinkünfte von Ausländern bleiben allerdings regelmäßig steuerfrei, obwohl die hier dargestellte Argumentation auch eine anteilige Besteuerung in dem Land, in dem sie erwirtschaftet wurden, implizieren würde.

internationalen Finanzausgleichs abgesehen, die hier nicht berücksichtigt wird). Das Inland hätte (bei dem üblichen inländischen Steuersatzniveau) also Ausländer niedriger zu besteuern bzw. ihnen einen Teil der inländischen Steuern zu erstatten,[275] und das Ausland müsste „inländische" Einkommen niedriger besteuern bzw. einen Teil der inländischen Steuern auf die im Ausland fälligen Steuern anrechnen (Teilanrechnungsverfahren). In diesem Sinne wäre ein inländisches Steuersystem als europatauglich zu bezeichnen, wenn es eine Doppelbelastung von Ausländern dann vermeidet, wenn das ausländische Wohnsitzland Steuern anderer Quellenstaaten teilanrechnet bzw. in anderen Staaten erzielte Einkommen entsprechend niedriger besteuert.[276]

1.4.5.2 Beteiligung von Inländern an ausländischen Unternehmen

Die Besteuerung von Einkünften aus Anteilen an im Ausland gelegenen Unternehmen ist steuerpraktisch schon allein deshalb kompliziert, da es bislang keine international einheitlichen Regelungen hinsichtlich der Ermittlung der Bemessungsgrundlagen gibt und die Besteuerungsregelungen obendrein davon abhängen, in welcher Form die ausländische gewerbliche Betätigung stattfindet. Eine Darstellung der steuerrechtlichen Regelungen kann in dieser Arbeit nicht erfolgen. Vielmehr wird von der auch für C.1.4.5.1 zugrunde gelegten Prämisse ausgegangen, dass eine anteilige Aufteilung des Steueraufkommens zwischen beiden Staaten erfolgen soll. Da dieses – wie zuvor erwähnt – ggf. auch entsprechende Anpassungen ausländischer Steuergesetze und von Doppelbesteuerungsabkommen erfordert, solche Änderungen jedoch nicht vorausgesetzt werden können, ist hier lediglich nach einer inländischen Besteuerung von ausländischen Einkünften zu suchen, die eine Doppelbesteuerung genau dann vermeidet, wenn sich das Ausland wie das Inland verhält. Anders ausgedrückt wird nach einem System der Behandlung ausländischer Einkünfte gesucht, dass zu der oben beschriebenen Be-

---

[275] Administrativ könnte es sich als sinnvoll erweisen, die anteilige Rückzahlung von Steuern an Ausländer im Antragsverfahren über die ausländischen Finanzämter zu organisieren. Auf diese Weise erhielten die ausländischen Steuerbehörden gleichzeitig Kenntnis von in anderen Staaten entstandenen und ausgezahlten Einkünften ihrer Steuerpflichtigen.

[276] Vgl. für ähnlichen Überlegungen auch RÄDLER / BLUMENBERG (1995, S. 468ff.), Alternative 2.

handlung inländischer Einkünfte von Ausländern passt.

Konkret würde dies erfordern, dass eine Teilanrechnung ausländischer Steuern durch das Inland erfolgt.[277] Ein festgelegter Prozentsatz ausländischer Steuerzahlungen wäre also auf die inländische Steuerschuld anrechenbar.[278] Um eine angemessene Partizipation des Inlandes am Steueraufkommen zu gewährleisten, könnte zusätzlich noch in Frage kommen, die Anrechenbarkeit ausländischer Steuerzahlungen zu begrenzen, etwa auf die Hälfte der inländischen Steuerzahlung, die anteilig auf die ausländischen Einkünfte entfällt.[279] Ist die ausländische Steuerbelastung nicht bekannt, könnte ein typisierter ausländischer Steuersatz unterstellt werden.[280]

Abschließend soll noch kurz überlegt werden, wie die Zwischenschaltung einer inländischen Kapitalgesellschaft zwischen ausländische Un-

---

[277] Vgl. für den Vorschlag eines Teilanrechnungsverfahrens auch HOMBURG (2000, S. 42), dabei soll die Anrechnung ausländischer Steuern auf die Einkommen- bzw. Körperschaftsteuer auf einen bestimmten Prozentsatz begrenzt werden.

[278] Ein Zahlenbeispiels möge das Verfahren erläutern: Der ausländische Steuersatz betrage 25%, der inländische 40%. Bei einer ausländischen Brutto-Dividende von 100 ergibt sich eine Netto-Dividende von 75. Bei hälftiger Steuererstattung des Auslands für „Inländer" ergibt sich eine ausländische Steuererstattung von 12,5. Die im Inland zu versteuernden Einkünfte betragen 100, woraus ein Steuerbetrag von 40 resultiert. Nach Anrechnung der verbleibenden ausländischen Steuern in Höhe von 12,5 sind im Inland 27,5 an Steuern abzuführen. Insgesamt verbleiben dem Inländer Einkünfte in Höhe von 60.

Mit den ausländischen Einkünften zusammenhängende inländische Werbungskosten (bzw. Betriebsausgaben) dürften dabei nur anteilig geltend gemacht werden (vgl. zu dieser Problematik WISSENSCHAFTLICHER BEIRAT BEIM BMF 1999, S. 64f.).

[279] Da dieses – wenn der ausländische Steuersatz im Vergleich zum inländischen sehr hoch - für die Steuerpflichtigen sehr ungünstig sein kann, sollte ihnen ein Wahlrecht eingeräumt werden, die ausländische Steuer als Betriebsausgabe bzw. Werbungskosten abzusetzen (§ 34c Abs. 2 EStG).

[280] Unter Fortführung des Beispiels aus Fußnote 278 soll nun der Ansatz eines typisierten ausländischen Steuersatzes von 25% erläutert werden, wobei des weiteren davon ausgegangen wird, dass das Ausland Steuern an (aus seiner Sicht) Steuerausländer nicht erstatte. Die Netto-Auslandseinkünfte betragen dann zunächst 75. Bei Unterstellung eines ausländischen Steuersatzes von 25% entspricht ein Netto-Betrag von 75 einem im Inland steuerbaren Brutto-Betrag von 100. Die fingierte Auslandssteuer beträgt also 25, die von der inländischen Steuerschuld von 40 abzuziehen ist. Bei Begrenzung der Anrechnung auf die halbe inländische Steuerschuld ergibt sich somit eine inländische Steuerzahlung von 20 und dem inländischen Steuerpflichtigen stehen Einkünfte von insgesamt 55 zur Verfügung.

ternehmung und inländischer natürlicher Person in das hier dargestellte Verfahren der Besteuerung ausländischer Einkünfte zu integrieren wäre. Passend zu den vorher dargestellten Vorstellungen wäre dabei anzustreben, dass der Inländer steuerlich gleich gestellt wird zu einer Direktbeteiligung an dem ausländischen Unternehmen. Dieses Zielsetzung wurde im früheren „Anrechnungsverfahren" (wegen der zur Anwendung kommenden Freistellungsmethode) nicht erreicht. Ausländische Erträge, die (aufgrund von Doppelbesteuerungsabkommen) im Inland von der Besteuerung freigestellt waren, waren auf Ebene der Kapitalgesellschaft bilanziell dem EK 01 zuzuordnen. Das entsprechende Kapital war somit im Inland steuerlich nicht vorbelastet, weshalb bei Ausschüttung auch keine Steuergutschrift gewährt wurde. Allerdings waren die Ausschüttungen dann für Inländer voll steuerpflichtig. Angemessener dürfte es sein, auch auf Gewinnausschüttungen inländischer Kapitalgesellschaften ausländischen Ursprungs ein spezielles Auslands-Steuerguthaben zu gewähren, so dass Inländer – auch bei Zwischenschaltung einer inländischen Kapitalgesellschaft – in der Lage sind, ausländische Steuern auf ihre inländische Steuerschuld anzurechnen. Dabei wäre die Verrechnung des Steuerguthabens auf die damit zusammenhängenden Gewinnanteile zu beschränken (mit ähnlicher Obergrenze wie bei einer direkten Anrechnung ausländischer Steuern).

1.5 Zins- und Dividendeneinkommen

1.5.1 Inländische Zins- und Dividendeneinkommen

In Deutschland erfolgte die Erhebung der Steuern auf Zinseinkünfte viele Jahre lang alleinig im Wege der Veranlagung, wobei für die Ermittlung der steuerpflichtigen Einkünfte ausschließlich auf das *Deklarationsprinzip* abgestellt wurde. Überprüfungen gab es nur im geringsten Umfang bzw. nur in Sonderfällen. Faktisch blieben daher Zinseinkünfte häufig unbesteuert. Hierin sah das Bundesverfassungsgericht die verfassungsrechtlich gebotene Gleichmäßigkeit der Besteuerung als verletzt an.[281] Eine von der Regierung eingesetzte *Kommission zur verfassungsmäßigen Erfassung der Zinserträge* empfahl darauf die Erhöhung des Freibetrages für Kapitaleinkünfte (*Sparer-Freibetrag*) und die Einführung einer 25%igen Kapitalertragsteuer auf Zinseinkünfte (*Zinsabschlag*)[282]. Diesem

---

[281] BVerfG-Urteil vom 27.06.1991 (2 BvR 1493/89, BStBl 1991 II, S. 654).

[282] Anders als die 1990 eingeführte und nach einem halben Jahr wieder abgeschaffte

Vorschlag wurde später im wesentlichen gefolgt, allerdings mit noch höheren Freibeträgen (vgl. § 20 Abs. 4, §§ 43ff. EStG; Fassung ab 01.01.1993).

Auch nach Einführung des Zinsabschlags ist vom Bestehen erheblicher – wenn auch etwas gemilderter – Erhebungsfehler bei Zinseinkünften auszugehen, und zwar sowohl von Unter- als auch Überzahlungen:[283] Neben der Kapitalflucht ins Ausland bestehen für Personen mit einem Grenzsteuersatz oberhalb des Zinsabschlagsatzes weiterhin Anreize, inländische Zinseinkommen nicht zu deklarieren. Personen mit einem Grenzsteuersatz unterhalb dem Zinsabschlagsteuersatz werden vielfach nicht von den Erstattungsmöglichkeiten Gebrauch machen. Dies liegt zweifellos auch am hohen administrativen Aufwand des Freistellungsauftragsverfahrens. Aus Gründen der Bequemlichkeit oder des Nichtverstehens dürften zudem nicht wenige die Formulare falsch ausfüllen oder auf eine vollumfängliche Ausnutzung ihrer Freibeträge verzichten. Hinzu kommt noch, dass dieses Verfahren auch den Banken nicht unerheblichen Verwaltungsaufwand beschert.

Eine Alternative (oder auch mögliche Ergänzung) zum Deklarationsprinzip in Verbindung mit einer Quellensteuer sind flächendeckende Kontrollmitteilungen.[284] Auch diese würden den Vorgaben des Verfassungsgerichts genügen, und sie würden ganz sicher die Fehlerquote bei

---

„Kleine Kapitalertragsteuer" von 10% ist diese Quellensteuer als *Zahlstellensteuer* konzipiert. In erster Linie sollen also nicht die Schuldner von Zinserträgen zum Quellenabzug verpflichtet werden, sondern die die Zinserträge auszahlenden bzw. gutschreibenden Stellen (Banken).

[283] Es könnte daher argumentiert werden, dass auch nach Einführung des Zinsabschlags das verfassungsrechtlich monierte Vollzugsdefizit bei der Erhebung von Zinssteuern fortbestehe. Vgl. in diesem Sinne WERNSMANN / STALBOLD (2000). Eine beim BFH eingereichte Klage, die (bezogen auf den Veranlagungszeitraum 1993) mit der trotz Zinsabschlaggesetz weiterhin bestehenden gravierenden Ungleichheit der Besteuerung von Zinseinkünften argumentierte, wurde allerdings als unbegründet abgewiesen (BFH-Urteil v. 15.12.1998 – VIII R 6/98, BStBl 1999 II, S. 138).

[284] Damit auch bei Kontrollmitteilungen eine (wie bei einer Kapitalertragsteuer) zum Einkommensanfall zeitnahe Steuererhebung erreicht wird, könnten – sich nach der Höhe der vergangenen Steuerzahlungen richtende – Steuervorauszahlungen erhoben werden (vgl. HACKMANN 1991 / 1992, S. 9). Da in solche Vorauszahlungen auch ausländische Kapitalerträge einzubeziehen wären, ließe sich gleichzeitig die sich bei einer Kapitalertragsteuer ergebende Diskriminierung inländischer Kapitalanlagen gegenüber ausländischen ohne Quellensteuer vermeiden.

der Erfassung inländischer Zinseinkünfte reduzieren.[285] Bei einer solchen „Meldepflicht für Kapitaleinkünfte" (wie es sie schon für durch Freistellungsaufträge von der Kapitalertragsteuer freigestellte Kapitalerträge gibt[286]) würden alle Auszahlungen von Zinsen und Dividenden und auch evtl. Steuerguthaben durch die (inländische) Zahlstelle den Finanzbehörden übermittelt, entweder – dezentral – an das betreffende Wohnsitzfinanzamt oder – zentral – an das Bundesamt für Finanzen. Der zusätzliche Aufwand für die Kreditinstitute dürfte insgesamt unerheblich sein und weit unter dem der Freistellungsaufträge liegen, da (bis auf eine eventuelle einmalige Erfassung von Steuernummern) keine manuellen Eingaben erforderlich sind und die Übermittlung zu den Finanzämtern weitgehend automatisiert erfolgen kann. Für die Höhe des Aufwands spielt es auch keine wesentliche Rolle, ob der Prozess dezentral oder zentral organisiert ist, da sich das zuständige Wohnsitzfinanzamt unmittelbar aus der Anschrift des Steuerpflichtigen ergibt.

Für die Steuerpflichtigen ist das Kontrollmitteilungsverfahren ein Gewinn an Bequemlichkeit. Ehrliche Steuerpflichtige zahlen obendrein nicht aus Versehen zu viel oder zu wenig Steuern. Wird den Steuerpflichtigen von den Banken am Jahresende ein Exemplar der Kontrollmitteilung[287] zugeleitet, welches wie die *Anlage KAP* der Einkommensteuererklärung ausgestaltet ist, könnte die Steuererklärung von Kapitaleinkünften wesentlich vereinfacht werden, indem die von den Banken überreichten Formulare einfach der Steuererklärung beigelegt werden und vom Steuerpflichtigen lediglich die Anzahl der beigelegten Formulare angegeben wird.[288]

Wie für Banken und Steuerpflichtige dürfte – bei einer geeigneten Ausgestaltung – das Kontrollmitteilungsverfahren auch für die Finanzver-

---

[285] Näheres hierzu vgl. HACKMANN (1992b, S. 10*f.), der beim Vergleich allokativer, distributiver und verwaltungsmäßiger Aspekte insgesamt nur wenige Pluspunkte für eine Quellensteuer im Vergleich zu Kontrollmitteilungen aufdecken kann.

[286] Die Meldung erfolgt dabei zentral an das Bundesamt für Finanzen (§ 45d EStG; Fassung gültig ab 01.01.2002).

[287] Im Gegensatz zu den schon bekannten Erträgnisaufstellungen würde dabei auf eine Aufgliederung in die einzelnen Anlagearten verzichtet und nur die Betragssummen angegeben werden.

[288] Vgl. HACKMANN (1992b, S. 12*). Der zusätzliche Aufwand der Finanzämter aufgrund u.U. mehrerer Anlagen eines Steuerpflichtigen ließe sich durch deren maschinenlesbare Ausgestaltung (oder durch automatischen Rückgriff bei den Banken) gering halten.

waltung kostengünstiger sein als eine Quellensteuer.[289] Vereinfachungen ergäben sich daraus, dass Überprüfungen inländischer Konten weitgehend entfallen könnten und zudem die Verrechnungen zwischen dem Wohnsitzfinanzamt und dem Finanzamt, an das die Kapitalertragsteuer abgeführt wurde, entfielen. Zusätzlicher Aufwand entstünde zwar durch den erforderlichen Abgleich der Kontrollmitteilungen mit den Angaben in den Steuererklärungen, doch dafür dürften sich die Steuererklärungen einfacher bearbeiten lassen. Kostengründe werden dabei für eine Abwicklung durch automatische Datenverarbeitung sprechen, ein postalischer Versand der Daten durch die Kreditinstitute und anschließende manuelle Zuordnung in den Finanzämtern wäre wohl zu aufwendig. Eine zentrale Organisation[290] hätte in diesem Zusammenhang den Vorteil, dass bei Wohnortwechseln keine manuelle Weiterleitung zwischen zwei Wohnsitzfinanzämtern erfolgen müsste und auch bundesweit Datenabgleiche stattfinden und so identische Personen mit unterschiedlichen Adressangaben zusammengeführt werden könnten. Allerdings könnte eine zentrale Erfassung der Kontrollmitteilungen durch das Bundesamt für Finanzen auf datenschutzrechtliche Bedenken stoßen. Diese Vorbehalte ließen sich bei entsprechender Verfahrensgestaltung jedoch erheblich abmildern. Es ist z.B. nicht einmal erforderlich, dass Information über die Höhe der Zinseinkünfte weitergeleitet werden. Werden die Steuerzahler verpflichtet, ihren Einkommensteuererklärungen die Formulare als Anlagen beizulegen, bräuchte lediglich das Bestehen einer Kundenbeziehung gemeldet zu werden. Die Prüfung des Wohnortsfinanzamtes würde dann auf eine Vollzähligkeitsprüfung hinauslaufen,[291] wozu entsprechende Abfragen beim Bundesamt für Finanzen getätigt würden. Zwecks Kontrolle, ob die Formulare von den Steuerpflichtigen auch weitergeleitet wurden, könnte etwa jedes Wohnortsfinanzamt am Ende des auf den Veranlagungszeitrum folgenden Kalenderjahres von der Zentralstelle eine Liste der Steuerpflichtigen erhalten, für die die genannte Abfrage nicht stattfand.[292]

---

[289] Vgl. in diesem Sinne HACKMANN (1991 / 1992, S. 10).

[290] Für eine Argumentation zugunsten einer Zentralstelle, die die mitgeteilten Daten auch auswerten soll, vgl. HACKMANN (1991 / 1992, S. 8f.).

[291] Es könnte allerdings dann ein Anreiz zum Fälschen dieser Formulare bestehen, die daher entsprechend auszustatten wären. Außerdem wären weitergehende stichprobenartige Kontrollen im Rahmen von Außenprüfungen bei Kreditinstituten nicht ausgeschlossen.

[292] Es könnte überlegt werden, den Steuerpflichtigen ein Wahlrecht einzuräumen,

Ein System von Kontrollmitteilungen dürfte auch die Gewährung eines Sparer-Freibetrags erleichtern.[293] Statt des Aufwandes von Freistellungsaufträgen könnte das Finanzamt einfach – analog dem Arbeitnehmer-Freibetrag – einen Freibetrag von Amtes wegen gewähren. Personen, die erkennen, dass sie mit ihren Zins- und Dividendeneinkommen nicht steuerpflichtig sind und die auch sonst nicht veranlagt werden, bräuchten keine Einkommensteuererklärung abzugeben. Sie würden lediglich bei den Finanzämtern geführt werden, die aufgrund der Kontrollmitteilungen über die Höhe der von ihnen bezogenen Zinseinkünfte informiert wären.[294] Bei Überschreitung des Freibetrages könnten sie automatisch zur Abgabe einer Steuererklärung aufgefordert werden.

---

dass anstelle von Kontrollmitteilungen eine abgeltende Quellensteuer erhoben wird mit einem Steuersatz in Höhe des Spitzengrenzsteuersatzes. Eine solche Quellensteuer in Form einer Kuponsteuer könnte auch auf die inländischen Zinseinkünfte von Ausländern erhoben werden, die anschließend in ihrem Heimatland eine (teilweise) Erstattung beantragen könnten. Vgl. zu einer Kuponsteuer als Ergänzung zu Kontrollmitteilungen HACKMANN (1991 / 1992, S. 11f.).

[293] Ein (moderater) Freibetrag bei Kapitalerträgen könnte damit gerechtfertigt werden, dass die Zahl der einkommensteuerlich zu veranlagenden Steuerpflichtigen reduziert würde. Personen, die neben geringen Kapitaleinkünften ledig Einkünfte aus unselbständiger Arbeit (Lohnsteuer) oder Renten beziehen bzw. aufgrund geringen Einkommens gar nicht steuerpflichtig sind, bräuchten dann nämlich nicht veranlagt werden. Dieses Argument verliert allerdings an Bedeutung, wird berücksichtigt dass gerade die genannten Personenkreise häufig auch Anspruch auf Wohngeld haben und für die Berechnung der Anspruchshöhe auf Wohngeld ebenfalls das Einkommen zu berechnen ist, allerdings der Einkommensbegriff des Wohngeldgesetzes auch den „nach § 20 Abs. 4 des Einkommensteuergesetzes steuerfreie[n] Betrag (Sparer-Freibetrag)" umfasst (WoGG § 10 Abs. 2 Nr. 3.1). Eine Zusammenführung der Einkommensbegriffe von Einkommensteuergesetz und Wohngeldgesetz (nicht nur in Bezug auf den Sparer-Freibetrag) böte eine Reihe administrativer Vorteile. Die Bürger bräuchten nicht mehr auf unterschiedliche Art ihr Einkommen errechnen und die Wohngeldstellen könnten sich über das Einkommen von Antragstellern beim Finanzamt erkundigen. Bei drastischer Senkung bzw. Abschaffung der Sparer-Freibeträge (und Kontrollmitteilungen) entfiele des weiteren das Problem der Nichtangabe von Zinserträgen zur Erschwindelung von Wohngeld.

[294] Ein Kontrollmitteilungsverfahren, bei dem von den Kreditinstituten regelmäßig nur das Vorliegen einer Kontoverbindung gemeldet wird, müsste dann dahingehend erweitert werden, dass Kunden optional auch die Weiterleitung der Höhe der Zinseinkünfte verlangen können, wenn sie auf die Abgabe einer Einkommensteuererklärung verzichten möchten.

1.5.2 Ausländische Zins- und Dividendeneinkommen

Versuche, die Zinsbesteuerung im Inland durch Quellenbesteuerung oder Kontrollmitteilungen durchzusetzen, ziehen regelmäßig eine Kapitalflucht nach sich, wenn im Ausland nicht ähnliche Maßnahmen greifen.[295] Für den Rahmen der EU ist deshalb schon seit längerer Zeit eine Harmonisierung der Erfassung der Zinseinkünfte geplant: Der Europäische Rat hat sich im Juni 2000 im portugiesischen Feira auf einen Stufenplan geeinigt, der zunächst Verhandlungen mit Drittstaaten sowie abhängigen und assoziierten Gebieten von EU-Mitgliedsstaaten vorsieht und dann den Mitgliedsstaaten vorschreibt, wahlweise entweder einen Informationsaustausch (Kontrollmitteilungen) sicherzustellen oder – zeitlich zunächst – eine Quellensteuer auf Zinserträge zu erheben.[296]

---

[295] Wie sich alleine schon aus dem weit hinter den Erwartungen zurückgebliebenen Aufkommen des Zinsabschlags ergibt, wobei die Kapitalverlagerung ins Ausland zum wesentlichen Teil wohl dadurch motiviert ist, der Besteuerung ganz zu entgehen, und nicht nur dazu dient, der Steuerzahlpflicht erst zu einem späteren Zeitpunkt (mit der Einkommensteuerveranlagung) nachkommen zu können. KÖRNER (1994, S. 7) schätzt die nicht durch den Zinsabschlag erreichten Kapitaleinkünfte auf DM 30 bis 40 Mrd. [entspricht EUR 15 bis 20 Mrd.] bei insgesamt DM 80 bis 90 Mrd. [entspricht EUR 41 bis 46 Mrd.] an Kapitalerträgen (wobei eine Nichterfassung durch den Zinsabschlag noch nicht zwingend eine Nichtbesteuerung impliziert). Die bundesweiten Durchsuchungen der Steuerfahnder bei Banken und Sparkassen wegen Kapitalflucht in 1999 sollen zu zusätzlichen Steuereinnahmen von rund drei Milliarden Mark [entspricht EUR 1.5 Mrd.] geführt haben (vgl. Süddeutsche Zeitung, 23.08.2000, S. 6).

Unter Berücksichtigung dieser Kapitalflucht könnte eine wirksame Erfassung inländischen Zinseinkommens sogar die steuerliche Ungleichbehandlung erhöhen. Dies wäre etwa der Fall, „wenn diejenigen, die bei anderen Einkünften besonders erfolgreich Einkommensteuern hinterziehen, auch bei einer wirksamen Zinsbesteuerung Mittel und Wege zur Steuerhinterziehung zu finden wissen und wenn die Steuerverkürzungsaktivitäten vornehmlich von denen aufgegeben werden, die einkommensteuerlich ohnehin schon eher überdurchschnittlich belastet sind" (HACKMANN 1991 / 1992, S. 19). Für diese Vermutung spricht, dass bei den großen Durchsuchungsaktionen deutscher Banken wegen des Verdachts auf Beihilfe zur Steuerhinterziehung festgestellt wurde, dass vielfach nicht nur die Zinsen nicht versteuert waren, sondern dass es sich um echtes Schwarzgeld handelte (vgl. Süddeutsche Zeitung, 02.01.1997, S. 26).

[296] Der EU-Finanzministerrat hat sich am 21. Januar 2003 schließlich auf eine *EU-Zinsrichtlinie* geeinigt: 12 Mitgliedstaaten (darunter Deutschland) werden zum 1. Januar 2004 einen automatischen Informationsaustausch über Zinseinnahmen einführen. Luxemburg, Österreich und Belgien werden eine Quellensteuer einführen (Steuersatz: 15% ab 2004, 20% ab 2007, 35% ab 2010); von diesem Steueraufkommen

Trotz aller Unvollkommenheiten könnte dieses Modell zu einer besseren steuerlichen Erfassung von Zinseinkünften innerhalb der EU führen.[297]

Einige Stimmen warnen allerdings, dass es bei Umsetzung der genannten Regelungen zu einer Kapitalflucht aus der EU kommen könnte. Es werde immer Steueroasen geben, die keine Steuern auf Zinseinkünfte (von Ausländern) erhöben und mit der EU diesbezüglich nicht kooperieren würden. Inländer könnten sich damit weiterhin der Besteuerung ihrer Zinseinkünfte entziehen.[298] Es sind allerdings Zweifel angebracht, ob dieser Pessimismus bezüglich einer umfassenden Erfassung der Zinsen und Dividenden von Inländern wirklich gerechtfertigt ist. Sicher wird man nie alle Steuerschlupflöchern schließen können. Regelmäßig ist allerdings davon auszugehen, dass die in solchen Steueroasen angelegten Beträge dort nur zu einem geringen Teil auch investiert werden. Die Attraktivität entsprechender Anlagen könnte reduziert werden, wenn Kreditnehmer aus Staaten mit weitgehender steuerlicher Erfassung der Zinseinkünfte bei Aufnahme von Krediten aus nicht kooperierenden Staaten verpflichtet würden, eine Quellensteuer abzuführen oder eine Unbedenklichkeitsbescheinigung ihrer Gläubigers vorzuweisen.[299] Einen vergleichbaren Weg hat die USA mit ihrer neuen Regelung der Quellenbesteuerung (ab 01.01.2001) gewählt: Auszahlungen amerikanischer Zins- und Dividendenerträge an Empfänger im Ausland werden mit ei-

---

werden 75% an den EU-Wohnsitzstaat des Anlegers überwiesen. Die Schweiz hat eine ähnliche Regelung angeboten. Luxemburg, Österreich und Belgien gehen dann zum automatischen Informationsaustausch über, wenn die EU mit der Schweiz, Andorra, San Marino, Monaco und Liechtenstein ein Abkommen über Informationsaustausch auf Ersuchen nach OECD-Standard 2002 abschließt.

[297] Betrügereien und Manipulationen, wie etwa die Eröffnung von Konten auf falsche Namen, lassen sich zwar nicht ausschließen, solches bedarf jedoch erhöhter krimineller Energie und ist mit einem erhöhten Risiko verbunden.

[298] Diese Position schlägt sich in der Forderung nieder, dass (wie schon erwähnt) einer Verabschiedung der Richtlinie für eine Harmonisierung der Erfassung der Zinseinkünfte eine erfolgreiche Verabschiedung der Verhandlungen mit Drittstaaten über eine Umsetzung gleichwertiger Maßnahmen vorausgehen solle.

[299] Eine ähnliche Regelung sieht das *Gesetz zur Eindämmung illegaler Betätigung im Baugewerbe* vor. Die Auftraggeber von Bauleistungen müssen sich entweder vom Auftragnehmer eine vom zuständigen Finanzamt ausgestellte Freistellungsbescheinigung vorlegen lassen oder 15% der Gesamtsumme (einschl. Umsatzsteuer) einbehalten und diese Summe an das für sie zuständige Finanzamt abführen (§ 48 EStG; Fassung gültig ab 07.09.2001).

ner Quellensteuer (*withholding tax*) belastet, wovon unter bestimmten Bedingungen jedoch (im Effekt) wieder befreit wird.[300]

In den USA steuerpflichtigen Personen wird die Möglichkeit zur Entlastung von dieser Quellensteuer nur gewährt, wenn sie ihren Namen der US-Steuerbehörde bekannt geben. Für nicht in den USA steuerpflichtige Personen, die ihre amerikanischen Kapitalerträge über eine ausländische Bank beziehen, wird Banken das Recht zur Feststellung der Nicht-USA-Angehörigkeit und damit Steuerentlastung (ohne Nachweis der Identität des Kunden gegenüber den amerikanischen Steuerbehörden) eingeräumt, wenn sie mit den amerikanischen Steuerbehörden ein *Qualified Intermediary Agreement* abgeschlossen haben, wobei für dessen Gewährung strenge Maßstäbe an die Bank angelegt werden. Der Aufwand des amerikanischen Verfahrens ist recht hoch, da weltweit alle Besitzer amerikanischer Wertpapiere entsprechende Nachweise erbringen müssen, um steuerbefreit zu werden. Es hätte immense Kosten zur Folge, wenn jeder Staat für sich isoliert ein solches Feststellungsverfahren einführte. Sinnvoll wäre es daher, wenn sehr viele Staaten diesbezüglich kooperieren würden. Als Minimallösung könnte auch überlegt werden, ein solches Verfahren nur gegenüber Gläubigern mit Sitz in Staaten, die sich einer Kooperation (etwa in der Form eines Informationsaustausches) verschließen, anzuwenden.

1.6 Einkommen aus Wertänderungen und sog. private Veräußerungsgeschäfte

1.6.1 Wertänderungen und private Veräußerungsgeschäfte bei Wertpapieren

Das deutsche Einkommensteuerrecht kennt, wie schon erwähnt, eine Besteuerung von Wertänderungen prinzipiell nur im Veräußerungsfall

[300] Für eine Quellenbesteuerung nicht beim Empfänger sondern beim Zahler von Zinsen plädiert auch JARASS (1999), allerdings soll nur die „Differenz zwischen Zinsausgaben abzüglich Zinseinnahmen" besteuert werden. „Sind die Zinseinnahmen größer als die Zinsausgaben, resultiert ein Steuerguthaben, das mit der auf den Zinsüberschuß entfallenden Einkommensteuer verrechnet werden kann." Dieser Vorschlag würde implizieren, dass im Inland erwirtschaftete Zinseinkünfte auch steuerbar wären, wenn sie an Steuerausländer gezahlt würden (vgl. zu einer Rechtfertigung auch Fußnote 274). Letzteres wird auch von der KOMMISSION REFORM UNTERNEHMENSBESTEUERUNG (1999, S. 23) als prüfenswert dargestellt.

und auch dann nur, wenn es sich um Wirtschaftsgüter des Betriebsvermögens oder wesentliche Anteile an Kapitalgesellschaften (§ 17 EStG) handelt oder eine Veräußerung innerhalb der Veräußerungsfrist (§ 23 EStG) erfolgt. Aus einer Verfügungsmachtperspektive sollte die Besteuerung hingegen unabhängig von einer Realisation erfolgen und unabhängig davon, ob das Vermögen im Betriebs- oder Privatvermögen gehalten wird. Die diesbezüglichen theoretischen Zusammenhänge sind schon in B.3.3 dargelegt worden.

Aus ökonomischer Sicht ist die Entwicklung des Unternehmenswertes eine wesentliche Determinante der Kursentwicklung von Aktien. Eine gleichzeitige Besteuerung von einbehaltenen Unternehmensgewinnen und Aktienkursänderungen (zum regulären Einkommensteuertarif) würde daher eine steuerliche Doppelbelastung bedeuten, wenn nicht ein entsprechender Ausgleich erfolgt. Die Verbindung von Unternehmensbesteuerung und Besteuerung von Anteilseignern ist schon in C.1.4.3 diskutiert worden, die Ausführungen hier beschränken sich daher auf verfahrenstechnische Überlegungen.[301]

Der einfachste Ansatz für eine Besteuerung der genannten Wertänderungen dürfte es sein, jeweils bezogen auf die Steuerbemessungsperiode die stichtagsbezogene Entwicklung des Börsenkurses zu erfassen. Bei einer dem Kalenderjahr entsprechenden Steuerbemessungsperiode wären dementsprechend jeweils die Jahresendwerte zu vergleichen. Dieses Jährlichkeitsprinzip ist jedoch nicht unproblematisch: Kurzfristige Kurssteigerungen zum Stichtag lösen Steuerzahlungspflichten aus. Erfolgt anschließend kurzfristig eine Gegenbewegung, so kann diese erst im nächsten Veranlagungszeitraum in Form einer Steuererstattung berücksichtigt werden. Die Zeitperiode, in dem ein Zuwachs an ökonomischer Verfügungsmacht bestand, kann also wesentlich kürzer sein als die Periode, für die der Steuerbetrag einbehalten wurde. Die hieraus resultierenden Liquiditäts- und Zinseffekte können u.U. bedeutend sein. Als konzeptionelle Lösung böte sich an, die Einkommensfeststellungsperiode zu verkürzen. Steuerpraktisch wäre dies jedoch sehr aufwendig und dürfte hohe Transaktionskosten verursachen. Dieses legt es nahe, nach einer Zweitbestlösungen zur Glättung der Zufälligkeiten von Stichtags-

---

[301] Zwecks Vermeidung einer Besteuerung inflationärer Scheingewinne wäre dabei eine Bereinigung um Preisniveauentwicklungen anzustreben. Der Einwand der Scheingewinnbesteuerung ist allerdings auch gegen die derzeitige Besteuerung von privaten Veräußerungsgewinnen vorzubringen (s. D.1.6.4).

werten zu suchen. Neben der Verwendung von Durchschnitts- oder Medianwerten als Steuerwerte könnte auch einiges dafür sprechen, Wertänderungen stichtagsbezogen nur insoweit zu besteuern, wie sie den thesaurierten Unternehmensgewinn nicht übersteigen, ansonsten jedoch auf die *nachhaltige Wertentwicklung* abzustellen. Als nachhaltige Wertänderung würde dabei eine über einen längeren Zeitraum Bestand habende Wertänderung begriffen. Transitorische Wertänderungen würden nur im Veräußerungsfall beachtet. Die Ermittlung *voraussichtlich dauernden Wertänderungen* könnte dabei durch einen Vergleich des Tiefswertes eines Jahres mit dem vorjährigen Steuerwert erfolgen. Eine steuerliche relevante Wertsteigerung würde dann konstatiert, wenn der Tiefstwert eines Jahres den vorjährigen Steuerwert übersteigt. Wertsteigerungen wären steuerlich also nur beachtenswert, wenn sie sich über eine längere Periode als dauerhaft erwiesen haben. Unterschreitet der Tiefstwert eines Jahres den vorjährigen Steuerwert, würde der Jahresendwert als Steuerwert genommen. Kursrückgänge würden also nur soweit berücksichtigt, wie sie bis zum Jahresende nicht wieder aufgeholt worden sind. Wie die derzeitige steuerliche Behandlung von Wertänderungen ist zwar auch dieses Verfahren grundsätzlich vergangenheitsorientiert, allerdings erfolgt eine regelmäßige Aktualisierung der Steuerwerte. Die imparitätische Behandlung von Gewinnen und Verluste ist als Konzession an das Vorsichtsprinzip zu begreifen.

Eine weitere Frage ist, ob eine Verrechnung von Wertverlusten mit anderen Einkünften gewährt werden sollte. Das deutsche Steuerrecht (§ 23 Abs. 3 Satz 8f. EStG) erlaubt den Verlustausgleich von privaten Veräußerungsverlusten (Spekulationsverlusten) nur mit entsprechenden Gewinnen. Wesentliche Argumente für derartige Einschränkungen sind grundsätzlich – wie in dieser Arbeit zuvor schon erläutert – Unvollkommenheiten des steuerlichen Einkommensbegriffs und die Liebhaberei-Problematik. Die deutsche Regelung soll verhindern, dass Vermögensgewinne (weil unrealisiert, realisiert außerhalb der Veräußerungsfrist oder nicht deklariert) unbesteuert bleiben, während gleichzeitig Vermögensverluste mit positiven Einkünften anderer Art verrechnet werden. Bei einer umfassenden Besteuerung von Wertänderungen verliert dieses Argument an Bedeutung. Zu beachten bleibt jedoch der besondere Charakter dieser Einkunftsart. Ähnlich wie Einkünfte aus Lotterien, Glücksspielen oder Wetten sind auch „Spekulationsgewinne" eher zufällig.[302] Auch wenn

---

[302] Vgl. für diese Analogie DURCHLAUB (1993, S. 118f.).

subjektiv Einkunftserzielungsabsicht besteht, könnte es in Frage gestellt werden, dass objektiv die Erzielung eines Gesamtüberschusses zu erwarten sei. Bei nüchterner Betrachtung würden gewiss einige nachhaltig Verluste erzielende Spekulanten dies auch für sich bestätigen, zumal wenn es an einer entsprechenden Ausbildung fehlt. Triebfeder der Spekulation wäre in diesem Fall die Spielleidenschaft. Diese Überlegung könnte es nahe legen, Veräußerungsverluste als steuerlich unbeachtliche Liebhaberei zu werten und einen Verlustausgleich auf Einkünfte derselben Art zu beschränken.[303]

Abschließend sollen noch einige Anmerkungen über das technische Verfahren der Ermittlung der Wertänderungen von Wertpapieren folgen. Werden die Wertpapiere in Bankdepots verwahrt, erfolgt die Ermittlung der steuerlich relevanten Wertänderungen am besten durch die Depotbanken in Verbindung mit Kontrollmitteilungen. Auf den entsprechenden Steuerbescheinigungen wäre dann auch das dem einzelnen Aktionär zustehende Steuerguthaben zu vermerken. Dieses Verfahren hätte auch den Vorteil, dass eine wirksamere Durchsetzung der Besteuerung dieser Einkunftsart gelingen könnte. Das gegenwärtige „Deklarationsprinzip" stellt die Besteuerung von Einkünften aus privaten Veräußerungsgeschäften im Grunde in das Belieben der Steuerpflichtigen, da für im sog. Privatvermögen gehaltene Wertpapiere bislang kaum Kontrollen stattfinden. Der Argumentation des Verfassungsgerichts zur Zinsbesteuerung[304] folgend, dürfte die gegenwärtige Handhabung gegen den Gleich-

---

[303] DURCHLAUB (1993, S. 118f.) zieht aus einer ähnlichen Argumentation die Schlussfolgerung, dass die Besteuerung von privaten Spekulationsgewinnen unsystematisch und daher zu unterlassen sei. Aus einer Verfügungsmachtperspektive können allerdings nur Verluste aus Liebhaberei als Konsum gewertet werden. Für die Steuerpflichtigkeit positiver Einkünfte können Fragen wie die hier erörterten keine Rolle spielen (vgl. hierzu auch Fußnote 151).

[304] Zu dem genannten Verfassungsgerichtsurteil vgl. Fußnote 281. Der schlechte Durchsetzung der Besteuerung von privaten Veräußerungsgewinnen ist jüngst auch vom BUNDESRECHNUNGSHOF (2002) kritisiert worden. „Die Finanzämter folgten den Angaben der Steuerpflichtigen weit überwiegend ohne erkennbare Prüfung. Selbst wenn Angaben unklar oder nicht nachvollziehbar waren, unterließen sie es, Unterlagen anzufordern oder sonst Aufklärung zu verlangen. In Fällen, in denen Steuerpflichtige keine Angaben zu entsprechenden Einkünften machten, sich jedoch Anhaltspunkte für private Veräußerungsgeschäfte ergaben, verzichteten sie durchweg auf weitere Ermittlungen. ... Die Finanzämter sind darüber hinaus aus rechtlichen Gründen gehindert, die Vollständigkeit der Einkünfte aus privaten Veräußerungsgeschäften umfassend zu kontrollieren. So dürfen die Finanzbehörden von Kreditinstituten nicht verlangen, dass diese ihnen zum Zwecke der allgemeinen Steuerüberwa-

heitsgrundsatz des Grundgesetzes verstoßen. Auch administrativ hätte eine Erfassung der Wertänderungen durch Kontrollmitteilungen gegenüber dem derzeitigen Deklarationsprinzip wesentliche Vorteile. Der Aufwand für die Steuerpflichtigen dürfte insgesamt geringer werden.[305] Lediglich wenn effektive Stücke in Eigenverwahrung genommen wurden (Tafelpapiere), könnte eine steuerliche Erfassung von Wertpapierkursänderungen auf Probleme stoßen.[306]

---

chung Mitteilung über dort für ihre Kunden geführte Depotkonten oder über deren Einkünfte aus privaten Veräußerungsgeschäften machen. ... Nach Ansicht des Bundesrechnungshofes stellen die angeführten Kontrollhemmnisse strukturelle Mängel des Erhebungsverfahrens dar. Diese führen dazu, dass der gesetzliche Anspruch der öffentlichen Hand auf die Besteuerung der Einkünfte aus privaten Veräußerungsgeschäften mit Wertpapieren nicht entsprechend dem Grundsatz der Gleichmäßigkeit der Besteuerung durchgesetzt werden kann. Die dadurch verursachte Belastungsungleichheit gefährdet die Verfassungsmäßigkeit der Besteuerung dieser Einkünfte" (S. 5f.).

Aus diesem Grunde beschloss der Bundesfinanzhof (16.07.2002 - IX R 62/99 - Begründung liegt noch nicht vor) aufgrund einer Klage von KLAUS TIPKE jüngst auch, eine Entscheidung des Bundesverfassungsgerichts darüber einzuholen, ob die Wertpapierspekulationsbesteuerung in der Fassung des Einkommensteuergesetzes mit dem Grundgesetz insoweit unvereinbar sei, als die Durchsetzung des Steueranspruchs wegen struktureller Vollzugshindernisse weitgehend vereitelt werde. Die Finanzverwaltung wird daher Steuerbescheide in diesem Punkt ab 2000 für vorläufig erklären (vgl. BMF-Schreiben v. 15.10.2002 - IV D 2 - S 0338 - 69/02, BStBl I 2002, S. 1024).

[305] Die Einführung eines Systems von Kontrollmitteilungen für die Erfassung von privaten Veräußerungsgewinnen ist in Österreich erwogen worden, wobei sich die Bankkunden optional auch für eine Quellensteuer entscheiden hätten können (vgl. SENDLHOFER 1999, S. 534).

Auch der BUNDESRECHNUNGSHOF (2000, S. 25) hat Kontrollmitteilungen empfohlen, wenn sich der Gesetzgeber nicht zu einer Abzugsteuer (mit oder ohne Abgeltungswirkung) entschließen kann (s. zu einer abgeltenden Abzugsteuer C.2.2). Ein Vorbild hierfür bietet das auf Datenaustausch beruhende Verfahren zur Mitteilung von freigestellten Kapitalerträgen an das Bundesamt für Finanzen nach § 45d EStG (Fassung gültig ab 01.01.2001).

[306] Die sich stellenden Probleme (insbesondere auch Anreize zu Steuerhinterziehung) werden jedoch durch die Steuerguthaben gemindert. Zudem verbriefen immer mehr Unternehmen aus Kostengründen Aktien nur noch in Globalurkunden. Als Kontrollmechanismus könnte bei Tafelgeschäften oder bei der Einlösung von Kupons – ähnlich der Regelung des Geldwäschegesetzes – eine Identifizierungspflicht vorgeschrieben werden.

1.6.2 Wertänderungen und private Veräußerungsgeschäfte bei Sachvermögen (insbesondere bei Immobilien)

Nach den Überlegungen über die Besteuerung von Wertänderungen von Finanzvermögen in C.1.6.1 ist nun auf solche des privaten Sachvermögens einzugehen. Unter privatem Sachvermögen werden hier neben (abnutzbarem) Gebrauchsvermögen i.e.S. und Wertgegenständen wie Antiquitäten, Gemälden, Schmuck und Edelmetallen auch (vermietete und eigengenutzte) Wohnungen und Grundstücke verstanden. Unter dem Gesichtspunkt der Praktikabilität bereiten Wertänderungen des Gebrauchsvermögens die größten Erfassungsschwierigkeiten,[307] es sind nicht nur Besitz und Wertänderung der entsprechenden Gegenstände festzustellen, sondern darüber hinaus auch die Höhe der tendenziellen Wertminderung aufgrund konsumtiven Gebrauchs. Letztere Wertminderungen haben grundsätzlich nicht das der Steuer zu unterwerfende Einkommen zu mindern. Eine Nichterfassung scheint auch deshalb gerechtfertigt, weil diese keinen gewichtigen Verstoß gegen die horizontale Ungleichbehandlung bedeuten dürfte und Gebrauchsvermögen typischerweise nur begrenzt als Medium dafür tauglich ist, andere steuerbare Einkommensarten aus Gründen der Steuerersparnis zu transformieren.

Ebenfalls praktisch schwierig dürfte eine Besteuerung der Wertänderungen von typischerweise nicht der Abnutzung unterliegenden Wertgegenständen wie Antiquitäten, Schmuck, Edelmetallen und Gemälden sein. Auch wenn diese sehr wertsteigerungsträchtig sein können und zunehmend auch an Bedeutung für Zwecke der Kapitalanlage erlangen, wird eine Besteuerung – wenn überhaupt[308] – nur bezogen auf wertvolle und bekannte Einzelstücke möglich sein. Ein aus pragmatischer Sicht gangbarer Weg könnte darin bestehen, unter Einräumung einer Freigrenze lediglich realisierte Wertsteigerungen zu besteuern.

Im Mittelpunkt dieses Kapitels steht die Besteuerung von Vermögenswertänderungen bei Wohnungen und Grundstücken. Bis auf wenige praktische Ausnahmen ist eine am Verfügungsmachtkonzept orientierte

---

[307] Vgl. zur Erfassung von Wertzuwächsen bei Gebrauchsvermögen auch EBNET (1978, S. 107ff.).

[308] An die Möglichkeit einer generellen Steuerbefreiung lässt auch denken, dass eine Nichtbesteuerung solcher Wertänderungen wohl allokativ nicht übermäßig schädlich ist.

Besteuerung in der (internationalen) Steuerwirklichkeit nicht anzutreffen: In Steuergesetzen wird obendrein – sofern überhaupt eine generelle Besteuerung erfolgt – regelmäßig auf das Realisationsprinzip abgestellt,[309] hinzu kommt häufig noch, dass mit zunehmender Haltedauer (Länge der Besitzperiode) ein niedrigerer Steuersatz angewandt wird[310]

---

[309] In der älteren deutschen Literatur wird durch die Begriffe *direkt* und *indirekt* zum Ausdruck gebracht, ob die Wertzuwachssteuer nur erhoben wird, wenn Realisation stattgefunden hat (*indirekte Wertzuwachssteuer*) oder auch ohne eine solche (*direkte Wertzuwachssteuer*).

Die Forderung, auch unrealisierte Vermögenswertänderungen der Besteuerung zu unterwerfen, ist nicht nur gelegentlich von Seiten der Wissenschaft erhoben worden sondern auch von Politikern. In Deutschland war noch in den 70er Jahren die Einführung einer Steuer auf nichtrealisierte Bodengewinne fester Bestandteil der Parteiprogramme von SPD und FDP, und sie wurde auch von Teilen der CDU und CSU begrüßt (vgl. ZINK 1973b). Auf dem SPD-Steuerparteitag vom 18./20.11.1972 wurden sogar schon konkrete Modelle einer Bodenwertzuwachssteuer diskutiert (vgl. zu Details und einer kritischen Erörterung dieser Vorschläge RUCK 1973). Daneben empfahl auch der Wissenschaftliche Beirat beim Bundesministerium der Finanzen in einem Gutachten (*Probleme und Lösungsmöglichkeiten einer Bodenwertzuwachbesteuerung* 1976) aus verteilungs- wie bodenpolitischen Gründen mit großer Mehrheit den Einschluss nichtrealisierter Wertzuwächse in die Besteuerung, hatte aber aufgrund von Bewertungsproblemen große Skepsis gegenüber einer Einführung (S. 11f.; S. 64; S. 125). Eine Besteuerung unrealisierter Wertsteigerungen würde sich auch bei Einführung eines wie verschiedentlich vorgeschlagenen *Planungswertausgleichs* ergeben (s. Fußnote 312).

Gegenwärtig ist wohl Spanien das einzige Land, welches – allerdings nur bei juristischen Personen – eine regelmäßige *Constructive Realization* der Steigerungen des Bodenwertes vornimmt: Im Rahmen der (kommunalen) Wertzuwachssteuer wird der Wertzuwachs von Grundstücken im Eigentum von juristischen Personen, wenn kein Eigentumswechsel stattgefunden hat, alle zehn Jahre (diverse Befreiungen) einem Steuersatz von 5% unterworfen (vgl. FRIESE 1989, S. 125f.). Der Wertzuwachs wird dabei über Koeffizienten auf den Katasterwert abhängig von Einwohnerzahl und Besitzdauer ermittelt. Wenn das Grundstück später veräußert wird, kann die schon bezahlte Steuer angerechnet werden. Auch in Dänemark wird mit der Development Gains tax (Frigørelsesafgist) eine Art Planungswertausgleich erhoben (vgl. BROWN 1955, S. 53f.; LEMCKE 1966, S. 468; YOUGMAN / MALME 1994, S. 121f.). Eine Besteuerung unrealisierter Grundstückswertänderungen im Abstand von 25 Jahren war auch in der Steuerordnung des deutschen Pachtgebietes Kiautschou (1898-1914) in China vorgesehen (vgl. FRIEDRICH 1992, S. 17ff.), fand aber wohl keine Anwendung. Zeitweilig wurde sie jedoch in Taiwan („land value increment tax", vgl. hierzu MATZAT 1992, S. 33 ; FRIEDRICH 1992, S. 31 ; LASARS 1994), Großbritannien (Planungswertausgleich, vgl. PFEIFFER 1971) und für juristische Personen in Italien („INVIM", vgl. TRABUCCHI 1992, S. 218ff.) praktiziert.

[310] Eine mit zunehmender Haltedauer abnehmende Besteuerung von Wertänderun-

bzw. gar eine Steuerbefreiung erfolgt. In Deutschland etwa bleiben Gewinne aus Veräußerungen von im Privatvermögen befindlichen Wohnungen nach Ablauf einer zehnjährigen Behaltefrist[311] steuerfrei (§ 23 Abs. 1 Nr. 1 Satz 1 EStG), und in den USA wird zwischen *Short-* und *Long-Term* Capital Gains unterschieden. Vielfach erfolgt die Besteuerung von Veräußerungsgewinnen auch nicht (wie in Deutschland) im Rahmen der Einkommensteuer sondern einer separaten Wertzuwachssteuer. Eine solche Sondersteuer kann in der Vermeidung des sich bei der schematischen Anwendung des progressiven Einkommensteuertarifs sonst ergebenden Problems, dass der Grenzsteuersatz bei aperiodischen Einkünften einmalig in die Höhe springt, begründet sein. Häufig ist eine separate Bodenwertzuwachssteuer aber auch Ausdruck der Vorstellung, dass es sich bei den Einkünften aus Bodenwertsteigerungen um unverdientes („unearned income") bzw. leistungslose Einkommen (Renten) handele, die deshalb vollständig weggesteuert werden sollten.[312] Hier geht es je-

---

gen könnte im Ausgleich von Progressionseffekten begründet sein. Einer solche Begründung überzeugt jedoch nicht unbedingt. Sollen Progressionseffekte ausgeglichen werden, müssten der Steuersatz auf einmalige Wertänderungen generell niedriger sein, außer es wird von der Hypothese ausgegangen, dass Personen, die Immobilien relativ kurz halten, häufiger Vermögenswertänderungen realisieren.

[311] Vormals betrug die „Spekulationsfrist" zwei Jahre (§ 23 Abs. 1 Nr. 1a EStG; Fassung gültig bis 31.12.1998). Vgl. zur Verlängerung der Spekulationsfrist auf zehn Jahre auch Fußnote 327.

[312] Der Begriff des „unearned incomes" wurde schon von JAMES MILL formuliert, der dabei von der Grundrententheorie RICARDOs ausging. Stark propagiert wurde die Wertzuwachssteuer dann von JOHN STUART MILL (1848, Book V, Ch. ii, § 5 / 1965, S. 819ff.): Die durch äußere (gesellschaftliche) Umstände bewirkte Vermehrung des Vermögens könne ohne negative Wirkungen wieder der Allgemeinheit zugeführt werden. Wie bei wohl keiner anderen Steuerart entstanden auch politische Bewegungen für die Besteuerung der Bodenwertzuwächse. MILL selbst engagierte sich für die *Land Tenure Reform Association*. In Deutschland ist vor allem ADOLF DAMASCHKEs *Bund deutscher Bodenreformer* bekannt geworden.

In dieser ideengeschichtlichen Perspektive ist auch der in jüngerer Zeit diskutierte Planungswertausgleich zu sehen. Die Wertsteigerung aufgrund kommunaler Planungen (z.B. Baulandausweisung) und Investitionen sind nicht in den Verdiensten des Eigentümers begründet und gelten deshalb als besonders besteuerungswürdig, z.T. auch als Ausgleich für die von den Kommunen aufgewendeten Planungskosten. Seit 1950 gibt es Überlegungen (vgl. HAUPTKOMMISSION BAUGESETZGEBUNG 1956, S. 76ff. und HAUPTKOMMISSION BAUGESETZGEBUNG 1957, S. 147ff.), dieses Instrument in Deutschland zu etablieren. Ein 1974 hierzu verabschiedetes Gesetz scheiterte jedoch im Bundesrat. In den letzten Jahren gab es – von den Grünen und Teilen der SPD (vgl. Grundsatzprogramm 1989 / 1998, S. 46f.) angeregt – eine neue Diskussion, die eingesetzte Expertenkommission zur *Verbesserung des Baulandangebotes* (Übergabe doch nur um eine in die Einkommensteuer integrierte Besteuerung realisierter oder auch unrealisierter[313] realer Bodenwertänderungen[314] – auch

des Abschlußberichtes am 01.06.1999) machte jedoch grundlegende Bedenken geltend, denen dann auch der damalige Bundesbauminister Müntefering (SPD) folgte. In dieser Arbeit wird aus den obigen Gründen nicht weiter auf den Planungswertausgleich eingegangen. Für eine kritische Position zum Planungswertausgleich vgl. WISSENSCHAFTLICHER BEIRAT BEIM BMF (1976, S. 109ff.).

Vgl. für die Frage, ob Bodenwertzuwächse im Rahmen einer Einkommensteuer oder einer speziellen Wertzuwachssteuer besteuert werden sollten WISSENSCHAFTLICHER BEIRAT BEIM BMF (1976, S. 18ff.).

[313] Gegen eine Besteuerung unrealisierter Wertänderungen von Grundstücken ist eingewandt worden, dass sie zu einer Grundstückspreissteigerung führe, da die Steuern auf die Käufer abgewälzt würden. Die höheren Grundstückspreise und die Steuerzahlungen würden des weiteren zu steigenden Mieten und zu einem Rückgang der Investitionen in den Wohnungsbau führen. Andere sehen in der Bodenwertzuwachssteuer gerade ein Instrument gegen den starken Anstieg der Bodenpreise (vgl. WISSENSCHAFTLICHER BEIRAT BEIM BMF 1976, S. 44). Diese These wird durch die Vorstellung gestützt, dass sich der aktuelle Bodenwert als Barwert der künftigen Erträge (einschl. Wertsteigerungen) ergibt (Ertragswertvorstellung). Eine Steuerfreiheit dieser Erträge würde kapitalisiert und entsprechend stiegen die Bodenpreise. Die Einführung einer Besteuerung hätte daher zunächst einen Rückgang der Grundstückswerte zur Folge. Für eine Analyse der Wirkungen einer Besteuerung von realisierten und nichtrealisierten Bodenwertzuwächsen auf die Preise von Boden und Bodennutzungen in unterschiedlichen Szenarien s. auch WISSENSCHAFTLICHER BEIRAT BEIM BMF 1976, S. 42ff.).

Ein weiteres häufig vorgebrachtes Argument ist, dass die Besteuerung zu einer starken Belastung des Wohnens im eigenen Haus führen könne und damit nicht zumutbar sei (vgl. für eine Auseinandersetzung mit dieser Argumentation etwa EBNET 1978, S. 154ff.). Die Förderung des Wohnens im eigenen Haus sei ein besonderes sozialpolitisches Ziel (ähnlich wird auch mit Bezug auf die Besteuerung des Eigenmietwertes argumentiert, vgl. Fußnote 211). Hiergegen ist einzuwenden, dass das genannte sozialpolitische Ziel gerade aufgrund hoher Grundstückspreise vielfach nicht erreicht werden kann. Im Falle von Liquiditätsproblemen eines Grundstücksbesitzers wäre außerdem eine Stundung der Steuerschuld bis zum Zeitpunkt einer späteren Veräußerung denkbar. Es lässt sich allerdings nicht sicherstellen, dass der spätere Veräußerungspreis zur Deckung der gestundeten Steuerzahlungen zuzüglich Zinsen ausreicht. Dies Problem hängt damit zusammen, dass transitorische Wertsteigerungen – wenn Grundstücke also zunächst im Wert steigen und später wieder fallen – zu einer effektiven steuerlichen Belastung führen, der Barwert der Steuerzahlungen also größer ist als der Barwert der späteren Steuererstattungen. In äußerst ungünstigen Fällen kann die Steuerbelastung sogar den Grundstückswert übersteigen, was dann bei gestundeten Steuern dazu führt, dass die Steuerschuld den Veräußerungspreis übersteigt. Auch wenn bei einer einkommensorientierten Betrachtungsweise dieses Ergebnis nur konsequent ist, könnte es doch wohnungspolitisch unerwünscht sein, so dass gewisse mildernde Schutzmechanismen einzubauen wäweil zu erwarten ist, dass sich auf diese Weise am besten die aus der unterschiedlichen steuerlichen Behandlung der verschiedenen mit Wohnungen und Häusern zusammenhängenden Einkunftskategorien resultierenden Probleme und Komplikationen vermeiden lassen.

Anders als Aktien sind Wohnungen und Grundstücke immer „Einzelstücke", d.h. der genaue Marktwert einer bestimmten Wohnung ist regelmäßig nur im Fall ihrer Veräußerung ermittelbar. Soll mit der Besteuerung nicht bis zum Veräußerungstermin gewartet werden, lässt sich die Wertentwicklung daher nur im Wege der Schätzung ermitteln. Auch wenn dies empirisch an dieser Stelle nicht genau geklärt werden kann, ist zu erwarten, dass Wertänderungen tendenziell eher Grundstücke als Gebäude betreffen. In der Vergangenheit konnten zwar steigende Baukosten beobachtet werden, allerdings dürfte ein bedeutender Teil hiervon rein nominell bedingt sein und zudem ist das Alter ein wertmindernder Faktor für die Gebäudesubstanz. Eine allein auf Grundstücke bezogene Besteuerung unrealisierter Wertänderungen würde Wertschätzungen wesentlich erleichtern:[315] Grundstücke sind weniger spezifisch als Häuser, so dass mehr Vergleichswerte zur Verfügung stehen. Die Zahl der „wertbildenden Faktoren" ist bei Grundstücken geringer als bei Gebäuden und zudem kann angenommen werden, dass sich die maßgeblichen vielleicht auf wenige wie Größe, Lage und Nutzungsmöglich-

---

ren wie nur eine anteilige Besteuerung von unrealisierten Wertänderungen oder eine aufgezinste Rückzahlung der Steuern, wenn sich Wertänderungen später als nur transitorisch herausstellen.

[314] Wie schon erwähnt, sind Wertminderungen grundsätzlich genauso steuerlich relevant wie Wertsteigerungen – auch wenn gelegentlich nur von Wertsteigerungen gesprochen wird. Für die steuerliche Anerkennung von Wertminderungen wäre allerdings das Vorliegen einer Einkunftserzielungsabsicht zu prüfen, wobei – anders als in der gegenwärtigen Praxis in umfassender Weise auf sämtliche mit einem Grundstück verbundenen Einkünfte (Mieteinkünfte, Eigenmietwert) abzustellen wäre.

[315] Gegen eine Nichtberücksichtigung von Gebäudewertänderungen könnte eingewandt werden, dass Grundstücke und Gebäude zusammengehörten, daher keine getrennte Bewertung möglich sei. Der Grundstücksbesitz sei in den meisten Fällen eine Folge des Gebäudebesitzes. Wenn nun im Laufe der Zeit der Gebäudewert sinke, müssten diese Minderungen mit dem Anstieg des Grundstückswertes verrechnet werden. Gegen eine solche Argumentation ist einzuwenden, dass etwaige Wertminderungen der Gebäudesubstanz durch Abschreibungen schon berücksichtigt würden. Für eigennutzende Wohnungsbesitzer wäre hieraus jedoch die Schlussfolgerung zu ziehen, dass für die Beurteilung etwaiger Liebhaberei die Grundstückswertsteigerungen mitberücksichtigt werden sollten.

keiten reduzieren lassen. Als vorstellbarer Ansatz[316] bietet sich die Lösung an, für eine Bewertung nicht-veräußerter Grundstücke von in der Vergangenheit beobachteten Kaufpreisen veräußerter Grundstücke - wie sie über die *Gutachterausschüsse für Grundstückswerte*[317] verfügbar sind - auszugehen und die einzelnen Wertfaktoren zu isolieren und diese Bewertung zu übertragen.[318] Um die Verwaltungskosten zu reduzieren, könnte es sich zudem anbieten, eine Neubewertung nur in mehrjährigen Zeitabschnitten vorzunehmen.

Andere Vorschläge beruhen auf einer *Selbsteinschätzungen* der Grundstückseigentümer, um die Finanzämter mit einer zeitnahen Bewertung nicht zu überlasten.[319] Dieses ist jedoch keine akzeptable Verfahrensweise. „Da auch gutwillige Steuerzahler nur sie überfordernde willkürbehaftete Angaben machen können, könnte eine solche Verfahrensweise gegen den Grundsatz der Bestimmtheit steuerrechtlicher Vorschriften verstoßen; obendrein setzt eine solche Regelung eine unangemessene Prämie auf skrupelloses Verhalten."[320] Es würde daher in jedem Falle eine Missbrauchskontrolle notwendig werden. In Taiwan - eines der wenigen Länder, das jemals eine praktische Besteuerung von (unrealisierten) Grundstückswertänderungen kannte - war deshalb der Regierung die Möglichkeit eingeräumt, Grundstücke zum deklarierten Wert kaufen zu können.[321] Solchen Regelungen ist es wohl inhärent, dass sie - wie

---

[316] Vgl. in diesem Sinne HACKMANN (1983, S. 695).

[317] Das bei den Gutachterausschüssen geführte Grundstückswertkataster beruht auf Verkehrswerten: Erwerber von Immobilien müssen den Kaufpreis zusammen mit Angaben über Grundstücks- und Wohnungsgröße und Ausstattung dem gemeindlichen Gutachterausschuss melden, der ausgehend von diesen Daten Bodenrichtwerte festlegt. Schwierigkeiten könnte es allerdings bereiten, den Gesamtkaufpreis in Boden- und Gebäudewert aufzuspalten. Bei geringer Fallzahlen besteht zudem ein nicht geringes Risiko repräsentativer Verfälschung.

[318] Durch Addition dieses Grundstückswertes mit dem Buchwert des Gebäudes (s. C.1.3.2) lässt sich auf eine einfache Weise der für Erbschaft- und Grundsteuer benötigte Immobilienwert bestimmen. Auf die aufgrund ihrer Überalterung sowohl horizontal (im Vergleich zu anderen Vermögensarten) als auch vertikal (innerhalb der Vermögensart) wertverzerrten Einheitswerte kann damit verzichtet werden. Vgl. zu diesen Wertverzerrungen JAKOB (1992, S. 57ff.).

[319] Vgl. ZINK (1973a, S. 154).

[320] HACKMANN (1983, S. 694).

[321] Da in Taiwan neben der Bodenwertzuwachssteuer auch eine Bodenwertsteuer erhoben wird, sind die Grundstückseigentümer auch nach Abschaffung der Besteuerung unrealisierter Bodenwertsteigerungen verpflichtet, regelmäßig ihre Grund-

auch in Taiwan[322] – kaum praktisch realisiert werden und sie sind auch „ein in sich selbst schon abzulehnender Ansatz."[323]

Werden Wertsteigerungen durch eine Veräußerung realisiert, werden die Marktwerte offenbart.[324] Dieses sollte genutzt werden, um Schätzwerte abzugleichen[325] und – wie schon erwähnt – die Wertänderungen der Gebäude zu erfassen. Diese abschließende Wertänderung wäre als Differenz zwischen Verkaufspreis und den Buchwerten von Grundstück und Gebäude[326] (s. hierzu C.1.3.2) zu ermitteln. Als hilfreich würde es sich in diesem Zusammenhang erweisen, wenn aufgrund der Besteuerung von Nutzungswerten eigengenutzter Wohnungen Aufzeichnungen über nachträgliche Herstellungs- und Reparaturaufwendungen auch von Ei-

---

stückswerte zu deklarieren. Parallel dazu findet eine amtliche Festsetzung von Bodenwerten per Statut in Form von Zonierungen statt. Der amtliche Bodenwert jeder Zone wird alle drei Jahre durch eine Neueinschätzung festgelegt. Liegt der selbsterklärte Wert mehr als 20% unter dem per Statut festgelegten Richtwert der Zone, steht der Regierung ein Ankaufsrecht zum deklarierten Wert zu.

Die Gefahr einer Deklaration zu niedriger Grundstückswerte stellt sich allerdings auch im Veräußerungsfall (realisierte Vermögenswertänderungen). In Spanien etwa ist es bei Grundstücksverkäufen aus steuerlichen Gründen „üblich" geworden, nur einen Teil des vereinbarten Preises im Vertrag offen zu legen und den Rest in „bar" zu zahlen. Um solche Hinterziehungen der Einkommensteuer auf Wertsteigerungen zu bekämpfen, wurde eine Verordnung erlassen, nach der bei Abweichungen des (vom Finanzamt festgestellten) *überprüften Wert* vom (im Verkaufsvertrag) beurkundeten Wertes um mehr als 20% und mehr als 2 Millionen PTS nach oben der Differenzbetrag als eine Zuwendung angesehen und der Schenkungsteuer unterworfen wird (vgl. SELLING 1991).

[322] Im Jahre 1977 lag der selbst angegebene Grundwert teilweise um mehr als 80% unter dem per Statut festgelegten Wert, aber nur 48 Grundstücke wurden vom Staat gekauft (vgl. MATZAT 1992 und MATZAT 1999).

[323] HACKMANN (1983, S. 694).

[324] Dabei könnte es allerdings zu Falschbeurkundungen kommen. Mechanismen, die solches beschränken könnten, sind schon in Fußnote 321 dargestellt worden.

[325] Vgl. für eine solche rückwirkende Besteuerung auch WISSENSCHAFTLICHER BEIRAT BEIM BMF (1976, S. 60).

[326] Der Buchwert des Gebäudes ergibt sich durch Minderung der Anschaffungs- bzw. Herstellungskosten um die Abschreibungen. Abschreibungen stellen steuerlich geltend gemachte Buchwertminderungen dar. Das Fehlen einer solchen Bestimmung im deutschen Steuerrecht vor 1995 (erst für Anschaffungen und Veräußerungen nach dem 31. Juli 1995 gilt §52 Abs. 22 EStG) führte dazu, dass bei Veräußerungen innerhalb der Spekulationsfrist Vermögenswertänderungen in Höhe der vorgenommenen Abschreibungen und Sonderabschreibungen unbesteuert blieben.

gennutzern geführt werden. Auf diese Weise entfiele der häufig vorgebrachte Kritikpunkt, dass eine Besteuerung von Wohnungswertänderungen mit der Schwierigkeit verbunden sei, auf Aufwendungen der Steuerpflichtigen beruhende Wertänderungen (etwa aufgrund von Umbauten) herauszurechnen. Bei einer Besteuerung der Gewinne und Verluste aus privaten Veräußerungsgeschäften sollte außerdem beachtet werden, dass Argumente des Vertrauensschutzes gegen eine in die Vergangenheit rückwirkende Besteuerung sprechen.[327] Aus einer solchen Perspektive wären erst die ab dem Zeitpunkt der Steuereinführung sich einstellenden Wertänderungen steuerbar.

1.6.3 Abschließende Bemerkungen zur Besteuerung von Wertänderungen und privaten Veräußerungsgeschäften

Die Ausführungen in C.1.6.1 und C.1.6.2 haben verdeutlicht, dass sich Wertänderungen stets nur in unvollkommener Weise steuerlich erfassen lassen. Dieses beruht auf ihrer Eigenart und ist damit unabhängig von der konkreten Ausgestaltung der Einkommensteuer. Steuersystemabhängige Unterschiede gibt es jedoch bezüglich der Art der genannten Unvollkommenheiten. Während das deutsche Einkommensteuerrecht eine gewisse objektivierte Erfassung der steuerbaren Wertänderungen versucht, dieses jedoch auf Kosten einer Differenzierung der Steuerbarkeit nach Haltedauer, Realisation und der Halteform (privat oder betrieblich, Rechtsform) erreicht, hätte eine umfassende Einkommensbesteuerung weitgehend von solchen Differenzierungen abzusehen. Dieses ginge allerdings wohl nur unter der Hinnahme von Abstrichen bei der Präzision bezüglich der Wertänderungsermittlung und der Inkaufnahme grundsätzlich höherer Verwaltungskosten. Welches System aus einer Perspektive der steuerlichen Gleichbehandlung vorzuziehen ist, lässt sich nur mit Blick auf das gesamte Einkommen klären; es wäre ein zu enger Blickwinkel, lediglich auf eine Gleichbehandlung aller Wertzu-

---

[327] Vgl. hierzu auch BFH-Beschluss v. 05.03.2001 (IX B 90/00, BStBl 2001 II, S. 405): „Bei der im Aussetzungsverfahren nach § 69 Abs. 3 FGO gebotenen summarischen Prüfung begegnet die rückwirkende Verlängerung der Veräußerungsfrist für Grundstücke von zwei auf zehn Jahre durch § 23 Abs. 1 Satz 1 Nr. 1 Satz 1 EStG i.d.F. des Steuerentlastungsgesetzes 1999/2000/2002 schwerwiegenden verfassungsrechtlichen Zweifeln, weil der Gesetzgeber Anschaffungsvorgänge in die Regelung einbezogen hat, für die die Spekulationsfrist des § 23 Abs. 1 Satz 1 Nr. 1 Buchst. a EStG in der vor dem 1. Januar 1999 geltenden Fassung bereits abgelaufen war" (Leitsatz).

wächse abzustellen.[328] Für eine abrundende (und abschließende) Beurteilung ist auch zu berücksichtigen, welche Möglichkeiten sich für eine Transformation von zu versteuerndem Einkommen in steuerfreie Formen ökonomischer Verfügungsmacht bei den alternativen Steuerverfahren bieten.[329] Auch wenn hier auf eine empirische Untermauerung verzichtet werden muss, liefert besonders auch das letztere Argument (wie später noch in D.1.6 auszuführen) Gründe dafür, dass aus einer umfassenden Urteilsperspektive eine umfassende Einkommensbesteuerung den Vorzug vor möglichen Alternativen verdient.[330]

1.7 Exkurs: Steuerliche Behandlung von Versicherungsbeiträgen und -leistungen

Versicherungen sind Konstrukte, bei denen der Versicherungsnehmer gegen die Zahlung einer bestimmten Prämie (eines bestimmten Beitrags) Auszahlungen bei Eintritt bestimmter Ereignisse, deren Eintreten unsicher ist, erhält. Auf diese Weise sollen das Risiko eines Schadens an einem Vermögensobjekt (Vermögensschaden), das Risiko des Entstehens bestimmter Ausgaben (Aufwendungen) bzw. des Ausbleibens von Einnahmen (Erträgen) oder auch sog. personenbezogene Risiken (persönliche Versicherungen) abgesichert werden. Diese Versicherungen gibt es in Form von Zwangs- und freiwilligen Versicherungen, wobei als Versicherungsträger private Versicherungsunternehmen oder Körperschaften des öffentlichen Rechts auftreten können. Bei persönlichen Versicherungen ist zudem zu unterscheiden, ob sie nach dem Kapitaldeckungs- oder Umlageverfahren eingerichtet sind, obendrein können sie mit einer (ex-ante) distributiven Komponente verbunden oder mit persönlicher Vermögensbildung verknüpft sein. Die bekannteste Form einer Versiche-

---

[328] Vgl. in diesem Sinne auch EBNET (1978, S. 103).

[329] Vgl. EBNET (1978, S. 104f.).

[330] „... die partielle Besteuerung einer vorhandenen Leistungsfähigkeit unter Gerechtigkeitsgesichtspunkten [ist] einer Steuerbefreiung auch dann vorzuziehen, wenn die volle Besteuerung nicht erreicht werden kann. Das Argument der Unmöglichkeit der Bewertung unrealisierter Wertzuwächse gilt, wenn es überzeugt, nicht nur für die Einkommensbesteuerung, sondern generell für alle vermögenswertabhängigen Steuern, im deutschen Steuersystem also: Vermögensteuer, Grundsteuer, Erbschaftsteuer und Gewerbekapitalsteuer. Daß diese Steuern trotz der Bewertungsprobleme erhoben werden, weist darauf hin, daß wenigstens Näherungslösungen gefunden werden können, auch wenn das Ideal unerreichbar ist" (EBNET 1978, S. 150f.).

rung mit Vermögensbildung ist die Kapitallebensversicherung. Im Folgenden soll versucht werden, Kriterien für die einkommensteuerliche Behandlungen von Versicherungen zu entwickeln, wobei allerdings keine Darstellung der steuerlichen Rechtslage in Deutschland erfolgt. Zu Beginn werden zwei verbreitete Auffassungen der einkommensteuerlichen Behandlungen von Versicherungen kurz skizziert. Anschließend wird dann – unter Bezugnahme auf schon herausgearbeitete Argumente – nach Urteilsmaßstäben für eine verfügungsmachtorientierte steuerliche Behandlung von Versicherungsprämien und –leistungen gesucht.

Sehr verbreitet ist es, für die Besteuerung von (hauptsächlich persönlichen) Versicherungen auf das Korrespondenzprinzip zu verweisen, d.h. es solle nur eine einmalige Besteuerung erfolgen: Wären die Beiträge also aus versteuertem Einkommen zu leisten, müssten die Versicherungsleistungen steuerfrei sein (regelmäßig als *vorgelagerte Besteuerung* bezeichnet). Wenn hingegen die Versicherungsleistungen besteuert würden, wären die Beiträge durch Abzug von der Bemessungsgrundlage steuerlich freizustellen (regelmäßig als *nachgelagerte Besteuerung* bezeichnet). Auch wenn eine solche Perspektive auf den ersten Blick sehr plausibel erscheint, ist sie dennoch nicht zwingend: Es wird nämlich ignoriert, dass die Korrespondenz zwischen Beiträgen und Versicherungsleistungen nicht individuell sondern nur im Durchschnitt gilt und dass der Abschluss einer Versicherung auch den Erwerb des (Konsum-)Gutes Sicherheit bedeuten kann.

Ausgehend vom Korrespondenzprinzip wird häufig weiter argumentiert, dass eine nachgelagerte Besteuerung dann zwingend sei, wenn eine Versicherungspflicht bestehe: „Zwangsbeiträge ... mindern das frei disponible Einkommen und somit die steuerliche Leistungsfähigkeit"[331] (*Lehre vom indisponiblem Einkommen*). Vielfach wird diesen Versicherungsbeiträgen auch ein Steuercharakter zugemessen. Die Tatsache, dass eine Aufwendung aufgrund einer gesetzlichen Verpflichtung erfolgt, besagt allerdings noch nicht, dass es sich dabei im engeren Sinne um eine Leistung ohne Gegenleistung handelt. Auch meritorische oder allokative (Internalisierung externer Kosten) Gründe mögen den Staat dazu bewegen, Individuen zu verpflichten, bestimmte Aufwendungen – wie etwa für Sicherheitsgurte oder die Einhaltung von Bauvorschriften – zu

[331] So beispielhaft KROKER / FUEST (2000, S. 6). Das Dispositionskonzept hat bei Steuerjuristen Standardcharakter. Vgl. für eine derartige Argumentation jüngst SÖHN / MÜLLER-FRANKEN (2000, besonders S. 445).

tätigen.[332] Diese Beispiele zeigen des weiteren auch, dass der Begriff der Indisponibilität von Einkommensteilen nicht trennscharf ist[333] und die Feststellung, welcher Teil der ökonomischen Verfügungsmacht als nicht *frei* verfügbar zu gelten hat, näherer Bestimmung und Rechtfertigung bedarf. Auf solche Konkretisierungen soll in dieser Arbeit allerdings nicht weiter eingegangen werden,[334] vielmehr soll nach umfassenderen Kriterien für die steuerliche Handhabung von Versicherungen aus einer einkommensorientierten Gerechtigkeitsperspektive gesucht werden.

Für diese Suche ist es hilfreich, sich den Zweck von Versicherungen vor Augen zu führen: Versicherungen sollen die aus dem Eintritt bestimmter Ereignisse resultierenden tendenziellen Vermögensverluste kompensieren. Vor diesem Hintergrund liegt es nahe zu fordern, dass Versicherungsprämien dann steuerlich absetzbar sein sollten, wenn im Fall ohne Versicherung die aus dem Eintritt des Ereignisses resultierende tendenzielle Vermögensminderung zu einer tendenziellen Minderung der steuerlichen Bemessungsgrundlage führen würde. Bezogen auf Sachversicherungen wären die Prämien dann absetzbar, wenn der versicherte Gegenstand der Einkunftserzielung dient (eine *Einkunftsquelle* ist);[335] bezogen auf Vermögensversicherungen[336], wenn die versicherten Vermö-

---

[332] Von einem Steuercharakter der Sozialversicherungsbeiträge zu sprechen ist nur so weit angemessen, wie diese „versicherungsfremden Zwecken" dienen, wie etwa der personellen Umverteilung im Rahmen der gesetzlichen Krankenversicherung.

[333] „Die Probleme beginnen schon bei der Bestimmung der *zwangsläufigen* Aufwendungen, die zur *Indisponibilität* von Einkommensteilen führen sollen" (WERNSMANN 1998, S. 328; der seine Aussage auch durch eine Reihe von Beispielen stützt).

[334] WERNSMANN (1998, S. 330) argumentiert, dass verfassungsrechtlich lediglich feststehe, „dass der freiheitliche Staat nicht auf Mittel zugreifen darf, die der Steuerpflichtige für die Bestreitung seines eigenen und des familiären Existenzminimums benötigt. Damit kommt es nicht auf den Begriff der Zwangsläufigkeit an, sondern die Frage lautet, ob der Steuerpflichtige bestimmte Teile seines Einkommens für die Sicherung seiner Existenz benötigt." HACKMANN (2001) argumentiert, dass das was als indisponibel zu gelten habe, eine normative Frage sei und die Antwort darauf aus der Wertungsperspektive der jeweiligen Gesellschaft resultiere. Erkennen lassen sich indisponible Aufwendungen speziell daran, dass, wenn die Steuerpflichtigen nicht selbst Mittel für die betreffenden Zwecke einsetzten, der Staat – im Sinne des Subsidiaritätsprinzips – entsprechend tätig würde.

[335] Soweit Nutzungswerte eigengenutzter Wohnung besteuert werden, wären damit auch die Prämien für Gebäudeversicherungen (jedoch nicht Hausratsversicherungen) bei der Bemessungsgrundlagenermittlung abzugsfähig.

[336] Beispiele für Vermögensversicherungen sind Haftpflicht-, Rechtsschutz- und Ertragsausfallversicherungen (Betriebsunterbrechungs-, Mietausfall- und Hagelversi-

gensverluste (eintretende Aufwendungen bzw. ausbleibende Einnahmen) mit der Einkommenserzielung zusammenhängen. Versicherungsleistungen im Schadensfall sind in dieser Perspektive zwar grundsätzlich steuerbar, allerdings muss – wie gesagt – auch der Schaden selbst steuerlich geltend gemacht werden können. Die Leistung ist mithin mit dem Schaden zu verrechnen.[337]

Die hier dargelegte Argumentation zugunsten einer steuerlichen Absetzbarkeit von Versicherungsprämien lässt sich auf Vermögensschäden in Form existenzsichernder Aufwendungen übertragen, wenn das Existenzminimum steuerbefreit ist bzw. steuerbefreit sein sollte. Da solche Aufwendungen (etwa als Sonderausgaben) die Bemessungsgrundlage absenken, sollten die Prämien für entsprechende Versicherungen steuerlich ebenfalls (als Sonderausgaben) anerkannt werden. Beispiele für solche Versicherungen sind etwa Kranken- und Pflegeversicherungen. Lässt sich ein aufgrund eines Schadens eingetretene (tendenzielle) Vermögensminderung steuerlich nicht geltend machen, da mit dem versicherten Tatbestand keine Einkommenserzielungsabsicht verfolgt wird oder nicht die Existenz abgesichert wird, wären die Versicherungsprämien hingegen aus versteuertem Einkommen zu zahlen.[338] Da der Schadensfall – entspricht die Versicherungsleistung der Schadenshöhe – die ökonomische Verfügungsmacht unverändert lässt, hat er dann auch keine steuerliche Relevanz.

In der bisherigen Argumentation fand die Höhe der erwarteten Versicherungsleistungen (Auszahlungen) im Vergleich zur Prämie keine Berücksichtigung. Prämien werden als *aktuarisch fair* bezeichnet, wenn sie mit dem Erwartungswert der Versicherungsleistungen übereinstimmen. Der Abschluss einer Versicherung führt also im Durchschnitt nicht zu einem positiven Erwartungseinkommen. Das gesamtwirtschaftliche Steueraufkommen wäre (bei proportionalem Steuertarif und Transaktionskostenfreiheit) unabhängig davon, ob Versicherungen (bei Steuerfreiheit der Prämien) abgeschlossen oder die Schäden jeweils selber getragen und steuerlich etwa als Betriebsausgabe geltend gemacht werden. Diese erwartungswertmäßige Äquivalenz ist allerdings nicht mehr gewährleistet, wenn Versicherungsgesellschaften Rücklagen bilden und Versiche-

---

cherung).

[337] Dieses entspricht auch der grundlegenden Regelung im deutschen Steuerrecht.

[338] Nicht abzugsfähig wären in diesem Sinne die Prämien einer Reiserücktrittsversicherung für eine Urlaubsreise oder die einer Privat-PKW-Haftpflichtversicherung.

rungsleistungen somit teils aus Beiträgen teils aus den Zinserträgen der Rücklagen finanziert werden. In diesem Fall wäre der ex-ante Erwartungswert von Versicherungen versicherungslogisch positiv und der Abschluss einer Versicherung hätte kollektiv teilweise – auch wenn individuell ex-post anderes gilt – den Charakter einer verzinsten Kapitalanlage.[339] Würde jemand, statt eine Versicherung abzuschließen, selber Rücklagen bilden, hätte er die hieraus resultierenden Zinserträge zu versteuern. Die von Versicherungen auf Schadensrücklagen erwirtschafteten Zinserträge sollten daher besteuert werden.[340] Dabei könnte aus steuerpraktischen Gründen eine abgeltende Besteuerung bei der Versicherungsgesellschaft vorzuziehen sein.

Eine bedeutende Gruppe von Versicherungen sind solche auf Ausfall der persönlichen Erwerbsgrundlage („Humankapital"). Zu diesen sog. Personenversicherungen zählen Krankengeld-, Berufsunfähigkeits-, Arbeitslosen- und auch Rentenversicherungen. Trotz grundsätzlicher Unterschiede zwischen Sach- und Humankapital – Humankapital lässt sich nicht verkaufen und im „Schadensfall" lässt es sich oftmals auch nur (wenn überhaupt) begrenzt wiederherstellen – lassen sich aus der obigen Argumentation doch auch Konsequenzen für solche Versicherungen ableiten. Versicherungsleistungen von Personenversicherungen können (sollen) häufig nicht der Wiederherstellung der Erwerbsgrundlage dienen, sondern einen Ersatz für deren Erträge sein. Gelten die ursprünglichen Erträge grundsätzlich als steuerbar, spricht alles dafür, dass auch die entsprechenden Ersatzleistungen steuerbar sind. Hieraus folgt nun – entsprechend obiger Argumentation – eine Steuerfreiheit der Versicherungsbeiträge und demzufolge eine *nachgelagerte Besteuerung*. Durch eine solche Besteuerung wird mithin impliziert, dass der Abschluss persönlicher Versicherungen zur Einkommenserzielungssphäre gehört. Die Versicherungsbeiträge erhalten in dieser Perspektive den Charakter von

---

[339] Transaktionskosten und der Gewinn der Versicherungsgesellschaft bleiben bei dieser Betrachtung unberücksichtigt.

[340] Gegen eine solche Besteuerung könnte eingewandt werden, dass im Falle einer Ausschüttung der Zinserträge an die Versicherungsnehmer und anschließender Rückzahlung an die Versicherung als Prämie insgesamt keine Besteuerung erfolge. Die Zinserträge seien zwar steuerbar, Versicherungsprämien seien jedoch aus den o.g. Gründen steuerlich absetzbar. Vor dem Hintergrund einer solchen Argumentation ist zu präzisieren, dass Versicherungsprämien im Grunde nur soweit als Betriebsausgaben bzw. Werbungskosten anzuerkennen sind, wie der (kollektive) Ex-ante-Erwartungswert einer Versicherung nicht positiv ist.

Werbungskosten.[341] Für die Besteuerung ist die ökonomische Verfügungsmacht nach dem Eintritt des das Risiko darstellenden Ereignisses maßgeblich.

Für die gesetzliche Rentenversicherung gilt aufgrund des sog. Generationenvertrags, dass die von einer Generation geleisteten Einzahlungen nicht nur unwesentlich vom Erwartungswert der Rentenleistungen abweichen. Oben wurde bei Sach- und Vermögensversicherungen für den Fall, dass eine Versicherung einen positiven Erwartungsertrag liefert, gefordert, diesen zu besteuern. Grundsätzlich sollte dieses Prinzip auch auf Rentenversicherungen übertragen werden, wobei es unerheblich wäre, ob die genannten (positiven oder negativen) Abweichungen vom Ertragswert auf verzinster Anlage von Versicherungsprämien beruhen oder demographisch bedingt sind.[342] Bei einer negativen Ertragsrate, wie für die gesetzliche Rentenversicherung vielleicht künftig zu erwarten, würde dies auf eine steuerliche Geltendmachung von Verlusten hinauslaufen. Wiederum könnte es aus steuerpraktischen Gründe sinnvoll sein, die positiven bzw. negativen Erträge nicht bei den einzelnen Versicherten zu besteuern, sondern abgeltend beim Versicherungsträger.[343] Für eine gesetzliche Rentenversicherung mit negativen Ertragsraten ließe sich damit konzeptionell, aus einer einkommensorientierten Gerechtigkeitsperspektive ein Staatszuschuss begründen.

Eine – wie beschriebene – Besteuerung persönlicher Versicherungen mit Steuerfreiheit der Beiträge sowie Besteuerung der Leistungen und Erträ-

---

[341] Weil die Argumentation auf der Vorstellung von Versicherungsleistungen als Ersatz für die aufgrund eines Schadensfalls verminderte Erwerbsgrundlage beruht, könnte es gerechtfertigt sein, die Absetzbarkeit von Versicherungsprämien auf eine Höhe zu begrenzen, wie sie dazu dient, Versicherungsschutz zu gewährleisten, der in einem angemessenen Verhältnis zu dem gegenwärtigen Einkommen steht.

[342] Bezüglich der Besteuerung der Erträge von Personenversicherungen könnte argumentiert werden, dass im Rahmen von Zwangsversicherungen anders zu verfahren sei. Die Individuen hätten sich nicht für eine Kapitalanlage im Rahmen einer solchen Versicherung entschieden und zudem könne die Ertragsrate niedriger als bei alternativen Anlageformen seien. Gegen eine solche Argumentation lassen sich im Prinzip dieselben Argumente wie gegen den oben dargestellten Disponibilitätsansatz vorbringen. Daraus, dass der Staat seine Bürger zu einem bestimmten Verhalten oder Konsum verpflichte, könne nicht folgen, dass dieses steuerlich zu befreien sei.

[343] Durch eine Besteuerung beim Versicherungsträger wird zudem vermieden, dass Individuen Steuern auf Erträge zahlen müssen, obwohl für sie u.U. der Versicherungsfall gar nicht eintritt.

ge kann als *einkommensorientierte nachgelagerte Besteuerung* bezeichnet werden. Die von vielen Steuerjuristen und auch Finanzwissenschaftlern[344] geforderte steuerliche Abzugsfähigkeit der Beiträge bei lediglich Steuerbarkeit der Auszahlungen wäre zur Unterscheidung hiervon als *konsumorientierte nachgelagerte Bezeichnung* zu titulieren, von der Belastungskonsequenz passt sie im Grunde nicht zu einer Einkommensteuer[345] und bedürfte daher weitergehender Rechtfertigungen – etwa sozialpolitischer oder meritorischer Art.[346] Die Argumentation, dass sich die Leistungsfähigkeit der Individuen erst zum Zuflusszeitpunkt erhöhe[347] bzw. *realisiert* werde, kann dabei nicht überzeugen.

Eine Vorsorgeform, die private Ersparnisbildung und Risikoschutz besonders eng verzahnt, ist die Kapitallebensversicherung. Im Prinzip könnten auch diese Versicherungen *einkommensorientiert nachgelagert* besteuert werden. Allerdings gibt es einen wesentlichen Unterschied, der für eine andere Handhabung spricht: Bei Kapitallebensversicherungen dient ein wesentlicher Anteil der Prämie der Kapitalbildung, und der

---

[344] „In den Steuerwissenschaften – der Finanzwissenschaft, der betriebswirtschaftlichen und der juristischen Steuerlehre – besteht eine seltene Einmütigkeit über die Notwendigkeit einer nachgelagerten Besteuerung. Auf Seiten der Finanzwissenschaft hat sich der Wissenschaftliche Beirat beim Bundesministerium der Finanzen (1996) schon früh für eine nachgelagerte Besteuerung von Alterseinkünften ausgesprochen. Der Sachverständigenrat hat sich dem in mehreren Gutachten angeschlossen ... Prominente und einflussreiche Finanzwissenschaftler wie ANDEL, RÜRUP und viele andere haben wiederholt für diese Besteuerungsform plädiert. Dies gilt auch für die meisten Steuerrechtswissenschaftler wie KIRCHHOF, LANG, SÖHN oder TIPKE und Vertreter der betriebswirtschaftlichen Steuerlehre. Auch in der Politik ist die Forderung nach einer nachgelagerten Besteuerung populär" (WIEGARD 2000, 8f.).

[345] Vgl. in diesem Sinne WIEGARD (2000). Für eine Kritik an der Gleichsetzung des Begriffes *nachgelagert* mit konsumorientierter Belastungskonsequenz s. KRAUSE-JUNK / MÜLLER (1999b).

[346] Es kann Gründe für ein gewisses Ausmaß an Begünstigung bestimmter Vorsorgeformen geben. KRAUSE-JUNK / MÜLLER (1999b, S. 2285) schlagen deshalb folgendes (dem hier vorgestellten im Übrigen sehr nahe kommendem) Verfahren vor: „Die für die Altersversorgung eingesetzten Einkommen (Einzahlungen) werden innerhalb eines bestimmten Rahmens steuerfrei gestellt und erst bei Rückfluß besteuert. Alle zwischenzeitlich anfallenden Zinsen unterliegen aber der normalen Einkommensbesteuerung. Die Förderung liegt im Steueraufschub in bezug auf die Einzahlungen."

[347] Da die Beitragsaufwendungen für die Versicherten indisponibel seien und sich ihre Leistungsfähigkeit erst zum Zuflusszeitpunkt erhöhe, entspreche nur die nachgelagerte Besteuerung „steuersystematisch der klassischen Einkommensteuer" (SÖHN / MÜLLER-FRANKEN 2000, S. 451).

kapitalbildende Anteil wird zum Vertragsende zudem unabhängig vom Eintritt eines Schadensfalls ausgezahlt. Obendrein ist es möglich, Versicherungsverträge vor Vertragsende zu kündigen und sich (unter Berücksichtigung eines Abschlags für Verwaltungskosten) den Kapitalanteil auszahlen zu lassen. Verwaltungsmäßig werden daher auch von der Versicherungsgesellschaft für jeden Versicherungsnehmer bankähnliche Konten geführt. Die Versicherungsnehmer besitzen also individuell ökonomische Verfügungsmacht über das von ihnen gebildete Kapital einschließlich der erzielten Erträge. Das eine nachgelagerte Besteuerung rechtfertigende Argument der Besteuerung der ökonomischen Verfügungsmacht nach dem Eintritt des das Risiko darstellenden Ereignisses verliert damit an Bedeutung. Es könnte daher einiges dafür sprechen, Lebensversicherungen wie die private Ersparnisbildung *einkommensorientiert vorgelagert* zu besteuern. Beiträge wären dann aus versteuertem Einkommen zu leisten, die Erträge wären zu versteuern und die Kapitalrückzahlung bliebe unbesteuert. Damit würden auch unerwünschte Progressionseffekte aufgrund der Besteuerung eines größeren Betrages zu einem Zeitpunkt vermieden. Für die Ermittlung der Zeitpunkte der Einkommensentstehung ist bei einer *einkommensorientierten vorgelagerten Besteuerung* wie üblich nach der Entstehung von ökonomischer Verfügungsmacht zu fragen. Da sich die durch eine Lebensversicherung vermittelte ökonomische Verfügungsmacht aus den Rückkaufwerten ergibt, wären die Jahreseinkünfte jeweils als Veränderung des Rückkaufswerts abzüglich der in dieser Periode geleisteten Einzahlungen zu ermitteln.

2 Weitergehende Modifikationen der Einkommensbesteuerung

2.1 Sollzinsergänzung des der Besteuerung unterworfenen Einkommens („Sollzinsergänzte Einkommensteuer")

Die offensichtlich nicht unbedeutende Hinterziehung von Zinseinkünften oder auch deren Umwandlung in nichtsteuerbare Formen wie (unrealisierte) Wertsteigerungen oder Nutzungswerte eigengenutzten langlebigen Konsumvermögens lassen erwarten, dass Kapitaleinkommen immer nur relativ unvollkommen besteuert werden. Speziell die empirisch wohl zutreffenden Ungleichheiten in der Verteilung von Konsumvermögen (eigengenutzte Wohnungen) bei Einkommensgleichen legt außerdem die Vermutung nahe, dass die hieraus resultierenden horizontalen Ungleichbehandlungen nicht unerheblich sind. Dies begründet die

Forderung nach konsequenterer Erfassung von Kapitalerträgen und einer Ausweitung der Besteuerung auf (unrealisierte) Vermögenswertsteigerungen und auf Erträge langlebigen Konsumvermögens. Solche Maßnahmen werden jedoch aufgrund nicht zu vernachlässigender Erhebungs- und Kontrollkosten rasch an Grenzen stoßen.

Statt verstärkt auf bürokratische Kontrollen zu setzten, geht ein Vorschlag von HACKMANN in eine andere Richtung: Die Bemessungsgrundlage der Einkommensteuer soll um Sollzinsen[348] ergänzt werden, wobei dieses Konzept prinzipiell unabhängig von der jeweils konkret bestehenden Ausformung der Einkommensteuer zu begreifen ist. Es ist allerdings zu erwarten, dass die differentiellen Vorteile einer Sollzinsergänzung bei einer relativ unvollkommenen Einkommensbesteuerung besonders hoch sind, wenn ein förmlich umfassend definierter Einkommensbegriff als Referenz genommen wird. Eine Sollzinsergänzung ermöglicht nämlich nicht nur eine indirekte Besteuerung der einkommensmäßigen Nutzungsvorteile dauerhaften Konsumvermögens sowie eine grundsätzlich erleichterte Erfassung von (aus dem Ausland zugeflossenen) Kapitalerträgen. Die Sollzinsergänzung hat außerdem vorteilhafte Neutralitätseigenschaften und beseitigt die Problematik des Schuldzinsenabzugs.

Das für die Ergänzung der einkommensteuerlichen Bemessungsgrundlage heranzuziehende *Sollzinseinkommen* ist konzipiert als die Verzinsung der Differenz zwischen dem Vermögen („Norm- bzw. Referenzvermögen"), das ein Steuerpflichtiger bei seinem (Lebens-)Einkommen und einem Konsum wie der Durchschnitt seiner Einkommens- und Alterskohorte („im Durchschnitt") besitzen würde[349] und seinem tatsächlichen Vermögen. Diese – als *Sollvermögen* bezeichnete – Vermögensdifferenz, gibt das Vermögen an, das jemand bei einem durchschnittlichen Konsum mehr hätte, als er es tatsächlich besitzt. Hat jemand „im Durchschnitt" mehr konsumiert als die Personen seiner Einkommens- und Alterskohorte ist es positiv und damit auch das Sollzinseinkommen. Hat jemand hingegen weniger konsumiert als der Durchschnitt seiner Referenzko-

---

348 Vgl. HACKMANN (1991/92), (1992a) und (1999).

349 Das Normvermögen lässt sich als Brutto- oder Nettogröße angegeben. Die Bruttogröße entspricht dem Vermögen, das jemand hätte, würde er gar nicht konsumieren. Die Nettogröße ergibt sich nach Abzug des dem Durchschnitt der Einkommens- und Alterskohorte entsprechenden Konsums von der Bruttogröße. Hackmann spezifiziert das Normvermögen als Nettogröße.

horte, ist das Sollvermögen negativ und demgemäss auch das Sollzinseinkommen. Konsumiert ein Individuum immer nur in Höhe des Freibetrags, sind Sollvermögen und Sollzinsen jeweils gleich null. Das (positive bzw. negative Sollzinseinkommen) ist dann zu dem normal zu versteuernden Einkommen hinzuzuaddieren oder abzuziehen.

Die Wirkung einer Sollzinsergänzung lässt sich besonders gut für den Fall illustrieren, dass der zur Berechnung des Sollzinseinkommens herangezogene Steuerzinssatz der individuellen Ertragsrate entspricht: Dann gleichen sich nämlich das positive bzw. negative Sollzinseinkommen und das Weniger bzw. Mehr an individuellen Zinseinkommen gerade aus und die Höhe des zu versteuernden Einkommens ist unabhängig vom tatsächlichen Konsum- und Sparverhalten.[350] Mit dieser intertemporalen Neutralität besitzt die Sollzinsergänzung damit auch bedeutende allokative Vorteile gegenüber einer herkömmlichen Einkommensteuer.[351]

Formal lässt sich das *Sollzinseinkommen* (*SZ*) eines Steuerpflichtigen j in einer Periode t als Verzinsung dieses Sollvermögens (*SV*) am Ende der Vorperiode mit dem – die (Brutto-)Normalverzinsung artikulierenden[352] – Steuerzinssatz ${}^{S}_{t}i$ ermitteln:

$$(C\text{-}1) \qquad {}_{t}SZ_j = {}_{t\text{-}1}SV_j \cdot {}^{S}_{t}i$$

Das Sollvermögen einer Periode ergibt sich seinerseits aus dem mit dem Steuerzinssatz aufgezinsten Sollvermögen der Vorperiode $[{}_{t\text{-}1}SV_j(1+{}^{S}_{t}i)]$ zuzüglich (abzüglich) dem, was die betreffende Person in der betrachteten Periode mehr (weniger) konsumiert hat, als dem Durchschnittskonsum eines Steuerpflichtigen gleicher (Lebens-)Einkommensschicht und gleichem Lebensalter entspricht (als Konsum gelten dabei auch Schenkungen). Dieser Durchschnittskonsum ist eine Art Konsumfreibetrag (*F*)

---

[350] Typischerweise dürfte jedoch von den Steuerzinssatz übersteigenden Vermögensertragsraten ausgegangen werden. Das zu versteuernde Einkommen wäre dann bei Personen mit negativen Sollzinseinkommen höher als bei Personen ohne bzw. mit positivem Sollzinseinkommen.

[351] Allerdings ist die Sollzinsergänzung nicht vollkommen intertemporal allokativ neutral, da die Höhe des Referenzkonsums einkommensabhängig ist.

[352] Idealtypisch (bei vollkommenem Kapitalmarkt) entspricht der Steuerzinssatz „dem" Marktzinssatz. Für Bestimmungsgründe dieses Steuerzinssatzes unter realistischen Bedingungen vgl. HACKMANN (1991/92, S. 55ff.).

und hat für den einzelnen einen pauschalen Charakter.[353]

(C-2) $\quad {}_tSV_j = {}_{t-1}SV_j(1+{}^S_ti) + {}_tC_j - {}_tF_j$

Die Ermittlung des periodischen Konsums erfolgt in indirekter Weise als „Differenz zwischen dem um die Steuerzahlungen [${}_tT_j$] gekürzten zu versteuernden ‚normalen Jahreseinkommen' [Y] und dem steuerlich deklarierten Sparen [S]."[354] Die Steuerzahlungen umfassen dabei auch solche aufgrund von positiven oder negativen Sollzinsen. Das Sollvermögen lässt sich somit auch beschreiben als:

(C-3) $\quad {}_tSV_j = {}_{t-1}SV_j(1+{}^S_ti) + ({}_tY - {}_tT_j - {}_tS_j) - {}_tF_j$

Durch Einsetzen von (C-3) in (C-1) kann das Sollzinseinkommen bestimmt werden als:

(C-4) $\quad {}_tSZ_j = \left[{}_{t-2}SV_j(1+{}^S_{t-1}i) + ({}_{t-1}Y - {}_{t-1}T_j - {}_{t-1}S_j) - {}_{t-1}F_j\right] \cdot {}^S_ti$

Das Sollzinseinkommen der Periode *t* ist Bestandteil der Steuerbemessungsgrundlage ebenfalls der Periode *t*, die sich somit ergibt als:

(C-5) $\quad {}_tBG_j^{SZ} = \left[{}_{t-2}SV_j(1+{}^S_{t-1}i) + ({}_{t-1}Y - {}_{t-1}T_j - {}_{t-1}S_j) - {}_{t-1}F_j\right] \cdot {}^S_ti + {}_tY_j$

Bei einer Sollzinsergänzung wird die Hinterziehung von Zinseinkünften weniger attraktiv: Möchte jemand Zinseinkünfte hinterziehen und deklariert deshalb steuerlich ein geringeres Sparen, bedeutet dieses gleichzeitig ein höheres Soll-Vermögen und entsprechend ein höheres Sollzinseinkommen. Dieser Mechanismus wirkt selbst bei einer Verlagerung von Vermögen in das Ausland. Die Sollzinsergänzung lässt sich daher auch als pauschalierende Besteuerung von nicht in direkter Weise erfassten Kapitalerträgen interpretieren. Steuern können damit im Prinzip nur noch in Höhe der Differenz zwischen tatsächlich erzielten Kapitalerträgen und angerechnetem Sollzinseinkommen hinterzogen werden. Prinzipiell wird so eine wirksame Durchsetzung der Zinsbesteuerung erreicht. In ähnlicher Weise werden durch die Ergänzung der Einkom-

---

[353] HACKMANN operiert nicht mit periodischen Konsumfreibeträgen, sondern subtrahiert vom Brutto-Sollvermögen einer Periode einen Sollvermögensfreibetrag, der den durchschnittlichen Konsum aller Perioden bis zur gegenwärtigen widerspiegelt.

[354] HACKMANN (1999, S. 46). Das, was steuerlich als *Sparen* zu deklarieren ist, hängt dabei von der steuerrechtlichen Bemessungsgrundlage ab. Umfasst diese auch unrealisierte Wertänderungen, werden diese als steuerlich deklariertes Sparen erfasst.

mensteuerbemessungsgrundlage um Sollzinseinkommen auch die einkommensmäßigen Vorteile selbstgenutzten Konsumvermögens erfasst, soweit nicht schon ihre direkte Besteuerung erfolgt. Ein Kauf solcher Konsumgüter senkt das steuerlich deklarierte Sparen, das Sollvermögen ist höher[355] und damit fallen steuerbare Sollzinsen an.

Bemerkenswert ist, dass Schuldzinsen grundsätzlich, d.h. auch wenn sie privat veranlasst sind, zum Abzug zuzulassen sind.[356] Der Sollzinsmechanismus wirkt dabei als Ausgleichsmechanismus: Die Aufnahme eines privat veranlassten Kredits impliziert nämlich c.p. ein geringeres deklariertes Sparen (welches auch negativ werden kann), woraus ein höheres Sollvermögen resultiert. Den steuerlich absetzbaren Schuldzinsen stehen damit im Falle eines Konsumentenkredits (und bei vollkommenem Kapitalmarkt[357]) jeweils steuerbare Sollzinsen gleicher Höhe gegenüber.

Die Besteuerung von Sollzinseinkommen bedeutet für diejenigen, die nicht in entsprechender Weise Kapitalerträge oder Einkommen aus eigengenutztem Konsumvermögen erzielt haben, eine Besteuerung potentiellen Einkommens[358], d.h. eines Einkommens, das faktisch nicht bezogen wurde, sondern sich nur bei einem bestimmten Verhalten (einem bestimmten laufenden Konsum) ergeben hätte. Eine Besteuerung potentiellen Einkommens passt mithin streng genommen nicht zu einem an der ökonomischen Verfügungsmacht orientierten steuerlichen Gleichbehandlungsmaßstab. Gemessen an diesem Gleichheitsmaßstab werden also sonst gleiche Individuen mit einem relativ hohen Gegenwartskonsum durch eine Sollzinsergänzung benachteiligt.[359]

---

[355] Das Sollvermögen kann – wie schon erwähnt – betragsmäßig negativ sein, wenn jemand weniger konsumiert als die Freibeträge. Gleichwohl führt ein Kauf auch langlebiger Konsumgüter immer zu einer Erhöhung des Sollvermögens.

[356] Das komplizierte und sachlich nicht überzeugend lösbare Problem der Trennung privat und betrieblich veranlasster Schuldzinsen entfällt damit aus konzeptioneller Sicht (vgl. HACKMANN 1999, S. 48).

[357] Jede Wirtschaftseinheit kann also zu einem festen Zinssatz beliebig viel Geld anlegen und Kredite aufnehmen. Die Annahme eines vollkommenen Kapitalmarktes soll hier noch nicht Risikolosigkeit implizieren.

[358] Ein potentialorientiertes Gerechtigkeitskonzept wurde schon in B.2.2.2 dargestellt, wobei allerdings auf die – die Zinseinkünfte ausschließende – Lebensausstattung abgestellt wurde.

[359] Es lässt sich nicht einmal ausschließen, dass Individuen mit „übermäßigem" Gegenwartskonsum künftig das Periodeneinkommen übersteigende Steuerzahlungen

Dennoch ist es möglich, dass eine Sollzinsergänzung aus einer einkommensorientierten Gerechtigkeitssicht attraktiv ist, weil ja indirekt zugleich auch eine Belastung sonst nicht erfassten Einkommens gelingt. Aus einer solchen Perspektive lässt sich die Sollzinsergänzung als ein Verfahren der pauschalierenden Besteuerung von Einkommen begreifen. Insgesamt würde so die steuerliche Gleichbehandlung verbessert, wenn sich die aufgrund der „Pauschalierung" gleich belasteten Individuen weniger im Ausmaß der tatsächlich erzielten Kapitalerträge und Nutzungswerte selbstgenutzten Konsumvermögens unterscheiden als vielmehr im Ausmaß der – unter Berücksichtigung der Verwaltungskosten – sinnvollerweise erfassbaren. Ob sich dieser Rechtfertigungsgrund für eine Besteuerung von Sollzinsen empirisch verifizieren lässt, kann im Rahmen dieser Arbeit allerdings nicht geklärt werden.

2.2 Abgeltende Besteuerung privater Kapitalerträge

Begründet mit den Schwierigkeiten der Erfassung privater Kapitalerträge ist in den letzten Jahren vielfach eine gesonderte und abgeltende proportionale Besteuerung von Kapitaleinkünften propagiert worden.[360] Da Kapitalerträge damit anders besteuert werden als andere Einkünfte, wird häufig auch von einer *Dual Income Taxation*[361] gesprochen. Zunehmend findet solche Vorstellung auch Anerkennung in der Steuerpolitik. Eine Herauslösung von Kapitalerträgen aus der regulären Einkommensteuer und deren separate Besteuerung ist zunächst in Österreich (1993), später dann in den skandinavischen Staaten (Dänemark, Finnland, Norwegen und Schweden) eingeführt worden. Da Österreich die Vorreiterrolle übernahm, soll dessen System hier näher betrachtet werden.[362] Steuerpflichtige können dort bei einem den Kapitalertragsteuersatz (gegenwärtig 25%[363]) unterschreitenden persönlichen Grenzsteuersatz im Wege

---

zu leisten hätten. Um dies zu vermeiden, könnten Individuen gezwungen sein, langfristig höchstens entsprechend der Freibeträge zu konsumieren.

[360] Vgl. WAGNER (2000).

[361] Vgl. SØRENSEN (1994).

[362] Vgl. zur österreichischen Abgeltungsteuer u.a. FLICK (1998), SCHUSTER (1999), WAGNER (1999).

[363] Dieser Steuersatz liegt deutlich unter den für die Bezieher von Kapitaleinkünften überwiegend relevanten Grenz- und Durchschnittsteuersätzen. Mitunter wird dieses damit gerechtfertigt, dass dadurch eine pauschalierende Berücksichtigung der Inflation erreicht werde (vgl. etwa FLICK 1998, S. 191f.). In diesem Zusammenhang wird

der Veranlagung eine Steuerrückzahlung erlangen.[364] Unternehmensgewinne werden jedoch doppelt auf Unternehmens- und Gesellschafterebene besteuert.[365]

2.2.1 Bemessungsgrundlage einer Abgeltungsteuer

Mit Blick auf die Einführung einer Abgeltungsteuer ist zu klären, welche Arten von Kapitalerträgen einer Abgeltungsteuer unterliegen sollten. Neben Zinserträgen kommen für eine abgeltende Kapitalertragsbesteuerung auch Dividenden, Unternehmensgewinne und Wertänderungen bzw. private Veräußerungsgewinne in Betracht. Jüngst wurde vom KRONBERGER KREIS ein Vorschlag zur Einführung einer Abgeltungsteuer ausgearbeitet, bei der neben Zinseinkünften auch „körperschaftliche Gewinne, ob einbehalten oder ausgeschüttet, einheitlich und abschließend mit dem Körperschaftsteuersatz belastet" werden.[366] Auf der Ge-

---

allerdings nicht darauf verwiesen, dass bei einer steuerlichen Berücksichtigung von Preisniveauänderungen eine solche grundsätzlich auch bei den Schuldnern stattfinden müsste, etwa indem Schuldzinsen nur inflationsbereinigt absetzbar sind.

[364] Um Steuerarbitrage durch Übertragungen unter Ehegatten (in Österreich gibt es kein Ehegattensplitting) und auf Kinder zu verhindern, bestehen für diese Fälle entsprechende Sonderregelungen.

[365] Damit es nicht zu einer Doppelbelastung kommt, ist der (für ausgeschüttete und einbehaltene Gewinne einheitliche) Gewinnsteuersatz niedriger als der Spitzengrenzsteuersatz der Einkommensteuer und auf Gesellschafterebene greift – wenn der Abgeltungsteuersatz nicht in Anspruch genommen wird – das sog. Halbsatzverfahren, d.h. die Gewinnausschüttung unterliegt lediglich dem halben Einkommensteuersatz.

[366] Vgl. KRONBERGER KREIS (2000, S. 46). Daneben werden noch zwei weitere Varianten einer Abgeltungsteuer auf Kapitaleinkommen dargestellt. Es wird deutlich, dass der Kronberger Kreis die hier erörterte Variante präferiert.

Die Abgeltungsteuer gilt für den Kronberger Kreis allerdings nur als zweitbest. Ideal wäre eine gänzliche Steuerbefreiung von Kapitaleinkünften auf der Ebene privater Haushalte: „Zu begründen hat man nicht, dass mit der Einführung einer Abgeltungssteuer Kapitaleinkommen niedriger besteuert würden als Arbeitseinkommen; zu begründen hat man vielmehr, warum die Abgeltungssteuer höher ist als null. Und weiter: Nicht die Besteuerung mit den normalen – von Person zu Person unterschiedlichen – Sätzen der Einkommensteuer, sondern die Nullbesteuerung liefert den Maßstab dafür, ob eine Abgeltungssteuer alle Steuerpflichtigen gleichbehandelt" (ebd., S. 34f.). Eine identische Sichtweise der Abgeltungsteuer wird auch von WAGNER (1999, S. 1527) vertreten, der den Kronberger Kreis für die genannte Veröffentlichung beraten hat.

sellschafterebene blieben Dividenden und Gewinne aus der Veräußerung von Unternehmensanteilen dann unbesteuert. Eine solch weit gehende Abgeltungsteuer hätte den Vorteil, dass Erträge aus der Zurverfügungstellung von Eigen- und Fremdkapital (an Kapitalgesellschaften) gleich besteuert würden,[367] allerdings bestünde Rechtsformaneutralität, da Gewinne von Personengesellschaften weiterhin bei den Gesellschaftern mit deren persönlichen Steuersätzen belastet würden. Es wäre allerdings vorstellbar, auch diese Gewinne mit dem Abgeltungssatz zu besteuern; die Abgeltungsteuer entspräche dann der zuvor schon angesprochenen Betriebsteuer (s. C.1.4.2). Allerdings soll in dieser Arbeit die Abgeltungsteuer mit der deutschen Einkommensteuer (nach Unternehmenssteuerreform) verknüpft werden. Die Gewinne von Personengesellschaften werden somit den Gesellschaftern zugerechnet. Die Gewinne von Kapitalgesellschaften unterliegen auf Unternehmensebene der Körperschaftsteuer, zusätzlich werden Dividenden sowie Veräußerungsgewinne mit dem hälftigen Abgeltungsteuersatz belastet.

Durch dieses Verfahren wird also die abgeltende Besteuerung auch auf Veräußerungsgewinne (hälftiger Steuersatz bei Aktiengewinnen) ausgedehnt. Die Einführung einer abgeltenden Besteuerung auf Veräußerungsgewinne ist in jüngerer Zeit mehrfach vorgesehen gewesen, so in Österreich[368] im Rahmen der Steuerreform 2000 und jüngst in Deutsch-

---

[367] Damit entfielen für eine auf Zinseinkünfte begrenzte Abgeltungsteuer spezifische Probleme, wie es sie in Österreich gegeben hat (und teilweise auch noch gibt). Weil dort der Abgeltungsteuersatz unter der Belastung körperschaftlicher Gewinne lag, gab es eine Reihe von Umgehungsversuchen (vgl. WAGNER (1999, S. 1528): Unternehmer stellten ihrem Unternehmen etwa Fremdkapital bereit, anstelle Eigenkapitaleinlagen zu leisten. Um dieses Problem zu beseitigen, wurde daher im Rahmen der Österreichischen Steuerreform 2000 gestattet, vom Gewinn eine fiktive (normale) Eigenkapitalverzinsung abzuziehen und die letztere mit dem günstigeren Endbesteuerungssatz (im Unternehmen selbst oder beim Empfänger der Gewinnausschüttung) zu belasten (vgl. hierzu auch den Bericht der STEUERREFORMKOMMISSION [ÖSTERREICH] 1998, S. 44ff.). Hinzukommen müsste im österreichischen Modell allerdings noch eine Begrenzung der Absetzbarkeit von Schuldzinszahlungen an Privatpersonen auf eine sog. Normalverzinsung, um auch eine Transferierung hochbesteuerter Gewinne in niedrigbesteuerte Zinseinkünfte über die Vereinbarung hochverzinslicher Privatkreditverträge zu unterbinden.

[368] Im Rahmen der Steuerreform 2000 war in Österreich auch eine Abgeltungsteuer auf Veräußerungsgewinne mit einem Steuersatz von 25% geplant. Allerdings erklärte der Verfassungsgerichtshof die Heranzierung der Kreditinstitute zur Einhebung der Spekulationsertragsteuer in der vorgesehenen Form für verfassungswidrig (Verfassungsgerichtshof-Urteil vom 15.03.2000; G 141/99-12 – G 150/99-12). Nach dem Re-

land[369]. Die technische Abwicklung einer solchen Besteuerung durch die Depotbanken dürfte insgesamt problemlos zu realisieren sein. Wie in C.1.6 schon dargelegt, berechnen Banken die Performance der Depotwerte ihrer Kunden schon heute für Informationszwecke, und bei einigen Finanzinnovationen ist gar der zinsabschlagsteuerpflichtige Kapitalertrag als Veräußerungsgewinn zu ermitteln.[370] Eine Verlustverrechnung ließe sich analog dem Stückzinstopf bei der Kapitalertragsteuer organisieren. Der Stückzinstopf ist eine Datei, die bei den Kreditinstituten geführt wird und in die für jeden Steuerpflichtigen die von ihm während des Kalenderjahrs (beim Erwerb festverzinslicher Wertpapiere) gezahlten Stückzinsen eingestellt werden. Fließen dem Steuerpflichtigen später wiederum Zinsgewinne zu, erfolgt eine Verrechnung mit den im Stückzinstop vorhandenen Bestand an gezahlten Stückzinsen.

2.2.2 Steuersubjekte, die der Abgeltungsteuer unterliegen

Eine Abgeltungsteuer könnte entweder nur für Private oder auch für Unternehmen (gewerbliche Kapitalerträge) gelten. Werden auch die Kapitalerträge von Unternehmen abgeltend besteuert, stellt sich die Frage, wie mit diesen in unmittelbarem Zusammenhang stehenden Werbungskosten (größenordnungsmäßig am bedeutsamsten dürften Schuldzinsen sein) zu verfahren ist. Diese Frage ist zwar auch im Zusammenhang mit privaten Kapitalerträgen prinzipiell relevant, dürfte im betrieblichen Bereich jedoch von wesentlich größerer Bedeutung sein (kreditfinanzierter Beteiligungserwerb). Im Grunde sollten diese Werbungskosten steuerlich geltend gemacht werden können. Weicht der Gewinnsteuersatz vom Abgeltungsteuersatz ab, wäre jedoch letzterer auch für die genannten

---

gierungswechsel im Februar 2000 wurde die entsprechende Regelung wieder aus dem Einkommensteuergesetz gestrichen, bevor sie in Kraft treten konnte (BGBl. [Österreich] I, Nr. 59/2001). Vgl. zu den österreichischen Plänen einer Spekulationsertragsteuer STANGL (2000). Die Spekulationsertragsteuer war in § 30 Abs. 8 EStG (veröffentlicht in BGBl. [Österreich] I, Nr. 21/2000) geregelt.

[369] Vgl. GESETZENTWURF STEUERVERGÜNSTIGUNGSABBAUGESETZ (2002), Art. 1, Nr. 15f. Auch der BUNDESRECHNUNGSHOF (2002, S. 25) hatte eine Abzugsteuer mit Abgeltungswirkung vorgeschlagen. S. zum Vorschlag des Bundesrechnungshofs auch Fußnote 305.

[370] „Haben die Wertpapiere und Kapitalforderungen keine Emissionsrendite gilt der Unterschied zwischen dem Entgelt für den Erwerb und den Einnahmen aus der Veräußerung, Abtretung oder Einlösung als Kapitalertrag" (vgl. § 20 Abs. 2 Satz 1 Nr. 4 Satz 2 EStG).

Werbungskosten anzuwenden mit der Konsequenz eines Problems der Zuordnung von Werbungskosten. Ein weiterer Nachteil einer abgeltenden Besteuerung der Kapitalerträge von Unternehmen wäre, dass sie (komplizierte Sonderregelungen ausgeschlossen) die Möglichkeit des Verlustausgleichs zwischen verschiedenen Unternehmensaktivitäten weitgehend beschnitte: Verluste könnten nicht mit abgeltend besteuerten Gewinnen verrechnet werden. Steuerpraktisch dürfte es daher sinnvoll sein, wenn eine abgeltende Besteuerung von Kapitalerträgen eingeführt werden soll, diese lediglich für Private gelten zu lassen, für Unternehmen die gezahlten Steuern jedoch anrechenbar zu machen. Da in dieser Arbeit allerdings eine Verknüpfung der Abgeltungsteuer mit der deutschen Einkommensteuer nach Unternehmenssteuerreform 2001 erfolgen soll, wird für das Folgende davon ausgegangen, dass die Besteuerung von Kapitalerträgen auch für Unternehmen abgeltend ist.

2.2.3 Steuersätze einer Abgeltungsteuer

Eine abgeltende (abschließende) Besteuerung von Kapitalerträgen bedeutet im Grunde eine Abkehr vom Konzept einer persönlichen und „synthetischen" Einkommensteuer zugunsten einer „Schedulen"- oder Ertragsbesteuerung. Aufgrund des proportionalen Tarifs bleiben die persönlichen Verhältnisse bei der Besteuerung weitgehend unberücksichtigt. Nur noch die Nichtkapitaleinkünfte (wie etwa Löhne) unterliegen nach Maßgabe des progressiven Steuertarifs einer Belastung. Dieses hätte – gemessen an der Gerechtigkeitsvorstellung einer progressiven Einkommensbesteuerung – negative distributive Auswirkungen: Bei einem niedrigen Abgeltungsteuersatz würden Reiche steuerlich relativ zu stark entlastet, bei einem hohen Satz würde die Ersparnisbildung der Bezieher kleiner und mittlerer Einkommen diskriminiert. Es wäre allerdings (wie in Österreich) möglich, Personen mit Grenzsteuersätzen unterhalb des Abgeltungssatzes ein Wahlrecht auf Veranlagung einzuräumen. Eine solche distributive Verbesserung erhöht jedoch den Besteuerungsaufwand gegenüber einer konsequent abschließenden Abgeltungssteuer: Je höher der Abgeltungsteuersatz wäre, desto mehr Steuerveranlagungen wären durchzuführen. Mit steigendem Abgeltungsteuersatz entspräche das Verfahren für immer mehr Steuerpflichtige im Grunde einer anrechenbaren Kapitalertragsteuer. Steuerpraktische Argumente sprechen daher bei einem solchen Optionsrecht für einen möglichst niedrigen Abgeltungsteuersatz. Da es in dieser Arbeit darum gehen soll, die Verfahren möglichst in ihrer Reinform darzustellen, wird für die Betrachtungen in D davon ausgegangen, dass die „Abgeltungsteuer" für alle Steuerpflichtigen abschließend sei. Ein Optionsrecht auf Besteuerung zum individuellen Tarif besteht daher nicht. Allerdings hätten Gesellschaftergeschäftsführer die Möglichkeit, sich ein Gehalt zu gewähren, dass dann dem regulären Tarif unterläge.

3 Konsumorientierte Steuerreformvorschläge

3.1 Besteuerung der Konsumsausgaben durch Abzug des Sparens vom Einkommen („Ausgabensteuer")

3.1.1 Grundüberlegungen für eine steuerpraktische Umsetzung der Besteuerung des Konsums

Die Forderung nach Besteuerung des Konsums statt des Einkommens ist schon sehr alt. Schon HOBBES (1651) argumentierte im Leviathan für den Konsum als steuerlichen Gleichheitsmaßstab.[371] Bekannt geworden als Befürworter einer Konsumbesteuerung sind vor allem auch JOHN STUART MILL (1848), IRVING FISHER (1906[372] u. 1937) und NICHOLAS KALDOR (1955).[373] Für die letzten Jahre sind vor allem die Arbeiten von ANDREWS (1974), LODIN (1976 / 1978), KAY / KING (1978 /1983), dem MEADE-Committee (*Structure and Reform of Direct Taxation*, 1978) und die *Blueprints for Basic Tax Reforms* (1977 / 1984) hervorzuheben, die auch steuerpraktischen Argumenten einen breiten Raum einräumen.[374] Daneben gibt es noch eine große Zahl überwiegend theoretischer Arbeiten, die die effizienzmäßige (wohlfahrtsmäßige) Überlegenheit von Konsumsteuern

---

[371] Vgl. zu den HOBBESschen Vorstellungen einer Konsumbesteuerung Fußnote 76.

[372] Verwirrend erscheint dabei, dass FISHER (1906, S. 250ff.) von „the correct idea of income" spricht, wenn er Konsum meint (vgl. hierzu auch Fußnote 84).

[373] „An Expenditure Tax" (1955). KALDOR dachte die Ausgabensteuer jedoch nicht als Ersatz der Einkommensbesteuerung: „The most that can be hoped for therefore is to introduce a spendings tax that can be operated side by side with the income tax" (ebd., S. 224). Auf Anregungen KALDORS gehen auch die praktischen Einführungen von Ausgabensteuern in Indien und Sri Lanka zurück. Die dabei gewonnen Erfahrungen sind allerdings eher als negativ anzusehen (vgl. PEFFEKOVEN 1980, S. 448ff.).

[374] OLOF LODIN (1976 / 1978): *Progressive expenditure tax, an alternative? Report of the 1972 [Swedish] Government Commission on Taxation*; KAY and KING (1978 / 1983): *The British Tax System*; *Blueprints for Basic Tax Reforms, Department of Treasury [USA]* (1977); *The Structure and Reform of Direct Taxation, Report of a Committee chaired by Professor* J. E. MEADE (1978).

im Rahmen einfacher („statischer") neoklassischer Modellwelten oder im Rahmen von Wachstumsmodellen aufzuzeigen versuchen.

Die genannten Ausarbeitungen für eine praktische Realisierung einer Konsumbesteuerung sehen – anders als die Mehrwert- und Umsatzsteuer – eine persönliche Konsumbesteuerung vor. Dabei wird von einem „objektiven Konsumbegriff" ausgegangen, d.h. die Besteuerung des Verbrauchs eines bestimmten Gutes wird nicht danach differenziert, wie viel Nutzen daraus gezogen wurde. Mit Blick auf die praktischen Schwierigkeiten einer direkten Ermittlung des individuellen Konsums wird gewöhnlich vor allem in zweierlei Hinsicht von einer idealtypischen Besteuerung des Konsums abgewichen: Zum einen wird (bis auf einzelne Ausnahmen) statt auf den Konsum auf die Konsumausgaben (*Expenditure Tax*) abgestellt, zum anderen werden diese in indirekter Weise ermittelt ausgehend von bestimmten Einkommensteilen, von denen die hieraus gebildeten Ersparnisse (ohne Investitionen in Konsumvermögen) abgezogen werden („sparbereinigtes Einkommen"[375]).

3.1.2 Die Approximierung des Konsums durch Erfassung der Konsumausgaben

Die Vorschläge für eine persönliche Besteuerung des Konsums stellen überwiegend nicht auf den eigentlichen Konsum ab, sondern auf die Konsumausgaben. Dieses wird mit Erfassungsproblemen des eigentlichen Konsums begründet. Allerdings sind Konsum und Konsumausgaben im mehrfacher Hinsicht nicht deckungsgleich. Neben – anschließend zu behandelnden – Unterschieden bezüglich des Steuerobjekts gibt es auch solche bezüglich des Steuersubjekts. Während eine Konsumsteuer den Konsumenten eines Gutes treffen möchte, zielt eine Konsumausgabensteuer auf denjenigen ab, der die Ausgaben getätigt hat. Solche Abweichungen können eine erhebliche Bedeutung haben, zumal sie ja auch die typisch familiäre Situation treffen.

Abweichungen einer Konsumausgabensteuer von einer Konsumsteuer in sachlicher Hinsicht bestehen in einer Nichtberücksichtigung der Eigenproduktion von Gütern und der Nutzungswerte des eigenen Konsumvermögens. Wie schon oben im Zusammenhang mit der Ausfor-

---

[375] Es wird auch von der „income adjustment method of an expenditure tax" gesprochen (*Structure and Reform of Direct Taxation* 1978, S. 175).

mulierung der Bemessungsgrundlage einer Einkommensteuer dargestellt, ist der hieraus resultierende Verstoß gegen die horizontale Gleichbehandlung bei Sachverhalten, die bei den einzelnen Individuen nur in geringem Maße der Höhe nach variieren, nicht als wesentlich anzusehen. Quantitative Bedeutung könnten in diesem Zusammenhang einige Do-it-yourself-Aktivitäten und der Fall der gleichzeitig beruflich erfolgenden Produktion von Konsumgütern haben. Weit wichtiger dürfte allerdings das Auseinanderklaffen von Konsum und Konsumausgaben bei langlebigem Konsumvermögen (*Consumer durables*) sein. Wenn dennoch ausgehend von konsumsteuerlichen Vorstellungen Konsumausgaben als Bemessungsgrundlage dienen sollen, wird dieses damit gerechtfertigt, dass unter gewissen idealtypischen Bedingungen der Barwert des in den einzelnen Perioden aus dem Konsumvermögen fließenden Konsums mit dem Anschaffungspreis des Konsumgutes übereinstimme. Die Besteuerung des Konsums werde sozusagen durch ein *Prepayment* der Steuern auf die Ausgaben erreicht.[376] Angesichts der Probleme, die sich bei einer direkten Ermittlung des Konsums stellen dürften, lässt sich ein solches Vorgehen mit Blick auf viele langlebige Konsumgüter rechtfertigen. Im Fall sehr langlebiger und teurer *Consumer durables* (wie eigengenutzte Wohnungen) ist der Anschaffungspreis allerdings „a less acceptable proxy because tax rates may change and property may go up or down in value for reasons not anticipated at the time of purchase."[377] Bei Wohnungen kann es etwa aufgrund einer verbesserten Verkehrsanbindung zu einem unerwarteten Zuwachs des Konsumwertes kommen.[378] Da dieses bei einer Besteuerung der Anschaffungsausgabe nicht berücksichtigt werden kann,[379] würde die effektive Höhe der Besteuerung des Wohnens

---

[376] Vgl. etwa ANDREWS (1974, S. 1155) ; *Blueprints* (1977 / 1984, S. 109), GRAETZ (1980).

[377] (ANDREWS 1974, S. 1157).

[378] Bei einem nutzenorientierten Konsumverständnis müsste eine bessere Verkehrsanbindung allerdings nicht zwingend eine höhere steuerliche Bemessungsgrundlage zur Folge haben, es käme auf die Präferenzen des Bewohners an.

[379] Eine Konsumausgabensteuer hat somit einen Lock-in-Effekt: Würde ein Wohnungseigentümer bei einem Anstieg des Mietwertes (bei marktlicher Vermietung erzielbarer Mietzins) im Fall ohne Steuern seine derzeitige Wohnung vermieten und in eine andere Wohnung umziehen, so könnte dieses bei einer Konsumausgabensteuer unterbleiben. Eine andere Wohnung könnte trotz niedrigeren Mietwerts mit einer höheren Steuerbelastung verbunden sein. Konsumausgabensteuern engen somit die räumliche Mobilität ein. ANDREWS (1974, S. 1157) sieht es allerdings gerade als Vorteil von Konsumausgabensteuer an, dass steigende Mietwerte nicht ältere Menschen aus ihren angestammten Wohnungen verdrängten.

in einer bestimmten Wohnung dann in – mit konsumorientierter Gleichbehandlung nicht vereinbarer – differenzierender Weise davon abhängen, ob der Nutzer lediglich Mieter oder gleichzeitig auch Eigentümer ist und im letzteren Fall auch noch wann er die Wohnung erworben hat.

Wenn aufgrund der Nichtberücksichtigung unerwarteter Wohnungswertänderungen bei einer Konsumausgabensteuer deren Belastungskonsequenz nicht mit der einer Konsumsteuer übereinstimmt, könnte überlegt werden, zusätzlich (neben der ursprünglichen Anschaffungsausgabe) Wertänderungen der Wohnung zu besteuern.[380] Allerdings ist nicht jede Änderung eines Nutzungs- und Vermögenswertes unerwartet und damit im Anschaffungspreis nicht antizipiert. Eine Aufspaltung stattfindender Wertänderungen in solche, die schon zum Kaufzeitpunkt antizipiert wurden (einschließlich von Wertminderungen aufgrund von Abnutzung) und die deshalb nicht zu besteuern sind, und solche, die unerwartet sind, dürfte jedoch praktisch kaum zu bewerkstelligen sein. Darüber hinaus müsste selbst bei konstanten Werten gefragt werden, ob nicht tendenzielle unerwartete Wertänderungen stattgefunden haben.

Aufgrund der genannten Probleme herrscht für Immobilien in der Literatur die Empfehlung vor, „to exempt the expenditure on purchase and to impose an annual charge on the value of benefits derived from possession“[381]. Anzusetzen wäre der Betrag, „he may be considered to be spending on that space.“[382] Auch für diese Arbeit wird von einer solchen Imputations-Regelung ausgegangen. Für die Bemessung des beizulegenden Mietwertes wäre es dabei wohl am einfachsten, in pauschalierender Weise von ausgewählten Parametern wie Wohnungs- bzw. Grundstücksgröße, Lage, Ausstattung und Baujahr auszugehen (ähnlich der Ermittlung von Nutzungswerten im Rahmen einer Einkommensteuer[383]; s. hierzu C.1.3.2). Es wurde auch vorgeschlagen, Mietwerte als kalkulato-

---

[380] Vgl. GOODE (1980, S. 51).

[381] KALDOR (1955, S. 196). Eine ähnliche Behandlung eigengenutzter Wohnungen wird auch von SLITOR (1973, S. 239f.), LODIN (1976 / 1978, S. 84ff.) und in *Structure and Reform of Direct Taxation* (1978, S. 221f.) vorgeschlagen. BRADFORD (1980, S. 85f.) und GRAETZ (1980, S. 194ff.) ziehen mit Verweis auf praktische Probleme des *Imputations-Ansatzes* allerdings für Wohnungen eine Besteuerung des Anschaffungspreises vor.

[382] *Structure and Reform of Direct Taxation* (1978, S. 221).

[383] BRADFORD (1980, S. 85): „For these forms of wealth, the consumption base would face exactly the same problems as the income base ...“

rische Verzinsung eines – realitätsnah ermittelten - Einheitswertes zu konzipieren.[384]

In Tabelle C-2 ist die Bemessungsgrundlage einer wie hier als praktisch sinnvoll erachteten Konsumausgabensteuer illustriert.

3.1.3 Die Ermittlung der Konsumausgaben (auf indirekte Weise) durch Abzug der Ersparnis vom Einkommen

Soll eine Ausgabensteuer – wie schon gesagt – als persönliche Steuer (mit der Möglichkeit der Berücksichtigung persönlicher Verhältnisse etwa durch Einräumung von Freibeträgen und progressiver Tarifgestaltung) konzipiert werden, liegt die Überlegung nahe, die Bemessungsgrundlage durch direkte Erfassung der von einer Person getätigten Konsumausgaben zu ermitteln. Ein solches Verfahren dürfte allerdings – wie wohl nicht erläutert werden muss – mit erheblichem (unangemessen hohem) Verwaltungsaufwand verbunden sein, von den vielfältigen Hinterziehungsmöglichkeiten einmal abgesehen. Dies ist auch der Grund, weshalb „theoretical proponents of the spendings tax, at least those who preceeded IRVING FISHER, were pessimistic about its practicability."[385]

Eine wesentliche Vereinfachung gegenüber einer direkten Ermittlung der Konsumausgaben lässt sich erreichen, wenn man erstens berücksichtigt, dass Konsum als Differenz von Einkommen und Ersparnis definiert ist und – in Annäherung hieran – Konsumausgaben als Differenz von Einkommen und Sparen ermittelt („Sparbereinigung des Einkommens"), und zweitens noch beachtet, dass bestimmte Formen der Vermögenshaltung – wie Bargeld und Kontokorrentguthaben – im Grunde nicht der Vermögensanlage dienen, sondern lediglich Transaktionskasse darstellen, vornehmlich für den in naher Zukunft geplanten Konsum. Letzteres

---

[384] Vgl. LODIN (1976 / 1978, S. 84ff.). Anschaffungspreise könnten dabei allenfalls hilfsweise herangezogen werden, da sie statt über gegenwärtige nur über historische Werte informieren.

[385] SLITOR (1973, S. 229): „It is generally recognized that the spendings tax is more difficult to formulate and administer effectively than other forms of taxation aimed at taxing consumption rather than savings, such as a system of commodity excises, value-added taxes, or general-sales taxes. The simpler taxes, however, are not capable of the refined design of the progressive rates and personal-exemption structure associated with expenditures taxation."

		Konsum					Potentieller Konsum
		„Markt-konsum"	Haushaltsproduktionskonsum (marktfähig)				Freizeit
		kurzlebige Konsumgüter	erfassbar		vermutlich nicht sinnvoll erfassbar		
			selbsterzeugte Konsumgüter	Nutzungswert selbstgenutzten Wohneigentums	selbsterzeugte Konsumgüter	Nutzungswert selbstgen. Sachvermögens (außer Wohnungen)	
Selbstgenutzte Wohnungen	Konsumvermögen (ohne Wohnungen)	Ausgaben für kurzlebige Konsumgüter					
Anschaffungsausgaben langlebiger Konsumgüter							
Konsumausgaben							
Sinnvollerweise zu implementierende Bemessungsgrundlage einer Konsumsteuer							

Tabelle C-2: Konsum- und Konsumausgabensteuer im Vergleich

macht es akzeptabel, Ersparnisse approximativ als Erhöhung von „Vermögensanlagen im engeren Sinne" zu erfassen und etwaige Änderungen der Bargeldbestände und der Sichteinlagen als Konsum zu werten. Die auf diese Weise resultierenden Fehler dürften erträglich sein. Eine solche Ermittlung der Ersparnisse bietet noch einen weiteren Vorteil: Die Einkommen aus Vermögensanlagen, die reinvestiert oder nicht realisiert werden, können unberücksichtigt bleiben, da sich Einkommen und Ersparnis gegenseitig wegkürzen. Auf indirekte Weise lassen sich Konsumausgaben demnach approximativ – auf Cash-flow-Basis – als Zufluss von Bargeld, Sichteinlagen u.ä. abzüglich des Saldos des „aktiven Auf- und Abbaus" von Vermögensanlagen i.e.S. erfassen.[386]

Technisch lassen sich die Vermögensanlagen i.e.S. wohl am besten ermitteln, indem Banken, Versicherungen, Kapitalanlagegesellschaften u.ä. für den Bereich der Vermögenssphäre spezielle qualifizierte Konten (*qualified accounts, registered accounts*) führen. In dieser Form wird die Konsumausgabensteuer von ihren Anhängern auch üblicherweise vorgeschlagen.[387] Alle Zahlungsströme zwischen den *registered accounts* und der Konsumsphäre würden registriert und könnten über Kontrollmitteilung[388] an die Finanzverwaltung weitergeleitet werden.[389] Transaktionen zwischen qualifizierten Konten bräuchten hingegen nicht erfasst zu werden. Neben dem typischem Kontensparen (auf den „qualifizierten

---

[386] Die Auffassung, dass die indirekte Ermittlung („Methode der Bilanzen") der Bemessungsgrundlage einer Ausgabensteuer der direkten („Saldomethode") vorzuziehen sei, findet sich schon bei FISHER (etwa 1928, S. 34f.). FISHER spricht in diesem Zusammenhang allerdings von Einkommen (vgl. zu FISHERs eigenwilliger Begrifflichkeit auch Fußnote 84). Auch spätere Ausgabensteuer-Propagandisten empfehlen die indirekte Ermittlung der Ausgaben, vgl. KALDOR (1955, S. 191ff.) ; ANDREWS (1974, S. 1148ff.) ; LODIN (1976 / 1978, S. 41ff.) ; *Blueprints* (1977 / 1984, S. 101ff.) ; *Structure and Reform of Direct Taxation* (1978, S. 150ff.) ; KAY / KING (1978 / 1983, S. 83).

[387] Vgl. etwa *Blueprints* (1977 / 1984, S. 102), *Structure and Reform of Direct Taxation* (1978), Kay / King (1978 / 1983, S. 91ff.), LANG (1993).

[388] Im Rahmen einer Ausgabensteuer sind Kontrollen wesentlich dringlicher als bei einer Einkommensteuer. Bei Nichtdeklaration könnte nämlich über das unbesteuerte Kapital konsumtiv verfügt werden. Es käme zu einer vollbetraglichen Steuerhinterziehung, wohingegen das Hinterziehungspotential bei einer Einkommensteuer auf die Zinserträge begrenzt ist.

[389] Die Vermögenssphäre kann in Analogie zu einem Freihafen gesehen werden, es muss darauf geachtet werden, dass Waren nicht unverzollt ausgeführt werden.

Konten") müsste auch der Erwerb von (eigengenutzten oder vermieteten) Wohnungen als qualifiziert gelten, wenn die Ausgaben dafür nicht in der Weise eines „Prepayments" mit Steuern belastet werden sollen (s. C.3.1.2). Auch Kreditaufnahmen wären sinnvollerweise über qualifizierte Konten abzuwickeln: Eine Kreditauszahlung würde dann als Auszahlung aus dem qualifizierten Bereich gewertet und entsprechend die Bemessungsgrundlage erhöhen. Schuldendienste (Tilgungen und Zinsen) würden hingegen auf das qualifizierte Kreditkonto fließen und wären steuerlich absetzbar.[390]

Nicht für alle Vermögensanlagen wird sich sicherstellen lassen, dass auch Auszahlungen („Entnahmen") konsequent registriert werden, etwa bei Kapitalanlagen im Ausland. Neben „qualifizierten Konten" wird es daher stets auch unregistrierte Formen der Vermögensanlage geben. Für die steuerliche Behandlung unregistrierter Assets wird gewöhnlich eine einkommensteuerliche Belastung oder ein *Tax Prepayment* vorgeschlagen. Beide Ansätze sind jedoch problematisch. Ersterer („with no tax relief on their purchase and no income tax liability on their sale, but with the yield subject to tax"[391]) würde eine grundsätzliche Diskriminierung von Auslandsanlagen implizieren. Letzterer könnte andererseits unter Umständen auf eine Begünstigung hinauslaufen. Eine steuerliche Freistellung sämtlicher Erträge („since no relief had been given on the cost no tax should be levied on the proceeds"[392]) ist nämlich – wie auch schon in B.2.2.1 dargelegt – nur dann belastungsmäßig äquivalent zu einer Besteuerung des Konsums, wenn (neben einer Reihe weiterer Bedingungen) die erzielte Rendite nicht von der Normalverzinsung abweicht.[393]

---

[390] Vgl. *Blueprints* (1977 / 1984, S. 111f.) ; *Structure and Reform of Direct Taxation* (1978, S. 178). Durch dieses Verfahren wird die intertemporale Neutralität auch bei kreditfinanziertem Konsum gewahrt.

[391] Vgl. *Structure and Reform of Direct Taxation* (1978, S. 176).

[392] Vgl. *Structure and Reform of Direct Taxation* (1978, S. 176). KAY / KING (1978 / 1993, S. 94) schlagen eine solche Regelung auch für die Zinserträge von dem Zahlungsverkehr dienenden Kontokorrentkonten vor.

[393] Bestehen keine Verschuldungsmöglichkeiten, ist – wie in *Blueprints* (1977 / 1984, S. 110f.) und *Structure and Reform of Direct Taxation* (1978, S. 179f.) argumentiert wird – bei einem proportionalen Tarif eine vorgelagerte Besteuerung (*Tax Prepayment Approach*) doch belastungsmäßig äquivalent zu einer nachgelagerten Besteuerung (*Qualified Account Treatment*) (vgl. hierzu Fußnote 65). Lediglich bei progressiven Tarifen ist die Äquivalenz nicht gewährleistet, da die Steuersätze dann nicht intertemporal konstant seien. „... the lucky (or successful) speculative purchaser of an unregistered asset would pay tax at a low rate in order to obtain freedom from the much higher

Hiervon kann (speziell sind auch Vermögenswertänderungen zu berücksichtigen) regelmäßig nicht ausgegangen werden. Bei einem *Tax Prepayment Approach* sollten daher nicht sämtliche Erträge steuerbefreit sein, sondern lediglich eine (von der Finanzverwaltung festzulegende) Normalverzinsung.[394]

Auch der Erwerb von Anteilen oder Aktien an Unternehmen müsste im Rahmen einer Ausgabensteuer eigentlich „qualifiziert" behandelt werden. Da Unternehmen definitionsgemäß nicht konsumieren, wäre ein Anteilserwerb also kein Konsum – statt dessen wäre er der Vermögenssphäre zuzurechnen. Technisch würde dieses bedeuten, dass neben Konten auch Wertpapierdepots und Gesellschaftsanteile zu registrieren wären. Daraus, dass Unternehmen nicht konsumieren, folgt als weiteres, dass es im Grunde auch keinen Raum für eine eigenständige Unternehmenssteuer gibt (wenn nicht zusätzlich eine besondere, etwa äquivalenztheoretisch begründete Unternehmensbesteuerung für sinnvoll erachtet wird). Bei einer indirekt durch Abzug der Ersparnisse vom Einkommen ermittelten Ausgabensteuer „there would be no case for any corporation tax".[395] Besteuert würde lediglich die Veräußerung von Unternehmensanteile, wenn die Erlöse anschließend konsumtiv verwendet werden.

Besitzt ein Unternehmen keine eigene Rechtspersönlichkeit (Einzelunternehmen) könnte im Prinzip auf dieselbe Weise verfahren werden, wenn eine eigenständige Buchführung besteht. Statt Anteilserwerb würden dann Einlagen als qualifizierte Einkommensverwendung gelten. Als alternativer Ansatz der Besteuerung unternehmerischer Betätigung ohne eigene Rechtspersönlichkeit ist in den *Blueprints* (1977 / 1984, S. 107) eine Cash-flow-Steuer vorgeschlagen worden. Nicht Einlagen in das Unternehmen mindern die Bemessungsgrundlage, sondern erst Betriebsaus-

---

rates to which his windfalls would be liable had they been gained on a registered asset" (*Structure and Reform of Direct Taxation* 1978, S. 177). Aus diesem Grunde wird im Bericht des MEADE-*Committees* die Auffassung vertreten, „that it would be better if the vast majority of financial assets were registered" (ebd., S. 177). Gelegentlich wird ein Wahlrecht zwischen vor- und nachgelagerter Besteuerung auch als sinnvolles Verfahren zur Glättung der effektiven Belastung (*Averaging*) bei progressiven Tarifen propagiert (vgl. *Blueprints* 1977 / 1984, S. 112f.).

[394] Anders als im Rahmen der unter C.3.1.3 noch zu behandelnden zinsbereinigten Einkommensteuer wäre (um belastungsmäßige Äquivalenz zur Ausgabensteuer zu gewährleisten) das Verfahren der Zinsbereinigung auch auf Privatpersonen anzuwenden.

[395] *Structure and Reform of Direct Taxation* (1978, S. 248).

gaben. Im Gegenzug sind alle Einnahmen zu versteuern. Sinnvoller als eine solche sich allein auf realwirtschaftliche („R") Transaktionen beziehende R-Cash-flow-Steuer[396] dürfte allerdings eine auch finanzwirtschaftlichen („F") Transaktionen einbeziehende R+F-Cash-flow-Steuer sein. Finanztransaktionen (Kreditaufnahmen und –tilgungen, Kapitalanlagen und –verfügungen) des Betriebes würden dann wie bei privaten Haushalten behandelt. Kreditaufnahmen erhöhten dann die Bemessungsgrundlage und Schuldendienste (Tilgungen und Zinszahlungen) bzw. Kreditgewährungen an andere könnten dann wie alle realwirtschaftlich bedingten Auszahlungen von der Bemessungsgrundlage abgezogen werden.

Abschließend ist noch darauf hinzuweisen, dass eine indirekte Besteuerung der Konsumausgaben ein weiteres Problem fehlender Kongruenz schafft. Nicht nur die Person, die ein bestimmtes Gut konsumiert, und diejenige, die die Ausgaben hierfür trägt, stimmen nicht (wie in C.3.1.2 erwähnt) zwangsläufig überein, sondern auch die Person, die Ausgaben tätigt, und diejenige, die die Einnahmen erzielt, müssen nicht identisch sein. Um den persönlichen Konsum als Belastungsziel zu treffen, wäre daher im Grunde der Erhalt sämtlicher (auch interfamiliärer) Übertragungen von Geld und auch Gütern der Besteuerung zu unterwerfen und deren Leistung steuerlich zu befreien – allerdings dürfte dies kaum praktikabel sein.[397]

---

[396] Die vom MEADE-Committee sog. R-Cash-flow-Steuer geht auf BROWN (1948) zurück und erfasst sämtliche realwirtschaftlich („R") bedingten Ein- und Auszahlungen. Der R-Typ einer Cash-flow-Besteuerung führt zu Problemen bei der Besteuerung des finanzwirtschaftlichen Sektors: Sind Zinsen nicht Teil der Bemessungsgrundlage, bleiben Banken und andere Finanzdienstleister praktisch unbesteuert. Die Zinsmargen (Abweichung der Haben- und Sollzinssätze vom Marktzinssatz) der Kreditinstitute als Entlohnung für Beratung, Vermittlung und Bereitstellung des Marktes für Finanztransaktionen und damit realwirtschaftlich bedingt anzusehen (vgl. HALL / RABUSHKA 1995, S. 73ff.), scheint mir kaum praktikabel. Auch grundsätzlich passt eine R+F-Steuer besser zu einer indirekt ermittelten Ausgabensteuer, Unternehmen sollten wie auch private Haushalte Ersparnisse steuerlich „absetzen" können. Vgl. zu Cash-flow-Steuern auch *The Structure and Reform of Direct Taxation* (1978, S. 230ff.).

[397] KAY und KING (1983, S. 83ff.) definieren ihre *Lifetime Expenditure Tax* als „annual tax on consumption plus gifts made during the year" (ebd., S. 157). Gleichzeitig sollen auch empfangene Übertragungen besteuert werden, wenn sie Konsumzwecken dienen (ebd., S. 86).

3.2 Besteuerung von Arbeitseinkünften und die Normalverzinsung übersteigenden Kapitaleinkünften („zinsbereinigte Einkommensteuer")

3.2.1 Grundzüge des Besteuerungsverfahrens

Das Konzept einer Besteuerung der Arbeits- und die Normalverzinsung übersteigenden Kapitaleinkünfte („Nichtzins"-Einkünfte) ist vor allem unter den Namen *zinsbereinigte Einkommensteuer* bekannt geworden. Eine solche Steuer zielt – anders als eine (Ist-)Einkommensteuer – im Grunde nicht auf das Ergebnis wirtschaftlichen Handelns ab, sondern verkörpert (wie in B.2.2 dargelegt) eine potentialorientierte Gerechtigkeitsvorstellung: Der Barwert der Nichtzinseinkünfte einer Person (vielfach auch als Lebensausstattung bezeichnet) gibt gleichzeitig die in bestimmter Weise verstandenen Konsummöglichkeiten an.[398] Aufgrund der sich unter bestimmten idealtypischen Bedingungen ergebenden belastungsmäßigen Äquivalenz zu einer Konsumbesteuerung (wie gleichungsmäßig schon in B.2.2.1 dargelegt), wird die zinsbereinigte Einkommensteuer vielfach auch als praktikableres Verfahren einer Konsumbesteuerung empfohlen.[399] Wie schon erwähnt, wurde eine Steuer diesen Typs von 1994 bis Ende 2000 in Kroatien erhoben.[400]

Die Ermittlung der Bemessungsgrundlage erfolgt, wie die Bezeichnung *zinsbereinigte Einkommensteuer* zum Ausdruck bringt,[401] durch Abzug der

---

[398] Vgl. auch ROSE (z.B. 1999, S. 170): „... die zinsbereinigte Einkommensteuer [führt] zu einer Lebenseinkommensbesteuerung." Zur verwirrenden Verwendung des Begriffes „Lebenseinkommen" in diesem Zusammenhang vgl. die Ausführungen in Fußnote 60.

[399] „Auch für die Finanzverwaltung ergeben sich bei dieser Steuer geringere Erhebungskosten als bei der sparbereinigten Einkommensteuer [i.e. indirekt ermittelte Ausgabensteuer]. Die Kontrolle des Sparens und Entsparens auf vielen Konten, Depots und Fonds erfordert zweifelsohne einen besonderen administrativen Aufwand. Beim Sparen in Unternehmen müsste jeweils geprüft werden, ob die ausgeschüttete Dividende für Konsumzwecke oder zur Wiederanlage am Kapitalmarkt oder in anderen Unternehmen verwendet wird" (ROSE 1998c, S. 103f.).

[400] Vgl. zur Ausgestaltung des früheren kroatischen Steuersystems vor allem STÖCKLER / WISSEL (1995); ROSE (1998c) und GRESS / ROSE / WISWESSER (1998).

[401] Wie schon erwähnt, ist der Begriff *zinsbereinigte Einkommensteuer* nur sinnvoll als Kennzeichnung des Berechnungsverfahrens, nicht jedoch als Kennzeichnung der Bemessungsgrundlage. Die zinsbereinigte Einkommensteuer ist – bei sachverständiger Beurteilung – keine Einkommensteuer. Wenn ROSE (z.B. 1998b) trotzdem von *marktorientierter Einkommensteuer* spricht, hat dies vor allem wohl propagandistische

kalkulatorischen Eigenkapitalverzinsung (*Zinsbereinigung*) vom Einkommen[402]:

$$(C\text{-}6) \qquad {}_tZbY = {}_tY - {}^S_t i \cdot {}_{t-1}V$$

Der für die Bestimmung der kalkulatorischen Eigenkapitalverzinsung angesetzte normierte Zinssatz wird als *Schutzzinssatz* (${}^S i$) bezeichnet, er soll die reine „Normalverzinsung" des Kapitals bei Sicherheit artikulieren.[403] Eine Ertragsrate in Höhe des Schutzzinssatzes bleibt im Rahmen einer zinsbereinigten Einkommensteuer somit unbelastet, nur die darüber hinaus gehenden Erträge (sog. „Überrenditen") sind als Gewinn steuerbar.[404] Passend dazu gilt als steuerlicher Verlust[405] schon ein Unterschreiten der festgelegten Normalrendite. Im Folgenden sollen das Verfahren der Zinsbereinigung und dessen Implikationen näher erläutert werden. Zunächst wird dabei die Betrachtung auf bilanzierende Unternehmen[406] beschränkt, diese unterliegen unabhängig von der Rechtsform

---

Gründe. Wenn gleichzeitig *marktorientiert* als Synonym für *konsumorientiert* verwendet wird (vgl. ROSE 1992) ist die Sprachverwirrung jedoch komplett. Für eine – gewissermaßen antizipatorische – Kritik an solchen Bezeichnungsweisen s. auch NEUMARK (1947, S. 35): „Was den Summencharakter jeglichen Einkommens betrifft, ... so schließt er Bezeichnungen wie *Teileinkommensteuer, spezielle Einkommensteuern* und dergleichen prinzipiell aus. Eine Steuer, die im Hinblick auf ihr Objekt mit Recht als *Einkommensteuer* zu bezeichnen ist, kann logischerweise nur eine Abgabe von der *Gesamtheit* aller einer Person zufließenden Einkünfte sein."

[402] ROSE (1998a, S. 251), vgl. auch die grundlegenden Beiträge zur *zinskorrigierten Einkommensberechnung* von WENGER (1983, S. 227ff.) und von BOADWAY / BRUCE (1984).

[403] Außer dem Hinweis, dass es sich um den Zins einer risikolosen Kapitalanlage handeln soll (vgl. ROSE 1998c, S. 118), finden sich kaum Ausführungen über dessen Festlegung aus konzeptioneller Perspektive. Pragmatisch schlägt ROSE vor (vgl. ebd.), „den für zweijährige Staatsanleihen gezahlten Zins als Eigenkapitalzins gesetzlich festzulegen."

[404] Zu den Überrenditen als „pure profits or economic rents earned on infra-marginal investments" (BOND / DEVEREUX 1995, S. 58) zählt auch die Entlohnung für eine Risikoübernahme.

[405] Wenn mit Risiko verbundene Investitionen nicht diskriminiert werden sollen, ist – wie schon erwähnt (s. Fußnote 63) – ein Abzug von Schutzzinsen auch im Verlustfall vorzunehmen.

[406] „Die Bilanzierungspflicht wird bei Überschreiten gewisser Niveaus wirtschaftlicher Indikatoren (Umsatz, Gewinn, Kapitaleinsatz, Beschäftigte) vorgeschrieben sein und damit Gewinnsteuerpflicht statt Einkommensteuerpflicht auslösen. Nicht bilanzierungspflichtige Kleinunternehmer dürfen nach Übergang zur vollständigen Bilanzierung für die Gewinnsteuer optieren" (ROSE 1998c, S. 107).

der sog. *zinsbereinigten Gewinnsteuer*. Anschließend wird die Aufmerksamkeit auf die persönliche zinsbereinigte Besteuerung gelenkt.[407] Diese wird gewöhnlich nicht in der Form dargestellt, dass der Zinsbereinigungsmechanismus auch auf private Haushalte übertragen wird, statt dessen erfolgen weitere Vereinfachungen.

3.2.2 Zinsbereinigte Gewinnbesteuerung

Die Ermittlung des „Nichtzins"-Einkommens über einen Abzug der Normalverzinsung vom Gewinn setzt wie bei einer normalen Einkommensteuer eine Ermittlung des Gewinns voraus, zusätzlich sind allerdings noch das Vermögen zu bestimmen und ist eine kalkulatorische Schutzverzinsung abzuziehen. Es könnte daher vermutet werden, dass zu den bekannten Problemen der Einkommensermittlung noch weitere (zusätzliche) hinzukommen. Von vornherein ist dieser Schluss allerdings nicht als zwingend begründet zu erwarten; bestehende Probleme könnten sich auch gegenseitig neutralisieren. Wird von einem idealtypischen Bedingungsrahmen mit vollkommenem Kapitalmarkt, Übereinstimmung von Eigenkapitalrendite, Schutzzinssatz und Marktzinssatz, intertemporaler Konstanz der Steuer- und Zinssätze und rationalen (den steuerbaren Gewinn maximierenden) Individuen mit unendlichem Zeithorizont ausgegangen und wird die Betrachtung zudem auf Unternehmen (die ja definitionsgemäß nicht konsumieren) beschränkt, kann es im Rahmen der zinsbereinigten Einkommensteuer in der Tat keinen Anreiz geben, Gewinne in falscher Höhe zu deklarieren: Durch ihren Gewinnausweis informiert ein Unternehmen nämlich gleichsam über den Reinvermögenszugang, d.h. über die Zunahme des Eigenkapitals (wenn keine Entnahmen stattfinden[408]). Während der Gewinn die Steuerbemessungsgrundlage in der Gegenwart erhöht, bewirkt das höhere Eigenkapital eine permanent höhere – steuerlich absetzbare – kalkulatorischen Eigenkapitalverzinsung. Der Kapitalwert der künftigen Steuerersparnis entspricht nun unter den genannten idealtypischen Bedingungen genau dem Betrag der gegenwärtigen Steuerzahlung. Durch Angabe höherer oder niedrigerer Zinseinkünfte lässt sich keine Steuerersparnis erzielen.

---

[407] Vgl. für einen Vergleich zwischen persönlicher zinsbereinigter und sollzinsergänzter Einkommensteuer HACKMANN (1999).

[408] Gewinnentnahmen reduzieren zwar das tendenziell Eigenkapital, die dargestellten Zusammenhänge gelten jedoch in prinzipiell gleicher Weise.

Anders als im Rahmen einer Einkommensteuer bestehen damit bei einer zinsbereinigten Gewinnsteuer (unter dem genannten Bedingungsrahmen) grundsätzlich keine Anreize, etwa durch übertriebene Abschreibungen gegenwärtig zu geringe Gewinne auszuweisen. Das Problem der richtigen Abschreibungshöhe verliert damit idealtypisch vollständig an Bedeutung. Die Höhe der Wertansätze muss seitens der Finanzverwaltung nicht kontrolliert werden und kann in das Belieben der Wirtschaftssubjekte gestellt werden.

Die Logik der zinsbereinigten Einkommensteuer besteht im Grunde darin, durch Nichtbesteuerung von Zinseinkünften die mit deren Besteuerung verbundenen Probleme zu vermeiden (Steuervereinfachung durch Nichtbesteuerung). Realiter kann außerdem nicht wie in der obigen Darstellung davon ausgegangen werden, dass Steuer- und Zinssätze intertemporal konstant sind. Auch ist der Kapitalmarkt nicht vollkommen. Es ist daher zu erwarten, dass die zinsbereinigte Gewinnsteuer unter realistischeren Bedingungen nicht die Zahl der Steuererhebungsprobleme im Vergleich zu einer Einkommensteuer reduziert, sondern nur deren Bedeutung abschwächt. Allerdings selbst die Erwartung, dass die Relevanz der genannten Probleme sinken wird, ist nur überwiegend nicht jedoch auch – wie in D.1.4.2.1 noch deutlich werden wird – in jedem Falle zutreffend.

3.2.3 Zinsbereinigte Besteuerung des Gewinns aus Beteiligungen an anderen Unternehmen

Bei der von ROSE propagierten praktischen Ausgestaltung der zinsbereinigten Gewinnsteuer handelt es sich wie auch die frühere kroatische Besteuerungspraxis um das Verfahren einer *Betriebsteuer*. Die Besteuerung auf der Ebene des Unternehmens, bei der ursprünglich der Gewinn entstanden ist, ist als *Endbesteuerung* ausgelegt, d.h. sowohl für Unternehmen als auch für Private als Anteilseigner endgültig und abschließend. Erträge aus Beteiligungen an gewinnsteuerpflichtigen Unternehmen sind also grundsätzlich steuerfrei. Auf diese Weise soll eine Mehrfachbelastung vermieden werden, ohne dass auf das „erhebungstechnisch komplizierte, verwaltungskostenintensive und international wettbewerbsverzerrende Anrechnungsverfahren“[409] zurückgegriffen werden muss. Um eine doppelte Berücksichtigung von Eigenkapitalzinsen beim Mut-

---

[409] Vgl. ROSE (1998c, S. 117).

teruntemehmen und den Beteiligungen zu vermeiden, ist das für die Ermittlung der Schutzzinsen relevante Eigenkapital beim Unternehmen um die Buchwerte sämtlicher Beteiligungen zu vermindern. Für Beteiligungen wird somit impliziert, dass diese aus dem Eigenkapital finanziert seien.[410]

Die bisherigen Überlegungen waren lediglich auf ausgeschüttete Gewinne bezogen. Die Nichtbesteuerung der Erträge aus Beteiligungen im Mutterunternehmen lässt sich (bei proportionalen Tarifen) grundsätzlich damit rechtfertigen, dass schon eine Besteuerung im Beteiligungsunternehmen stattfindet.[411] Diese Argumentation lässt sich so einfach jedoch nicht auf Erträge aus der Veräußerung von Anteilen an anderen Unternehmen übertragen, wenn der Veräußerungspreis von der Summe aus Anschaffungspreis und in der Zwischenzeit beim Beteiligungsunternehmen gebildeten Gewinnrücklagen abweicht. Eine „erweiterte" Steuerfreiheit von Veräußerungsgewinnen könnte allerdings damit gerechtfertigt werden, dass Anteilswertsteigerungen etwa auch steuerlich noch nicht aufgedeckte Gewinne (Stille Reserven) berücksichtigen und erwartete künftige Gewinne antizipieren. Wenn die Stillen Reserven oder Gewinne später dann realisiert würden, unterlägen sie der Besteuerung. Die Person des späteren Steuerzahlers würde zwar von der Person, die den Veräußerungsgewinn erzielt, abweichen, allerdings würde die künftige Steuerzahlung schon im Veräußerungsgewinn kapitalisiert, so dass der Veräußerer im Endeffekt auch belastet sei.

---

[410] Eine solche Finanzierungsannahme hat bei proportionalen Steuersätzen im Vergleich zu einem – alternativ auch vorstellbaren – Anrechnungsverfahren so lange keine Auswirkungen, wie Fremdkapitalzinsen in vollem Umfang geltend gemacht werden können und gleichzeitig der Schutzzinssatz nicht höher als der Fremdkapitalzinssatz ist. Es sind allerdings Situationen vorstellbar, in denen letzteres nicht gilt, etwa wenn ein Unternehmen langfristiges Fremdkapital zu niedrigen Sätzen aufgenommen hat und zwischenzeitlich der Schutzzinssatz aufgrund entsprechender Kapitalmarktentwicklungen angehoben worden ist. In diesem Fall könnte das Unternehmen die hohen Schutzzinsen steuerlich nicht geltend machen, sondern nur die niedrigeren Schuldzinsen.

Auch bei progressiven Steuertarifen kann eine Betriebsteuer im Vergleich zum Anrechnungsverfahren nachteilig sein (vgl. hierzu KIESEWETTER 1999, S. 86ff.).

[411] Vgl. ROSE (1998c, S. 117).

3.2.4 Zinsbereinigte Einkommensbesteuerung (natürlicher Personen)

Der Selbstkontrollmechanismus der zinsbereinigten Gewinnsteuer ist darin begründet, dass Gewinne (werden sie nicht entnommen) immer als Konsequenz zu einem höheren Reinvermögen bzw. Eigenkapital führen und dass diese Eigenkapitalerhöhung als solche über den Schutzzinsmechanismus die steuerliche Belastung der Unternehmung verringert. Für private Haushalte stellen sich die Zusammenhänge allerdings anders dar: Einkommen bewirkt zwar auch bei Haushalten tendenziell ein höheres Vermögen, jedoch lässt sich aus der Höhe des Einkommens nicht auf eine entsprechende Vermögenserhöhung schließen, da Einkommen auch konsumtiv verwendet werden kann.[412] Eine Ermittlung der „zinsbereinigten" Bemessungsgrundlage bei Haushalten erfordert deshalb neben dem Einkommen zusätzlich noch Kenntnisse über die Höhe des Konsums oder (alternativ) der Ersparnis (Vermögensänderung). Die Ermittlung einer weiteren Größen bedeutet also im Vergleich zu einer Einkommensteuer einen höheren Aufwand und auch im Vergleich zu einer indirekt ermittelten Konsumausgabensteuer ergäben sich keine steuerpraktischen Vorteile. Die Vertreter einer zinsbereinigten Besteuerung schlugen daher eine vereinfachende Form einer persönlichen zinsbereinigten Besteuerung vor.

Die steuerpraktisch ausgerichteten Vorschläge für eine Umsetzung einer zinsbereinigten Besteuerung beschränken sich – wie auch das schon erwähnte kroatische Steuersystem – auf eine Anwendung des Zinsbereinigungsverfahrens auf Unternehmen (einschl. freiberuflicher und landwirtschaftlicher Tätigkeiten) und auf private Einkünfte aus Vermietung und Verpachtung (einschl. entsprechender privater Veräußerungsgewinne).[413] Kapitalerträge aus privat gehaltenem Finanzvermögen sollen nach

---

[412] Während eine Unternehmung indifferent darüber sein kann, eine Vermögensminderung als Verlust zu bilanzieren, könnten Haushalte ein Interesse haben, eine auf Konsum beruhende Vermögensminderung nicht auszuweisen und ein unverändertes „Eigenkapital" anzugeben. Im Falle des Unternehmens stehen sich Absetzbarkeit des Verlustes und Minderung von kalkulatorischen Eigenkapitalkosten gegenüber, beim Haushalt kann eine Vermögensminderung – falls auf Konsum zurückzuführen – jedoch nicht steuermindernd geltend gemacht werden.

[413] Vgl. KIESEWETTER (1999, S. 69f.) mit Bezug auf die KNS-Reformgruppe. Im kroatischen System der zinsbereinigten Besteuerung wurden private Veräußerungsgewinne aus Immobilien und Vermögensrechten allerdings nur innerhalb einer dreijährigen Spekulationsfrist erfasst (vgl. ebd.).

diesen Vorstellungen aus Vereinfachungsgründen hingegen gänzlich (nicht nur in Höhe der Normalverzinsung) steuerlich freigestellt werden.[414] Eine persönliche zinsbereinigte Steuer soll es also nicht geben. Als Grund wird dafür genannt, dass sich die Unterschiede zwischen tatsächlich realisierter Kapitalverzinsung und dem Schutzzinssatz vernachlässigen ließen: „Der administrative Aufwand einer exakten Erfassung solcher Unterschiede würde sich nicht lohnen."[415] Da eine grundsätzliche Nichtbesteuerung von privaten Kapitalerträgen es allerdings ermöglichen würde, Unternehmensgewinne über hochverzinsliche Privatdarlehen in die steuerfreie Privatsphäre zu verlagern, ist als Missbrauchsverhinderungsvorschrift vorgesehen, den Abzug übermäßiger Schuldzinsen als Betriebsausgaben zu versagen, wenn die Gläubiger nicht der Gewinnbesteuerung unterliegen.[416]

3.2.5 Zinsbereinigte Gewinn- und Einkommensbesteuerung im Zusammenhang

Der hier referierte Vorschlag einer zinsbereinigten Besteuerung sieht – wie schon oben in C.3.2.3 erwähnt – keine Integration der zinsbereinigten Gewinnsteuer in die progressive zinsbereinigte Einkommensteuer vor.[417] Die Besteuerung von Gewinnen auf Unternehmensebene ist abschließend und definitiv, erzielte Dividendenerträge wie auch Wertänderungen von Anteilen an Unternehmen bleiben bei privaten Haushalten als Anteilseignern außer Ansatz.[418] Es ist damit bei den Kapital- und Gewinneinkünften ausgeschlossen, die persönlichen Verhältnisse von

---

[414] Ebenso sollen die Erträge privaten Konsumvermögens gänzlich unberücksichtigt bleiben. Für viele private Haushalte wirkt die zinsbereinigte Einkommensteuer damit faktisch wie eine Lohnsteuer (vorausgesetzt sie besitzen kein an Dritte vermietetes Grundeigentum).

[415] ROSE (1999, S. 188), identisch: ROSE (1998a, S. 259) und ROSE (1996, S. 1089).

[416] Um zu verhindern, „dass mittels Vereinbarung übermäßiger Kreditzinsen – z.B. zwischen dem Unternehmer und seiner Ehefrau – besteuerbare Unternehmensgewinne in steuerfreie Zinseinkommen umdeklariert werden," ist „übermäßigen Schuldzinskomponenten … [der] Abzug als Betriebsausgabe" zu versagen. „In diesem Sinne bestimmt das [kroatische] Gewinnsteuergesetz, dass an nicht gewinnsteuerpflichtige Gläubiger gezahlte Kreditzinsen nur bis zur Höhe der Zinsen für Festgeldanlagen bei der eigenen Bank abzugsfähig sind" (ROSE 1998a, S. 264f.).

[417] Für die Integration des körperschaftssteuerlichen Anrechnungsverfahren in eine zinsbereinigte Einkommensbesteuerung vgl. KIESEWETTER (1999, S. 91ff.).

[418] Vgl. ROSE (1998c, S. 104).

deren Empfängern zu berücksichtigen. Der individuelle Grenzsteuersätze wird höchstens zufällig mit dem Gewinnsteuersatz übereinstimmen.

Regelmäßig kommt bei Endbesteuerungen auf Unternehmensebene der Festlegung des Gewinnsteuersatzes eine besondere verteilungspolitische Bedeutung zu[419]: Wird dieser relativ hoch (etwa dem Spitzengrenzsteuersatz der Einkommensteuer entsprechend) festgelegt, sinkt die Attraktivität für Bezieher niedriger Einkommen, ihre Ersparnisse in Aktien anzulegen oder gar selbst unternehmerisch tätig zu werden. Dies stünde im Widerspruch zu verbreiteten wirtschaftspolitischen Zielvorstellungen, auch solche Bevölkerungskreise verstärkt für eine Beteiligung am Produktivkapital zu gewinnen.[420] Wenn – wie vielfach behauptet – die langfristige durchschnittliche Ertragsrate einer Aktienanlage größer ist als die einer Spareinlage, wären auch negative Verteilungswirkungen zu erwarten. Negative Verteilungswirkungen gingen allerdings auch von einem relativ niedrig angesetzten Gewinnsteuersatz aus, Bezieher höherer Einkommen würden dann überproportional entlastet. ROSE schlägt mit seinem Reformvorschlag vor, dass der Gewinnsteuersatz dem Spitzengrenzsteuersatz der Einkommensteuer entsprechen solle. „Damit werden die ökonomische Reingewinne der gewinnsteuerpflichtigen Unternehmen einer höheren Belastung als Arbeitseinkommen unterworfen" (ROSE 1998b, S. 120). „Gewinnsteuerpflichtige Einzelunternehmer und Mitunternehmer von Personenunternehmen können sich [jedoch] von der Bemessungsgrundlage einen Unternehmerlohn abziehen, der dann der persönlichen Einkommensteuer unterliegt" (ebd., S. 119). Durch diese Regelung können die negativen Verteilungs- und Anreizwirkungen einer Abkehr vom Subjekt- oder Personalsteuercharakter einer synthetischen Einkommensteuer insgesamt allerdings wohl nur in geringem Maße gemildert werden.

---

[419] In Kroatien wurde allerdings auch im Rahmen der Einkommensteuer auf größere Differenzierungen verzichtet: Bis zur Grenze des dreifachen Grundfreibetrags beträgt der Grenzsteuersatz 20%, darüber hinaus 35%. Mit der Abschaffung der Zinsbereinigung im Jahr 2000 betragen die Grenzsteuersätze dort nun 15, 25 und 35%.

[420] Vgl. hierzu Fußnote 270.

D. Die alternativen Steuerreformvorschläge in einem problemorientierten steuerpraktischen Vergleich

Steuerpraktischen Aspekten kommt (neben solchen distributiver und allokativer Art) ein erhebliches Gewicht für Steuerreformen zu, wie bereits in der Einleitung zu dieser Arbeit betont. Grundlegende Fragen ihrer Berücksichtigung beim Design von Bemessungsgrundlagen sind schon in B.4 gestreift worden. In diesem Kapitel soll nun versucht werden, die Bemessungsgrundlagen der unter C dargestellten Steuerreformvorschläge mit dem deutschen Einkommensteuersystem (einschließlich Körperschaftsteuer[421]) vor und nach der Unternehmenssteuerreform 2001 unter steuerpraktischen Gesichtspunkten zu vergleichen, d.h. mit Blick auf die Kosten, die den Steuerpflichtigen und der Finanzverwaltung im Zusammenhang mit der Steuererhebung entstehen (Steuererbringungskosten bzw. Verwaltungskosten). Eingeschlossen sind dabei auch die Kosten der Steuerfahndung, der Finanzgerichtsbarkeit und die Transaktionskosten der Steuerpflichtigen sowie Mindereinnahmen der Finanzverwaltung aufgrund von Steuerumgehung (Steuerarbitrage, Transformationen regulär steuerbarer Sachverhalte in nicht- oder minderbesteuerte) sowie -hinterziehung. Kosten und Probleme des Übergangs von einem bestehenden zu einem anderen Steuersystem bleiben unberücksichtigt.

Unter B.4 wurde schon ausgeführt, dass sich im Zusammenhang mit der Ermittlung der einzelnen Einkommenskategorien unterschiedliche Arten steuerpraktischer Probleme stellen. Die folgende Erörterung steuerpraktischer Probleme ist in drei Hauptabschnitte geteilt. Im ersten Abschnitt (D.1) werden Probleme, die die einzelnen Einkommensbestandteile bzw. Einkunftsarten betreffen, erörtert. Dabei geht es im wesentlichen um die steuerliche Feststellung von Einkünften sowie um Abgrenzungsprobleme zwischen verschiedenen – ungleich besteuerten – Sachverhalten, die konzeptionell jedoch gleichermaßen Einkommen darstellen. Steuerliche Feststellung von Einkünften ist dabei umfassend zu verstehen und meint alle Erkundigungen, Aufzeichnungen und Zusammenstellungen, die erforderlich sind, um den Wert der der Steuer unterworfenen Größe

---

[421] Die Bezeichnung Einkommensteuer beinhaltet im Folgenden immer auch die Körperschaftsteuer.

festzustellen. Sie bezieht sich sowohl auf Probleme der Ermittlung von Einkünften überhaupt als auch der Kenntniserlangung der Finanzverwaltung über Einkünfte. Wie schon erwähnt, entstehen in diesem Zusammenhang den Steuerpflichtigen wie auch der Finanzverwaltung grundsätzlich Kosten. Selbst wenn die Ermittlung weitgehend den Steuerpflichtigen übertragen wird, kann die Finanzverwaltung nicht gänzlich auf Kontrollen verzichten. Falsche Angaben der Steuerpflichtigen beruhen allerdings nicht immer auf der Absicht, Steuern zu verkürzen; auch als Folge von Unkenntnis können den Steuerpflichtigen Fehler unterlaufen. Uneindeutige Regelungen mögen zudem zu unterschiedlichen Auffassungen von Finanzverwaltung und Zensiten führen.

Abgrenzungsprobleme resultieren aus unterschiedlicher Besteuerung konzeptionell im Grunde gleichermaßen steuerbarer Sachverhalte. Wie schon in B.4 erläutert, können solche Ungleichbelastungen mitunter als Maßnahmen zur Vereinfachung der Steuererhebung gerechtfertigt werden. Vereinfachende Ermittlungsverfahren bewirken jedoch häufig eine steuerliche Begünstigung einzelner Sachverhalte. Bestehen enge Substitutionsbeziehungen zu regulär besteuerten Sachverhalten, werden damit Anreize für entsprechende Gestaltungsformen bzw. Steuerumgehungen gesetzt. Durchweg ist eine solche Aushöhlung der Steuergesetze als unerwünscht anzusehen: Auch resultieren hieraus regelmäßig wiederum steuerpraktische Probleme. Sieht der Gesetzgeber etwa gewisse Gestaltungsformen als missbräuchlich an, wird er versuchen, Schranken zu errichten, die dies verhindernd. Das Steuersystem wird komplexer und die Steuererbringungs- und Verwaltungskosten steigen an. Die genannten Steuerausweichungen haben obendrein zumeist auch bedeutende allokative und distributive Implikationen: Volkswirtschaftliche Ressourcen werden verschwendet, wenn nur aus Gründen der Steuerersparnis rechtliche Konstruktionen gewählt werden, die mit höheren – die Steuervorteile partiell aufzehrenden – privaten Kosten verbunden sind. Zudem nimmt im Allgemeinen – am konzeptionellen Gleichheitsmaßstab gemessen – die (personenbezogene) Ungleichbehandlung zu. Viele der hier genannten Problemfelder haben also neben einer steuerpraktischen zugleich eine distributive und allokative Bedeutung.[422]

---

[422] Dieses lässt sich gut am Beispiel der Nichtbesteuerung der Nutzungswerte einer eigengenutzten Wohnung erläutern. Auf den ersten Blick vereinfacht die Nichtbesteuerung zwar die Steuererhebung, andererseits schafft sie jedoch neue steuerliche Abgrenzungsprobleme, etwa wenn Objekte gemischt genutzt werden. Hinzu kom-

Den in D.1 diskutierten Problemen wird das Hauptaugenmerk in dieser Arbeit gewidmet. D.1 ist entsprechend den einzelnen Einkunftsarten des deutschen Steuerrechts untergliedert. Diese Strukturierung bietet gegenüber einer problemorientierten Gliederung den Vorteil, dass sich für die einzelnen Einkunftsarten jeweils eine steuerpraktische Gesamtaussage treffen lässt. Problemfelder, die zugleich mehrere Kategorien von Einkommen betreffen, werden in dem Kontext behandelt, der als Ursache vermutet wird.

Im zweiten Abschnitt (D.2) werden einkunftsartenübergreifende Probleme zeitlicher, sachlicher, räumlicher und personeller Abgrenzung sowie die Verlustverrechnung betrachtet. Solche Aspekte bleiben also im ersten Abschnitt ausgeklammert. Auf die Bedeutung des Steuertarifs für steuerpraktische Probleme wird im letzten Abschnitt (D.3) eingegangen. Der Steuertarif kann als Skalenfaktor für die Stärke aller anderen Problemdimensionen begriffen werden. Ein höherer tariflicher Steuersatz bedeutet regelmäßig eine – vermutlich sogar überproportionale – Verschärfung der mit einer Bemessungsgrundlage zusammenhängenden steuerpraktischen Probleme. Relevanz hat dieses vor allem für den Vergleich von Steuern mit unterschiedlich breiten Bemessungsgrundlagen. Bei einer schmaleren Bemessungsgrundlage kann c.p. ein – wie für die Betrachtung hier unterstellt – vorgegebenes Steueraufkommen nur mit einem höheren Steuersatz erreicht werden.

Die verschiedenen Steuerregime sollen in dieser Arbeit nicht nur qualitativ beurteilt werden, sondern es soll auch versucht werden, die jeweilige Relevanz der einzelnen steuerpraktischen Problemfelder quantitativ abzuschätzen. Hierzu wird auf eine Notenskala von „1" („sehr gut") bis „6" („ungenügend") zurückgegriffen. Wenn sich gegenläufige Effekte nicht in ihrer kombinierten Wirkung abschätzen lassen oder Ergebnisse mit zu großen Unsicherheiten verbunden wären, wird gelegentlich statt einer Einzelnote auch eine Notenspanne angegeben. Wenn auch die vorzunehmende Bewertung im einzelnen subjektiv ist und für sie selbst keine abschließende Verbindlichkeit beansprucht wird, dürfte das gewählte Verfahren jedoch geeignet sein, eine allgemeine Tendenz über die relative Problemrelevanz zum Ausdruck zu bringen, auch wenn. Auf jeden Fall vermag das Benotungsverfahren jedoch die Aufmerksamkeit auf

---

men allokative Verzerrungen durch die Begünstigung des Wohnen im eigenen Hause und auch die horizontale Ungleichbehandlung dürfte nicht unbedeutenden Ausmaßes sein.

Problemfelder zu lenken, die für einen Vergleich alternativer Steuerverfahren Beachtung verdienen.

Die steuerpraktische Benotung der Bemessungsgrundlagen erfolgt auf zwei Ebenen: Zunächst bezogen auf die einzelnen Problemfelder und im Anschluss daran – jeweils am Ende eines Abschnitts – bezogen auf die jeweilige gesamte Einkunftsart (Einkommenskategorie), d.h. als übergreifende und abwägende Zusammenfassung sämtlicher eine Einkunftsart betreffenden Einzelaspekte. Zusammengestellt werden die Einzelnoten jeweils in kurzen Tabellen.

Deutsche Einkommensteuer (samt Modifikationen)	ESt alt:	Deutsche Einkommensteuer vor Unternehmenssteuerreform 2001 (Anrechnungsverfahren)
	ESt neu:	Deutsche Einkommensteuer nach Unternehmenssteuerreform 2001 (Körperschaftsteuerreform, Halbeinkünfteverfahren)
	ESt Ab:	Deutsche Einkommensteuer (neu) bei abgeltender Besteuerung privater Kapitalerträge
	ESt SZE:	Deutsche Einkommensteuer (neu) bei Sollzinsergänzung des der Besteuerung unterworfenen Einkommens
Umfassende Einkommensteuer	UESt:	Konsequente Besteuerung eines umfassend verstandenen Einkommens („umfassende Einkommensteuer")
	UESt SZE:	Umfassende Einkommensteuer bei Sollzinsergänzung des der Besteuerung unterworfenen Einkommens
Konsum-orientierte Steuern	ASt:	Konsumausgabensteuer („Ausgabensteuer")
	ZbSt:	„Zinsbereinigte Einkommensteuer" (Besteuerung Arbeits- und die Normalverzinsung übersteigende Kapitaleinkünfte)

Tabelle D-1: Steuerpraktisch untersuchte Bemessungsgrundlagen im Überblick

Die in dieser Arbeit zu vergleichenden Bemessungsgrundlagen lassen sich in drei Gruppen unterteilen (s. Tabelle D-1). Die erste Gruppe betrifft die deutsche Einkommensteuer in ihrer Form vor und nach der Unternehmenssteuerreform 2001 sowie Modifikationen die auf der neuen deutschen Einkommensteuer basieren. Gibt es bezogen auf einen Problemaspekt keine systemspezifischen Unterschiede zwischen alter und neuer Einkommensteuer bzw. zwischen Grundform (Basisform) und Modifikation durch Abgeltungsteuer bzw. Sollzinsergänzung, erfolgt eine gemeinsame Bewertung der Verfahrensweisen. Gekennzeichnet ist dieses durch verbundene Bewertungsfelder bzw. einen Stern (*). Die zweite Gruppe betrifft eine umfassende Einkommensteuer, zum einen unmodifiziert in ihrer Basisform und zum anderen sollzinsergänzt. Die dritte Gruppe betrifft die konsumorientierten Steuerreformvorschläge Ausgabensteuer und zinsbereinigte Einkommensteuer.

Ein gewichtiger methodischer Einwand gegen einen – wie hier vorgesehenen – Vergleich der verschiedenen Bemessungsgrundlagen ist, dass sich dabei nicht klären lässt, ob eine bestimmte Eigenschaft einer Bemessungsgrundlage in der Maßstabs- bzw. Messgröße der Steuerverteilung angelegt ist oder aus den Realisierungslücken folgt, die für die praktische Realisierbarkeit sinnvollerweise in Kauf zu nehmen sind. Fehlurteile sind besonders deshalb zu befürchten, weil Messgrößen, die in ihrer idealtypischen Form besonders kompliziert sind, für eine praktische Realisierung besonders großer Vereinfachungen bedürfen. Dieses methodische Problem könnte durch einen Vergleich unterschiedlicher Formen von Bemessungsgrundlagen für die jeweiligen Messgrößen umgangen werden. Konkret wären für einen Vergleich der verschiedenen Besteuerungsideen jeweils auch Bemessungsgrundlagen mit ähnlichen Realisierungslücken heranzuziehen. Alternativ könnte auch ergänzend untersucht werden, welche allokativen, distributiven, aufkommens- und wachstumsmäßigen Effekte daraus resultieren, dass eine steuerpraktisch für sinnvoll erachtete Bemessungsgrundlage von einer idealtypischen abweicht.[423]

Derart umfassende Vergleiche und Analysen können in dieser Arbeit jedoch nicht geleistet werden, zumal sie auch eine Klärung der allokativen, distributiven, aufkommens- und wachstumsmäßigen Effekte der

---

[423] Eine steuerpraktische Realisierungslücke kann insgesamt sowohl zu einer allokativen, distributiven, aufkommensmäßigen bzw. wachstumsmäßigen Verschlechterung wie Verbesserung führen.

jeweiligen konzeptionellen Bemessungsgrundlagen voraussetzen würden. Deshalb wird zum einen die steuerpraktische Einschätzung ergänzt um eine Aussage über die Größe der immanenten Realisierungslücke, d.h. der Abweichung der für steuerpraktisch sinnvoll erachteten Bemessungsgrundlage von der ihr zugrunde liegenden steuertheoretischen Konzeption.[424] Die Stärke der Abweichung wird durch die Buchstaben „G" (gering), „M" (mittel) bzw. „S" (stark) angegeben. Die Bewertung erfolgt jeweils am Ende eines Abschnitts für die jeweilige Einkommenskategorie.

Daneben soll zum anderen auch eine einkommensteuerliche Bemessungsgrundlage analysiert werden, deren *Realisierungslücke* der einer zinsbereinigten Einkommensteuer angenähert ist. Eine wesentliche Eigenheit der in C.3.2 dargestellten zinsbereinigten Einkommensteuer ist es, dass mit ihr auch über die Normalverzinsung hinaus keine Besteuerung der Kapitalerträge natürlicher Personen erfolgt. Für die Rechtfertigung wird angeführt, dass die individuellen Zinssätze nur unwesentlich von der Normalverzinsung abwichen und dass Gewinne schon abschließend in den Unternehmen besteuert würden. Aus dem letzteren Argument lassen sich Konstruktionsmerkmale für die hier für Vergleichszwecke heranzuziehende einkommensteuerliche Bemessungsgrundlage ableiten.[425] Eine abschließende Besteuerung von Gewinnen in Unternehmen bedeutet im Grunde eine Abkehr vom Konzept einer persönlichen und „synthetischen" Einkommensteuer zugunsten einer „Schedulen"-Besteuerung: Die persönlichen Verhältnisse bleiben bei der Besteuerung von Kapitalerträgen unberücksichtigt. Das läuft auf deren proportionale Besteuerung hinaus. Dieses Konzept entspricht im wesentlichen der Vorstellung einer abgeltenden Besteuerung von Kapitalerträgen, auf die schon in C.2.2 eingegangen wurde.

Eine Zusammenstellung aller Einzelergebnisse erfolgt in den resümierenden Schlussfolgerungen am Ende dieser Arbeit (s. Kapitel E).

---

[424] Die Bewertung erfolgt dabei im Rahmen der jeweiligen Besteuerungsidee, d.h. für Einkommensteuern und Sollzinsergänzung mit Bezug auf das Verfügungsmachtkonzept, für die Ausgabensteuer mit Bezug auf den Konsum und für die zinsbereinigte Einkommensteuer mit Bezug auf „Nichtzins"-Einkünfte.

[425] Eine Beschränkung der Besteuerung auf die Normalrendite würde im Rahmen einer Einkommensteuer wohl keine steuerpraktischen Vorteile bieten, daher wird auf eine Übertragung dieser Realisierungslücke verzichtet.

1 Problembereich: Einkommensfeststellung und Einkünfteabgrenzung

1.1 Problemfeld: Abgrenzung der Aufwendungen der privaten Lebensführung von den Kosten der Einkunftserzielung

Die Erzielung von Einkommen ist regelmäßig mit Kosten verbunden. Da einkommensteuerlich nur das maßgeblich sein kann, was einer Person nach Abzug der Kosten der Einkommenserzielung verbleibt („objektives Netto-Prinzip"), sind diese Kosten bei der Bemessungsgrundlagenermittlung abzuziehen. Dies macht es notwendig, Kriterien zu entwickeln, anhand derer Kosten der Erwerbung, Sicherung und Erhaltung von Einnahmen erkannt und von Aufwendungen der privaten Lebenshaltung abgegrenzt werden können. Wesentlich ist dafür der schon in B.3.4.1.1 erwähnte Urteilsmaßstab der Einkommenserzielungsabsicht.

Das Bestehen einer Einkommenserzielungsabsicht ist jedoch noch keine hinreichende Bedingung dafür, dass Aufwand auch steuerlich beachtenswert ist, d.h. als Werbungskosten (§ 9 Abs. 1 Satz 1 EStG) bzw. Betriebsausgabe (§ 4 Abs. 4 EStG) steuerrechtliche Anerkennung verdient. Als zusätzliche Voraussetzung muss gelten, dass die mit den Kosten zusammenhängenden Einnahmen auch als Einkommen steuerpflichtig sind. Es muss zusätzlich eine in diesem Sinne verstandene „Einkünfteerzielungsabsicht" bestehen. Diese Einschränkung ist in einem nicht umfassenden Steuersystem wie dem deutschen von besonderer Relevanz, vor allem mit Blick auf die Nichtbesteuerung privater Veräußerungsgewinne außerhalb der sog. Veräußerungsfrist, unrealisierter Wertänderungen und der Nutzungswerte eigengenutzten langlebigen Konsumvermögens. Aufwand für die Erzielung unbesteuerten Einkommens muss also steuerlich außer Ansatz bleiben. Liefert eine Einkommensquelle gleichzeitig zu versteuernde und steuerfreie Erträge (etwa bei Immobilien oder Aktien, die gleichzeitig Mieten bzw. Dividenden als laufende Erträge abwerfen und Wertänderungen haben), wäre damit eine Aufspaltung des Aufwands vorzunehmen. Da eine sachliche Zuordnung kaum möglich scheint, stellen sich – namentlich in Bezug auf Schuldzinsen – komplizierte Abgrenzungsprobleme. Im deutschen Steuerrecht wird auf eine solche Aufteilung jedoch häufig verzichtet, so dass im Grunde mit Blick auf steuerfreie Erträge unternommene Aufwendungen oftmals steuerlich geltend gemacht werden können. Auf so begründete Probleme wird später in D.1.6.3 noch näher eingegangen werden, hier soll es überwiegend um die Abgrenzung von Kosten der Einkunftserzielung von Aufwendungen für die private Lebensführung gehen.

Eine Abgeltungsteuer auf Kapitalerträge berührt das Problemfeld der Abgrenzung der Aufwendungen der privaten Lebensführung von den Kosten der Einkünfteerzielung nicht. Sie wird daher in diesem Abschnitt wie eine Einkommensteuer (Halbeinkünfteverfahren) bewertet.

1.1.1 Güter und Dienstleistungskäufe

Eines der bedeutendsten steuerpraktischen Probleme dürfte die Abgrenzung und Unterscheidung zwischen privatem Konsum und Kosten der Einkünfteerzielung sein. Es stellt sich sowohl bei Privaten (Werbungskosten) als auch in Unternehmen (Betriebsausgaben). Wie die „betriebliche Veranlassung" einzelner Ausgabenposten ist grundsätzlich auch die Existenz ganzer Unternehmungen auf Bestehen einer Einkommenserzielungsabsicht zu prüfen. Neben konzeptionellen Streitfragen wie der Klassifikation von Ausbildungsausgaben oder von *Fringe Benefits* sind vor allem konkret getätigte Aufwendungen zu beurteilen. Erschwert wird die Prüfaufgabe durch eine verbreitete Neigung vieler Steuerpflichtiger zu falschen Angaben. Abgesehen von offensichtlichen Fällen wird häufig eine Beurteilung lediglich anhand von Plausibilitätskriterien erfolgen können, wenn man nicht allein den Angaben der Steuerpflichtigen vertrauen und nicht kostenintensive Außenprüfungen durchführen will. Indizien für eine überwiegend private Veranlassung von Aufwendungen sind beispielsweise die Art der Aufwendung, ihre Höhe im Vergleich zum Branchendurchschnitt[426] oder auch die private Situation der Beteiligten.[427] Auf steuerpraktische Ansätze zur Eindämmung von Missbrauch, wie etwa besondere Anforderungen an Nachweise, Obergrenzen steuerlicher Anerkennung, typisierte Aufteilungsmaßstäbe bei gemischt genutzten Gütern usw. ist an dieser Stelle nicht weiter einzugehen.

Wesentliche Determinante der Attraktivität, Aufwendungen für die persönliche Lebensführung als der Einkünfteerzielung dienend darzustellen, ist die Möglichkeit, Ausgaben steuerlich als Aufwand geltend ma-

---

[426] Ein solches Kriterium funktioniert allerdings nur, wenn der Kern der Steuerehrlichen groß genug ist.

[427] Besitzt etwa der Inhaber eines Unternehmens kein privates Kraftfahrzeug, so ist die Behauptung unplausibel, dass ein Firmenwagen nicht privat genutzt werde.

chen zu können, um dadurch Steuern zu sparen. Für eine Untersuchung der differentiellen Relevanz dieses Problems in verschiedenen Steuerregimen ist zunächst nach dem Ausmaß der durch entsprechende Steuergestaltungen potentiell erzielbaren Steuerersparnis zu fragen. Zu untersuchen sind dabei die quantitativen Einflüsse im Prinzip gleicher Vermeidungshandlungen auf die Bemessungsgrundlage und die Wirkungen (gleich hoher) Bemessungsgrundlagenänderungen auf den Umfang der Steuerersparnis. Letzteres hängt damit zusammen, dass sich bei den verschiedenen Besteuerungsverfahren (unter der Bedingung der Steueraufkommensneutralität) systemimmanent unterschiedliche Steuertarife ergeben. Dass somit gleiche potentielle Effekte auf die Bemessungsgrundlage durchaus unterschiedlich hohe Anreize für falsche Angaben gegenüber der Finanzverwaltung haben können, soll jedoch in diesem Kapitel, wie schon in der Einleitung zu Kapitel D gesagt, bei der quantitativen Bewertung unberücksichtigt bleiben. Da dieser Aspekt für alle in diesem Kapitel angesprochenen Problemdimensionen gleichermaßen von Relevanz ist, wird er abschließend in D.3 diskutiert.

Anreize für eine Deklaration privaten Aufwands der Lebensführung als Kosten der Einkünfteerzielung bestehen grundsätzlich bei allen hier untersuchten Besteuerungsformen. Unterschiede gibt es aber hinsichtlich der Stärke des Bemessungsgrundlageneffekts, wobei danach zu differenzieren ist, ob es sich um Güter und Dienste, die unmittelbar in der betreffenden Steuerperiode verbraucht werden, oder um längerlebige Wirtschaftsgüter handelt. Bei kurzlebigen Güter besteht zwischen den verschiedenen Besteuerungsarten kein Unterschied, im Umfang des als Werbungskosten deklarierten Konsums sinkt jeweils die Bemessungsgrundlage. Anders jedoch bei langlebigen Gütern: Während zwecks Einkunftserzielung angeschaffte Wirtschaftsgüter im Rahmen einer *Einkommensteuer* nur pro rata temporis abgeschrieben werden können, und somit die Anschaffungsausgaben auf mehrere Perioden zu verteilen sind, impliziert die *Ausgabensteuer* eine Sofortabschreibung. Durch Absetzungen kann im Rahmen einer Ausgabensteuer somit ein viel größerer anfänglicher Liquiditätseffekt erzielt werden. Gleiche und konstante Zins- und Steuersätze vorausgesetzt, ist der hieraus resultierende Rentabilitätseffekt (durch verzinsliche Anlage der Liquidität bzw. geringeren Finanzierungsbedarf) stets größer als der einer Einkommensteuer. Die Attraktivität, langlebiges Konsumvermögen fälschlicherweise als der Einkunftserzielung dienend darzustellen, ist daher bei einer Ausgabensteuer durchweg höher als bei einer Einkommensteuer. Dieses ist auch noch verbunden mit schlechteren Kontrollmöglichkeiten: Während die

Anschaffung bei der Ausgabensteuer nur im Jahr der Anschaffung in den Geschäftsunterlagen erscheint, ist sie bei einer Einkommensteuer während des gesamten Abschreibungszeitraums präsent. Die Wahrscheinlichkeit der Aufdeckung von Falschdeklarationen im Rahmen von Betriebsprüfungen ist somit bei einer Einkommensteuer ungleich höher als bei einer Ausgabensteuer.

Wie oben dargelegt, ist eine Ausgabensteuer unter bestimmten idealtypischen Bedingungen (vollkommener Kapitalmarkt, gleiche und konstante Zins- und Steuersätze) belastungsmäßig äquivalent zu einer *zinsbereinigten Einkommensteuer*. Bei der letzten entfällt zwar der hohe anfängliche Liquiditätseffekt, dafür kann jedoch eine kalkulatorische Verzinsung auf das gebundene Kapital geltend gemacht werden. Prinzipiell unterscheiden sich Ausgaben und zinsbereinigte Steuer also nicht hinsichtlich der Anreize, dauerhaftes Konsumvermögen als betrieblich auszuweisen. Dass eine Absetzung privater langlebiger Anschaffungen bei Ausgabensteuer und zinsbereinigter Steuer gleich attraktiv ist, könnte unter realistischeren Bedingungen jedoch etwas zu relativieren sein, da Menschen typischerweise wohl stärker die gegenwärtigen Entlastungswirkungen im Auge haben als die künftigen. Bei Kapitalmarktunvollkommenheiten wirkt sich auch der höhere Liquiditätseffekt einer Ausgabensteuer steuerpraktisch als nachteilig aus.

Bei einer *umfassenden Einkommensteuer* sind im Vergleich zur Ausgabensteuer, zinsbereinigten Steuer und der in Deutschland praktizierten Form der Einkommensbesteuerung niedrigere Steuersätze zu erwarten. An dieser Stelle soll jedoch lediglich interessieren, dass bei einer erfolgenden Nutzungswertbesteuerung Aufwendungen steuerlich geltend gemacht werden können, die sonst vielleicht missbräuchlich als betrieblich veranlasste Einkunftserzielungskosten deklariert worden wären. Diesbezüglich bestünde dann also gar keine Kontrollerfordernis.[428] Die umfassende Einkommensteuer ist daher besser als die deutsche Einkommensteuer zu werten.

Bei einer *Sollzinsergänzung* der Einkommensteuer ist die steuerliche Belastung unabhängig von der intertemporalen Konsumallokation. Anders als bei der zinsbereinigten Einkommensteuer wird dieses allerdings

[428] Dies vereinfacht nicht nur die Einkommensbesteuerung, sondern ist obendrein auch noch bedeutsam für die Erhebung der Umsatzsteuer. Auch diesbezüglich verringert eine umfassende Einkommensteuer die Steuerhinterziehungsanreize.

nicht – im Vergleich zu einer Einkommensteuer – durch eine Niedrigerbesteuerung des Zukunftskonsums, sondern durch eine Höherbesteuerung des Gegenwartskonsums erreicht: Konsumiert jemand, erhöht das marginal seine Bemessungsgrundlage und seine Steuerschuld. Dies gilt nicht nur für die Steuerperiode, in der konsumiert wird, sondern auch für alle späteren Perioden. Gelingt es einem Steuerpflichtigen nun, einen eigentlich als Konsum zu erfassenden Sachverhalt als Kosten der Einkommenserzielung zu drapieren, senkt er damit nicht nur die gegenwärtige Bemessungsgrundlage, sondern auch die künftiger Perioden. Da letzterer Effekt nicht bei einer herkömmlichen (bzw. umfassenden) Einkommensteuer besteht, sind die entsprechenden – auf die Bemessungsgrundlage bezogenen – Anreize zu Falschdeklarationen als Folge einer Sollzinsergänzung höher als ohne eine solche.[429] Was die Höhe des Liquiditäts- und Rentabilitätsvorteils betrifft, besteht unter idealtypischen Bedingungen kein Unterschied zu einer zinsbereinigten Steuer oder einer Ausgabensteuer.[430] Mit dieser Aussage wird jedoch nicht berücksichtigt, dass bei einer Sollzinsbesteuerung systematisch von niedrigeren Steuersätzen auszugehen ist und daher insgesamt geringere Steuergestaltungsanreize zu erwarten sind. Insgesamt wird eine Sollzinsergänzung jeweils eine Note schlechter bewertet als die Basissteuerform, die mit ihr kombiniert wird.

1.1.1	Güter und Dienstleistungskäufe	ESt alt	ESt neu	ESt Ab	ESt SZE	UESt	UESt SZE	ASt	ZbSt
Steuerpraktische Beurteilung		4			5	3	4	6	5

1.1.2 Schuldzinsenabzug

Eine besondere Beachtung verdient der Schuldzinsenabzug. Schuldzinsen und sonstige Finanzierungskosten gelten im deutschen Einkommensteuerrecht als Betriebsausgaben bzw. Werbungskosten, soweit sie

[429] Vgl. HACKMANN (1999, S. 111). „Diese Schlussfolgerung ist jedoch … noch einzuschränken, weil eine Steuerhinterziehung mit einer Senkung der Sollvermögensfreibeträge ‚bestraft' wird."

[430] Vgl. HACKMANN (1999, S. 112).

mit (steuerbaren) Einkünften in wirtschaftlichem Zusammenhang stehen (vgl. § 9 Abs. 1 Satz 3 Nr. 1 EStG).[431] Eine Geltendmachung von Schuldzinsen für Konsumentenkredite ist im *deutschen Einkommensteuerrecht* nicht zugelassen. Ohne die Frage, ob eine Einkommensteuer konzeptionell nicht die Abzugsfähigkeit aller Schuldzinsen zulassen sollte, hier näher zu diskutieren, ist es offenkundig, dass die steuerliche Unterscheidung von Schuldzinsen in Abhängigkeit von der Kreditverwendung regelmäßig Abgrenzungsprobleme verursacht. So stellt sich – analog den Ausführungen in D.1.1.1 – die Frage, ob Kreditaufnahmen nicht für eine Finanzierung laufenden Konsums verwandt wurden. Ein größeres Problemgewicht könnte noch haben, dass Kreditaufnahmen gleichzeitig der Erzielung steuerpflichtiger und unbesteuerter Einkommen dienen. Beispiele hierfür sind gemischtgenutzte Immobilien oder auch der Kauf von Aktien, die steuerpflichtige Dividenden und steuerfreie Kursgewinne erwarten lassen. Die deshalb erforderliche Aufteilung der Schuldzinsen ist häufig aufwendig und kompliziert. Im Falle des Aktienkaufs verzichtet die Finanzverwaltung auch auf eine Aufteilung und erkennt sämtliche Schuldzinsen an, wenn aufgrund der Dividendenzahlungen eine Einkunftserzielungsabsicht anzunehmen ist. Begründet ist diese Problemdimension regelmäßig in Unvollkommenheiten des steuerrechtlichen Einkommensbegriffs, insbesondere in der Nichtbesteuerung der Nutzungswerte eigengenutzter Wohnungen sowie von Wertänderungen und Veräußerungsgewinnen (im Privatvermögen) außerhalb der Veräußerungsfrist. In D.1.6.3 wird auf diese Problematik noch näher eingegangen werden.

Neben Abgrenzungsproblemen bestehen obendrein auch noch massive Umgehungsmöglichkeiten. Da es einem Unternehmer grundsätzlich freigestellt ist, wie er seine Betriebsausgaben und betrieblichen Anschaffungen finanziert, könnte er etwa betriebliches Eigenkapital durch Fremdkapital ersetzten. Eine beliebte Konstruktionen in diesem Zusammenhang war das sog. *Zwei-Konten-Modell*.[432] Konstruktionen wie diese zei-

---

[431] Wird eine Schuld für mehrere Zwecke aufgenommen, ist eine entsprechende Aufteilung vorzunehmen.

[432] Richtet ein Unternehmer zwei betriebliche Girokonten ein – nämlich eines für Betriebseinnahmen und ein anderes für Betriebsausgaben – konnte er über die Betriebseinnahmen für seine private Verwendung verfügen, während die Betriebsausgaben durch Kreditaufnahme finanziert wurden. Nachdem der BFH (Beschluss v. 08.12.1997 – GrS 1-2/95, BStBl 1998 II, S. 193) das sogenannte Zweikontenmodell als nicht rechtsmissbräuchlich beurteilt hatte, sah sich der Gesetzgeber gezwungen, den aus seiner Sicht entstehenden ungerechtfertigten Vorteil gesetzlich durch ein Verbot

gen zudem, dass die Abgrenzung zwischen privater und der Einkünfteerzielung dienenden Kreditaufnahme stets willkürbehaftet ist. Nimmt der Inhaber eines eigenkapitalfinanzierten Betriebes etwa für die Anschaffung eines privat zu nutzendes Kraftfahrzeug ein Darlehen auf, so ist dieses in einem ökonomisch angemessenen Kausalitätsverständnis gleichwohl „betrieblich veranlasst": Würde er nämlich den Betrieb nicht führen und Ersparnisse in Form leicht liquidierbaren Geldvermögens halten, hätte er für die Anschaffung des Kraftfahrzeuges kein Darlehen aufnehmen müssen.[433] Dieser Argumentationslogik entsprechend wäre nicht auf die konkrete Darlehensverwendung abzustellen, sondern darauf, ob dem Darlehen der (steuerbaren) Einkunftserzielung dienendes Nettovermögen gegenübersteht. Ein steuerlicher Nichtabzug von Schuldzinsen wäre demgemäss nur dann angebracht, wenn eine solche „Deckung" des Kredits nicht besteht. Steuerpraktisch ließe sich ein solcher Ansatz in Annäherung vielleicht realisieren, wenn statt auf die Bestandsgröße Vermögen auf die Stromgröße Kapitalerträge abgestellt und es gestattet wird, grundsätzlich alle Schuldzinsen mit Kapitalerträgen zu verrechnen. Gegen eine solche Vereinfachungslösung spricht jedoch, dass sie eine Geltendmachung von Schuldzinsen auf private Kredite selbst dann zuließe, wenn der Schuldbetrag das zinsbringend angelegte Vermögen übersteigt und eine Kompensation der Schuldzinsen durch die Kapitalerträge nur deshalb möglich ist, weil die Verzinsung des Vermögens den Schuldzinssatz übersteigt.

---

des Betriebsausgabenabzugs von Schuldzinsen im Zusammenhang mit Entnahmen zu unterbinden (§ 4 Abs. 4a Nr. 2 EStG; Fassung vom 01.01.1999 bis 31.12.1999). Aufgrund ihrer Kompliziertheit und schwerer Bedenken ist diese Vorschrift später durch die sog. *Überentnahme-Regelung* (§ 4 Abs. 4a EStG) ersetzt worden (rückwirkend mit Wirkung ab 1999, geändert zum 01.01.2002), nach der (bis auf einen Freibetrag von EUR 2.050) Schuldzinsen für Überentnahmen bei der Gewinnermittlung nicht abziehbar sind. „Eine Überentnahme ist der Betrag, um den die Entnahmen die Summe des Gewinns und der Einlagen des Wirtschaftsjahres übersteigen. Die nicht abziehbaren Schuldzinsen werden typisiert mit sechs vom Hundert der Überentnahme des Wirtschaftsjahres zuzüglich der Überentnahme vorangegangener Wirtschaftsjahre und abzüglich der Beträge, um die in den vorangegangenen Wirtschaftsjahren der Gewinn und die Einlagen die Entnahmen überstiegen haben (Unterentnahmen), ermittelt" (ebd.).

[433] Eine ähnliche Argumentation gilt auch für den Fall, dass der Erwerber des Kraftfahrzeuges früher einmal Inhaber eines Betriebes war, jedoch sein Vermögen aufgrund einer Insolvenz verloren hat.

Eine *umfassende Einkommensteuer* zeichnet sich durch eine wesentlich geringere Diskrepanz zwischen steuerrechtlichem und konzeptionellem Einkommensbegriff aus als die in Deutschland bestehende Einkommensteuer. Bedeutsam ist in diesem Zusammenhang vor allem die Besteuerung von Nutzungswerten eigengenutzter Wohnungen sowie vor allem von im sonstigen Privatvermögen anfallenden Wertänderungen und Veräußerungsgewinnen. Damit wäre eine Abzugsfähigkeit von Schuldzinsen geboten, soweit sie mit der Anschaffung eigengenutzter Wohnungen oder Wertänderungen zusammenhängen. Obendrein verlören dann die oben genannten Argumente gegen einen generellen Schuldzinsenabzug an Bedeutung, so dass dieser u.U. bis zur Höhe der Kapitalerträge zugelassen werden könnte.

Noch weitergehende steuerpraktische Erleichterungen ergeben sich bei Steuern, die systembedingt eine generelle Abzugsfähigkeit von Schuldzinsen vorsehen. Eine *Ausgabensteuer* zielt auf die Konsumausgaben, unabhängig davon wie diese finanziert werden. Private Schuldzinsen auf Konsumentenkredite gelten nicht als Konsum, so dass ihnen steuerliche Abzugsfähigkeit zu gewähren ist (vgl. hierzu C.3.1.3). Bei der *Sollzinsergänzung* stehen den Schuldzinsen auf Konsumentenkredite grundsätzlich steuerbare Sollzinsen gegenüber, so dass in diesem Fall eine Abzugsfähigkeit privat veranlasster Schuldzinsen auf Konsumentenkredite schon aus konzeptionellen Gründen geboten ist. Allerdings wird der steuergesetzlich festgelegte Sollzinssatz nur zufällig mit dem individuellem Schuldzinssatz übereinstimmen. Wird berücksichtigt, dass die Sollzinsergänzung der Bemessungsgrundlage höhere Steuern für alle Steuerzahler zur Folge haben wird, die eine unterdurchschnittliche Ersparnis deklarieren – also auch viele, die keine Konsumentenkredite aufnehmen – und die Steuerpolitik regelmäßig auch ungebührliche Härten vermeiden sollte, ist regelmäßig zu erwarten, dass der Sollzinssatz unterhalb dem banküblichen Schuldzinssatz festgelegt wird. Eine Abzugsfähigkeit von Konsumentenkreditzinsen würde also immer noch eine gewisse Subventionierung von kreditär finanzierten Konsumgüterkäufen bedeuten (soweit die Schuldzinsen die privaten Kapitalerträge übersteigen).

Bei einer *zinsbereinigten Steuer* können Privatpersonen Schuldzinsen generell nicht geltend machen, deshalb ist auch hier grundsätzlich mit der Tendenz zu rechnen, privat veranlasste Kredite als der Erzielung steuerpflichtiger Einkünfte dienend auszuweisen. Allerdings schränkt die Abzugsfähigkeit einer kalkulatorischen Verzinsung auf das betriebliche Eigenkapital den Vorteil einer solche Vorgehensweise ein, er beträgt nur noch die Differenz zwischen dem auf den Kreditmärkten zu zahlenden Schuldzinssatz und dem Schutzzinssatz. Insgesamt dürfte die Problemlage daher etwas geringer als bei der deutschen Einkommensteuer sein.[434]

1.1.2	Schuldzinsenabzug	ESt alt	ESt neu	ESt Ab	ESt SZE	UESt	UESt SZE	ASt	ZbSt
Steuerpraktische Beurteilung			3		1-2	2	1-2	1	2

1.1.3 Gesamtbeurteilung

Insgesamt dürfte die Deklaration privater Konsumausgaben als einkünfteerzielungsbedingt ein gravierenderes steuerpraktisches Problem sein als die steuerliche Geltendmachung von Schuldzinsen aus nicht der (steuerbaren) Einkunftserzielung dienenden Verbindlichkeiten. Die Überprüfung wie Ausgaben veranlasst sind, erfordert eine aufwendige Beschäftigung mit den Ausgaben selbst, Missbrauchsvorschriften können deshalb lediglich bei „typischen" Fällen greifen. Eine Regelung zum Schuldzinsenabzug könnte hingegen durch typisierende Vorschriften erreicht werden (wie etwa die Überentnahme-Regelung im deutschen Steuerrecht). Obendrein lässt sich eine Geltendmachung von Schuldzinsen auf Konsumentenkredite aus einer konzeptionellen Perspektive durchaus rechtfertigen. In der Gesamtbewertung verlieren die aus der Schuldzinsenproblematik resultierenden steuerpraktischen Differenzvorteile von *zinsbereinigter Einkommensteuer, Ausgabensteuer* und *Sollzinsergänzung* somit an Gewicht.

Die immanente Realisierungslücke der deutschen Einkommensteuer und der zinsbereinigten Einkommensteuer werden als mittel angesehen, da diese Steuerarten den Abzug privat veranlasster Schuldzinsen untersagen und dabei die private Verursachung grundsätzlich kausal feststellen – d.h. danach fragen, wofür die Darlehnsaufnahme verwandt wurde –, jedoch nicht ob die Privatausgaben aus Eigenmitteln finanzierbar wären.

---

[434] Ein negatives Eigenkapital würde dabei zu Soll-Schutzzinsen führen.

In der untenstehenden Bewertung bleibt ausgeklammert, dass aufgrund der unvollständigen Besteuerung von Kapitalerträgen im deutschen Steuerrecht Schuldzinsen teilweise auch für unbesteuerte Einkommen geltend gemacht werden können. Dieses Problem wird primär als Problem des unvollkommenen steuerrechtlichen Einkommensbegriffs angesehen und nicht des Schuldzinsabzuges.

1.1.3	Problemfeld: Abgrenzung der Aufwendungen der privaten Lebensführung von den Kosten der Einkunftserzielung: Gesamtbeurteilung	ESt alt	ESt neu	ESt Ab	ESt SZE	UESt	UESt SZE	ASt	ZbSt
Steuerpraktische Beurteilung			4		3-4	3	3	4	4
Immanente Realisierungslücke			M		G	G	G	G	M

1.2 Problemfeld: Eigenerstellung von Konsumgütern zur privaten Nutzung

Einkommen aus der Eigenerstellung kurzlebiger Konsumgüter zur privaten Nutzung lässt sich von Dritten regelmäßig kaum ermitteln. Da überwiegend eine Deklaration dieses Einkommens durch die Steuerpflichtigen nicht zu erwarten ist, wird sich die Besteuerung auf Fälle beschränken müssen, in denen der Steuerpflichtige einen Betrieb zur Erstellung derartiger Güter unterhält und somit eine Typisierung erfolgen kann. Wie der deutschen Einkommensteuerpraxis entspricht und in C.1.3.1 für eine *umfassende Einkommensteuer* erwogen, könnte dann ein als Entnahme gewerteter Pauschbetrag angesetzt werden.

Bei der Eigenerstellung langlebigen Konsumvermögens sind Häuser größenordnungsmäßig wohl am bedeutendsten. Eine Erfassung wie im Rahmen einer *umfassenden Einkommensteuer* vorgesehen, bereitet diesbezüglich keine größeren Probleme. Für die Errichtung von Gebäuden sind in Deutschland entsprechende Genehmigungen einzuholen und zudem erfolgt eine Erfassung auch im Rahmen der Grundsteuer. Die Bewertungsfragen sind gleichwohl nicht einfach, auch wenn sich dafür Lösungsansätze anbieten. Ein erwähnenswerter Vorteil einer solchen Besteuerung ist, dass sie – unter Hinnahme wohnungspolitischer Nachteile – gleichzeitig die Schwarzarbeit am Bau bekämpfen würde, denn viele vermeintlich selber oder mit unentgeltlicher Hilfe von Freunden erstellten Häuser sind dies in Wirklichkeit nicht. Steuerpraktisch könnte die konzeptionell gebotene Besteuerung der Eigenerstellung von Konsumgütern daher gegenüber einer Nichtbesteuerung durchaus Vorteile bieten. Eine umfassende Einkommensteuer wäre daher nicht nur konzeptionell sondern auch steuerpraktisch den *anderen Steuerarten,* die solche Arten von Einkommen bzw. Konsum unberücksichtigt lassen, überlegen und hätte eine geringere Realisierungslücke. Eine Ergänzung der Einkommensteuer durch eine Abgeltungsteuer oder Sollzinsergänzung hätte keine steuerpraktischen Auswirkungen.

1.2	Problemfeld: Eigenerstellung von Konsumgütern zur privaten Nutzung	ESt alt	ESt neu	ESt Ab	ESt SZE	UESt	UESt SZE	ASt	ZbSt
Steuerpraktische Beurteilung		3				2		3	3
Immanente Realisierungslücke		M				G		M	M

1.3 Problemfeld: Vermietung, Verpachtung und Eigennutzung von Sachvermögen (insbesondere Wohnungen)

Eine Abgeltungsteuer auf Kapitalerträge betrifft die Vermietung, Verpachtung und Eigennutzung von Sachvermögen nicht. Eine Einkommensteuer mit abgeltender Besteuerung von Kapitalerträgen ist daher wie eine Einkommensteuer zu bewerten.

1.3.1 Feststellung von Einkünften aus Vermietung, Verpachtung und Eigennutzung von Sachvermögen (insbesondere Wohnungen)

Einkünfte aus Vermietung und Verpachtung von Sachvermögen lassen sich im Grunde relativ einfach ermitteln und es gibt auch kaum differentielle Unterschiede zwischen den verschiedenen Besteuerungsformen, daher braucht hierauf nicht weiter eingegangen zu werden. Die Betrachtung in diesem Kapitel beschränkt sich deshalb auf die Ermittlung der

Einkünfte bzw. des Konsums aus Eigennutzung von Sachvermögen. Eine Besteuerung des Nutzungswertes langlebiger Konsumgüter ist insbesondere dann sinnvoll, wenn diese über einen längeren Zeitraum genutzt werden, nur einer relativ geringen Abnutzung unterliegen und sich ihr Besitz einfach feststellen lässt. Ein Großteil der Konsumgüter erfüllt diese Voraussetzungen nicht, in besonderem Maße sind sie jedoch bei Wohnungen, Häusern, Grundstücken und – wenn auch hier nicht diskutiert – Privatflugzeugen und Booten (Yachten) vorhanden; sie kommen daher für eine Besteuerung von Nutzungswerten besonders in Frage. Eine solche Besteuerung wäre konzeptionell im Grunde bei allen hier dargestellten Steuern geboten, es gibt allerdings Unterschiede in der Dringlichkeit.

Bei einer *sollzinsergänzten Einkommensteuer* ohne Nutzungswertbesteuerung gelten Anschaffungen langlebiger Konsumgüter als Konsum. Die Besteuerung der auf diesen „Konsum" entfallenden Sollzinsen bewirkt eine indirekte Besteuerung der Erträge eigengenutzten Konsumvermögens. Auch eine *zinsbereinigte Einkommensteuer* macht eine Nutzungswertbesteuerung weniger dringlich: Wenn (wie hier unterstellt) die Abweichung der Rendite des Konsumvermögens von der Normalverzinsung vernachlässigenswert gering ist, kann auf eine explizite Erfassung von Nutzungswerten verzichtet werden.

Grundvoraussetzung einer Besteuerung der einkommensmäßigen Vorteile des Wohnens in der eigenen Wohnung (Nutzungswertbesteuerung) – unabhängig davon ob sie im Rahmen einer *Einkommensteuer* oder einer *Ausgabensteuer* erfolgt – ist zunächst einmal die Feststellung der Existenz der entsprechenden Objekte, welches bei im Inland gelegenen Objekten unproblematisch ist.[435] Die Bewertung kann – wie in C.1.3.2 beschrieben – in typisierter Form einerseits anhand der Anschaffungs- bzw. Herstellungskosten (einschließlich nachträglicher Herstellungskosten) oder andererseits anhand typisierender Parameter wie Größe, Ausstattung und Lage erfolgen. Durch Kombination dieser beiden verschiedenen Ansätze lässt sich verhindern, dass zu hohe Aufwendungen oder zu niedrige Mietwerte deklariert werden. Während für die Erfassung von Parametern objektiver Natur wie Grundstücksgröße, Wohn- bzw. Nutzfläche[436]

---

[435] Bei im Ausland gelegenen Objekten ist die Informationsweitergabe der entsprechenden Staaten Voraussetzung, vielfach wird jedoch aufgrund von Doppelbesteuerungsabkommen dem Inland das Besteuerungsrecht sowieso nicht zustehen.

[436] Wohn- bzw. Nutzflächen sind aufgrund der Baugenehmigungspflichtigkeit allge-

auf Grundbücher, Baugenehmigungen o.ä. zurückgegriffen werden könnte,[437] so dass sich für die Steuerpflichtigen nur ein geringer Mehraufwand ergibt, setzt die Ermittlung der Aufwendungen und des gebundenen Kapitals eine Buchführung der Steuerpflichtigen voraus. Im Vergleich zu den typischen Einkunftsarten abhängig Beschäftigter stellt dieses eine Komplizierung dar. Hinzu kommt noch der Kontrollaufwand der Finanzverwaltung, und obendrein könnte auch die Zahl der Einsprüche von Steuerpflichtigen ein quantitativ nicht unbedeutendes Ausmaß annehmen.

Einfacher ließe sich eine Nutzungswertbesteuerung im Kombination mit einer *Sollzinsergänzung* realisieren, weil dann die steuerlich geltend gemachten Anschaffungs- bzw. Herstellungskosten gleichzeitig als Basis für die Festsetzung des Nutzungswertes dienten. Dem grundsätzlich bei einer Nutzungswertbesteuerung bestehenden Anreiz, durch Angabe zu niedriger Kosten, steuerlich auch einen niedrigeren Nutzungswert ansetzen zu können, würde dann nämlich der Sollzinsmechanismus entgegenwirken: Nicht als Kosten der eigenen Wohnung deklarierte Ausgaben würden als Konsum gewertet und zögen damit steuerbare Sollzinsen nach sich. Grundsätzlich wird jedoch bei einer Sollzinsergänzung eine Nutzungswertbesteuerung weniger dringlich. Bei einer *Sollzinsergänzung der deutschen Einkommensteuer* entspricht der Aufwand der Ermittlung der Einkünfte aus Vermietung, Verpachtung und Eigennutzung von Sachvermögen tendenziell dem der deutschen Einkommensteuerpraxis, die – indem sie die Nutzungswerte gar nicht besteuert – auf jeden Fall gegenüber einer umfassenden Einkommensteuer steuerpraktisch besser abschneidet.

Bei einer zinsbereinigten Einkommensteuer ist – wie schon erwähnt – eine Nutzungswertbesteuerung weniger dringlich. Obwohl daher im Allgemeinen darauf wohl verzichtet werden würde, soll nicht unerwähnt bleiben, dass sich aufgrund der dann (zumindest für Investitionen in eigengenutzte Immobilien) erforderlichen Ausweitung der Zinsbereinigung auch auf private Haushalte ähnliche Kontrollwirkungen für die

---

mein bekannt. Schwarzbauten (ohne Baugenehmigung) werden aufgrund des hohen Risikos für den Bauherren quantitativ eher unbedeutend sein. Ggf. könnte die Baubehörde nämlich einen Abriss verlangen und Gebäudeversicherungen dürften im Schadensfall Leistungen verweigern.

[437] Auch Typisierungen der Grundstückslage dürften sich – wenn auch komplizierter – insgesamt noch relativ einfach durchführen lassen.

Nutzungswerte ergäben wie bei der Sollzinsergänzung. Der Schutzzinsmechanismus senkt den Anreiz, mit Blick auf einen niedrigeren Nutzungswert zu geringe Anschaffungs- bzw. Herstellungskosten zu deklarieren. Wird mehr Kapital in der eigenen Wohnung gebunden, kann ein höherer Schutzzinsbetrag angesetzt werden. Steuerpraktisch ist die zinsbereinigte Steuer daher wie eine Sollzinsergänzung zu bewerten.

1.3.1	Feststellung von Einkünften aus Vermietung, Verpachtung und Eigennutzung von Sachvermögen (insbesondere Wohnungen)	ESt alt	ESt neu	ESt Ab	ESt SZE	UESt	UESt SZE	ASt	ZbSt
Steuerpraktische Beurteilung			2		2	3	2	3	2

1.3.2 Unterschiedliche steuerliche Behandlung von Einkünften aus Vermietung, Verpachtung und Eigennutzung von Wohnungen in Abhängigkeit von der Nutzungsart

Aus einer Nichterfassung des Nutzungswertes eigengenutzter Wohnungen und der daraus resultierenden unterschiedlichen Behandlung von eigengenutzten und vermieteten Wohnungen resultieren eine Reihe steuerpraktischer Probleme, die vor allem mit der Geltendmachung von Werbungskosten zusammenhängen. Größenordnungsmäßig dürften dabei Schuldzinsen am bedeutendsten sein. Die Möglichkeit, Werbungskosten bei der Vermietung von Wohnungen geltend machen, jedoch nicht die Kosten aus der Eigennutzung von Wohnungen, lässt vielerlei Ausweichmöglichkeiten zu und hat ein erhebliches Missbrauchspotential.

Ein Abzugsverbot für Werbungskosten einer eigenen Wohnung wie im *deutschen Einkommensteuerrecht* ließe sich – wenn empirisch vielleicht auch nicht sonderlich relevant – leicht durch eine wechselseitige Vermietung umgehen: Die eigene Wohnung wird an einen Verwandten oder Bekannten vermietet und dafür wird dessen – gleich große – Wohnung gemietet. Allerdings hat der BFH[438] derartige Konstruktionen als unbeachtlichen Gestaltungsmissbrauch (§ 42 AO) eingestuft. Anerkannt werden wechselseitige Vermietungen jedoch, wenn sie von „sinnvollen wirtschaftlichen Erwägungen" getragen sind, z.B. bei unterschiedlich großen Wohnungen und verändertem Wohnraumbedarf.[439] Aus ökonomischer Sicht erscheinen solche Abgrenzungen gekünstelt und wenig sachgerecht, und zudem bieten sie unerfreuliche Gestaltungsanreize.

Praktisch bedeutende Abgrenzungsprobleme bestehen auch, wenn jemand gleichzeitig eine eigene und eine vermietete Wohnung besitzt. Befinden sich die Wohnungen im selben Haus, sind die nicht direkt auf eine einzelne Einheit zuordenbaren Werbungskosten – wie etwa Schuldzinsen – aufzuteilen. Steuerpflichtige könnten versuchen, die zu vermietende Wohnung wertmäßig höher anzusetzen, um auf diese Weise Schuldzinsen abzugsfähig zu gestalten. Gering dürfte auch die Wahrscheinlichkeit sein, dass eine Zuordnung von allein die eigenbewohnte Wohnung betreffenden Werbungskosten auf die Mietwohnung von der Finanzverwaltung festgestellt wird.

Steuerpraktisch wie auch ökonomisch wenig überzeugend ist ferner die Regelung bei Nutzungsänderungen, wenn etwa ehemals vermietete Wohnungen nun vom Eigentümer selbst genutzt werden. Die Möglichkeit für eine steuerliche Geltendmachung von Erhaltungsaufwendungen wird im Regelfall am Zeitpunkt der Ausgabentätigung und nicht am ursächlichen Zusammenhang festgemacht. Während der Vermietungsdauer können Aufwendungen im Prinzip unbegrenzt abgesetzt werden, nach Auszug des Mieters ist dieses nicht mehr möglich, auch wenn lediglich die normale Abnutzung der Wohnung durch den Mieter beseitigt wird. Da die Wohnung nicht mehr vermietet wird und somit keine Einnahmen mehr erzielt werden, ist ein Abzug des Betrages als nachträgliche Werbungskosten nicht möglich.[440] Durch diese Regelung werden An-

---

[438] BFH-Urteil v. 19.6.1991 (IX R 134/86, BStBl 1991 II, S. 904).

[439] Anerkannt hat der BFH (Urteil v. 12.9.1995 – IX R 54/93, BStBl 1996 II, S. 258) inzwischen die wechselseitige Vermietung zweier Eigentumswohnungen, in die ein Zweifamilienhaus im Zuge vorweggenommener Erbfolge umgewandelt worden war.

[440] BFH-Urteile v. 20.12.1994 (IX R 61/91, BStBl 1995 II, S. 959) und vom 11.7.2000 (IX R 48/96, BStBl 2001 II, S. 784). Lediglich „Aufwendungen zur Beseitigung eines Schadens, der die mit dem gewöhnlichen Gebrauch der Mietsache verbundene Abnutzung deutlich übersteigt, insbesondere eines mutwillig verursachten Schadens, können Werbungskosten sein" (BFH-Urteil v. 11.7.2000).

reize gesetzt, zu renovierende Wohnungen zunächst zu vermieten und später in Eigennutzung umzuwidmen. Würden Nutzungswerte besteuert, bräuchte nicht mehr nach der Veranlassung von Werbungskosten differenziert werden, und die genannten Probleme entfielen. Ohne Nutzungswertbesteuerung könnten sie sich verringern lassen, wenn – wie in C.1.2 beschrieben – in jeder Periode nur noch Werbungskosten entsprechend der (am Teilwert gemessen) wirtschaftlichen Wertminderung in dieser Periode geltend gemacht werden könnten. Weitere zeitliche Abgrenzungen bräuchten dann nicht vorgenommen zu werden.

Können – im Rahmen einer *umfassenden Einkommensteuer* oder einer *Ausgabensteuer* – bei Besteuerung der einkommensmäßigen Vorteile des Wohnens in der eigenen Wohnung auch entsprechende Werbungskosten geltend gemacht werden, entfallen zum einen – wie gesagt – die genannten Aufteilungsprobleme, zum anderen wird der Anreiz, Kosten der eigenen Wohnung als Werbungskosten der Vermietung darzustellen, reduziert. Diesem steuerpraktischen Vorteil steht jedoch gegenüber, dass versucht werden könnte, Aufwendungen befreundeter Wohnungsmieter als die eigene Wohnung betreffend darzustellen. Die komparative Bedeutung dieses Problems im Vergleich zum erstgenannten dürfte jedoch schwächer sein. Schließlich beschränken sich die Ausgaben von Mietern für ihre Wohnungen üblicherweise auf Schönheitsreparaturen wie Malerarbeiten, so dass die Betragshöhe derartiger Belege durchweg eher gering sein dürfte und zudem schafft die Nachfrage nach Belegen bei Bekannten zwecks Steuerhinterzielung Mitwisser. Da zudem – wie hier (s. C.1.3.2) als Lösung empfohlen – die Höhe des Mietwertes mit den geltend gemachten Aufwendungen ansteigt, werden auch hierdurch entsprechende Anreize gebremst.[441] *Umfassende Einkommensteuer* und *Ausgabensteuer* sind daher insgesamt besser als die deutsche Einkommensteuer zu bewerten. Die Ausgabensteuer ist jedoch nicht so gut zu sehen wie eine umfassende Einkommensbesteuerung, da ein etwaiger Betrug durch Absetzung von nicht die eigenen Wohnungen betreffende (nur pro rata temporis geltend machbaren) Herstellungskosten eine stärkere Steuerentlastungswirkung hat (bei gleichem Steuersatz). Die Gründe hierfür sind dieselben wie für die Darstellung von Konsumausgaben als Werbungskosten bzw. Betriebsausgaben (s. D.1.1.1). Gleicher Effekt besteht

---

[441] Es wäre auch möglich, besondere Anforderungen an Belege zu stellen, typischerweise von Mietern getragene Aufwendungen nicht anzuerkennen oder Bagatellegrenzen einzuführen.

auch bei einer *umfassenden Einkommensteuer mit Sollzinsergänzung*, die daher wie eine Ausgabensteuer zu werten ist.

Bei einer *Sollzinsergänzung ohne Nutzungswertbesteuerung* entfällt das Problem der Aufteilung von Schuldzinsen, da auch privat veranlasste Zinsaufwendungen steuerlich geltend gemacht werden können. Der Anreiz, Kosten der eigenen Wohnung als Werbungskosten der Vermietung darzustellen, besteht ohne zusätzliche Nutzungswertbesteuerung jedoch fort und ist – wie erläutert – bei Herstellungskosten grundsätzlich stärker als bei einer Einkommensteuer. Eine *Sollzinsergänzung ohne Nutzungswertbesteuerung* dürfte daher insgesamt zwar besser zu werten sein als die deutsche Einkommensteuer, jedoch nicht so gut wie bei gleichzeitig erfolgender Nutzungswertbesteuerung.

Eine *zinsbereinigte Einkommensteuer* bietet keine komparativen Vorteile gegenüber der deutschen Einkommensteuer, ist jedoch mit dem Nachteil verbunden, dass eine falsche Zuordnung von Herstellungskosten lohnender wird, da hierauf zusätzlich auch eine kalkulatorische Eigenkapitalverzinsung geltend gemacht werden kann.

1.3.2	Unterschiedliche steuerliche Behandlung von Einkünften aus Vermietung, Verpachtung und Eigennutzung von Wohnungen in Abhängigkeit von der Nutzungsart	ESt alt	ESt neu	ESt Ab	ESt SZE	UESt	UESt SZE	ASt	ZbSt
Steuerpraktische Beurteilung			4		3	2	2-3	2-3	4-5

1.3.3 Gesamtbeurteilung

Für eine steuerpraktische Gesamtbeurteilung der Besteuerung von Einkünften aus Vermietung, Verpachtung und Eigennutzung von Sachvermögen sind die Vorteile einer Nutzungswertbesteuerung eigener Wohnungen, wie sie sich durch die Vermeidung von Abgrenzungsproblemen vor allem bei einem Wechsel der Nutzungsart oder gemischter Nutzung ergeben, mit dem zusätzlichen (buchhalterischen) Aufwand für die Wohnungseigentümer abzuwägen. Ein genaues Urteil lässt sich schwer fällen, da keine empirischen Daten über das Ausmaß der jeweiligen Problemaspekte vorliegen.

Wird der zusätzliche Aufwand als Grund gegen eine generelle Besteuerung der einkommensmäßigen Vorteile der eigenen Wohnung genommen, wäre es überlegenswert, nicht wenigstens denjenigen Steuerzahlern, die neben ihrer eigengenutzten Wohnung auch noch eine vermietete besitzen, die Nutzungswertbesteuerung zu gebieten.[442] Da Vermieter sowieso schon Aufzeichnungen für ihre Mietwohnung führen müssen, dürfte der zusätzliche Aufwand einer Nutzungswertbesteuerung für sie unerheblich sein. Im Rahmen einer *traditionellen Einkommensteuer* würden dann allerdings eigenkapitalfinanzierende Wohnungsbesitzer, die gleichzeitig Vermieter sind, gegenüber solchen diskriminiert, die nur eine eigene Wohnung besitzen. Auch aufgrund dieser Möglichkeit wird eine *umfassende Einkommensteuer* hier steuerpraktisch insgesamt etwas bewertet als die *deutsche Einkommensteuer*. Noch besser ist eine *umfassende Einkommensteuer mit Sollzinsergänzung* zu bewerten, da sie einen inhärenten Kontrollmechanismus zur Ermittlung der Nutzungswerte enthält.

Auch bei einer *Ausgabensteuer* sind wie bei einer umfassenden Einkommensteuer Nutzungswerte zu ermitteln. Auch wenn bei ihr das Problem der Falschdeklaration von Ausgaben etwas an Bedeutung gewinnt, ist sie insgesamt noch wie eine umfassende Einkommensteuer zu beurteilen.

Im Rahmen einer *Sollzinsergänzung* können private Schuldzinsen geltend gemacht werden, daher reduzieren sich Abgrenzungsprobleme. Gleichzeitig entfällt die aufwendige Ermittlung von Nutzungswerten. Insgesamt könnte sie daher noch leichte steuerpraktische Vorteile gegenüber umfassender Einkommensteuer und Ausgabensteuer besitzen.

Eine *Zinsbereinigung* ist etwas schlechter als die deutschen Einkommensteuer zu bewerten. Sie bietet keine steuerpraktischen Vorteile, in ihrem Rahmen wird es jedoch für Steuerpflichtige attraktiver, die eigene (oder fremde) Wohnungen betreffende Herstellungskosten geltend zu machen.

Die immanente Realisierungslücke ist grundsätzlich bei Steuerarten geringer, die eine Besteuerung von Nutzungswerten beinhalten oder wo diese aufgrund besonderer Mechanismen an Dringlichkeit verliert.[443] Die

---

[442] Eine ähnliche Regelung gab es nach Abschaffung der Nutzungswertbesteuerung noch mit der sog. „großen" Übergangsregelung (§ 52 Abs. 21 Satz 2ff. EStG; bis 31.12.1998 gültige Fassung).

[443] Es lässt sich noch nicht einmal ausschließen, dass – am konzeptionellen Gleichheitsmaßstab gemessen – eine Sollzinsergänzung ohne eine Nutzungswertbesteue-

deutsche Einkommensteuer wäre diesbezüglich also schlechter zu beurteilen als die diskutierten *Reformvorschläge.*

1.3.3	Gesamtbeurteilung Problemfeld: Vermietung, Verpachtung und Eigennutzung von Sachvermögen (insbesondere Wohnungen)	ESt alt	ESt neu	ESt Ab	ESt SZE	UESt	UESt SZE	ASt	ZbSt
Steuerpraktische Beurteilung		3			2	2-3	2	2-3	3-4
Immanente Realisierungslücke		H			G	G	G	G	G

1.4 Problemfeld: Unternehmensgewinne

In diesem Kapitel sollen die steuerpraktischen Schwierigkeiten und Probleme im Zusammenhang mit der Besteuerung von Unternehmensgewinnen und Einkommen aus der Beteiligungen an Unternehmen erörtert werden. Die Aussagen hier beziehen sich überwiegend zugleich auf Personenunternehmen und Kapitalgesellschaften. Die sich für Unternehmen im Zusammenhang mit der Verpachtung und Eigennutzung von Immobilien und deren Wertänderung stellenden steuerpraktischen Probleme entsprechen im Grunde denen von Privatpersonen – in diesem Kapitel ist hierauf daher nicht weiter einzugehen. Auch auf eine separate Bewertung der Sollzinsergänzung wird in diesem Kapital verzichtet, sie wird durchgängig wie die derzeitige deutsche Einkommensteuer (neu) bzw. eine umfassende Einkommensteuer bewertet werden. Die steuerpraktischen Effekte einer Sollzinsergänzung hängen wesentlich von der ihr zugrundeliegenden Einkommensteuer sowie der konkreten Ausgestaltung der Sollzinsergänzung ab.[444] Dabei wäre auch zu berücksichtigen, dass die Höhe der Konsumfreibeträge nicht unabhängig von der Bemessungsgrundlage ist. Für die Abgeltungsteuer auf Kapitalerträge sind nur die in D.1.4.3.3 behandelten Problemaspekte spezifisch, ansonsten wird auch sie wie eine Einkommensteuer (neu) benotet.

---

rung insgesamt zu einer größeren steuerlichen Gleichbehandlung führt als eine generelle Nutzungswertbesteuerung in der hier dargestellten typisierten Form.

[444] Für eine Erörterung exemplarischer unternehmenssteuerlicher Fragestellungen bei einer Sollzinsergänzung vgl. HACKMANN (1999).

1.4.1 Generelle Möglichkeiten der Hinterziehung von Steuern auf Unternehmensgewinne

Eine sehr alte steuerpraktische Empfehlung ist es, Steuern tendenziell eher auf Sachverhalte zu legen, die dem Steuerpflichtigen weniger Möglichkeiten zur Steuerhinterziehung lassen. Es dürfte also unklug sein, gerade die Größen unbesteuert zu lassen, die sich weniger einfach verbergen lassen. Während Einkommensteuern den ganzen unternehmerischen Gewinn erfassen, beschränkt sich die *zinsbereinigte Steuer* auf die sog. Überrenditen, die „Normalverzinsung" bleibt also steuerfrei. Zu fragen ist nun, ob sich Normalverzinsung und Überrenditen in ihrer Hinterziehbarkeit unterscheiden. Weist ein Unternehmen ungewöhnlich niedrige Ergebnisse über einen längeren Zeitraum aus, könnte dies Misstrauen bei der Finanzverwaltung wecken und entsprechende Überprüfungen auslösen. Es könnte sich die Frage nach dem Grund der unternehmerischen Betätigung stellen, wenn nachhaltig Verluste oder Renditen weit unterhalb der Normalverzinsung erzielt werden und dieses nicht dem allgemeinen Branchenbild entspricht. Ein Unternehmer mit Neigung zur Steuerhinterziehung könnte daher (das Vorhandensein entsprechender Gewinne vorausgesetzt) ein eigenes Interesse daran haben, zumindest einen *Normalgewinn* auszuweisen. Die zinsbereinigte Gewinnsteuer (wie im Endeffekt auch eine Ausgabensteuer) stellt jedoch gerade diesen Normalgewinn steuerlich frei.

Bei der *zinsbereinigten Gewinnsteuer* kommt noch hinzu, dass sie die Möglichkeit zu Steuerrückzahlungen schafft, ohne dass im ökonomischen Sinne Verluste vorliegen. Weist ein Unternehmen einen Bruttogewinn von null aus, muss der (positives Eigenkapital vorausgesetzt) zinsbereinigte Gewinn negativ sein. Steuerlich läge also ein Verlust vor, den der Steuerpflichtige u.U. mit anderen Einkünften verrechnen könnte. Vor diesem Hintergrund wären etwa Konstruktionen derart möglich, dass ein Steuerpflichtiger ein bestimmtes Eigenkapital in sein Unternehmen einbringt, welches dieses dann dem Steuerpflichtigen als zinsloses (oder niedrigverzinstes) Darlehen zur Verfügung stellt. Der Steuerpflichtige könnte somit negative (zinsbereinigte) Erträge aus Unternehmertätigkeit erzielen, die er etwa mit seinen Arbeitseinkünften verrechnen könnte (s. hierzu auch D.2.1.1).

Bei einer *Ausgabensteuer* gelten Unternehmen als „qualifiziert" in dem Sinne, dass der Erwerb von Unternehmensanteilen bei der Ermittlung der Konsumausgaben vom Einkommen abgezogen werden kann. Auch wenn Unternehmen selbst nicht besteuert werden sollten, wird die Finanzverwaltung die Mittelverwendung kontrollieren müssen, damit Einlagen in ein Unternehmen nicht für Konsumzwecke verwandt werden. Die Kontrolle der Finanzverwaltung müsste sich dabei auf die Ausgaben- und Einnahmeseite beziehen, da sich die betriebliche Veranlassung von Ausgaben regelmäßig nur im Zusammenhang mit den erzielten Einnahmen prüfen lässt. Der Prüfaufwand dürfte höher sein als bei einer Einkommensteuer, schon allein deshalb, weil bei einer Ausgabensteuer im Grunde kein Bedarf an der Aufstellung einer Steuerbilanz besteht. Ein besonderes Prüfproblem besteht im Zusammenhang mit abnutzbaren Wirtschaftsgütern des Anlagevermögens. Regelmäßig besteht bei diesen nämlich eine zeitliche Diskrepanz zwischen Ausgaben (Anschaffungsinvestition) und Einnahmen. Während bei einer Einkommensteuer diese Diskrepanz dadurch geglättet wird, dass die Anschaffungsausgaben nur pro rata temporis geltend gemacht werden können, ist das bei einer Ausgabensteuer nicht der Fall. Der ausgewiesene Gewinn würde also wesentlich stärker schwanken. Damit würde es auch schwerer fallen, die steuerlichen Jahresergebnisse eines Unternehmens zu bewerten. Im Branchenvergleich auffallend schlechte steuerliche Jahresergebnisse eines Unternehmens taugen bei einer Ausgabensteuer nicht als Indikator dafür, dass vielleicht steuerliche Manipulationen wie Gewinnverlagerungen in das Ausland oder Anschaffungen von Konsumgütern zugunsten der Eigentümer stattgefunden haben könnten.

1.4.1	Generelle Möglichkeiten der Hinterziehung von Steuern auf Unternehmensgewinne	ESt alt	ESt neu	ESt Ab	ESt SZE	UESt	UESt SZE	ASt	ZbSt
Steuerpraktische Beurteilung		2				2		4	4

1.4.2 Feststellung des Unternehmensgewinns

1.4.2.1 Bewertung des Vermögens (ohne Beteiligungen, Grundstücke und Immobilien), Abschreibungen

Als ein großes praktisches Besteuerungsproblem wird vielfach die Bewertung des Anlagevermögens angesehen. Es dürfte praktisch unmöglich sein, die Wertentwicklung des Teilwerts eines jeden Wirtschaftsgutes zu erfassen. Zudem besteht in einem Einkommensteuersystem aufgrund divergierender Interessen stets ein Konfliktpotential zwischen Finanzverwaltung und Steuerpflichtigen. Frühere Abschreibungen führen zu einer Verlagerung von Steuerzahlungen in die Zukunft. Dieser *Steueraufschubvorteil* bewirkt für die Steuerpflichtigen einen positiven Liquiditätseffekt, der bei positiven Zinssätzen zu einem positiven Rentabilitätseffekt führt.

Mitunter wird das genannte Bewertungsproblem als Hauptgrund für die Vielzahl steuerpraktischer Probleme der *deutschen Einkommensteuer* genannt. Gewöhnlich wird in diesem Zusammenhang dann auf die diesbezüglichen Vorteile einer Ausgabensteuer oder einer zinsbereinigten Gewinnsteuer verwiesen: Bei einer *Ausgabensteuer* könne auf eine Unternehmensbesteuerung verzichtet werden bzw. eine Cash-flow-Steuer erhoben werden, die sich lediglich an Zahlungsströmen orientiert. Bewertungsfragen würden damit gänzlich obsolet. Bei einer *zinsbereinigten Gewinnsteuer* bestehe aufgrund eines systematischen Zusammenhangs zwischen Vermögensbewertung und Einkommens- bzw. Gewinnermittlung ein Selbstkontrollmechanismus: Kann nämlich ein kalkulatorischer Zins auf das Eigenkapital steuerlich geltend gemacht werden, bewirken niedrigere Wertansätze aufgrund vorgezogener Abschreibungen negative Liquiditäts- und Rentabilitätseffekte, die die positiven Liquiditäts- und Rentabilitätseffekte unter idealtypischen Bedingungen genau aufwiegen. Die Steuerpflichtigen sind damit indifferent über den Abschreibungszeitpunkt, und eine Kontrolle von Wertansätzen erübrigt sich gänzlich. Unter nicht-idealtypischen Bedingungen – weicht also der individuelle Ertragssatz vom Schutzzinssatz ab – kann zwar (bei einem niedrigen Schutzzinssatz) durch ein Vorziehen von Abschreibungen auch bei der zinsbereinigten Steuer insgesamt ein Steueraufschubvorteil erzielt werden. Es könnte vermutet werden, dass dieser stets geringer ist als der einer Einkommensteuer. Dies muss jedoch nicht der Fall sein, und dies wird deutlich, wird berücksichtigt dass bei einer zinsbereinigten Steuer aufgrund der niedrigeren Bemessungsgrundlage systematisch von einem höheren Steuersatz auszugehen ist. Die praktische Relevanz eines solchen Falles lässt sich nicht ausschließen.[445] Unabhängig davon ist noch

---

[445] Dieses lässt sich formal einfach zeigen: Die Vorverlegung von Abschreibungen in Höhe von 1 führt im Rahmen einer Einkommensteuer mit dem Einkommensteuersatz t_E zu einem Liquiditätseffekt

(1) $L_E = t_E$

zu berücksichtigen, dass die Vorverlegung von Abschreibungen im Rah-

---

Bei einem Zinssatz i impliziert dies einen Rentabilitätseffekt:

(2) $R_E = t_E \cdot i(1-t_E)$.

Der Rentabilitätseffekt hängt also von der Höhe des Zinssatzes (mit i als Proportionalfaktor) und von der Höhe des Steuersatzes ab. Die Höhe des Steuersatzes bewirkt zwei gegenläufige Entwicklungen: Zum einen bedeutet ein höherer Steuersatz, dass der Liquiditätseffekt zunimmt, zum anderen sinkt dadurch bei gegebenem Bruttozinssatz der Nettozinssatz, weshalb – bei gegebenem Liquiditätseffekt – der Rentabilitätseffekt kleiner wird. Der Rentabilitätseffekt einer Einkommensteuer ist nun mit demjenigen einer zinsbereinigten Steuer zu vergleichen. Das Individuum kann zwar auch hier die erzielte Liquidität verzinslich anlegen und es erzielt nach Steuern (Steuersatz: t_Z) Zinserträge in Höhe von $t_Z \cdot i(1-t_Z)$. Allerdings ist zu berücksichtigen, dass ein Vorziehen von Abschreibungen auch eine Minderung des ausgewiesenen Gewinns und damit des Eigenkapitals um $(1-t_Z)$ bedeutet, die Basis auf die Schutzzinsen (s) steuerlich geltend gemacht werden können, sinkt. Der Rentabilitätseffekt bei einer zinsbereinigten Einkommensteuer ergibt sich damit als:

(3) $R_Z = t_Z \cdot i \cdot (1-t_Z) - t_Z \cdot s \cdot (1-t_Z)$

Wie die Formel zum Ausdruck bringt, ist der Rentabilitätseffekt bei der zinsbereinigten Einkommensteuer negativ, wenn der Schutzzinssatz größer als die Ertragsrate des Steuerzahlers ist. Anders als bei der Einkommensteuer wäre bei der zinsbereinigten Einkommensteuer somit von den Steuerbehörden auch darauf zu achten, ob nicht zu wenige Abschreibungen vorgenommen werden.

Zu suchen sind nun Konstellationen, in denen die Rentabilitätseffekte beider Steuerarten gleich groß sind. Dazu werden (2) und (3) gleichgesetzt:

(4) $t_E \cdot i(1-t_E) = t_Z \cdot i \cdot (1-t_Z) - t_Z \cdot s \cdot (1-t_Z)$

Bei Übereinstimmung der Steuersätze in beiden Steuerregimen ergibt sich das triviale Ergebnis, dass die Rentabilitätseffekte bei einem Schutzzinssatz von 0 gleich groß sind. Interessanter und relevanter sind allerdings Fälle, in denen der Steuersatz bei der zinsbereinigten Steuer – wie zu vermuten – höher liegt als der der Einkommensteuer ($t_Z > t_E$). Nach Umformungen ergibt sich aus (4) als Bedingung für die Übereinstimmung der Rentabilitätseffekte von Einkommensteuer und zinsbereinigter Einkommensteuer:

(5) $$t_{E1,2} = \frac{1}{2} \pm \sqrt{\frac{1}{4} - \frac{(i-s) \cdot t_Z \cdot (1-t_Z)}{i}}$$

Eine ausführliche Darlegung der Lösungen für verschiedene Parameterkombinationen kann an dieser Stelle nicht erfolgen, anhand eines Beispiels soll jedoch versucht werden, etwas Gespür für die relevanten Fälle zu geben: Bei einem Schutzzinssatz (s) von 5%, einer Ertragsrate von (i) von 30% und einem Steuersatz der zinsbereinigten Einkommensteuer (t_Z) von 35% muss der Einkommensteuersatz (t_E) entweder höher als 74,6% oder niedriger als 25,4% sein, damit der Rentabilitätseffekt bei einer zinsbereinigten Einkommensteuer größer ist als bei einer Einkommensteuer.

men einer zinsbereinigten Gewinnsteuer – anders als bei einer Einkommensteuer – auch zu negativen Liquiditäts- und Rentabilitätseffekten führen kann. Insgesamt ist somit keineswegs zu erwarten, dass bei einer zinsbereinigten Steuer Bewertungsfragen gänzlich entfallen.

Einen höheren Aufwand als bei der derzeitigen Einkommensteuer werden Unternehmensbewertungen im Rahmen einer *umfassenden Einkommensteuer* bereiten, weil neben Wertminderungen auch Wertmehrungen zu berücksichtigen wären. Besonders schwierig dürfte es sein, Beteiligungen an anderen Unternehmen (s. D.1.4.2.2) bzw. ggf. das gesamte Unternehmen selbst anhand der in der Vergangenheit erzielten Gewinne zu bewerten. Hieraus dürfte ein erhebliches Potential für Konflikte zwischen Steuerpflichtigen und Verwaltung erwachsen. Ob diese steuerpraktischen Nachteile durch den vermuteten Gewinn an Gleichbehandlung gerechtfertigt sind, bedarf auf jeden Fall näherer Untersuchungen. Wird auf eine Bewertung des Gesamtunternehmens wie dargestellt verzichtet, wäre eine – ihren Namen dann allerdings nur noch bedingt verdienende – umfassende Einkommensteuer so wie die bestehende deutsche Einkommensteuer zu beurteilen.

Für eine angemessene Beurteilung der Abschreibungsproblematik ist abschließend zu hinterfragen, welche Bedeutung ihr überhaupt in der Steuerpraxis zukommt. Die deutsche Einkommensteuer sieht eine weitgehend typisierte Bewertung des Anlagevermögens vor, die Höhe der Abschreibungssätze ist in Form von AfA-Tabellen vorgegeben. Wertansätze sind also nicht in das Belieben der Unternehmen gestellt, das Bewertungsverfahren ist weitestgehend objektiviert. Dieses deutet auf einen insgesamt geringen steuerpraktischen Problemgehalt hin. Neben regulären Abschreibungen gibt es allerdings noch wirtschaftspolitisch motivierte Sonderabschreibungen (erhöhte Abschreibungen) und – worauf im nächsten Absatz eingegangen werden wird – solche für außerordentliche bzw. außergewöhnliche Wertminderungen. Die steuerpraktischen Probleme aufgrund wirtschaftspolitisch motivierter übermäßiger Abschreibungen können nicht der Einkommensteuer an sich angelastet werden. Ähnliche Förderungsmaßnahmen sind auch im Rahmen einer zinsbereinigten Gewinnsteuer oder einer Ausgabensteuer denkbar und es ist zu vermuten, dass sie vergleichbare negative steuerpraktische Implikationen wie die Sonderabschreibungen bei einer Einkommensteuer haben.[446]

Steuerpraktisch mehr Schwierigkeiten als die Bemessung der ordentlichen Absetzungen für die Abnutzung von Anlagevermögen dürften außergewöhnliche und außerplanmäßige Abschreibungen (auf den niedrigeren Teilwert) bereiten, die auch für das Umlaufvermögen in Betracht kommen. Da sich solche Wertminderungen schwieriger anhand objektivierbarer Maßstäbe typisieren lassen und größere Bewertungsfreiräume bestehen, ist das Potential für Missbrauch und Streitigkeiten zwischen Finanzbehörden und Steuerpflichtigem größer. Um einen diesbezüglichen Missbrauch möglichst gering zu halten, sollten an die Geltendmachung außerordentlicher Abschreibungen strenge Maßstäbe angelegt werden. Zudem wäre es überlegenswert, ob nicht für den Fall, dass sich die außerordentlichen Wertminderungen im Nachhinein als unbegründet erweisen, die Steuerpflichtigen den gewährten Rentabilitätsvorteil wieder erstatten sollten.

1.4.2.1	Bewertung des Vermögens (ohne Beteiligungen, Grundstücke und Immobilien), Abschreibungen	ESt alt	ESt neu	ESt Ab	ESt SZE	UESt	UESt SZE	ASt	ZbSt
Steuerpraktische Beurteilung		3				4		1	2

1.4.2.2 Bewertung von Unternehmensbeteiligungen

Allgemein bereiten Bewertungen von Wirtschaftsgütern einen desto geringeren steuerpraktischen Aufwand, je stärker sich deren Werte objektivieren lassen. Dies gilt auch für die Bewertung von Unternehmensbeteiligungen. Der einfachste Weg einer Beteiligungsbewertung dürfte der Ansatz von Anschaffungs- oder Herstellungskosten[447] sein. Dies ist auch der grundsätzliche Ausgangspunkt der *deutschen Einkommensteuer*. Da sich Anschaffungs- bzw. Herstellungskosten einfach feststellen lassen, stellen sich Komplikationen, Schwierigkeiten und Konflikte diesbezüg-

---

[446] Als Fördermaßnahme bei einer zinsbereinigten Einkommensteuer wäre etwa ein höherer Schutzzinssatz denkbar.

[447] Von *Herstellung* wird bei Unternehmensneugründungen gesprochen.

lich nur in geringem Maße.[448] Ein solches strenges Realisationsprinzip wäre jedoch sowohl allokativ als auch distributiv problematisch und widerspräche zudem allen Vorsichtsgesichtspunkten. Wesentliche Argumente sprechen dafür, dass im Steuerrecht auch unrealisierte Wertänderungen berücksichtigt werden sollten, selbst wenn dadurch die Wertermittlung erschwert wird.

Das deutsche Einkommensteuer lässt eine Berücksichtigung von unrealisierten Wertminderungen durch Abschreibung auf den niedrigeren Teilwert (§ 6 Abs. 1 Nr. 2 EStG) zu. Seit der Unternehmenssteuerreform 2001 können Wertminderungen von Beteiligungen an Kapitalgesellschaften von Personengesellschaften nur noch hälftig, von Kapitalgesellschaften gar nicht mehr steuerlich geltend gemacht werden.

Noch höher als bei einer Teilwertabschreibungen dürfte der Aufwand sein, wenn – wie im Rahmen einer *umfassenden Einkommensteuer* geboten – auch Wertmehrungen von Beteiligungen steuerbilanziell zu aktivieren sind. Wird die Bewertung allerdings an den Erträgen der Vorperioden orientiert, ließe sie sich schematisieren und wäre grundsätzlich objektivierbar. Es könnte eingewandt werden, dass sich aus der Vergangenheit nur in Grenzen auf die Zukunft schließen lässt, eine Orientierung an Vergangenheitswerte könne also aktuelle Wertänderungen nicht adäquat berücksichtigen. Dieses Argument verlöre an Gewicht, wenn den Steuerpflichtigen die Möglichkeit eingeräumt würde, auch unterjährig eine Anpassung an veränderte Verhältnisse zu beantragen. Eine ähnliche Antragsmöglichkeit steht Steuerpflichtigen in Bezug auf die Vorauszahlungen zur Einkommen- oder Körperschaftsteuer auch zu (§ 37 Abs. 3 EStG).

Eine *Zinsbereinigung* und eine *Ausgabensteuer* würden im Vergleich zur bestehenden wie zur umfassenden Einkommensteuer zu Vereinfachungen führen, da bei diesen Verfahren unrealisierte Wertminderungen generell nicht der Besteuerung zu unterwerfen sind.

---

[448] Wird von der Deklaration falscher Kaufpreise bei Unternehmenskäufen abgesehen.

1.4.2.2	Bewertung von Unternehmensbeteiligungen	ESt alt	ESt neu	ESt Ab	ESt SZE	UESt	UESt SZE	ASt	ZbSt
Steuerpraktische Beurteilung		3	2			4		1	1

1.4.2.3 Transaktionen zwischen verbundenen Unternehmen und zwischen Gesellschaftern und Unternehmung

Eines besonderen Augenmerks bedürfen grundsätzlich Geschäfte eines Unternehmens mit seinen Gesellschaftern oder verbundenen Unternehmen, da sich durch zu hohe bzw. zu niedrige Wertansätze Gewinne verlagern bzw. steuerfreie Gewinnausschüttungen realisieren lassen. Bekannt ist in diesem Zusammenhang vor allem die Verrechnungspreisproblematik: Zwecks Verlagerung von Gewinnen in ein niedrigbesteuertes Ausland werden bei Verkäufen an verbundene Unternehmen im Ausland Preise unterhalb des Marktwertes angesetzt und bei Käufen solche oberhalb des Marktwertes. In D.2.2.1 wird hierauf noch näher eingegangen. Ein Kandidat dafür, dass zu niedrige Werte angesetzt werden, sind auch Privatentnahmen von Wirtschaftsgütern des Anlage- oder Umlaufvermögens durch Gesellschafter. Werden derartige Überführungen von Gütern aus dem Betriebsvermögen in den Privatkonsum gar nicht angegeben oder hierfür zu niedrige Entnahmewerte gebucht, kann Privatkonsum steuerlich als Betriebsaufwand geltend gemacht werden. Die Finanzverwaltung dürfte häufig Schwierigkeiten bei einer Kontrolle der Wertansätze haben.

Die Möglichkeit, Sacheinlagen (Kapitalerhöhung durch Sacheinlage) mit zu hohen Wertansätzen zu tätigen, könnte vor allem bei Gütern des Anlagevermögens bestehen und genutzt werden, speziell auch bei immateriellen Wirtschaftsgütern wie Patenten oder Rechten, die sich einer objektiven Bewertung weitgehend entziehen, und bei Immobilien. Die besondere Attraktivität solcher Transaktionen rührt daher, dass der parallel hierzu im Privatvermögen entstehende Buchgewinn im Rahmen der *deutschen Einkommensteuer* meist steuerfrei ist. Als Ansatz für eine Problemlösung bietet sich an, Einkommen aus der Eigenerstellung von Gütern und Wertänderungen von Immobilien im Privatvermögen zu besteuern.

Während eine *umfassende Einkommensteuer* somit gewisse steuerpraktische Vorteile hat, ergäben sich bei einer *zinsbereinigten Steuer* oder einer *Ausgabensteuer* noch Verschärfungen der dargestellten Problematik: Bei Kapitalerhöhungen durch Sacheinlagen zu überhöhten Wertansätzen könnte noch zusätzlich auf das deswegen höhere Eigenkapital eine kalkulatorische Eigenkapitalverzinsung geltend gemacht werden.[449] Bei einer Ausgabensteuer reduziert eine Einbringung von bislang zum privaten Konsumvermögen gehörendem Sachkapital in ein Unternehmen unmittelbar die persönliche Bemessungsgrundlage.[450] Dieses bedeutet, dass (wie auch bei einer zinsbereinigten Steuer) eine Steuerentlastung selbst dann geltend gemacht werden kann, wenn die Unternehmung Verluste schreibt.

1.4.2.3	Transaktionen zwischen verbundenen Unternehmen und zwischen Gesellschaftern und Unternehmung	ESt alt	ESt neu	ESt Ab	ESt SZE	UESt	UESt SZE	ASt	ZbSt
Steuerpraktische Beurteilung		3				2		5	5

1.4.3 Unterschiedliche steuerliche Belastungen von Unternehmensgewinnen in Abhängigkeit von Entstehungsgründen und Verwendung

Eine unterschiedlich starke steuerliche Belastung von Einkommen in Abhängigkeit von Entstehungsgrund oder Verwendung ist – worauf schon verwiesen wurde – steuerpraktisch vielfach ungünstig. Die Belastungsunterschiede bei der Besteuerung von Unternehmensgewinnen und deren steuerpraktische Folgen sollen im Folgenden herauszuarbeiten versucht werden. Die allgemeinen steuerpraktischen Nachteile belastungsmäßiger Differenzierungen werden hier lediglich kurz wiederholt. Steuerpflichtige werden versuchen, die für sie günstige Gestal-

[449] Die Dringlichkeit einer Besteuerung von Wertänderungen im Privatvermögen ist daher bei einer zinsbereinigten Einkommensteuer c.p. viel größer.

[450] Eine Kapitalerhöhung durch Sacheinlage wäre dabei wie ein Verkauf des Gegenstandes an die Firma mit anschließender Eigenkapitaleinlage zu buchen. Damit mindert sich die Bemessungsgrundlage auf der Ebene des privaten Haushalts („negativer Konsum").

tungsform zu ermitteln. Der hierfür unternommene Aufwand kann erheblichen Umfang annehmen, von vornherein kann nicht einmal ausgeschlossen werden, dass er (ex-post) sogar die erzielte Steuerersparnis übersteigt. Gewisse zwecks steuerlicher Optimierung unternommene Konstruktionen können so gekünstelt sein, dass die Steuerverwaltung sie als Gestaltungsmissbrauch einstuft („Missbrauch von rechtlichen Gestaltungsmöglichkeiten" i.S.v. § 42 AO) und – in Form von gesetzlichen Neuregelungen – Gegenmaßnahmen ergreift. Regelmäßig bedeutet dies eine Komplizierung des Steuerrechts, die Leidtragenden davon sind nicht nur die Steuerpflichtigen, die den Gestaltungsmissbrauch betrieben haben, sondern auch viele andere, wenn nicht gar alle.

1.4.3.1 Belastungsunterschiede in Abhängigkeit von Gewinnentstehungsgründen: Gewinne aus Unternehmensbeteiligungen im Vergleich zu anderen Unternehmensgewinnen

Die folgenden Ausführungen beziehen sich im wesentlichen auf die Ebene des Unternehmens, d.h. es wird die Besteuerung von Beteiligungserträgen von Unternehmen im Vergleich zu sonstigen Erträgen von Unternehmen betrachtet. Ähnliche Zusammenhänge gelten allerdings auch, wenn sich Private an Kapitalgesellschaften beteiligen, hierauf ist später noch einzugehen.

1.4.3.1.1 Gewinnausschüttungen von Beteiligungsunternehmen

Die Verflechtung der Besteuerung zwischen Unternehmen ist steuerpraktisch stets ein besonderes Problem. Steuerpraktisches Anliegen wird es zumeist sein, eine Belastungskumulation durch Besteuerung beim Beteiligungsunternehmen und beim Beteiligungsinhaber zu vermeiden. Grundlegende Verfahren zur Vermeidung einer solchen Doppelbelastung sind – wie schon in C.1.4.3 dargestellt – eine Inhaberbesteuerung („einstufige Teilhaberbesteuerung"), das Anrechnungsverfahren („mehrstufige Teilhaberbesteuerung") oder eine Betriebsteuer (abgeltende Besteuerung auf der Stufe des Unternehmens). Im Sinne der Leitidee einer Inhaberbesteuerung rechnet das deutsche Steuerrecht Mitunternehmern von Personengesellschaften ihren Gewinnanteil persönlich zu. Ein auf ausgeschüttete Gewinne begrenztes *Anrechnungsverfahren* galt für Kapitalgesellschaften bis zur Unternehmenssteuerreform 2001, mit der dann eine ganz bzw. teilweise abgeltende Körperschaftsteuer eingeführt wurde: Gewinnanteile (Dividenden) und sonstige Bezüge aus Anteilen an Kapitalgesellschaften bleiben bei der Ermittlung des körperschaftlichen Gewinns außer Ansatz (§ 8b KStG i.V.m. § 20 Abs. 1 Nr. 1, 2, 9 und 10a EStG; Fassungen ab 01.01.2001). Die Erträge von Personengesellschaften aus Beteiligungen an Kapitalgesellschaften werden hälftig besteuert (§ 3 Nr. 40 Satz 1 Buchst d i.V.M. § 20 Abs. 1 Nr. 1 EStG). Als wesentlicher Rechtfertigungsgrund für den Systemwandel wurden auch steuerpraktische Gründe genannt. Es mögen Zweifel bestehen, ob diese Zielsetzung erreicht wurde, weil die Unterschiede in der steuerlichen Belastung von Kapitalgesellschaften und deren Gewinnausschüttungen im Vergleich zu anderen Einkünften noch erheblich verstärkt wurden und die genauen Belastungskonsequenzen nur schwer zu durchschauen sind. Auf steuerpraktische Probleme der Rechtsformneutralität wird noch einzugehen sein, hier ist der Blick zunächst auf solche aufgrund der Neuregelung der Besteuerung der Gewinnausschüttungen von Kapitalgesellschaften zu richten.

Problematisch an der Neuregelung dürfte vor allem sein, dass nicht nur Erträge aus Beteiligungen an Kapitalgesellschaften außer Ansatz bleiben bzw. hälftig besteuert werden, sondern die gleiche Regelung auch für mit diesen Einnahmen zusammenhängende Betriebsausgaben gilt. Aufwendungen, die in wirtschaftlichem Zusammenhang mit steuerfreien bzw. hälftig besteuerten Einnahmen stehen, können gar nicht (§ 3c Abs. 1 EStG i.V.m. § 8b Abs. 1 KStG, Fassung ab 01.01.2001) bzw. nur hälftig (§ 3c Abs. 2 EStG, Fassung ab 01.01.2001) als Betriebsausgaben geltend gemacht werden.[451] Konzeptionell macht eine solche Regelung wenig

[451] Dabei bestehen gravierende Unterschiede in den Formulierungen des für Kapitalgesellschaften relevanten Absatzes 1 und dem für Personengesellschaften und Einzelpersonen relevanten Absatz 2 von § 3c EStG. Während Absatz 1 einen unmittelbaren wirtschaftlichen Zusammenhang zwischen den steuerbefreiten Einnahmen und den Aufwendungen erfordert, fehlt das Merkmal der Unmittelbarkeit in Absatz 2, d.h. selbst ein mittelbarer wirtschaftlicher Zusammenhang reicht für das Abzugsverbot aus (vgl. zum Begriff des *unmittelbaren Zusammenhangs* BFH-Urteil v. 29.01.1986 – I R 22/85, BStBl 1986 II, S. 479). Außerdem wird § 3c EStG so interpretiert, dass lediglich Absatz 1 einen zeitlichen Zusammenhang zwischen Aufwendungen und Erträgen fordere (vgl. NACKE 2001, R 20). Dies würde für eine Kapitalgesellschaft als Obergesellschaft implizieren, dass für Veranlagungszeiträume, in denen sie keine Gewinnausschüttungen erhält, Betriebsausgaben in voller Höhe abzugsfähig wären. Entsprechend attraktiv wäre ein *Ballooning*, d.h. Gewinne würden nicht jährlich, son-

Sinn – die Besteuerung entfällt nämlich nicht ganz bzw. teilweise, sie findet nur ganz bzw. teilweise auf einer anderen Ebene statt[452] – und sie kann zu einer Doppelbelastung führen.[453]

Das genannte Abzugsverbot für Betriebsausgaben verursacht eine Reihe steuerpraktischer Probleme. Allein die Frage, welcher Aufwand im Zusammenhang mit steuerbefreiten oder hälftig besteuerten Einnahmen steht, dürfte manchen Gestaltungsspielraum bieten und für Streit zwi-

---

dern – dann mehrere Wirtschaftsjahre umfassend – in größeren Intervallen ausgeschüttet (vgl. HAEP 2001, R 14). Personengesellschaften und Einzelperson können diese Gestaltungsmöglichkeit nicht nutzen.

Des weiteren greift das Abzugsverbot nach Abs. 1 nur bis zur Höhe der tatsächlich zugeflossenen Einnahmen („soweit sie mit steuerfreien Einnahmen in unmittelbaren Zusammenhang stehen"), während das hälftige Abzugsverbot nach Abs. 2 generell gilt (vgl. NACKE 2001, R 20).

[452] Aus diesem Grunde ist das Halbabzugsverfahren (§3c EStG) auch verschiedentlich als verfassungswidrig bewertet worden (Verstoß gegen Art. 3 Abs.1 GG). „Die Kritik knüpft an die gesetzgeberische Begründung für das Halbeinkünfteverfahren an. Das Halbeinkünfteverfahren verfolgt danach u.a. den Zweck, ‚zusammen mit der steuerlichen Vorbelastung durch die Körperschaftsteuer eine ertragsteuerliche Einmalbesteuerung des Gewinns sicherzustellen' (BTDrucks. 14/2683 …). Es soll also mit dem Halbeinkünfteverfahren in pauschalierter Form die Vorbelastung durch die KSt berücksichtigt werden. Da eine solche Gesamtbetrachtung eine volle Einmalbesteuerung unterstellt, müsste dies konsequenterweise zur Folge haben, dass die Aufwendungen nicht nur zur Hälfte, sondern in vollem Umfang zu berücksichtigen sind. … Diese Auffassung wird im Schrifttum weitgehend geteilt" (HAEP / NACKE 2001, R 3).

Auch das Abzugsverbot für Kapitalgesellschaften ist vielfach kritisiert worden. Ein Gesetzentwurf der Bundesregierung sah deshalb auch vor, durch Neuformulierung von § 8b. Abs. 5 KStG die entsprechende Regelung in §3c Abs. 1 EStG für Kapitalgesellschaften auszuschließen (vgl. ENTWURF UNTERNEHMENSTEUERFORTENTWICKLUNGSGESETZ 2001, Artikel 2, 4.d). Letztendlich wurde diese Regelung dann doch kein Bestandteil der gesetzlichen Neuregelung.

[453] Folgendes Beispiel vermag die Doppelbelastung näher zu erläutern: Eine Kapitalgesellschaft stellt einer Tochtergesellschaft (ebenfalls in der Rechtsform einer Kapitalgesellschaft) durch Fremdkapitalaufnahme finanziertes Eigenkapital zur Verfügung. Entspricht die von der Tochtergesellschaft erzielte Rendite dem Fremdkapitalzinssatz, sollte es verfügungsmachttheoretisch nicht zu einer Besteuerung kommen. Dies ist offensichtlich nicht der Fall, wenn Gewinnausschüttungen bei der Muttergesellschaft unbesteuert bleiben und im Gegenzug hiermit zusammenhängende Aufwendungen außer Ansatz bleiben. Das Tochterunternehmen erzielt dann einen steuerbaren Gewinn, während die Muttergesellschaft ihre Fremdkapitalzinsen steuerlich nicht geltend machen kann. Die sich hierdurch ergebende Steuerkumulation wird auch als „Kaskadeneffekt" bezeichnet, vergleichbar dem der kumulativen Brutto-Allphasen-Umsatzsteuer vor Einführung der Mehrwertsteuer (1968).

schen Steuerpflichtigen und Finanzverwaltung sorgen. Des weiteren ist mit Ausweichmechanismen zu rechnen. Steuerpflichtige könnten etwa versuchen, Eigenkapital auf „minderbesteuerte" Bereiche zu konzentrieren. Die Finanzierung von Tochterunternehmen würde weniger durch Zurverfügungstellung von Eigenkapital durch das Mutterunternehmen erfolgen als vielmehr durch Kreditaufnahme des Tochterunternehmens. Die Finanzverwaltung könnte hierauf mit dem Erlass spezieller Zurechnungskriterien reagieren, wie es sie auch schon in anderem Zusammenhang gibt. Obendrein dürften Begründungen von Organschaften, für die die genannten Regelungen nicht gelten,[454] und die vollständige gesellschaftsrechtliche Integration von Tochterunternehmen gefördert werden. Neben den z.T. erheblichen Transaktionskosten solcher Organisationsformen für die Steuerpflichtigen, könnte eine entsprechende Entwicklung auch wirtschafts- und sozialpolitisch bedenklich sein, da sie zu einer zunehmenden gesellschaftsrechtlichen Konzentration führen dürfte. Hinzu kommt, dass die Neuregelung auch im Widerspruch zur Behandlung der Aufwendungen für Auslandsbeteiligungen steht. Bei Auslandsbeteiligungen, deren Erträge aufgrund des Schachtelprivilegs im Inland steuerfrei sind, können nämlich – wie bisher – Betriebsausgaben steuerlich geltend gemacht werden.[455]

Für die *zinsbereinigte Steuer* ist von ROSE vorgeschlagen worden, sie als abgeltende Steuer auf Unternehmensebene zu konstruieren.[456] Für gewinnsteuerpflichtige Unternehmen sind Erträge aus Beteiligungen an Unternehmen dann steuerfrei, im Gegenzug müssen sie – wie schon in C.3.2.3 erläutert – bei der Bestimmung des für die Schutzzinsen maßgeblichen Eigenkapitals den Buchwert ihrer Beteiligungen an anderen Un-

---

[454] Bei einer Organschaft wird der Gewinn der Tochter der Mutter wie eigener Gewinn zugerechnet, einer Gewinnausschüttung mit der Folge eines Abzugsverbots bedarf es dann nicht. Im Ergebnis bleiben die Betriebsausgaben der Muttergesellschaft damit abzugsfähig. Die Organgesellschaft hat sich durch einen Gewinnabführungsvertrag i. S. d. § 291 AktG (bei einer GmbH als Organgesellschaft sind die Voraussetzungen des § 17 KStG zu erfüllen) verpflichtet, ihren ganzen Gewinn an den Organträger abzuführen. Der Gewinnabführungsvertrag muss auf mindestens fünf Jahre abgeschlossen und während dieser Zeit durchgeführt werden.

[455] Allerdings gelten pauschal 5% der Bezüge aus ausländischen Beteiligungen als Ausgaben, die nicht als Betriebsausgaben abgezogen werden dürfen (§8b Abs. 5 KStG). In der Konsequenz müssen also zumindest 5% der ausländischen Dividendeneinnahmen in Deutschland versteuert werden.

[456] Die zinsbereinigte Steuer ließe sich allerdings auch mit einem Anrechnungsverfahren kombinieren, vgl. hierzu KIESEWETTER (1998).

ternehmen abziehen.[457] Dieses Schutzzinsabzugsverbot auf Eigenkapital in Höhe des Buchwertes von Beteiligungen hat jedoch eine andere Funktion als das Abzugsverbot von Betriebsausgaben im Zusammenhang mit Beteiligungserträgen bei der Einkommensteuer: Es schließt nicht die steuerliche Berücksichtigung von Betriebsausgaben im Zusammenhang mit Beteiligungen aus, sondern verhindert lediglich eine Doppelberücksichtigung von Schutzzinsen beim Mutter- und Tochterunternehmen.[458] Probleme stellen sich – wie schon in C.3.2.3 dargelegt – lediglich, wenn der Finanzierungszinssatz des Unternehmens den Schutzzinssatz übersteigt. Auch wenn diesem Fall durchaus Relevanz zukommen dürfte, ist das Abzugsverbot von Betriebsausgaben im Zusammenhang mit Beteiligungen an anderen Unternehmen sowohl konzeptionell als auch steuerpraktisch im Rahmen einer Zinsbereinigung weniger problematisch als im Rahmen der deutschen Einkommensteuer.

Bei einer *Ausgabensteuer* hängt die steuerliche Belastung grundsätzlich nicht davon ab, wie Gewinne erwirtschaftet werden. Die hier genannten Probleme stellen sich daher nicht.

Eine *umfassende Einkommensteuer* versucht jeweils, alle Einkünfte gleichmäßig zu besteuern. Da die steuerliche Integration verschiedener Steuersubjekte durch eine mehrstufige Teilhaberbesteuerung erfolgt, entfallen die hier genannten Probleme prinzipiell. Diesem Vorteil steht jedoch der etwas größere administrative Aufwand eines „Anrechnungsverfahrens" gegenüber.

---

[457] Vgl. ROSE 1998c, S. 118.

[458] Dies lässt sich unter Fortführung des Beispiels aus Fußnote 453 erläutern. Es wird dabei davon ausgegangen, dass sich Fremdkapitalzinssatz, beim Beteiligungsunternehmen erzielte Rendite und Schutzzinssatz entsprechen. Da das Tochterunternehmen dann einen Gewinn gerade in Höhe der Schutzzinsen erzielt, zahlt es effektiv keine Steuern. Das Mutterunternehmen kann mit der Gewinnausschüttung gerade seine Fremdkapitalzinsen decken. Eine Steuerschuld fällt beim Mutterunternehmen ebenfalls nicht an, denn dort entspricht die (im Umfang des Buchwertes der Beteiligung) verminderte Absetzbarkeit von Schutzzinsen genau den steuerlich absetzbaren Fremdkapitalzinsen.

1.4.3.1.1	Gewinnausschüttungen von Beteiligungsunternehmen	ESt alt	ESt neu	ESt Ab	ESt SZE	UESt	UESt SZE	ASt	ZbSt
Steuerpraktische Beurteilung		2		5			3	1	2

1.4.3.1.2 Veräußerung von Anteilen an anderen Unternehmen

Das deutsche *Anrechnungsverfahren* bezog sich lediglich auf die auf ausgeschüttete Gewinne gezahlten Steuern. Steuern auf thesaurierte Gewinne konnten nicht angerechnet werden. Aufgrund der gleichzeitigen Steuerbarkeit von betrieblichen Veräußerungen ergab sich deshalb insoweit eine Doppelbelastung, wie die Wertänderung von Unternehmensanteilen in der Thesaurierung von auf der Ebene der Beteiligungsgesellschaft schon besteuerten Gewinnen begründet war. Im Rahmen der Unternehmenssteuerreform 2001 wurde nun für Kapitalgesellschaften die Besteuerung der Gewinne bzw. Verluste aus der Veräußerung von Anteilen an anderen Kapitalgesellschaften abgeschafft (§ 8b Abs. 2 KStG; Fassung gültig ab 01.01.2001).[459] Personengesellschaften müssen Veräußerungsgewinne nur noch hälftig versteuern (§ 3 Nr. 40 Satz 1 Buchst. c i.V.m. § 17 Abs. 2 Satz EStG sowie § 3 Nr. 40 Satz 1 Buchst. j i.V.m. § 23 Abs. 3 EStG). Diese Neuregelungen schießen über das Ziel der Vermeidung einer Überbelastung hinaus. In vielen Fällen wird sie nämlich, wie in C.1.4.4 erläutert und auch im folgenden noch einmal kurz angesprochen wird, zu einer zu geringen Besteuerung führen. In Einzelfällen mag obendrein auch eine Überbelastung weiterhin nicht ausgeschlossen sein. Letzteres ist deshalb möglich, weil – wie schon in D.1.4.3.1.1 ausgeführt – Betriebsausgaben im Zusammenhang mit Beteiligungen außer Ansatz bleiben bzw. nur hälftig geltend gemacht werden können.[460]

---

[459] Diese Steuerfreiheit erstreckt sich allerdings nicht auf Anteile, die bei Kreditinstituten und Finanzdienstleistungsinstituten dem Handelsbuch (Umlaufvermögen) zuzurechnen sind (§ 8b Abs. 7 KStG). Außerdem bleibt der auf früher vorgenommenen Teilwertabschreibungen beruhende Gewinn weiterhin steuerpflichtig.

[460] Darauf ist hier nicht erneut einzugehen. Da die Neuregelung Personengesellschaften im Vergleich zu Kapitalgesellschaften benachteiligen kann, wird ersteren die Möglichkeit gewährt, „steuerneutral" Gewinne aus der Veräußerung von Anteilen an Kapitalgesellschaften auf die Anschaffungskosten von anderen (neu erworbenen)

Ein Körperschaftsteuersystem, bei dem Gewinne aus der Veräußerung von Anteilen an anderen Kapitalgesellschaften außer Ansatz bleiben, würde erfordern, dass die entsprechende Wertentwicklung beim Beteiligungsnehmer besteuert wird, wenn man von der Vorstellung ausgeht, dass die Anteilswertsteigerung die Bildung Stille Reserven beim Beteiligungsnehmer reflektiert. Da das deutsche Steuerrecht allerdings nicht solche unrealisierten Gewinne umfasst, bedeutet die steuerliche Freistellung von Unternehmensanteilsveräußerungen in vielen Fällen eine effektive Minderbesteuerung. Wie sich dieses durch entsprechende Gestaltungen ausnutzen lässt, illustriert das folgende Beispiel der Veräußerung einer Immobilie mit stillen Reserven: Befindet sich die Immobilie im Betriebsvermögen, werden die stillen Reserven bei einer Veräußerung durch den Betrieb mit der Konsequenz der Steuerbarkeit aufgedeckt. Handelt es sich allerdings bei dem Betrieb um eine Kapitalgesellschaft und wird diese als ganze einschließlich der Immobilie veräußert, kann ein steuerfreier Veräußerungsgewinn erzielt werden, wenn es sich beim Verkäufer des „Betriebes" ebenfalls um eine Kapitalgesellschaft handelt. Die gerade erläuterte Möglichkeit einer Vermeidung einer (frühzeitigen) Versteuerung von Veräußerungsgewinnen setzt Gestaltungsanreize. So könnte sich für Unternehmen speziell die Gründung von Tochterunternehmen in der Rechtsform einer Kapitalgesellschaften lohnen, in die dann wertsteigerungsträchtige Wirtschaftsgüter wie Immobilien oder auch humankapitalintensive Forschungs- und Entwicklungsaktivitäten eingebracht werden. Es bieten sich obendrein noch viel weitergehende Gestaltungen an: Für Großprojekte (beispielsweise den Bau einer Brücke) wird eine Kapitalgesellschaft gegründet, die auf eigene Rechnung arbeitet. Nach Fertigstellung werden nicht die Arbeiten abgerechnet, sondern die Kapitalgesellschaft, in die die nunmehr fertiggestellte Brücke „eingebracht" worden war, wird veräußert. Der Gewinn als Differenz zwischen Buchwert und Veräußerungspreis der Kapitalgesellschaft könnte steuerfrei durch eine andere Kapitalgesellschaft vereinnahmt werden. Trotz erheblicher Transaktionskosten können sich solche Konstruktionen bei hinreichender Höhe stiller Reserven lohnen.

Der Käufer bei derartigen Transaktionen übernimmt dann nicht eine Immobilie, ein Patent oder eine Brücke als Wirtschaftsgut, sondern eine

---

Anteilen an Kapitalgesellschaften zu übertragen (§ 6b Abs. 10 EStG, Fassung ab 01.01.2002). Erfolgt die Reinvestition nicht bereits im Jahr der Anteilsveräußerung, kann eine steuerfreie „Reinvestitionsrücklage" in Höhe des Veräußerungsgewinns gebildet werden. Vgl. hierzu auch FÖRSTER (2001).

Kapitalgesellschaft, in der dieses Gut eingebracht ist. Er ist zur Fortführung des ursprünglichen Buchwertes verpflichtet („Roll-over" stiller Reserven), d.h. würde er später das Wirtschaftsgut veräußern, wäre der Unterschied zwischen Buchwert und Veräußerungswert von ihm zu versteuern. Durch die Einbringung von Wirtschaftsgütern in Kapitalgesellschaften könnte die Besteuerung stiller Reserven also nur hinausgeschoben werden. Es wäre zu erwarten, dass diese späteren Steuern im Kaufpreis der Gesellschaft kapitalisiert werden. Der Vorteil der dargestellten Transaktion läge also „lediglich" in einem Steueraufschubvorteil aufgrund späterer Steuerzahlung. Im Einzelfall können sich allerdings noch größere Steuervorteile ergeben, wenn der Käufer des in die Kapitalgesellschaft eingebrachten Wirtschaftsgutes steuerlich anrechenbare Verluste geltend machen kann, für die er sonst keine Verwendung hätte. Ein solcher Käufer kann die stillen Reserven „steuerunschädlich" realisieren. Gibt es viele potentielle Erwerber mit in diesem Sinne noch verrechenbaren Verlusten, ist ein entsprechend höherer Kaufpreis zu erwarten, so dass auch der Verkäufer profitieren würde.

Die Argumentation, dass sich der Vorteil der genannten Transaktionen auf einen Steueraufschubvorteil beschränke, ist weiter zu relativieren, wenn berücksichtigt wird, welche Gründe es überhaupt für eine Hebung stiller Reserven geben kann. Soll ein Wirtschaftsgut der Einkunftserzielung dienen, spricht – von Transaktionskosten abgesehen – im Grunde nichts dagegen, dieses in der Form einer Einbettung in eine Kapitalgesellschaft zu nutzen. Soll ein Wirtschaftsgut veräußert werden, würde es jeweils „eingehüllt" in eine Kapitalgesellschaft veräußert werden können. Die Kapitalgesellschaft wird zu einem Mantel, der steuerbare Veräußerungsgewinne abfängt und von sonst erfolgenden steuerlicher Belastung (zumindest temporär) freihält. Lediglich wenn ein Gut konsumtiv verwendet werden soll, ist dessen Entnahme aus der Kapitalgesellschaft erforderlich (Unternehmen können definitionsgemäß nicht konsumieren). Hieraus lässt sich die theoretische Schlussfolgerung ziehen, dass für den Fall, dass die Gründung und Übertragung von Unternehmen keine Transaktionskosten verursacht, alle Aktivitäten in verschiedenen kapitalgesellschaftlichen Mantelgesellschaften organisiert werden könnten und im Endeffekt nur noch der Konsum belastet wäre. Zu beachten ist, dass die Schnittlinie dabei nicht zwischen Unternehmen und Privatpersonen verläuft, sondern zwischen Einkunftserzielung und Konsum. Wollen natürliche Personen (noch) nicht konsumieren, könnten auch sie für die Verwaltung ihres Vermögens eine Kapitalgesellschaft (Vermögensverwaltungsgesellschaft) gründen. Diese Kapitalgesellschaft

„beteiligte" sich dann an anderen Unternehmen und erzielte somit ebenfalls steuerfreie Veräußerungsgewinne. Die Körperschaftsteuerreform eröffnet mithin nicht nur gigantische Roll-over-Möglichkeiten stiller Reserven, sie ist auch ein prinzipieller Mechanismus, sich der Besteuerung gänzlich zu entziehen, wenn die betreffenden Gewinne und Einkommen gespart werden. Ohne Änderungen sind nur die (volkswirtschaftlich als Vergeudung) zu wertenden Transaktionskosten ein Hemmfaktor dafür, dass die Körperschaftsteuerreform nicht prinzipiell mit einer Einführung einer Konsumsteuer gleichzusetzen ist. Allerdings handelt es sich um eine bürokratisch sehr aufwendige Form einer solchen Steuer.

Die durch die Körperschaftsteuerreform ermögliche Transformation regulärer Gewinne in Veräußerungsgewinne wird nicht der Intention des Gesetzgebers entsprechen. Um gewisse Fälle des Missbrauchs von Gestaltungsmöglichkeiten zu begrenzen, wurden – unter weiterer Komplizierung des Steuerrechts – entsprechende Gestaltungsschranken geschaffen.[461] Um steuersparende Veräußerungen von Anteilen an Personengesellschaftsanteilen zu unterbinden, wurde eine *Einbringungsklausel* (§ 8b Abs. 4 KStG) erlassen, die die Steuerbefreiung für eine Sperrfrist von 7 Jahren außer Kraft setzt, wenn eine an sich steuerpflichtige Betriebsveräußerung über die Einbringung in eine Kapitalgesellschaft („einbringungsgeborene Anteile") als Anteilsverkauf abgewickelt wird.[462] Bei früherer Veräußerung sind Gewinne voll zu versteuern, Verluste können jedoch nicht abgezogen werden.

---

[461] Die zunächst vorgeschriebene einjährige Behaltefrist für die Steuerfreiheit (§ 8 b Abs. 2 KStG, bis 31.12.2000 gültige Fassung) wurde zum 1. Januar 2001 wieder gestrichen. Bei Veräußerung binnen eines Jahres erfolgte eine hälftige Besteuerung. Die Behaltefrist galt auch für Verluste, die nach Maßgabe des § 15 Abs. 4 S. 5 EStG nur noch mit Gewinnen aus der Veräußerung von Anteilen, die kürzer als ein Jahr gehalten wurden, verrechnet werden konnten.

[462] Möchte ein Einzelunternehmer seinen Betrieb veräußern, unterläge der Gewinn der vollen Besteuerung (abgesehen von den Vergünstigungen des § 16 EStG: Freibetragsregelung und des § 34 EStG, Fassung ab 01.01.2001: Wahlmöglichkeit zwischen „Fünftelregelung" und Tarifermäßigung). Er kann seinen Betrieb jedoch gem. § 20 UmwStG steuerneutral in eine GmbH einbringen und die einbringungsgeborenen GmbH-Anteile veräußern. Die Anteilsveräußerung wäre dabei nach § 3 Nr. 40 Satz 1a nur noch hälftig steuerbar. Die Einbringungsklausel schließt die Anwendung der Steuerbegünstigung jedoch für einen Zeitraum von sieben Jahren nach Einbringung aus.

Die hier geschilderten Probleme resultieren aus einer Endbesteuerung auf der Ebene der Kapitalgesellschaft, in der der Gewinn ursprünglich erwirtschaftet wurde. Eine solche Betriebsteuer hat zur Konsequenz, dass Kapitalgesellschaften steuerfrei Ausschüttungen anderer Kapitalgesellschaften und Gewinne aus der Veräußerung von Anteilen an anderen Kapitalgesellschaften vereinnahmen können.[463]

Ebenfalls als Betriebsteuer ist hier die *zinsbereinigte Gewinnsteuer* vorgestellt worden. Besonders hinzuweisen ist darauf, dass die abschließende Besteuerung auf Unternehmensebene nicht in der Logik der Zinsbereinigung liegt, sondern diese Steuer etwa auch als mehrstufige Teilhabersteuer gestaltbar wäre.[464] Ist die zinsbereinigte Steuer abschließend auf der Unternehmensebene, lassen sich auch bei ihr auf die beschriebenen Weise – für verschiedene Aktivitäten je eigene verselbständigte Unternehmen – gründen und somit kann der Übergewinn der Besteuerung entzogen werden. Die zinsbereinigte Gewinnsteuer verdient daher ein ähnlich negatives Urteil wie die neue deutsche Unternehmensbesteuerung.[465]

Eine *Einkommensteuer mit Anrechnungsverfahren*, wie sie in Deutschland praktiziert wurde, ist zwar nicht mit den Problemen aufgrund einer Steuerfreiheit der Veräußerung von Unternehmensanteilen verbunden, allerdings kann es, wie dargestellt, zu einer Doppelbelastung kommen. Die *umfassende Einkommensteuer* ist in der hier interessierenden Hinsicht besser zu werten, da durch „mehrstufige Teilhaberbesteuerung" (Ausweitung des „Anrechnungsverfahrens" auch auf einbehaltene Gewinne) prinzipiell keine solche Doppelbelastung stattfindet. Bei einer *Ausgabensteuer* stellen sich die genannten Probleme nicht, da Bemessungsgrundlage die Konsumausgaben sind.

---

[463] Bei Personengesellschaften und natürlichen Personen erfolgt – wie oben dargestellt – eine hälftige Besteuerung der von Kapitalgesellschaften ausgeschütteten Gewinne und der Gewinne aus der Veräußerung von Anteilen an Kapitalgesellschaften.

[464] Vgl. hierzu Fußnote 456.

[465] Dabei kann sich aufgrund des Schutzzinsmechanismus noch eine gewisse steuerpraktische Verschärfung ergeben: Hat das später veräußerte Unternehmen nur Buchgewinne unterhalb der Normalverzinsung erzielt, so weist dieses durch die Geltendmachung der kalkulatorischen Eigenkapitalverzinsung steuerliche Verluste aus. Lassen sich die dadurch entstandenen steuerlichen Verlustvorträge später nutzen, könnte der Verkäufer u.U. einen höheren Verkaufspreis erzielen.

1.4.3.1.2	Veräußerung von Anteilen an anderen Unternehmen	ESt alt	ESt neu	ESt Ab	ESt SZE	UESt	UESt SZE	ASt	ZbSt
Steuerpraktische Beurteilung		3	5			2		1	5

1.4.3.2 Belastungsunterschiede in Abhängigkeit von Rechtsform und Gewinnverwendung

Die in D.1.4.3.1 behandelten Fragen beziehen sich auf die Verknüpfung der Besteuerung eines Unternehmens mit einem anderen Unternehmen als dessen Anteilseigner. Es steht noch eine Erörterung der Verbindung unternehmens- und personenbezogener Besteuerung aus, wobei prinzipiell dieselben Ansätze Inhaberbesteuerung (einstufige Teilhabersteuer), Anrechnungsverfahren (mehrstufige Teilhabersteuer) und Betriebsteuer – zu diskutieren sind.

Hat ein Unternehmen nur einen oder wenige Inhaber, ist eine Umlegung des Gewinns auf die einzelnen Teilhaber und deren Besteuerung mit ihrem persönlichen Steuersatz steuerpraktisch eine einfache Lösung, zudem wäre die Besteuerung unabhängig von der Gewinnverwendung (Thesaurierung oder Ausschüttung). Das Verfahren lässt sich allerdings (wie schon in C.1.4.3 ausgeführt) wohl kaum auf große Publikumsaktiengesellschaften übertragen. Steuerpraktisch hierfür abzuwägen sind also als polare Fälle ein Anrechnungsverfahren (in Form einer „mehrstufigen" Teilhabersteuer) und eine (ganz oder teilweise) abgeltende Besteuerung auf Unternehmensebene wie sie der deutschen Einkommensteuer (neu) bzw. der zinsbereinigten Einkommensteuer entspricht.

Auch wenn sich das in Deutschland praktizierte *Anrechnungsverfahren* nur auf ausgeschüttete Gewinne bezog,[466] so besteuerte es wenigstens

[466] Vor der Unternehmenssteuerreform belastete die Körperschaftsteuer in Deutschland ausgeschüttete Gewinne mit einem Satz von 30%, der Steuersatz auf einbehaltene Gewinne betrug 40%. Gerechtfertigt mag dieser Unterschied dadurch sein, dass die Körperschaftsteuer bei ausgeschütteten Gewinnen nur eine Vorbelastung darstellt und zusätzlich eine Kapitalertragsteuer in Höhe von 25% erhoben wurde. Inländer konnten diese Steuern anrechnen und wurden damit effektiv entsprechend ihres individuellen Grenzsteuersatzes belastet. Die Besteuerung einbehaltener Ge-

diese entsprechend des persönlichen Steuersatzes. Dem Verfahren ist jedoch vorgeworfen worden, dass es missbrauchsanfällig und umständlich sei. Im Zusammenhang mit der Missbrauchsanfälligkeit wurde vor allem auf das sog. *Dividendenstripping* verwiesen. Dieses allerdings allein auf das Anrechnungsverfahren zurückzuführen, verkennt die Zusammenhänge. Die Probleme rühren vielmehr daraus, dass die Wertänderungen des Aktienvermögens nicht konsequent zu versteuern waren. Der Grund ist also, dass bei der früheren Steuerpraxis Dividendenerträge und Vermögenswertänderungen in unterschiedlicher Weise besteuert wurden, in D.1.4.3.3 wird hierauf näher eingegangen werden.

Zweifellos war das in Deutschland praktizierte Anrechnungsverfahren administrativ sehr aufwendig. Dies hängt vor allem damit zusammen, dass für die Festsetzung der Höhe des im Rahmen einer Gewinnausschüttung zu gewährenden Steuerguthabens die steuerliche Vorbelastung des Ausschüttungsbetrags im Unternehmen bekannt sein muss und diese Vorbelastung aufgrund wechselnder Steuersätze und der Steuerfreiheit ausländischer Dividenden nicht einheitlich ist. Das Eigenkapital war daher entsprechend der steuerlichen Vorbelastung zu gliedern (Gliederungsrechnung EK 01, EK 02, EK 03, EK 04, EK 30, EK 40, EK 45[467]). Allerdings könnte auf diese Gliederungsrechnung bei dem hier für

---

winne mit 40% stellt abhängig vom individuellen Grenzsteuersatz entweder eine Begünstigung oder Diskriminierung dar, wenn unterstellt wird, dass die Wertentwicklung der Unternehmensanteile der Gewinnthesaurierung entspricht. Vielfach wurde auf die Gestaltungsmöglichkeit hingewiesen, dass Unternehmen ihr Ausschüttungsverhalten abhängig von den Grenzsteuersätzen ihrer Anteilseigner steuern. Liegt der individuelle Grenzsteuersatz unterhalb dem Körperschaftsteuersatz für thesaurierte Gewinne konnte der höheren Besteuerung einbehaltener Gewinne dadurch ausgewichen werden, dass Gewinne zunächst ausgeschüttet und anschließend als Einlage wieder zurückgeführt wurden („Schütt-Aus-Hol-Zurück-Verfahren"). Solche Gestaltungen stellen zwar eine Annäherung an den Referenzmaßstab einer gewinnverwendungsunabhängigen Besteuerung dar (und sind daher konzeptionell positiv zu beurteilen), allerdings verursachen sie Transaktionskosten.

[467] Die Gliederung des Eigenkapitals in sieben Teilbeträge gibt die steuerliche Vorbelastung an (vgl. § 30 KStG, bis 31.12.2000 gültige Fassung). EK 45 ist mit 45% vorbelastet, EK 40 mit 40%, EK 30 ergibt sich durch Aufteilung ermäßigt belasteter Einkommensteile, EK 01 sind steuerfreie ausländische Einkünfte (gemäß Doppelbesteuerungsabkommen steuerfreie Gewinne aus ausländischen Betriebsstätten und steuerfreie Schachteldividenden), EK 02 sind sonstige steuerfreie Vermögensmehrungen (Investitionszulagen), EK 03 ist Altkapital (Eigenkapital am 1.1.1997) und EK 04 sind Einlagen des Gesellschafters. Nur noch historische Bedeutung haben EK 36 und EK 56.

eine umfassende Einkommensteuer vorgestellten Integrationsverfahren verzichtet werden. Selbst bei einem, ähnlich wie früher in Deutschland praktizierten, Anrechnungsverfahren hätte die Gliederungsrechnung wesentlich einfach gestaltet werden können, denn im Grunde braucht nur zwischen Nichtbelastung und Belastung mit dem vollen Steuersatz differenziert werden,[468] alle anderen Vorbelastungen lassen sich anteilig in diese beiden Kategorien umrechnen.[469] Eine Vorbelastung eines bestimmten Betrages mit 15% Steuern entspricht einer Vorbelastung des halben Betrages mit 30% und der anderen Hälfte mit 0%. Zudem kommt auch das Halbeinkünfteverfahren nicht ohne Kapitaluntergliederungen aus: Kapitalrückzahlungen aus Gewinnrücklagen führen zu Einkünften aus Kapitalvermögen (§ 20 Abs. 1 Nr. 2 EStG), nicht jedoch solche aus Nennkapital. Das Nennkapital muss des weiteren untergliedert werden, so dass keine Besteuerungslücken entstehen, wenn zunächst Gewinnrücklagen in Nennkapital umgewandelt werden und später dann das Nennkapital wieder herabgesetzt wird (§ 28 KStG; Fassung gültig ab 01.01.2001).

Durch die Einführung des *Halbeinkünfteverfahrens* wurden für die Besteuerung von Kapitalgesellschaften stärkere Elemente einer abschließenden Unternehmensbesteuerung im deutschen Steuerrecht eingeführt. Dieses mag zwar die steuerlichen Beziehungen zwischen Gesellschaft und Gesellschaftern vereinfachen, zugleich wurden dadurch aber auch eine Reihe neuer steuerpraktischer Probleme geschaffen. Insgesamt ist es unübersichtlicher geworden, welche Rechtsform bzw. Gewinnverwendung steuerlich die günstigste[470] ist – dies hängt zudem in viel stärkerem Maße von den individuellen Grenzsteuersätzen ab. Bleibt die Gewerbesteuer unberücksichtigt, gilt generell, dass bei niedrigeren Grenzsteuersätzen und Gewinnausschüttung die Rechtsform der Personengesellschaft steuerlich günstiger ist, bei höheren Grenzsteuersätzen die der Kapitalgesellschaft. Regelmäßig ist eine Kapitalgesellschaft auch bei Ge-

---

[468] Wenn im Rahmen eines dem ursprünglichen deutschen Anrechnungssystem nahekommenden Verfahrens auch Gewinnausschüttungen ausländischer Herkunft, wie hier für die umfassende Einkommensteuer beschrieben, behandelt werden sollen, käme noch die Vorbelastung mit ausländischen Steuern als dritte Kategorie hinzu.

[469] Vgl. KREBS (1998).

[470] Vgl. für Beispielsrechnungen *Unternehmenssteuerreform – Einstieg in die duale Einkommensteuer?* (2000, S. 143ff.).

winnthesaurierung vorteilhaft,[471] der Vorteil kann (ohne Berücksichtigung des Solidaritätszuschlags) bis zu 22 Prozentpunkte (bei einem Spitzensteuersatz der Einkommensteuer von 48,5% und einem Körperschaftsteuersatz von 26,5% im Jahre 2003) betragen. Durch die Gewährung eines Geschäftsführergehalts sind zudem auch dem persönlichen Steuersatz unterworfene Gewinnentnahmen möglich.

Die große Diskrepanz der Steuersätze macht eine Reihe von – dem Gesetzgeber im Grunde unerwünschten – steuerlichen Gestaltungsformen attraktiv.[472] Neben einer Einbringung von sonst regulär besteuerten Einkunftserzielungen in Kapitalgesellschaften (s. D.1.4.3.3), ist diesbezüglich auch die große Differenz zwischen effektiver Steuerbelastung bei Gewinnausschüttung und Gewinnthesaurierung hervorzuheben. Dies setzt (bei Beteiligungen unterhalb der 1%-Grenze) Anreize, Einkommen als Wertsteigerungen außerhalb der Veräußerungsfrist steuerfrei zu realisieren. Ein Instrument zur „Ausschüttung" von Gewinnen, ohne dass beim Empfänger steuerpflichtige Einkünfte entstehen, ist dabei auch die Thesaurierung von Gewinnen mit anschließender Umwandlung von Kapitalrücklagen in Nennkapital („Gratisaktien").[473]

Die auf dem bloßen Vergleich der Steuersätze beruhende Argumentation ist jedoch zu relativieren, da das Halbeinkünfteverfahren auch die Absetzbarkeit von im Zusammenhang mit der Beteiligung an einer Kapitalgesellschaften entstandenen Werbungskosten (größenordnungsmäßig dürften vor allem Schuldzinsen bedeutend sein) auf die Hälfte begrenzt (§ 3c Abs. 2 EStG, Fassung ab 01.01.2001). Die hiermit verbundene Problematik ist schon in D.1.4.3.1 zur Sprache gekommen, die dort für Unternehmen getroffenen Ausführungen gelten überwiegend auch, wenn sich die Anteile an Kapitalgesellschaften im Besitz von Privatpersonen befinden.

Eine vollständig abgeltende (abschließende) Unternehmensteuer ist auch die *zinsbereinigte Gewinnsteuer*, die auf dem Konzept einer Betriebsteuer

---

[471] Dies gilt grundsätzlich auch, wenn berücksichtigt wird, dass – was steuerpraktisch wiederum eine erhebliche Komplizierung darstellt – Personengesellschaften die gezahlte Gewerbesteuer anrechnen können.

[472] Vgl. hierzu auch das Sondervotum von POLLAK in KOMMISSION REFORM UNTERNEHMENSBESTEUERUNG (1999, S. 45 u. S. 110ff.).

[473] Wie oben schon erwähnt, entstehen Einkünfte aus Kapitalvermögen erst, wenn das durch Umwandlung von Gewinnrücklagen geschaffene Nennkapital im Rahmen einer Kapitalherabsetzung „ausgeschüttet" wird.

beruht.[474] Die Höhe der Besteuerung von Unternehmensgewinnen wäre dann grundsätzlich zumindest unabhängig von Gewinnverwendung sowie rechtsformunabhängig. Allerdings stimmt (bei einem progressiven individuellem Steuertarif) der Gewinnsteuersatz nur noch zufällig mit dem persönlichen Steuersatz überein, was seinerseits steuersparende Gestaltungen erwarten lässt (s. hierzu D.1.4.3.3). Ist der Unternehmenssteuersatz höher als der persönliche Grenzsteuersatz, ist es möglich, zumindest einige Gewinnanteile durch die Gewährung von Geschäftsführergehältern der persönlichen Besteuerung zu unterwerfen, soweit die Geschäftsführergehälter im Unternehmen abgesetzt werden können. Dass bei einer zinsbereinigten Einkommensteuer private Anteilseigner keine Schuldzinsen geltend machen können, ist weniger gravierend als das hälftige Werbungskostenabzugsverbot beim Halbeinkünfteverfahren. Durch den Abzug von Schutzzinsen im Unternehmen finden die privaten Finanzierungskosten schon (pauschaliert) Berücksichtigung. Ob diese Regelung eine Bevorzugung oder Benachteiligung bedeutet, hängt von der Höhe des Schutzzinssatzes im Vergleich zum individuellen Kalkulationszinsfuß ab.

Im Rahmen der durch Abzug der Ersparnisse vom Einkommen ermittelten Bemessungsgrundlage einer *Ausgabensteuer* bedarf es keiner Unternehmensbesteuerung, wenn der Erwerb von Unternehmensanteilen als qualifizierte Einkommensverwendung gilt. Die Besteuerung hängt nicht davon ab, ob Gewinne im Unternehmen thesauriert oder ausgeschüttet werden, sondern ob sie für Konsumausgaben verwendet werden oder nicht. Auch eine (wie alternativ vorgestellte) R+F-Cash-flow-Steuer ist grundsätzlich gewinnverwendungsneutral.

Die Integration der Besteuerung von Unternehmensgewinnen und Einkünften der Gesellschafter durch ein – wie hier für eine *umfassende Einkommensteuer* dargestelltes – sich auch auf einbehaltene Gewinne beziehendes Anrechnungsverfahren (mehrstufige Teilhabersteuer), dürfte verfahrenstechnisch komplizierter sein als Betriebsteuer oder Halbeinkünfteverfahren. Vorteilhaft ist jedoch, dass tendenziell eine Besteuerung des Gesamtgewinns auch von Kapitalgesellschaften mit dem persönlichen Steuersatz der Anteilseigner erreicht wird. Auch wenn dies nicht perfekt gelingen sollte, so resultiert doch eine hohe Neutralität bezüglich der Einkunftsart, der Rechtsform und der Gewinnverwendung. Belastungsbedingte Anreize für bestimmte Einkunftsarten, Rechtsformen

[474] Zum Konzept der Betriebsteuer vgl. C.1.4.2.

oder Gewinnverwendungen schwinden damit. Außerdem werden auf diese Weise die Voraussetzungen für eine nicht doppeltbelastende Besteuerung von Vermögenswertänderungen geschaffen.

1.4.3.2	Belastungsunterschiede in Abhängigkeit von Rechtsform und Gewinnverwendung	ESt alt	ESt neu	ESt Ab	ESt SZE	UESt	UESt SZE	ASt	ZbSt
Steuerpraktische Beurteilung		3	5			2-3		2	3

1.4.3.3 Belastungsunterschiede zwischen Unternehmensgewinnen und anderen Einkünften, insbesondere solchen aus nichtselbständiger Arbeit und Zinsen

Bei der (soeben abgeschlossenen) Behandlung der steuerlichen Belastung der Unternehmensgewinne in Abhängigkeit von der Gewinnverwendung und der Unternehmensrechtsform wurde schon deutlich, dass einige Steuerarten Unternehmensgewinne schwächer oder auch stärker als andere Einkunftsarten belasten. Die steuerpraktische Bedeutung dieses Umstandes soll nun erörtert werden. Speziell sind dabei Bezüge zur Besteuerung von Einkünften aus nichtselbständiger Arbeit und von Zinsen herzustellen.

In D.1.4.3.2 wurde schon erwähnt, dass Gesellschafter-Geschäftsführer über einen Teil des Unternehmensgewinns auch durch die Vereinbarung eines Geschäftsführergehalts verfügen können. Sinn kann dieses vor allem machen, wenn der persönliche Grenzsteuersatz niedriger ist als die steuerliche Belastung des Unternehmensgewinns. In Deutschland galt dieses vor der Unternehmenssteuerreform – selbst bei einem Spitzensteuersatz – sehr häufig, da Unternehmen zusätzlich zu einem relativ hohen Körperschaftsteuersatz noch der Gewerbeertragsteuer unterliegen. Die Finanzverwaltung prüft daher traditionell die Angemessenheit der Gesamtbezüge von Gesellschafter-Geschäftsführern.[475] Die Vereinba-

---

[475] Vgl. für die Beurteilung der Angemessenheit der Bezüge von Gesellschafter-Geschäftsführern etwa jüngst OFD Karlsruhe v. 17.04.2001.

rung unangemessen hoher Gesamtbezüge führt zu einer verdeckten Gewinnausschüttung (§ 8 Abs. 3 KStG). Entsprechende Überprüfungen wären auch bei einer *zinsbereinigten Gewinnsteuer* und *Abgeltungsteuer* notwendig, da auch dort der Gewinnsteuersatz höher sein kann als der persönliche Grenzsteuersatz. Beim *Halbeinkünfteverfahren* mit einem relativ niedrigen Steuersatz auf einbehaltene Gewinne kann es umgekehrt für Gesellschafter-Geschäftsführer lohnend sein, lediglich niedrige Gehälter zu vereinbaren und statt dessen Gewinne im Unternehmen zu thesaurieren.[476] Dies würde erfordern, die Angemessenheit der Gesamtbezüge eines Gesellschafter-Geschäftsführer auch nach unten hin zu prüfen.

Mehr Beachtung als der Transformationen von Gewinnen in Geschäftsführergehälter und umgekehrt dürfte deren Transformation in Zinseinkünfte zuzuwenden sein.[477] Eine solche Transformation lässt sich relativ einfach bewerkstelligen. Gesellschafter können nämlich prinzipiell entscheiden, ob sie ihr Unternehmen mit Eigen- oder Fremdkapital ausstatten. Mit der Einführung des *Halbeinkünfteverfahrens* hat dieser Problemaspekt für Inländer zweifellos erheblich an Relevanz gewonnen. Steuerpflichtige mit niedrigeren Grenzsteuersätzen werden eher Fremd- als Eigenkapital in ihr Unternehmen einbringen,[478] Steuerpflichtige mit höheren Steuersätzen hingegen eher Eigenkapital. Die Folge ist eine verstärkte Konzentration des Entscheidungsbefugnis verleihenden unternehmerischen Eigenkapitals bei den Wohlhabenden. Aufgrund des niedrigen Körperschaftsteuersatzes von 26,5% (für den Veranlagungszeitraum 2003) – dieser Satz liegt sogar unterhalb des Zinsabschlags von 30%[479] – könnte es sich für Zensiten mit hohen Grenzsteuersätzen (bei

---

[476] Abhängig beschäftigte Spitzenverdiener könnten sich dergleichen Vorteile durch Gründung einer Kapitalgesellschaft und anschließende Tätigkeit als *Scheinselbständiger* verschaffen. Lediglich im Umfang des geplanten Konsums würden Geschäftsführergehälter gewährt, die der Ersparnis zugeführten Einkommen würden niedrig besteuert im Unternehmen thesauriert.

[477] Durch den Sparer-Freibetrag (EUR 1.550,00 p.a. im Jahre 2003) gibt es im deutschen Steuerrecht auch eine Minderbesteuerung von Zinseinkünfte, die zu einer Transformation von Gewinneinkünften in Zinseinkünfte führen könnte. Aufgrund der relativ geringen Höhe des Freibetrags, dürfte diese Begünstigung aber wohl nur geringe Auswirkungen haben.

[478] Bekannt geworden ist das Problem übermäßiger Fremdkapitalfinanzierungen auch im Zusammenhang mit ausländischen Investitionen in Deutschland, hierauf wird noch in D.2.2.1 eingegangen werden.

[479] Es verwundert, weshalb (wohl) noch kein Kreditinstitut auf die Idee gekommen

Thesaurierungsabsicht) sogar lohnen, privates Vermögen in Kapitalgesellschaften einzubringen, in denen dann die entsprechenden Erträge entstehen.

Etwas besser zu bewerten ist eine *abgeltende Besteuerung von Kapitalerträgen*. Die hier dargestellte Form sieht eine prinzipiell gleiche Besteuerung von Zinserträgen und Dividenden von Kapitalgesellschaften vor. Einen Anreiz zur Transformation von Gewinnen in Zinserträge gibt es also nur für Personengesellschaften. Den gleichen steuerlichen Vorteil könnten die betreffenden Unternehmer jedoch auch durch den Wechsel der Rechtsform in eine Kapitalgesellschaft erlangen. Zudem stellt sich die Frage, ob eine Umwandlung von Personengesellschaftsgewinnen in abgeltend besteuertes Einkommen innerhalb gewisser Grenzen konzeptionell (bezogen auf die Idee einer Abgeltungsteuer) nicht sogar zu rechtfertigen ist. Österreich, dass seit Einführung der Abgeltungsteuer (1993) die Erfahrung gemacht hatte, dass Eigentümerunternehmer ihrem Unternehmen Kredite gaben anstelle Eigenkapitaleinlagen zu leisten (der Abgeltungsteuersatz war weit niedriger als der Gewinnsteuersatz),[480] gewährte den Steuerpflichtigen die Möglichkeit, auch die kalkulatorischen Zinsen auf das Eigenkapital mit dem (im Vergleich zum Gewinnsteuersatz niedrigeren) Abgeltungssatz für Zinseinkünfte zu versteuern.[481] Es müsste allerdings verhindert werden, dass nicht durch Vereinbarung hochverzinslicher Kreditverträge mit Privatpersonen Gewinne in Zinserträge transferiert werden. Hier stellen sich vor allem deswegen Probleme, weil sich rechtssicher kaum beurteilen lässt, ob vereinbarte hohe Zinssätze ein Ausgleich für ein besonders hohes Risiko sind oder ob eine Gewinntransferierung vorliegt.

Auch eine *zinsbereinigte Einkommensteuer* nach dem Muster Kroatiens, bei der die Zinseinkünfte Privater unabhängig von der Höhe des Zinssatzes steuerbefreit sind, ist mit solchen Problemen behaftet. Um zu verhindern, dass durch Vereinbarung entsprechend hochverzinster Kreditver-

---

ist, Aktien eines Unternehmens zu vertreiben, dessen einziger Geschäftszweck die verzinsliche Anlage des eigenen Kapitals ist. Nach Ablauf der Spekulationsfrist würde dann ein Rückkauf der Aktien durch das Kreditinstitut erfolgen. Beträgt der Anteil eines einzelnen Aktionärs nicht mehr als 1%, kann er Zinseinkünfte erzielen, die effektiv unterhalb des Zinsabschlags besteuert werden.

480 Vgl. WAGNER (1999, S. 1528).

481 Vgl. hierzu auch den Bericht der STEUERREFORMKOMMISSION [ÖSTERREICH] (1998, S. 44ff.).

träge Unternehmensgewinne steuerfrei aus den Unternehmen gezogen werden könnten, wurde in Kroatien der Schuldzinsenabzug gewinnsteuerpflichtiger Unternehmen bei Verträgen mit nicht-gewinnsteuerpflichtigen Gläubigern auf eine bestimmte Normalverzinsung begrenzt.[482] Die Finanzverwaltung ist somit gezwungen, sämtliche Kreditverträge zu kontrollieren.

Derartige Probleme stellen sich bei einer *Ausgabensteuer* und einer *umfassenden Einkommensteuer* nicht bzw. nur in geringem Maße. Bei einer Ausgabensteuer werden die Konsumausgaben unabhängig von der Einkommensquelle gleich besteuert, und eine umfassende Einkommensteuer strebt eine gleichmäßige Besteuerung des Einkommens unabhängig von dessen Entstehungsgründen an.

1.4.3.3	Belastungsunterschiede zwischen Unternehmensgewinnen und anderen Einkünften, insbesondere solchen aus nichtselbständiger Arbeit und Zinsen	ESt alt	ESt neu	ESt Ab	ESt SZE	UESt	UESt SZE	ASt	ZbSt
Steuerpraktische Beurteilung		3	5	4	5*	2		2	4

1.4.4 Gesamtbeurteilung

Im Folgenden soll eine abwägende Gesamtbeurteilung der Unternehmensbesteuerung bei den verschiedenen Steuerarten versucht werden. Neben steuerpraktischen Argumenten wird dabei auch darauf eingegangen, inwieweit die vorgestellten Bemessungsgrundlagen von der ihr zugrundeliegenden Konzeption abweichen (immanente Realisierungslücke). Von den Problemen der Bemessungsgrundlagenermittlung scheinen mir die mit der Abschreibungsdauer bzw. dem Abschreibungszeitpunkt verbundenen Probleme weniger wichtig als vielfach betont. Aufgrund der weitgehenden Typisierung und guten Erfassbarkeit bestehen zudem kaum Kontrollschwierigkeiten. Demgegenüber ist es schwieriger, die Angemessenheit von Wertansätzen bei Sacheinlagen zu überprüfen. Somit sind die steuerpraktischen Vorteile von *zinsbereinigter Gewinnsteu-*

---

[482] Vgl. hierzu Fußnote 416.

er und *Ausgabensteuer* bei der Bemessungsgrundlagenermittlung etwas schwächer, als in der Literatur durchweg gesehen wird. Bei der Zinsbereinigung kommt zudem noch hinzu, dass gerade die Teile des Gewinns unbesteuert bleiben, die sich schlecht gegenüber den Finanzbehörden verbergen lassen. Aus der Verwaltungsperspektive sollte man jedoch am ehesten einen steuerlichen Zugriff auf diese Gewinne ermöglichen.

Unter den Ansätzen für eine Zusammenführung von Unternehmensbesteuerung und persönlicher Besteuerung ist die Integration durch ein *Anrechnungsverfahren* verfahrenstechnisch naturgemäß komplizierter als eine abschließende Besteuerung auf Unternehmensebene. Auf den ersten Blick könnte daher vermutet werden, dass das *Halbeinkünfteverfahren*, eine *zinsbereinigte Steuer* mit abschließender Besteuerung auf Unternehmensebene oder eine *abgeltende Besteuerung privater Kapitalerträge* tendenziell verwaltungsmäßige Vorteile aufweisen. Letztere Verfahren implizieren allerdings, dass bei einem progressiven Tarif der persönliche Grenzsteuersatz nur zufällig mit dem Gewinnsteuersatz übereinstimmt. Dies hat nicht nur distributiv, sondern auch steuerpraktisch ungünstige Auswirkungen und kann die Steuerpflichtigen zu einer Vielzahl von Einkünftetransformationen animieren. Hinzu kommt noch, dass auch die Verrechnung von privatem Aufwand mit im Unternehmen angefallenen Erträgen nicht mehr oder nur noch eingeschränkt möglich wäre. Insgesamt könnte daher eine umfassende Einkommensbesteuerung durchaus auch steuerpraktische Vorteile bieten.

Grundsätzlich ist bei Ansätzen, die die Unternehmensbesteuerung und die Besteuerung natürlicher Personen integrieren, eine geringere immanente Realisierungslücke zu erwarten. Die ursprüngliche deutsche *Einkommensteuer mit Anrechnungsverfahren* für ausgeschüttete Gewinne ist daher aus diesem Blickwinkel dem *Halbeinkünfteverfahren* vorzuziehen. Noch besser wäre eine *umfassende Einkommensteuer* zu bewerten. Eine *zinsbereinigte Gewinnsteuer* ist zwar – in der hier vorgestellten Form – ebenfalls nicht integrativ, allerdings ergibt sich durch den Schutzzinsmechanismus eine deutliche Abschwächung der hier interessierenden Problematik. Eine *Ausgabensteuer* erfordert konzeptionell erst gar nicht eine solche Integration.

Zwischen einer *Abgeltungsteuer auf Kapitalerträge* und der ihr zugrunde liegenden deutschen Einkommensteuer (neu) gibt es nur geringfügige Unterschiede. Eine abschließende Besteuerung von Dividenden bringt steuerpraktisch geringfügige Vorteile, dafür muss allerdings auch eine größere immanente Realisierungslücke in Kauf genommen werden. Da diese Differenzen bezogen auf den gesamten Bereich der Unternehmensbesteuerung jedoch vernachlässigenswert sind, wird die Abgeltungsteuer wie die deutsche Einkommensteuer (neu) bewertet.

Da in diesem Abschnitt auf eine separate Erörterung der *Sollzinsergänzung* verzichtet wurde, wird sie wie die ihr zugrundeliegende Steuer (deutsche Einkommensteuer neu bzw. umfassende Einkommensteuer) bewertet.

1.4.4	Gesamtbeurteilung	ESt alt	ESt neu	ESt Ab	ESt SZE	UESt	UESt SZE	ASt	ZbSt
Steuerpraktische Beurteilung		3	4	4	4*	2-3		2	3
Immanente Realisierungslücke		M	H	H	H*	G		G	M

1.5 Problemfeld: Zinsen und Dividenden bzw. Ersparnisse

Für die Besteuerung von Zins- und Dividendeneinkommen sehen die in dieser Arbeit untersuchten Steuerverfahren unterschiedliche Lösungen vor. Das *deutsche Einkommensteuerrecht* koppelt eine anrechenbare Kapitalertragsteuer („Zinsabschlag") mit Freistellungsaufträgen, eine umfassende Einkommensteuer würde sinnvollerweise wohl mit Kontrollmitteilungen arbeiten und bei einer Abgeltungsteuer würde von den Zahlstellen eine für Private abschließende und definitive Kapitalertragsteuer einbehalten und an die Finanzverwaltung abgeführt. Die *zinsbereinigte Einkommensteuer* in der hier dargestellten Form lässt private Zins- und Dividendeneinkünfte unbesteuert, bei einer *Sollzinsergänzung* sind zusätzlich noch (positive oder negative) kalkulatorische Sollzinserträge Bestandteil der Bemessungsgrundlage und bei einer durch „Sparbereinigung" des Einkommens ermittelten Ausgabensteuer sind nicht die Zinserträge, sondern die Zu- und Abflüsse auf sog. qualifizierte Konten zu erfassen.

In C.1.5 wurde schon darauf hingewiesen, dass die steuerliche Erfassung von Zinseinkünften bei Verlass auf die Angaben der Steuerpflichtigen (Deklarationsprinzip) durchweg schlecht ist. Dies dürfte auch gelten, wenn eine anrechenbare Kapitalertragsteuer mit einem Steuersatz unterhalb des Spitzengrenzsteuersatzes erhoben wird. Regelmäßig wird es dabei allerdings auch Steuerpflichtige geben, die allein aufgrund der Umständlichkeit[483] auf eine Steuererklärung verzichten und deshalb zu viel oder zu wenig Steuern zahlen.[484] Wenn die faktische Steuerbelastung derart von der steuerrechtlich verankerten abweicht, wäre zu überlegen, ob es nicht unter Gleichbehandlungsgesichtspunkten sinnvoller wäre, das Steuerrecht entsprechend anzupassen und die *Kapitalertragsteuer* gleich *abgeltend* auszugestalten. Auch wenn sich lediglich inländische Kreditinstitute an der Erhebung der Abgeltungsteuer beteiligen, dürfte sich für die überwiegende Mehrheit der Steuerpflichtigen eine Erklärung ihrer Kapitaleinkünfte gegenüber dem Finanzamt erübrigen. Bei ausländischen Kapitalerträgen wären sinnvollerweise die Regelungen der umfassenden Einkommensteuer anzuwenden.

Steuerpraktische Erleichterungen gegenüber der derzeitigen Regelung sind auch bei einem (klug organisierten) *Kontrollmitteilungsverfahren* für Zinsen und Dividenden zu erwarten. In dieses Verfahren ist auch das mit Dividenden ausgeschüttete Körperschaftsteuerguthaben einzubeziehen, so dass dieses bei der späteren Steuerberechnung von der Steuerverwaltung – ohne Zutun des Steuerpflichtigen – in Abzug gebracht werden kann.

Für Steuerpflichtige wäre eine Ermittlung von Kapitalerträgen durch Kontrollmitteilungen ein Gewinn an Bequemlichkeit, der Mehraufwand für die Banken dürfte vernachlässigenswert sein. Zudem werden durch ein solches Verfahren gleichfalls die Hinterziehung als auch die Überzahlung von Steuern auf inländische Kapitalerträge weitgehend vermie-

---

[483] Bedeutend dürfte auch der mit dem Freistellungsauftragsverfahren verbundene Aufwand sein. Die Umständlichkeit dieses Verfahrens ist vielfach beklagt worden. Die Steuerpflichtigen müssen zur Gewährung des Sparer-Freibetrags selbst die Initiative ergreifen und einen entsprechenden Auftrag an ihr Kreditinstitut weiterleiten, worin sie auch Gültigkeitsdauer und die Höhe des bei dem betreffenden Kreditinstitut in Anspruch zu nehmenden Freibetrag eintragen müssen. Werden Konten bei mehreren Kreditinstituten geführt, muss darauf geachtet werden, dass die Summe der beauftragten Freistellungen nicht den Sparer-Freibetrag übersteigt. Die Höhe der bei den einzelnen Kreditinstituten erwarteten Kapitalerträge muss somit geschätzt werden. Ändert sich die Aufteilung der Einkünfte auf die verschiedenen Institute, sind entsprechend bei allen Banken die Freistellungsaufträge zu ändern. Auch für Banken ist der Aufwand dieses Verfahrens erheblich, die ihnen hierdurch entstehenden Kosten dürfen sie zudem nicht an ihre Kunden weiterreichen.

[484] Vgl. in diesem Sinne HACKMANN (1992a, S. 10*).

den. Auch das Problem der Kapitalflucht könnte besser kontrolliert werden: Werden für eine Person wesentlich niedrigere Kapitalerträge gemeldet als in den Vorjahren, könnte dies auf eine Verlagerung von Vermögens ins Ausland hinweisen. Die Finanzverwaltung könnte die Steuerpflichtigen um Erklärung bitten.

Zusätzlich wäre im Rahmen einer umfassenden Einkommensteuer – nach dem Vorbild der USA – sinnvollerweise auch noch um eine Quellensteuer auf Zinsen zu erheben, die von Inländern an Empfänger in (bei der Zinsbesteuerung) nicht kooperativen Staaten gezahlt werden. Der zusätzliche Verwaltungsaufwand eines solchen Verfahrens dürfte hinnehmbar sein.

Ein anderer – nicht unbedingt als Alternative zu verstehender – Ansatz für eine (vor allem längerfristig) bessere Erfassung von steuerlich nicht deklarierten Kapitalerträgen ist die *Sollzinsergänzung*. Dabei wird nicht wie bei der Abgeltungsteuer der Steuersatz typisiert, sondern quasi die Höhe der Ersparnisbildung und damit indirekt auch die Höhe der Zinseinkünfte. Deklariert jemand steuerlich eine geringere Ersparnis als es seinem um den Konsumfreibetrag vermindertem Einkommen entspricht, wird ihm ein zusätzliches Vermögen in Höhe dieser Differenz angerechnet, die hierauf entfallenden kalkulatorischen Zinseinkünfte sind zu versteuern. Dieses Verfahren ermöglicht es, selbst bei Kapitalflucht ins Ausland, approximativ Zinserträge zu besteuern. Allerdings dürfte es dem durchschnittlichen Steuerpflichtigen recht schwer fallen, den Sollzinsmechanismus zu begreifen[485] und deshalb könnte der Vorschlag zunächst nur auf eine geringe Akzeptanz stoßen.[486] Obendrein werden höhere buchhalterische Anforderungen an die Steuerpflichtigen gestellt, da diese zusätzlich zu den Zinseinkünften Angaben über ihre Ersparnis und Vermögensverfügungen dem Finanzamt zu übermitteln hätten. Die Steuerpflichtigen müssten also zusätzliche Unterlagen sammeln und zusätzliche Nachweise erbringen.[487] Auch die Finanzverwaltung hätte zwei Größen zu überprüfen.

---

[485] Vgl. HACKMANN (1999, S. 107).

[486] Auf der politischen Ebene wird es zudem wohl auch intensive Diskussionen über die Höhe der – regelmäßig festzulegenden – Sollzinsfreibeträge geben.

[487] „Allerdings erfordern diese Nachweise bei der SzSt [Sollzinssteuer] ... grundsätzlich keine über die einkommensteuerlichen Usancen hinausreichenden besonderen Kenntnisse der kaufmännischen Buchführung oder besondere Fähigkeiten der Vermögensbewertung" (HACKMANN 1999, S. 107).

Eine isoliert zu niedrigere Angabe von Kapitalerträgen bietet bei der Sollzinsergänzung keinen Steuervorteil. Steuerhinterziehung wäre allerdings potentiell möglich, wenn gleichzeitig zu niedrige Zinserträge wie auch eine höhere Ersparnis deklariert werden.[488] Bei entsprechend hoher deklarierter Ersparnis könnten sich dabei sogar negative Sollzinsen ergeben, die mit positiven Einkünften verrechenbar wären. Bei einer Sollzinsergänzung könnte damit die Gefahr bestehen, dass sich Steuerpflichtige nicht nur der Besteuerung ihrer Zinserträgen entziehen, sondern sogar noch die Steuerbelastung ihrer anderen Einkünfte senken.[489] Zu fragen ist nach der Relevanz dieser Gefahr. Regelmäßig lassen höhere Ersparnis auch höhere Zinserträge erwarten.[490] Die Ungereimtheit gleichzeitig niedriger Zinserträge und einer hohen Ersparnisbildung würde der Finanzverwaltung ins Auge springen und könnte zum Anlass für Nachfragen genommen werden. Aufgrund dieses inhärenten Selbstkontrollmechanismus lassen sich bei einer Sollzinsergänzung potentielle Steuerhinterzieher wesentlich besser ausfindig machen als bei der deutschen Einkommensteuer: Während bei einer Einkommensteuer ohne Kontrollmitteilungen potentiell alle Zensiten auf richtige Angabe von Kapitalerträgen zu überprüfen wären, könnte sich die Kontrolle bei einer Sollzinsergänzung im wesentlichen auf eine Auswahl aus den zuvor genannten Fälle beschränken.[491]

Neben einzelnen Kontrollen der Ersparnisbildung wäre bei der Sollzinsergänzung auch noch zu kontrollieren, ob (zwecks Hinterziehung der Zinseinkünfte) nicht besonders rentable Anlagen (bzw. die dafür angesetzte Ersparnis) verschwiegen werden. Gegenüber einer Einkommens-

---

[488] Eine zu hoch ausgewiesene Ersparnis bedeutet ein höheres Ist-Vermögen und impliziert damit bei gegebenem Einkommen ein niedrigeres Soll-Vermögen und damit auch ein niedrigeres Soll-Zinseinkommen. Eine zu gering deklarierte Ersparnis hingegen erhöht das Soll-Vermögen und führt damit zu einem höherem Soll-Zinseinkommen. Ein höheres deklariertes Vermögen reduziert also c.p. die Steuerlast, ein niedrigeres erhöht sie.

[489] Allerdings ist diese Gefahr auch bei der deutschen Einkommensteuer nicht vollkommen auszuschließen, da sich auch bei ihr – aufgrund negativer Stückzinsen oder negativer Erträge aus Finanzinnovationen (§ 20 Abs. 2 Satz 2) – negative Einkünfte aus Kapitalvermögen ergeben können.

[490] Bei einer Anlage in Aktien mag dieser Zusammenhang – auch wenn Kursgewinne einbezogen werden – kurzfristig nicht gelten.

[491] Wenn aus diesen Nachfragen der Finanzverwaltung ein hoher Aufwand resultiert, könnte überlegt werden, die Ersparnisbildung durch Kontrollmitteilungen der Kreditinstitute über Kontenbewegungen zu kontrollieren.

besteuerung ohne Sollzinsergänzung sind aber solche Anreize zur Steuerhinterziehung beträchtlich reduziert. Noch weiter lassen sie sich reduzieren, wenn das Verfahren der Sollzinsergänzung noch mit der (steuerpraktisch ohnehin zu wünschenden) Kontrollmitteilungsmethode verbunden wird.

Bei einer indirekt durch „Sparbereinigung" des Einkommens ermittelten *Ausgabensteuer* entfällt die Notwendigkeit, die Höhe der Zinserträge zu kontrollieren, statt dessen ist das Augenmerk auf Ersparnisbildung und Entsparen zu richten.[492] Hierfür wird regelmäßig empfohlen, sog. „qualifizierten Konten" einzurichten, bei denen Einzahlungen und Abhebungen (Cash-flow) erfasst werden. Es dürfte sinnvoll sein, hierfür mit Kontrollmitteilungen der Banken zu arbeiten. Verglichen mit Kontrollmitteilungen über die Höhe der Zinserträge dürften der Aufwand der Kreditinstitute hierfür ähnlich sein. Soll eine Geldanlage im Ausland nicht als steuerpflichtige Einkommensverwendung gelten, müssten auch ausländische Kreditinstitute in das Kontrollmitteilungsverfahren einbezogen werden. Dabei stellt sich jedoch ein Kontrollproblem: Da die inländische Finanzverwaltung nicht befugt ist, ausländische Kreditinstitute zu kontrollieren, wäre sie auf Mithilfe des Auslandes angewiesen. Insgesamt dürfte die Gefahr einer steuerfreien Verfügung aus Kontoguthaben im Ausland jedoch eher gering sein, da das Inland in Zweifelsfällen lediglich die Anerkennung als qualifiziertes Konto versagen müsste. Aufgrund der Notwendigkeit der Überprüfung von Geldanlagen im Ausland ist jedoch zu erwarten, dass der Aufwand für die Finanzverwaltung bei einer Ausgabensteuer höher ist als bei anderen Steuerarten. Gravierend bei einer Ausgabensteuer ist jedoch die Gefahr, dass Inländer im Ausland Kredite aufnehmen und dies nicht deklarieren. Sie könnten somit Konsumausgaben tätigen ohne zur Besteuerung herangezogen zu werden. Dieses könnte sich auch lohnen, wenn der Zinsverlust zwischen Geldanlage im Inland und Kreditaufnahme im Ausland geringer ist als der sonst zu zahlende Steuerbetrag.

Bei der *zinsbereinigten Einkommensteuer* in der ehemals in Kroatien praktizierten Form bleiben sämtliche Kapitalerträge privater Haushalte unbesteuert, die Steuervereinfachung wird also durch Nichtbesteuerung erlangt. Anzumerken ist, dass bei idealtypischer Umsetzung die Steuer-

---

[492] Zinserträge, die wieder gespart werden, interessieren steuerlich nicht. Auf ihre Erfassung lässt sich daher verzichten, wenn die Verfügung über Ersparnisse erfasst wird.

freiheit nur in Höhe einer sog. Normalverzinsung zu gewähren wäre. Das Ausmaß der Verfehlung dieser steuertheoretischen Konzeption könnte sehr bedeutend sein, da die Höhe der individuell tatsächlich erzielten Renditen vermutlich eine breite Streuung hat. Es wäre sicherlich interessant, empirisch zu untersuchen, ob diese Typisierung der Zinssätze eine bedeutendere Abweichung darstellt als die Typisierung der Steuersätze bei der (steuerpraktisch auch nicht aufwendigeren) Abgeltungssteuer oder die „Typisierung" des Konsums (Konsumfreibeträge) bei der sollzinsergänzten Steuer. Bei solchen Überlegungen wäre auch zu berücksichtigen, dass die zinsbereinigte Einkommensteuer (wie auch die Abgeltungsteuer) nicht nur die Einkommensverhältnisse des Steuerpflichtigen unberücksichtigt lässt, sondern auch ihm evtl. im Zusammenhang mit der Erzielung von Kapitaleinkünften entstandene Werbungskosten. Dadurch kann sich gleichfalls bei im Halbeinkünfteverfahren bezogenen Dividenden eine Doppelbelastung ergeben (s. hierzu auch D.1.4.3.2).

Die Nichtbesteuerung privater Zinserträge bei der *zinsbereinigten Einkommensteuer* kann jedoch auch die Verlagerung von steuerpflichtigen Gewinnen aus Unternehmen in den steuerfreien privaten Bereich ermöglichen, wenn nicht besondere Kontrollen bestehen. Eine solche Gewinnverlagerung ist möglich, wenn das Unternehmen hochverzinsliche Darlehen von Privaten aufnimmt und die Schuldzinsen steuerlich geltend machen kann. In Kroatien durften Unternehmen daher Schuldzinsen von Privatdarlehen nur bis zu einer bestimmten Höhe geltend machen. Eine Gewinnverlagerung ist jedoch auch möglich, wenn Unternehmen niedrigverzinsliche Darlehen an Private gewähren, die ihrerseits dann – steuerfrei – höhere Zinssätze erzielen können.

Zu den Zinseinkünften im weitesten Sinne gehören auch die Gewinnanteile von Lebensversicherungen und der Ertragsanteil von Rentenversicherungen. Es gibt zwar gute Gründe dafür, dass die Altersvorsorge staatlich gefördert werden sollte, allerdings sind die gegenwärtigen Regelungen unsystematisch und haben zu einer erheblichen Komplizierung des Steuerrechts geführt. Von vielen wird aus z.T. unterschiedlichen steuertheoretischen Gründen eine nachgelagerte Rentenbesteuerung befürwortet. Für eine solche Lösung mögen auch Gesichtspunkte der Steuervereinfachung sprechen. Auch die hier vorgestellte umfassende Einkommensteuer baut auf einer solchen nachgelagerten Rentenbesteuerung auf, die allerdings – anders als meist vorgeschlagen – einkommensorientiert und nicht konsumorientiert ist.

Auch die Besteuerung von Lebensversicherungen ließe sich vereinfachen. Die derzeitige Regelung, bei der Beiträge als Vorsorgeaufwendungen abzugsfähig sind (§ 10 Abs. 1 Nr. 2 Buchst. b EStG) und daneben auch die Gewinnanteile steuerbefreit sind, wenn die Auszahlung frühestens 12 Jahre nach Beginn erfolgt und mindestens 5 Jahre Beiträge gezahlt wurden, ist kompliziert und hat dazu geführt, dass Lebensversicherungen teilweise nur aus steuerlichen Gründen abgeschlossen werden. Die für den Rahmen einer umfassenden Einkommensteuer vorgeschlagene Besteuerung der Änderung des Rückkaufswertes würde eine wesentliche Vereinfachung bedeuten und die grundsätzliche steuerliche Bevorzugung dieser – allgemein als eher nachteilig angesehenen – Form der Kapitalanlage abschaffen. Auch die anderen Steuerreformvorschläge würden eine Gleichbehandlung von Lebens- und Rentenversicherungen mit anderen Formen der Altersvorsorge gewährleisten und diesbezüglich zu einer steuerlichen Vereinfachung führen.

Zusammenfassend dürften eine *Abgeltungsteuer* bei inländischen Kapitalerträgen steuerpraktisch am vorteilhaftesten sein. Vergleichsweise steuerpraktisch sind auch eine *zinsbereinigte Einkommensteuer* sowie eine *umfassende Einkommensbesteuerung* mit einem System von Kontrollmitteilungen. Bei einer *Ausgabensteuer* entfallen zwar gewisse steuerpraktische Probleme der Zinsbesteuerung, statt dessen müssten jedoch die Kontenbewegungen erfasst werden. Obendrein besteht das Problem, dass Konsumausgaben durch – nicht von der inländischen Steuerverwaltung erfasste – Kreditaufnahmen im Ausland finanziert wird und somit keine Besteuerung stattfindet. Die Ausgabensteuer ist daher hier schlechter als alle anderen Steuern bewertet worden. Die Sollzinsergänzung besitzt einen inhärenten Kontrollmechanismus, daher dürfte die Kontrollerfordernis bei ihr geringer sein als bei der deutschen Einkommensteuer. Im Rahmen einer umfassenden Einkommensbesteuerung mit Kontrollmitteilungen bietet eine Sollzinsergänzung bezüglich der Erfassung inländischer Kapitalerträge keine weitergehenden Vorteile, sie könnte jedoch helfen, auch die Zinserträge von Fluchtkapital auf indirekte Weise zu erfassen.

Die immanente Realisierungslücke bei der Erfassung von Zinseinkünften ist bei der *umfassenden Einkommensteuer* am geringsten. Mit *Abgeltungssteuer* und *Sollzinsergänzung* könnte eine bessere Erfassung von Zinseinkünften gelingen, als es der deutschen Steuerpraxis entspricht. Bei einer Sollzinsergänzung werden zwar sonst gleiche Individuen mit einem relativ hohen Gegenwartkonsum benachteiligt (gemessen an dem Zugang ökonomischer Verfügungsmacht als Gleichheitsmaßstab), allerdings ermöglicht sie auch eine indirekte Erfassung der Kapitalerträge von im Ausland angelegten und nicht deklarierten Ersparnissen. Daher wird die Realisierungslücke einer Abgeltungsteuer auf Kapitalerträge und einer Sollzinsergänzung insgesamt als gleich groß angesehen. Die zinsbereinigte Einkommensteuer, wie sie in Kroatien praktiziert wurde, hat eine Realisierungslücke mittlerer Größe, da die Zinsbereinigung nicht auf privater Ebene praktiziert wird.

1.5	Problemfeld: Zinsen und Dividenden bzw. Ersparnisse	ESt alt	ESt neu	ESt Ab	ESt SZE	UESt	UESt SZE	ASt	ZbSt
Steuerpraktische Beurteilung		3		1-2	2-3	2	1-2	4	2
Immanente Realisierungslücke		H		M	M	G	M	G	M

1.6 Problemfeld: Wertänderungen und private Veräußerungsgewinne

1.6.1 Feststellung von Wertänderungen bzw. Veräußerungsgewinnen

1.6.1.1 Wertpapiere

Wesentliches Problem der steuerlichen Feststellung von Wertpapierveräußerungsgewinnen ist derzeit die Erlangung von Kenntnissen der Finanzverwaltung über derartige Einkünfte der Steuerpflichtigen. Ursache hierfür ist, dass die Feststellung von im Rahmen der *Einkommensteuer* zu versteuernden privaten Veräußerungsgewinnen (traditionell als „Spekulationsgewinne" bezeichnet) in Deutschland immer noch im Wesentlichen auf Deklarationen der Steuerpflichtigen aufbaut und Kontrollen kaum stattfinden. In C.1.6.1 ist schon darauf hingewiesen worden, dass damit die Besteuerung im Grunde in das Belieben der Steuerpflichtigen gestellt wird. Dieses ist als verfassungswidrig zu vermuten.[493] Die fehlende oder falsche Deklaration von privaten Veräußerungsgewinnen

[493] Vgl. hierzu insbesondere Fußnote 304.

durch die Steuerpflichtigen lässt sich vermutlich auch mit der Kompliziertheit der gegenwärtigen steuerlichen Regelungen begründen. Aufgrund der Begrenzung auf während der Veräußerungsfrist (Spekulationsfrist) erzielte Veräußerungsgewinne- und –verluste muss nicht nur die Höhe etwaiger Gewinne bestimmt, sondern auch festgestellt werden, wann die Vermögensgegenstände angeschafft wurden. Auch die Bewertung selbst kann Schwierigkeiten bereiten. Werden zu verschiedenen Zeitpunkten angeschaffte gleichartige Wertpapiere zu unterschiedlichen Zeitpunkten veräußert, sind steuerrechtlich die Anschaffungskosten als Durchschnittswert (Mischeinstandspreis) zu ermitteln.[494] Fanden zwischenzeitlich Kapitalmaßnahmen (Bezugsrechtsgewährung für junge Aktien o.ä.) statt, ist der Kurs entsprechend zu bereinigen.[495] Es dürfte nicht wenige Steuerpflichtige geben, denen bei der Gewinnermittlung Fehler unterlaufen, oder angesichts der komplizierten Materie resignierend eine Deklaration unterlassen. Hinzu kommen noch gravierende Abgrenzungsprobleme (vgl. hierzu D.1.6.2). All dies dürfte auch die Akzeptanz einer Besteuerung von privaten Veräußerungsgewinnen in Deutschland mindern.[496]

Die im Rahmen einer *umfassenden Einkommensteuer* vorzusehende Ausweitung der Besteuerung von Wertänderungen bedeutet auch eine Vereinfachung von deren Erfassung. Zum einen ist die Bestimmung der steuerlich relevanten Wertänderungen deshalb vereinfacht, da keine Differenzierungen mehr nach Haltedauer erforderlich sind, es müssen lediglich „stichtagsbezogen" die beigelegten Werte mit denjenigen am Ende der Vorperiode verglichen werden. Kontrollmitteilungen würden den Aufwand für die Steuerpflichtigen bedeutend senken, für die Kreditinstituten entstünde (aufgrund weitgehender Automatisierung) ein nur unwesentlicher Mehraufwand. Schon gegenwärtig ermitteln die Depotbanken – aus Informationsgründen – Wertänderungen der Wertpapierbestände ihrer Kunden. Selbst ein Abstellen auf das, was hier als „nachhaltige Wertentwicklung" bezeichnet wurde, statt auf Stichtagswerte

---

[494] BFH-Urteil v. 24.11.1993 (IX R 49/90, BStBl 1994 II, S. 591).

[495] BFH-Urteil v. 19.12.2000 (IX R 100/97, BStBl 2001 II, S. 345). Bei Dividendenzahlungen ist eine Bereinigung der Anschaffungskosten nicht vorzunehmen, da Dividenden steuerbar sind.

[496] Dies gilt insbesondere, wenn zu versteuernde private Veräußerungsgewinne nur deshalb nicht mit Verlusten verrechnen lassen, weil letztere erst außerhalb der Veräußerungsfrist realisiert wurden. Eine Besteuerung unabhängig von Fristen könnte mithin auf geringere Steuerwiderstände stoßen als die gegenwärtige Regelung.

(Jahresschlusskurse) dürfte den Aufwand bei Kreditinstituten nur unwesentlich erhöhen.

Steuerpraktisch positive Effekte sind auch von der im Rahmen der umfassenden Einkommensteuer zu verwirklichenden mehrstufigen Teilhabersteuer zu erwarten: Erhalten die Steuerpflichtigen zusammen mit ihrer Dividendenzahlung ein Steuerguthaben für die vom Unternehmen entrichtete Körperschaftsteuer, sinkt der Anreiz, Wertpapierdepots zwecks Hinterziehung der Steuern auf Wertänderungen bzw. Veräußerungsgewinne ins Ausland zu verlagern. Einen erhöhten Verwaltungsaufwand dürfte es jedoch bereiten, wenn – wie in C.1.4.3.2 begründet – die Anrechnung des Körperschaftsteuerguthabens auf die anteilig auf Dividenden und Wertänderungen anfallende Steuer begrenzt wird. Wenn das in einem Jahr nicht ausgenutzte Steuerguthaben nicht verloren gehen und eine Übertragung auf Folgejahre möglich sein soll, hätte zudem – ähnlich wie bei noch nicht genutzten Verlustvorträgen - eine gesonderte Feststellung dieser Beträge zu erfolgen.

Eine verbesserte Erfassung von Wertänderungen bzw. privaten Veräußerungsgewinnen dürfte auch durch eine *Sollzinsergänzung* gelingen. Der Sollzinsmechanismus macht es attraktiver, Ersparnisse – auch in Form von Wertpapierkäufen – zu deklarieren, die Attraktivität steuerlich motivierter Depotverlagerungen in das Ausland sinkt. Eine Sollzinsergänzung auf Basis des Halbeinkünfteverfahrens dürfte noch einfacher zu handhaben sein, als eine Sollzinsergänzung auf Basis einer umfassenden Einkommensteuer, die auf nachhaltige Wertänderungen abstellt.

Bei der – wie ehemals in Kroatien praktizierten – *zinsbereinigten Einkommensteuer* entfällt die Besteuerung von Wertänderungen bei Privaten, da die Besteuerung auf Unternehmensebene als abschließend gilt. Bei einer *Abgeltungsteuer* auf Basis des Halbeinkünfteverfahrens unterliegen Veräußerungsgewinne auf Aktien einem ermäßigten Steuersatz, sonstige Veräußerungsgewinne werden mit dem vollen Abgeltungssatz besteuert. Die Abführung der Steuer erfolgt direkt durch die Depotbank, wodurch sich für die Steuerpflichtigen und die Finanzverwaltung wesentliche Erleichterungen ergeben.

Eine *Ausgabensteuer* würde keine Wertänderungen erfassen, erst wenn über sie zwecks Tätigung von Konsumausgaben verfügt wird, griffe die Besteuerung. Das Halten von Wertpapieren ist eine qualifizierte Form der Ersparnisbildung und das Kontrollbedürfnis erstreckt sich demnach lediglich auf Wertpapierüberträge. Werden alle inländischen Wertpapierdepots und zugleich die dazugehörigen Verrechnungskonten als registrierte Konten geführt, wären lediglich die Auslieferung effektiver Stücke und Wertpapierübertragungen an andere Banken zu erfassen. In Bezug auf ausländische Kreditinstitute können sich analoge Probleme wie bei Geldkonten stellen.[497]

1.6.1.1	Wertpapiere	ESt alt	ESt neu	ESt Ab	ESt SZE	UESt	UESt SZE	ASt	ZbSt
Steuerpraktische Beurteilung		4		1-2	2	3	2-3	3	1

1.6.1.2 Immobilien

Bei Immobilien ist die Rangordnung der Probleme bei der Feststellung von Wertänderungen genau anders herum als bei Wertpapieren. Einkünfte aus Wertänderungen von Immobilien lassen sich gegenüber der Finanzverwaltung weniger einfach verheimlichen als solche aus Aktien. Immobilien sind in Grundbüchern verzeichnet, bei Eigentumsübergängen wird das Grundbuchamt vom Notar benachrichtigt und es erfolgt eine Meldung an das für die Erhebung der Grunderwerbsteuer zuständige Finanzamt. Im Fall ausländischer Immobilien könnte die Finanzverwaltung Informationen von ausländischen Grundbuchämtern anfordern, allerdings dürfte aufgrund hoher Transaktionskosten der Besitz ausländischer Immobilien in Privatvermögen eher von untergeordneter Bedeutung sein.

Schwieriger dürfte bei Immobilien hingen die Ermittlung der Wertänderungen überhaupt sein; denn sie erfordert neben Kenntnissen des Anschaffungs- und Veräußerungs- bzw. (wenn unrealisierte Wertänderungen ermittelt werden sollen) aktuellen Marktpreises auch Informationen

---

[497] An die Stelle der Aufnahme von Geldkrediten träte bei Wertpapieren dann die sog. „Wertpapierleihe". Bei der Wertpapierleihe verleiht ein Besitzer seine Wertpapiere mit der Bedingung, dass er nach Ablauf einer festgelegten Leihfrist Papiere gleicher Art und Güte zurückerhält. Für die Leihe ist dem Verleiher eine Gebühr zu zahlen.

über ggf. angefallene nachträgliche Herstellungskosten. Schon von einer Kenntnis der Anschaffungspreise kann jedoch nicht regelmäßig ausgegangen werden, besonders bei vor längerer Zeit angeschafften Objekten fehlen häufig entsprechende Informationen. Das *deutsche Steuerrecht* umgeht diese Informationsprobleme, indem im (nicht buchführungspflichtigen) Privatvermögen nur Veräußerungsgewinne besteuert werden, bei denen die Anschaffung nicht weiter als zehn Jahre zurück liegt. Auf das Problem der Ermittlung der Zeitwerte von Immobilien ist oben schon eingegangen worden.

Zu den Problemen der Einkommensermittlung können im Fall einer Besteuerung unrealisierter Wertänderungen noch Liquiditätsprobleme der Steuerpflichtigen hinzukommen. Zwecks Steuerzahlung könnten Steuerpflichtige gezwungen sein, ihre Immobilien oder andere Vermögensgegenstände zu beleihen oder sogar zu veräußern.

Die Verschärfung des Informationserfordernisses bei einer *Besteuerung unrealisierter Wertänderungen* lässt sich jedoch u.U. dadurch mildern, dass – wie hier im Rahmen der umfassenden Einkommensteuer angedacht – die Besteuerung auf den Grundstücksanteil begrenzt wird und somit weitgehend typisiert erfolgt. Allerdings würde dies ggf. eine Aufspaltung des Gesamtwertes in Grundstücks- und Gebäudewert erfordern, die ihrerseits konfliktträchtig sein dürfte. Der Blick über die Grenzen[498] zeigt jedoch, dass das Bewertungsproblem nicht überschätzt werden darf, in anderen Ländern haben Grundsteuern aufkommensmäßig teilweise eine sehr hohe Bedeutung. Orientiert sich eine Grundsteuer am Verkehrswert, erfordert dies – wie auch bei Vermögen- und Erbschaftsteuern – eine Schätzung unrealisierter Wertentwicklungen.

Ob eine Besteuerung von Wertänderungen im Rahmen einer *Ausgabensteuer* stattzufinden hat, hängt davon ab, wie Anschaffungen von Immobilien gewertet werden. Bei einer Besteuerung der Nutzungswerte und einer Qualifizierung des Immobilienerwerbs als Ersparnis könnte eine Besteuerung von Wertänderungen entfallen.

Eine *Sollzinsergänzung*, eine *Abgeltungsteuer* und die *zinsbereinigte Einkommensteuer* werden hier wie die deutsche Einkommensteuer bewertet, da sie keine spezifischen Regelungen für die Erfassung der Wertände-

---

[498] Vgl. für einen internationalen Überblick über die Besteuerung von Grundstücken und Gebäuden aus jüngerer Zeit vgl. YOUNGMAN / MALME (1994).

rungen von Immobilien enthalten. Eine Sollzinsergänzung enthält zwar einen inhärenten Mechanismus, der die Verheimlichung von Einkünften gegenüber der Finanzverwaltung weniger attraktiv macht. Da dieses Problem jedoch – anders als bei Wertänderungen von Wertpapieren – bei Immobilien nur von geringer Bedeutung ist, ergeben sich aus einer Sollzinsergänzung diesbezüglich keine besonderen Vorteile. Bei einer zinsbereinigten Einkommensteuer könnte – bezogen auf den steuerlichen Gleichheitsmaßstab – u.U. die Relevanz einer Besteuerung der Wertänderung von Immobilien sinken, wenn Mietzins (bzw. Eigenmietwert) zusammen mit den Wertänderungen die Normalverzinsung ergeben.[499]

1.6.1.2	Immobilien	ESt alt	ESt neu	ESt Ab	ESt SZE	UESt	UESt SZE	ASt	ZbSt
Steuerpraktische Beurteilung		2				3		2-3	2

1.6.2 Unterschiedliche steuerliche Belastung von Wertänderungen in Abhängigkeit von Realisation, Beteiligungshöhe, Haltedauer und ihrer steuerrechtlichen Ansiedelung

Im Folgenden ist auf einige Abgrenzungsprobleme einzugehen, die daraus resultieren, dass die steuerliche Behandlung von Wertänderungen im *deutschen Einkommensteuerrecht* davon abhängt, ob diese realisiert oder unrealisiert sind, wie hoch die Beteiligungshöhe ist, wie lange die Haltedauer war und ob sie im Betriebs- oder Privatvermögen anfielen. Im Rahmen einer *umfassenden Einkommensteuer, zinsbereinigten Einkommensteuer* und *Ausgabensteuer* spielen – wenn auch aus verschiedenen Gründen – solche Differenzierungen keine Rolle. Eine umfassende Einkommensteuer möchte Wertänderungen unabhängig von solchen Differenzierungen erfassen. Eine Ausgabensteuer stellt auf den Konsum ab

---

[499] Im System der kroatischen Zinsbereinigung wurden private Veräußerungsgewinne aus Immobilien und Vermögensrechten innerhalb einer dreijährigen Spekulationsfrist erfasst (vgl. KIESEWETTER 1999, S. 69f.).

und eine zinsbereinigte Einkommensteuer lässt private Wertsteigerungen unbesteuert.

Bei einer – wie hier beschrieben – abgeltenden Besteuerung von Kapitalerträgen werden die Wertänderungen von Aktien mit hälftigem und die Wertänderungen von anderen Kapitalforderungen mit vollem Abgeltungsteuersatz belastet. Ob sich die in diesem Kapital erörterten Probleme dabei stellen, hängt von der Ausgestaltung der Abgeltungsteuer ab. Da hier davon ausgegangen wird, dass sie - – bis auf die Erhebungsform – der deutschen Einkommensteuer entspricht, ist sie durchgängig wie sie zu bewerten. Dieses gilt auch für eine um eine Sollzinsbesteuerung ergänzte deutsche Einkommensteuer. Sie lässt zwar – wie in D.1.6.1.1 dargestellt – eine bessere Deklaration der Veräußerungsgewinne durch die Steuerpflichtigen erwarten, ansonsten gelten jedoch die Regelungen der deutschen Einkommensteuer einer Besteuerung von Wertänderungen fort. Basiert die Sollzinsergänzung auf einer umfassenden Einkommensbesteuerung ist sie – analog wie zuvor begründet – wie letztere zu bewerten.

1.6.2.1 Veräußerungsbegriff und Realisationsprinzip

Im *deutschen Einkommensteuerrecht* werden Wertänderungen nur besteuert, wenn diese realisiert werden, d.h. wenn eine *Veräußerung* stattgefunden hat (§23 EStG).[500] Die steuerrechtliche Definition des Begriffs der Veräußerung ist jedoch nicht unproblematisch. Er bezieht sich nicht auf den Zeitpunkt des dinglichen Übertrags des Wirtschaftsgutes, sondern auf den des Vertragsabschlusses. Der hier relevante Veräußerungsbegriff schließt auch Tauschverträge ein. Der Umtausch von Aktien eines Unternehmens in die eines anderen im Rahmen eines Umtauschangebots etwa wird so behandelt als wären die umzutauschenden Aktien verkauft und die anderen Aktien gekauft worden. Auch Vermögensübertragungen zwischen Privat- und Betriebsvermögen sind Veräußerungen gleich gestellt.

Eine wesentlichere Problematik eines Abstellens auf Veräußerungen ist der daraus resultierende Steueraufschubvorteil: Fallen Zeitpunkt der Einkommensentstehung und der Realisierung auseinander, werden Wertänderungen effektiv geringer besteuert werden als andere Arten

[500] Für Ausnahmen vgl. Fußnote 238.

von Einkommen (s. hierzu D.1.6.3.1).[501] Dieses ist nicht allein distributiv und allokativ (Lock-in-Effekt) problematisch, sondern auch steuerpraktisch. Mit Blick auf den Steueraufschubvorteil könnten Steuerpflichtige versuchen, ordentliche Einkünfte in Wertänderungen zu transformieren.

1.6.2.1	Veräußerungsbegriff und Realisationsprinzip	ESt alt	ESt neu	ESt Ab	ESt SZE	UESt	UESt SZE	ASt	ZbSt
Steuerpraktische Beurteilung		3				1		1	1

1.6.2.2 Beteiligungshöhe und Haltedauer (Veräußerungsfrist)

Eine der Differenzierungen des *deutschen Steuerrechts* bei Wertänderungen von im Privatermögen gehaltenen Wirtschaftsgütern bezieht sich auf die Beteiligungshöhe und Haltedauer (Veräußerungsfrist). Steuerfreiheit besteht im Privatvermögen, wenn es sich nicht um wesentliche Anteile an Kapitalgesellschaften handelt (§ 17 EStG) und eine Veräußerung außerhalb der sog. Veräußerungsfrist erfolgt (§ 23 Abs. 1 EStG). Die Grenze für wesentliche Beteiligungen beträgt 1%.[502] Die Veräußerungsfrist (früher: Spekulationsfrist) hat eine Länge von zehn Jahren bei Grundstücken und grundstücksgleichen Rechten und einem Jahr bei anderen Wirtschaftsgütern, insbesondere Wertpapieren.[503] Als Veräußerungsgeschäfte gelten auch Veräußerungen, bei denen der Erwerb vor der Veräußerung erfolgte (§ 23 Abs. 1 Nr. 3 EStG). Von Investmentfonds unternommene

---

[501] Dem Steueraufschubvorteil und Tarifbegünstigungsvorteil steht jedoch u.U. ein Nachteil aufgrund eines progressiven Tarifs gegenüber. Auf diese Aspekte ist schon in B.3.3.2 eingegangen worden.

Bei einer zinsbereinigten Einkommensteuer kommt (unter idealtypischen Bedingungen) dem Zeitpunkt der Besteuerung von Wertänderungen keine Bedeutung zu. Es ist belastungsmäßig äquivalent, ob eine Besteuerung zum Entstehungs- oder Realisationszeitpunkt erfolgt. Aufgrund des Schutzzinsmechanismus (s. D.1.4.2.1) verliert der Zeitpunkt der Gewinnentstehung generell an Bedeutung.

[502] § 17 Abs. 1 EStG (Fassung ab 01.01.2001). Bis zum 31.12.2000 betrug die Grenze für wesentliche Beteiligungen 10 %.

[503] Bis zum 31.12.1998 betrug die Spekulationsfrist für Grundstücke zwei Jahre und für andere Wirtschaftsgüter sechs Monate (§ 23 Abs. 1 EStG; bis zum 31.12.1998 gültige Fassung).

Veräußerungen gelten grundsätzlich nicht als steuerbare Veräußerungsgeschäfte,[504] die Veräußerungsfrist wird nur auf Veräußerungen von Fondsanteilen angewandt.

Diese Differenzierungen erschweren die Ermittlung der steuerlich relevanten Wertänderungen für die Steuerpflichtigen. Bezogen auf die Wesentlichkeitsgrenze stellen sich Fragen nach dem für die Beurteilung der Beteiligungshöhe relevanten Zeitpunkt[505] und wie nachgewiesen werden kann, ob die kritische Beteiligungshöhe erreicht ist oder nicht. Bei entsprechend niedrig bewerteten Gesellschaften (Pennystocks) können sich Beteiligungen von 1% schon bei Kleinanlegern ergeben. Zudem kann regelmäßig einer Besteuerung ausgewichen werden, indem die Aktien teilweise an Angehörige übertragen werden. Im Verlustfall außerhalb der Veräußerungsfrist kann es hingegen steuerlich vorteilhaft sein, seinen Anteilsbesitz aufzustocken, um entsprechend Verluste steuerlich geltend machen zu können.

Das Bestehen einer Veräußerungsfrist erschwert die Berechnung der Veräußerungsgewinne. Wenn gleichartige Wertpapiere zu verschiedenen Zeitpunkten erworben wurden, sind die Veräußerungserlöse nach Durchschnittswerten zu ermitteln.[506] Dieses Verfahren findet jedoch keine Anwendung, wenn die Wertpapiere entsprechend ihrer Anschaffungszeitpunkte in unterschiedliche Depots gehalten wurden. Weitere Probleme zeigen sich speziell im Verlustfall. Für die steuerliche Berücksichtigung von Verlusten gilt die gleiche Spekulationsfrist wie für Gewinne, sie lässt sich im Regelfall jedoch leicht umgehen, indem während der Spekulationsfrist die Aktien verkauft und kurz darauf die betreffenden Aktien erneut gekauft werden. Damit dieses finanzamtlich anerkannt wird, muss zwischen Verkauf und Kauf allerdings eine Spanne von einigen Tage liegen. Noch praktischer scheint ein Verkauf an Familienangehörige mit direktem Depotübertrag.[507]

---

[504] Bis zum 31.12.2003 unterlagen jedoch vom Fonds erzielte Gewinne aus privaten Veräußerungsgewinnen im Sinne von § 23 Abs. 1 Satz 1 Nr. 4 Abs. 2 und 3 EStG der Besteuerung (§ 38 Abs. 1 Nr. 4 KAGG, bis 31.12.2003 gültige Fassung).

[505] Im Einkommensteuergesetz wird eine Beteiligung als wesentlich angesehen, wenn eine unmittelbare oder mittelbare Beteiligung am Kapital der Gesellschaft innerhalb der letzten fünf Jahre zu mindestens 1 vom Hundert bestand (§ 17 Abs. 1 EStG; Fassung ab 01.01.2001).

[506] BFH-Urteil v. 24.11.1993 (X R 49/90, BStBl 1994 II, S. 591).

[507] Das Veräußerungsgeschäft muss allerdings in allen Punkten ernsthaft wie unter

Problematisch ist das Bestehen einer Spekulationsfrist auch, wenn sich Verluste faktisch nicht realisieren lassen, obwohl ein Aktionär gern verkaufen möchte. Beispiele hierfür sind Kursaussetzungen, speziell aufgrund eines laufenden Insolvenzverfahrens[508] oder Sperrfristen für eine Veräußerung wie bei Belegschaftsaktien oder bei Börsenneueinführungen für Altaktionäre aufgrund von Börsenregularien (Lock-up-Erklärungen).[509]

1.6.2.2	Beteiligungshöhe und Haltedauer (Veräußerungsfrist)	ESt alt	ESt neu	ESt Ab	ESt SZE	UESt	UESt SZE	ASt	ZbSt
Steuerpraktische Beurteilung		4				1		1	1

1.6.2.3 Halten von Wirtschaftsgütern im Privat- oder Betriebsvermögen

Verglichen mit den allgemeinen Vorschriften der Gewinnermittlung stellt die Nichtbesteuerung von Gewinnen und Verlusten aus privaten Veräußerungsgeschäften (außerhalb der Veräußerungsfrist und bei unwesentlichen Beteiligungen) im *deutschen Steuerrecht* eine Sonderbehandlung dar. Hier soll nach den Erkennungsmerkmalen einer privaten Vermögensverwaltung in Abgrenzung zu gewerblicher Betätigung gefragt und dann diese Abgrenzung steuerpraktisch beurteilt werden.

Als Charakteristikum eines Gewerbes nennt das deutsche Steuerrecht, dass eine Tätigkeit regelmäßig und über einen längeren Zeitraum und

---

Fremden durchgeführt werden. Es muss ein realistischer Preis vereinbart werden, z. B. Eröffnungskurs oder Kassakurs des betreffenden Tages an der Frankfurter Börse. Die Aktien müssen in das Depot des Angehörigen (also etwa des Ehegatten) übertragen und der Kaufpreis muss tatsächlich bezahlt werden.

[508] Erst die Löschung des Unternehmens aus dem Handelsregister gilt dann als Veräußerungszeitpunkt.

[509] Die 6-jährige Sperrfrist bei steuerbegünstigter Überlassung von Vermögensbeteiligungen („Belegschaftsaktien") durch den Arbeitgeber an Arbeitnehmer (§19a EStG) ist ab dem Veranlagungszeitraum 2001 abgeschafft worden. Dennoch kann ein Arbeitgeber privatrechtlich den Bezug von Belegschaftsaktien von einer Veräußerungssperre abhängig machen.

nicht nur sporadisch und nebenbei ausgeübt wird. Für eine Operationalisierung hat die Finanzverwaltung bestimmte Kriterien entwickelt wie das Unterhalten eines Büros oder einer Organisation zur Durchführung von Geschäften. Im Zusammenhang mit Veräußerungsgeschäften bei Immobilien hat vor allem die sog. „Drei-Objekt-Grenze" Bedeutung erlangt. Ein gewerblicher Grundstückshandel liegt nicht vor, wenn nicht mehr als drei Objekte innerhalb eines 5-Jahres-Zeitraums veräußert werden, auch wenn im Übrigen die Merkmale einer gewerblichen Tätigkeit erfüllt sind.[510] Die Finanzverwaltung hat lange Zeit unter *Objekt* nur Zweifamilienhäuser, Einfamilienhäuser und Eigentumswohnungen verstanden; bei Mehrfamilienhäusern, Büro- und Fabrikgebäude konnte ein gewerblicher Grundstückshandel bereits vorliegen, wenn weniger als vier Objekte veräußert werden.[511] Eine jüngere Entscheidung des Bundesfinanzhofs[512] rückt allerdings hiervon ab: Objekte im Sinne der von der Rechtsprechung entwickelten sog. Drei-Objekt-Grenze zur Abgrenzung einer privaten Vermögensverwaltung vom gewerblichen Grundstückshandel können nicht nur Ein- und Zweifamilienhäuser und Eigentumswohnungen, sondern auch Mehrfamilienhäuser und Gewerbebauten sein. Es komme weder auf die Größe und den Wert des einzelnen Objekts noch auf dessen Nutzungsart an. Dieses Urteil verdeutlicht die Absurdität der genannten Abgrenzung, denn der Verkauf von vier Eigentumswohnungen in einem Haus könnte als gewerblich angesehen werden, der Verkauf des ganzen Hauses hingegen als steuerlich nicht beachtenswerte private Vermögensverwaltung.[513]

Die Abgrenzung zwischen privater Vermögensverwaltung und gewerblicher Tätigkeit kann auch bei der Überführung von Wirtschaftsgütern

---

[510] Vgl. BFH-Urteil v. 9.12.1986 (VIII R 317/82, BStBl 1988 II, S. 244) und BFH-Urteil v. 18.09.1991 (XI R 23/90, BStBl 1992 II, S. 135).

[511] Vgl. BMF-Schreiben v. 20. Dezember 1990, Tz. 9.

[512] BFH-Urteil v. 18.5.99 (I R 118/97, BStBl 2000 II, S. 19).

[513] Wertpapiergeschäfte selbst in größerem Umfang stellen im allgemeinen eine private Vermögensverwaltung dar. „Der An- und Verkauf von Wertpapieren überschreitet die Grenze zur gewerblichen Betätigung daher nur in besonderen Fällen. Dies setzt jedenfalls voraus, dass die Tätigkeit dem Bild entspricht, das nach der Verkehrsauffassung einen Gewerbebetrieb ausmacht (z. B. das Unterhalten eines Büros oder einer Organisation zur Durchführung von Geschäften, Ausnutzung eines Marktes unter Einsatz beruflicher Erfahrungen; Anbieten von Wertpapiergeschäften einer breiteren Öffentlichkeit gegenüber), oder andere bei einer privaten Vermögensverwaltung ungewöhnliche Verhaltensweisen vorliegen" (BFH-Urteil v. 29.10.1998 – XI R 80/97, BStBl 1999 II, S. 448).

aus dem Betriebs- in das Privatvermögen zu wenig überzeugenden Konsequenzen führen: Da die Überführung als Veräußerung gilt, sind eingetretene Wertzuwächse zu versteuern. Kommt es nun später wieder zu einem Wertrückgang, kann dieser – da sich das Wirtschaftsgut ja nun im Privatvermögen befindet – nur noch innerhalb der Veräußerungsfrist geltend gemacht werden und zwar lediglich durch Verrechnung mit anderen Veräußerungsgewinnen. Eine Verrechnung mit der früheren Werterhöhung im Betriebsvermögen ist nicht zulässig.

1.6.2.3	Halten von Wirtschaftsgütern im Privat- oder Betriebsvermögen	ESt alt	ESt neu	ESt Ab	ESt SZE	UESt	UESt SZE	ASt	ZbSt
Steuerpraktische Beurteilung		4				1		1	1

1.6.3 Besteuerung von Wertänderungen im Vergleich zu anderen Einkommen

1.6.3.1 Wertänderungen von Wertpapieren im Vergleich zu Zinsen und Dividenden

Wie die vorherigen Ausführungen verdeutlichen, werden Wertänderungen und Veräußerungsgewinne von Vermögensgegenständen des Privatvermögens[514] im *deutschen Steuerrecht* vielfach anders besteuert als die sog. ordentlichen Erträge. Wertänderungen bzw. Veräußerungsgewinne werden bei Privaten – wenn sie unter § 23 EStG fallen[515] – nur besteuert, wenn die Veräußerung innerhalb der einjährigen Veräußerungsfrist erfolgte. Ansonsten ist die Vermögensebene steuerlich unbeachtlich. Diese differenzierende Besteuerung beruht auf der quellentheoretischen Trennung zwischen Frucht und Stamm. Steuerbar seien nur Zinsen und Di-

---

[514] Die steuerliche Behandlung der Veräußerung von Unternehmensanteilen von Kapitalgesellschaften an anderen Unternehmen im Vergleich zur Besteuerung regulärer Unternehmensgewinne ist schon in D.1.4.3.1.2 thematisiert worden.

[515] Differenzgeschäfte (Termin- und Optionsgeschäfte, die nicht auf die Lieferung von Wirtschaftsgütern, sondern lediglich auf einen Barausgleich in Höhe der Differenz zwischen Börsen- oder Marktpreisen ausgerichtet sind) gelten erst seit dem 01.01.1999 als privates Veräußerungsgeschäft (§ 23 Abs. 1 Satz 1 Nr. 4 EStG).

videnden als Früchte des überlassenen Kapitals, Wertänderungen beträfen jedoch mit dem Kapitalstamm die Vermögensebene, die steuerlich unbeachtlich sei.

Grundsätzlich steuerpraktische Voraussetzung für eine Minder- bzw. Nichtbesteuerung einer Vermögensmehrung ist, dass sie sich vom regulär besteuerten Einkommen abgrenzen lässt. Je enger zwei Einkommenskategorien in einem Zusammenhang stehen, desto schwieriger wird eine solche Abgrenzung. Damit im Zusammenhang steht auch die Gefahr, dass regulär besteuerte Einkünfte in un- bzw. minderbesteuerte Vermögensmehrungen transformiert werden. Bei Wertänderungen sind solche Substitutionsmöglichkeiten insbesondere mit Dividenden und Zinsen zu vermuten. Fließen unterschiedlich besteuerte Einkunftsarten aus einer Einkunftsquelle stellt sich obendrein noch ein Problem der Aufteilung der Werbungskosten. Im folgenden sind diese Probleme näher zu erörtern.

Zunächst ist auf das Problem der Unterscheidung zwischen Wertänderungen bzw. Veräußerungsgewinnen und Kapitalerträgen im Sinne von § 20 EStG einzugehen. Es könnte nahe liegen, Wertänderungen als Differenz zwischen erzieltem Veräußerungserlös und Buchwert (Anschaffungspreis) zu definieren. Eine solche Definition hätte jedoch zur Konsequenz, dass bei Kapitalforderungen auch ein Disagio als Wertänderung gelten würde. Daher setzt das deutsche Einkommensteuerrecht als Kriterium für Veräußerungsgewinne, dass sie sich die Wertänderung auf die Kapitalanlage selbst bezieht, wie etwa als Folge von Änderungen des Kapitalmarktzinses, des Devisenkurses oder der Bonität von Schuldnern. Das die Wertänderung auslösende Ereignis muss also zur Zeit der Anlageentscheidung noch nicht vertraglich vereinbart gewesen sein, es muss „von außen" hinzukommen.[516] Die Wertänderung eines mit Agio oder Disagio verkauften festverzinslichen Wertpapiers (etwa Nullkuponanleihen[517]) ist dementsprechend in eine solche, die rechnerisch Bestandteil der Emissionsrendite ist, und eine solche, die etwa auf Zinssatzänderungen während der Laufzeit beruht, aufzuspalten (§ 20 Abs. 2 Nr. 4d

---

[516] Vgl. hierzu SfF Bremen v. 28.08.2000, welches sich auf das von einigen Kreditinstituten angebotene Anlagemodell, niedrigverzinsliche Festgelder in ausländischer Währung mit einem garantierten Kursgewinn (vorherige Vereinbarung des Rückkaufs zu einem festgelegten Kurs) zu koppeln, bezog.

[517] Zur Regelung der Besteuerung von Nullkuponanleihen vgl. BMF-Schreiben v. 24. Januar 1985.

EStG).[518] Für einen Zweiterwerber wird genauso vorgegangen, wobei auch für ihn die Grenzziehung zwischen privaten Veräußerungsgewinnen und Kapitalerträgen i.S. § 20 EStG durch die Emissionsrendite erfolgt und nicht etwa die Rendite zum Erwerbszeitpunkt. Dies bedeutet jedoch, dass die Differenz zwischen Erwerbs- und Rückzahlungskurs bei einer schon emittierten Anleihe steuerlich anders behandelt wird als die bei einer bis auf die Emissionsrendite völlig gleichen Neuemission (gleiche Laufzeit, gleiche effektive Verzinsung, gleiches Agio bzw. Disagio).

Aber selbst wenn Wertänderungen durch Änderungen beispielsweise von Kapitalmarktzinsen oder Aktienkursen bedingt sind, kann es sein, dass diese als Einkünfte aus Kapitalvermögen im Sinne von § 20 EStG gelten und nicht etwa als Wertänderungen. Dieses ist etwa bei Garantiezertifikaten und – den im nächsten Absatz zu behandelnden Aktien- und Umtauschanleihen – der Fall. Garantiezerfikate bieten dem Investor die Partizipation an einem Aktienbasket (zu einem bestimmten Prozentsatz von dessen Wertentwicklung), wobei gleichzeitig die Rückzahlung zum Nominalwert garantiert wird. Aufgrund des Kapitalerhalts argumentiert die Finanzverwaltung nun, dass es sich hierbei im Grunde um eine (sonstige) Kapitalforderung handele, bei der die Höhe des tatsächlich gezahlten Entgelts für die Zurverfügungstellung des Kapitals von einem ungewissen Ereignis abhänge. Die Erträge seien also Einkünfte aus Kapitalvermögen im Sinne von § 20 Abs. 1 Nr. 7 EStG.[519]

Die Unsicherheit der Finanzverwaltung bei der Abgrenzung zwischen Einkünften aus Kapitalvermögen i.S. § 20 EStG und unbeachtlicher Vermögensebene zeigt sich auch in der „Geschichte" der Besteuerung von Anlagen, die keine Emissionsrendite besitzen wie Floating Rate Notes, Aktien- und Umtauschanleihen. Floating Rate Notes sind variabel verzinsliche Anleihen, bei dem der Zinssatz mit Bezug auf einen Referenzzinssatz vereinbart wird. Aktienanleihen bieten eine Verzinsung oberhalb des marktüblichen Zinses, wofür der Gläubiger das Wahlrecht eingeräumt bekommt, statt des Nennbetrages eine Rückzahlung in einer

---

[518] Weist der Steuerpflichtige diesen Betrag nicht nach, gilt der Unterschied zwischen seinen Anschaffungskosten und den Einnahmen als Kapitalertrag („Marktrendite", § 20 Abs. 2 Nr. 4 Satz 2 EStG). Durch diese Vereinfachungsregelung werden auch Kursgewinne und –verluste in die Besteuerung nach § 20 EStG einbezogen. Die als Markrendite berechneten Kapitaleinkünfte können – fallabhängig – höher oder niedriger sein als die nach der „Emissionsrendite" bestimmten.

[519] Vgl. OFD München vom 16.09.1999 (S 2252).

vorgegebenen Anzahl von Aktien vorzunehmen. Umtauschanleihen sind Anleihen mit einer festen Verzinsung unterhalb des marktüblichen Zinses, wofür der Anleger als Wahlrecht die Möglichkeit eingeräumt bekommt, zum Rückzahlungstermin eine vorher festgelegte Anzahl bestimmter Aktien übereignet zu bekommen. Ursprünglich galten die Kuponzinsen aus Aktienanleihen als Einkünfte aus Kapitalvermögen nach § 20 Abs. 1 Nr. 7 EStG und die Differenz zwischen dem Wert der erhaltenen Aktien und dem überlassenen Kapital war der steuerlich unbeachtlichen Vermögensebene zuzuordnen. Bei Umtauschanleihen hingegen galt die Differenz zwischen Aktienwert und überlassenem Kapital als steuerbarer Kapitalertrag. Mit Schreiben des BMF vom 2.3.2001[520] wurden schließlich Aktien- und Umtauschanleihen steuerlich gleichgestellt, wobei steuerpflichtig die sog. Marktrendite als Unterschied zwischen Anschaffungs- und Veräußerungspreis ist (§ 20 Abs. 2 Satz 1 Nr. 4 EStG).[521]

Ein weiteres Problem der Steuerfreiheit von Wertänderungen ist, dass Wertänderungen ein Substitut für regulär besteuerte Einkünfte darstellen können. Steuerpflichtige werden daher versuchen, statt Kapitalerträge in Form steuerbarer Zinserträge und Dividenden (Einkünfte aus Kapitalvermögen, § 20 EStG) lieber solche in Form eines Vermögensgewinns zu erzielen.[522] Ließen sich Zinseinkünfte und Dividenden in jedem Falle problemlos und ohne Transaktionskosten in Wertänderungen transformieren, wäre eine Besteuerung von Zins- und Dividendeneinkünften im Prinzip gar nicht haltbar. Auch wenn solche Umwandlungen nicht in jedem Fall möglich sind bzw. aufgrund hoher Transaktionskosten häufig unterbleiben, gibt es dennoch eine Reihe von Beispielen die zeigen, dass die unterschiedliche Besteuerung von Zins- und Dividendeneinkünften einerseits und Wertänderungen andererseits steuerpraktisch eine Schwachstelle im deutschen Einkommensteuerrecht ist.

Der einfachste Mechanismus einer Transformation von Dividenden in unbesteuerte Wertsteigerungen läuft über die schon in D.1.4.3.2 angesprochene Gewinnverwendungsentscheidung von Kapitalgesellschaften. Entscheidet sich ein Unternehmen, Gewinne auszuschütten, sind die Di-

---

[520] BMF-Schreiben v. 2.3.2001 (V C 1 – S 2252 – 56/01; BStBl 2001 I, S. 206).

[521] Vgl. hierzu KORN 2001.

[522] Solche Anreize bestehen – wenn auch in geringerem Maße – ebenfalls, wenn Wertänderungen zwar zu versteuern sind, die Besteuerung jedoch erst zum Realisationszeitpunkt erfolgt, für die Zeit zwischen Wertänderungsentstehung und Veräußerung erhält der Steuerpflichtige quasi einen zinslosen Steuerkredit.

videnden zu versteuernde Kapitaleinkünfte, bei einer Entscheidung für eine Gewinnthesaurierung bleiben die daraus resultierenden Kurssteigerungen (außerhalb der Veräußerungsfrist) jedoch steuerfrei. Die Steuerfreiheit bei den Anteilseignern ist nun mit der Besteuerung auf der Ebene der Unternehmung abzuwägen.[523] Mit der Senkung des Körperschaftsteuersatzes auf 25% hat sich die Attraktivität einer Gewinnthesaurierung erhöht. Bei Gewinnthesaurierung ist zudem eine „indirekte Dividendenausschüttung" durch die Umwandlung von Gewinnrücklagen in Nennkapital und Gewährung von Gratisaktien[524] wie auch über einen (jetzt nach deutschem Aktienrecht möglichen) Rückkauf von Aktien und dadurch ausgelöste Kurssteigerungen möglich.

Neben der Entscheidung einer Kapitalgesellschaft, Gewinne zu thesaurieren statt auszuschütten, kann auch der einzelne Aktionär ein sog. *Dividendenstripping* betreiben und damit individuell Gewinnausschüttungen in Wertänderungen transformieren. Als *Dividendenstripping* wird die Kombination aus dem Verkauf einer Aktie kurz vor dem Dividendentermin und Aktienrückkauf kurz nach dem Dividendentermin verstanden. Es beruht darauf, dass der Aktienkurs vor dem Ausschüttungstermin Dividendenansprüche enthält und daher typischerweise höher ist als der Kurs nach Ausschüttung. Durch Verkauf von Aktien vor Dividendenzahlung und anschließend günstigerem Rückkauf lässt sich somit ein Veräußerungsgewinn ungefähr in Höhe der Dividende erzielen. Solche Geschäfte bedürfen natürlich eines Vertragspartners, der die Dividende erhält und bereit ist, einen entsprechenden Kursverlust einzugehen. Hierfür kommen Personen in Frage, die Kursverluste steuerlich mit Dividendeneinkünften verrechnen können (oder bei denen Dividendenbezüge aufgrund des Sparer-Freibetrags nicht oder wegen niedriger Grenzsteuersätze nur niedrig zu besteuern sind). Spezielle Anreize für ein Dividendenstripping bestanden auch für Ausländer, da sie sich – anders als Inländer – das Körperschaftsteuerguthaben nicht anrechnen lassen konnten. Die Finanzverwaltung sah das Dividendenstripping als

---

[523] Vor der Steuerreform konnte bei niedrigen Steuersätzen auf einkommensteuerlichen Ebene eine Gewinnausschüttung gegenüber einer Thesaurierung vorteilhaft sein, da der Körperschaftsteuersatz für einbehaltene Gewinne mit 40 % höher sein konnte als der persönliche Grenzsteuersatz.

[524] Vgl. EStR H 154: Freianteile. Manche börsennotierte Unternehmen haben sich mit Blick auf die Besteuerung deshalb dazu entschlossen, auf Dividendenzahlungen zu verzichten und ihren Aktionären lieber Gratisaktien zu gewähren. Vgl. zu Gratisaktien auch D.1.4.3.2.

Missbrauchstatbestand i.S.d. § 42 AO an, welches allerdings vom BFH (15.10.1999)[525] verneint wurde. Mit dem Übergang zum *Halbeinkünfteverfahren* entfällt auch das Körperschaftsteuerguthaben. Regelmäßig wird deshalb argumentiert, dass das Problem des Dividendenstrippings damit entfallen sei. Richtiger wäre es jedoch, lediglich von einer Abschwächung der Problematik zu sprechen.[526] Dividendenstripping kann prinzipiell so lange lohnenswert sein, wie Aktienwertsteigerungen effektiv niedriger besteuert werden als Dividendenausschüttungen, dabei ist auch zu berücksichtigen, dass Dividenden anders als private Veräußerungsgewinne der Kapitalertragsteuer (§43 Abs. 1 Nr. 1) unterliegen, die für Ausländer nicht anrechenbar ist.[527]

Die unterschiedliche Besteuerung zusammenhängender Einkünfte führt obendrein regelmäßig auch zu Aufteilungsproblemen bei etwaigen Werbungskosten (insbesondere Schuldzinsen). Weil nicht alle Erträge steuerpflichtig sind, sollten im Grunde Aufwendungen nur anteilig angesetzt werden dürfen. Als Aufteilungsmaßstab liegt das Verhältnis von (steuerpflichtigen) Dividenden zu (steuerfreien) Wertänderungen nahe. Dabei stellt sich allerdings eine Reihe komplizierter Fragen: Zunächst, ob für die Bemessung der Wertänderungen von Ex-post-Ergebnissen oder Ex-

---

[525] Die Finanzverwaltung berief sich dabei auf § 50c EStG, welcher eine steuerliche Berücksichtigung von Verlusten dann ausschließt, wenn die Aktien lediglich temporär im Besitz waren und nicht über ein Kreditinstitut an der Börse erworben waren (sog. Börsenklausel § 50c Abs. 8 Satz 2 EStG 1990, die mit EStG 1997 in § 50c Abs. 10 eine Verschärfung erfuhr). Der BFH argumentierte in dem Urteil v. 15.12.1999 (I R 29/97, BStBl 2000 II, S. 527) dagegen, dass es sich bei derartigen Geschäften auch dann um Börsengeschäfte i.S. v. § 50c Abs. 8 Satz 2 EStG handele, wenn die Anonymität des Börsenhandels im Einzelfall nicht gewahrt sei, wodurch die allgemeine abgabenrechtliche Missbrauchsvorschrift des § 42 AO nach Tatbestand und Rechtsfolge verdrängt würde.

[526] Als Vertragspartner für ein Dividendenstripping kommen jedoch keine Kapitalgesellschaften mehr in Frage, da diese Veräußerungsverluste steuerlich nicht mehr geltend machen können.

[527] Die Erhebung einer Kapitalertragsteuer bei Ausschüttungen an Ausländer unterbleibt gemäß der Mutter-Tochter-Richtlinie (§ 43b Abs. 1 EStG) jedoch auf Antrag, wenn die in der EU angesiedelte ausländische Kapitalgesellschaft (Mutter) zu mindestens einem Viertel unmittelbar am Nennkapital der unbeschränkt steuerpflichtigen inländischen Kapitalgesellschaft (Tochter) beteiligt ist und die Beteiligung nachweislich ununterbrochen zwölf Monate besteht.

Ob ausländische Anteilseigner einen (teilweisen) Erstattungsanspruch der Kapitalertragsteuer haben, hängt von der Ausgestaltung des Doppelbesteuerungsabkommens ab.

ante-Erwartungen auszugehen ist, dann, wie Wertminderungen zu handhaben sind und schließlich, welcher Zeitraum für die Wertermittlungen zu Grunde zu legen ist. Wie schon diese Fragen zu erkennen geben, ist eine – wie auch erfolgende Aufteilung immer in der Gefahr, willkürbehaftet zu sein. Der BFH geht davon aus, dass eine Aufteilung von Schuldzinsen nicht einmal so möglich ist, wie er Möglichkeiten einer Aufteilung bei privater und betrieblicher Nutzung eines Wirtschaftsgutes sieht. Es fehle an Abgrenzungsmerkmalen. Dieser Auffassung entsprechend sind im deutschen Steuerrecht Schuldzinsen entweder insgesamt als Werbungskosten oder insgesamt der privaten Vermögensebene zuzuordnen.

Das deutsche Steuerrecht erkennt Schuldzinsen im Zusammenhang mit dem Erwerb von Kapitalanlagen als Werbungskosten an, wenn die Kapitalanlage der Einkünfteerzielung nach § 20 EStG dienen soll, d.h. auf die Gesamtdauer der Kapitalanlage gesehen mit einem Überschuss der Einnahmen über die Werbungskosten gerechnet werden kann. Beim Erwerb muss der Gedanke einer – wenn auch nur bescheidenen – Rendite eine Rolle spielen. Diese Regelung ermöglicht es im Grunde, dass Aufwendungen für Kapitalanlagen in voller Höhe als Werbungskosten geltend gemacht werden können, auch wenn ein Teil der Erträge (nämlich die unrealisierten Wertsteigerungen oder die Veräußerungsgewinne jenseits der Veräußerungsfrist) unbesteuert bleibt. Eine Eindämmung dieser „Steuerumgehung" wäre zwar durch eine generelle Versagung des Schuldzinsenabzugs im Zusammenhang mit Kapitalerträgen möglich. Damit würden jedoch die schon in D.1.1.2 angesprochenen Probleme im Zusammenhang mit einem selektiven Schuldzinsenabzugsverbot an Bedeutung gewinnen.

Die hier genannten Probleme gäbe es nicht, wenn alle Arten von Erträgen aus Kapitalvermögen steuerlich gleich behandelt würden und damit die Unterscheidung zwischen „Frucht" und „Stamm" irrelevant würde.[528] Gleichfalls entfiele dann der Wettlauf zwischen den Anbietern

---

[528] Damit würde sich auch der Streit um die Behandlung von Bonusaktien – wie jüngst bei der T-Aktie – lösen. Bei ihrem ersten Börsengang im November 1996 hatte die Telekom allen Aktionären Treue-Aktien versprochen. Für 10 Telekom-Aktien sollte es eine Bonusaktie geben, wenn die Aktien mindestens drei Jahre lang gehalten würden. Bund und Länder konnten sich nun zunächst nicht darüber einigen, ob die Anleger diese Gratisaktien versteuern müssen oder nicht. Während der Bund die Treue-Aktien als steuerfreien Rabatt ansah, wollte die Mehrzahl der Länder die Bonusaktien wie Gewinnausschüttungen eines Unternehmens behandelt sehen. Schließ-

„steueroptimierter" Finanzprodukte und Finanzverwaltung um die Aufdeckung und Schließung von Besteuerungslücken,[529] wie in den letzten Jahren beobachtet werden konnte.[530] Eine solche steuerliche Gleichbehandlung könnte entweder bei einer gleichermaßen erfolgenden Nichtbesteuerung oder Besteuerung von Wertänderungen und Zinsen respektive Dividenden erreicht werden. Der erste Lösungsweg wird von einer *zinsbereinigten Einkommensteuer* beschritten, der zweite von einer *umfassenden Einkommensteuer* und einer *Ausgabensteuer*, wobei letztere allerdings erst ansetzt, wenn das Einkommen konsumiert wird. *Abgeltungsteuer* und *Sollzinsergänzung* werden wie die mit ihr verbundene Einkommensteuer bewertet.

---

lich einigte man sich, dass der Bezug von Bonusaktien aus dem 1. Börsengang aus "Gründen des Vertrauensschutzes" von den Empfängern nicht zu versteuern ist, obwohl es sich bei dem Bezug um Einkünfte aus Kapitalvermögen handele. Der Wert der Bonusaktien aus dem zweiten Börsengang im Jahr 2000 sollte jedoch als einkommensteuerpflichtige Einnahmen aus Kapitalvermögen erfasst werden (vgl. BMF-Schreiben v. 10.12.1999), wobei eine Verrechnung gegen etwaig eingetretene Kursverluste der „Mutteraktie" nicht möglich sei. Das FG Düsseldorf (Urteil v. 17.07.2002 – 2 K 4068/01 E) hat allerdings der Besteuerung der Bonusaktien aus dem zweiten Börsengang widersprochen. Die Treueaktien seien eine Minderung der Anschaffungskosten der ursprünglich gezeichneten Aktien und nicht Entgelt für eine steuerpflichtige Leistung. Allerdings hat das Urteil über den entschiedenen Einzelfall hinaus bislang keine unmittelbare Bedeutung (also auch nicht für die 3. Tranche der Telekom-Platzierung) und vom beklagten Finanzamtes ist Revision vor dem BFH (Az. VIII R 70/02) eingelegt worden.

[529] „Wenn ein bestehender Besteuerungsgrundsatz, wie der quellentheoretische Rahmen der Kapitalertragbesteuerung in seiner Anwendung zu Komplikationen und nach Meinung des Gesetzgebers zu unerwünschten Ergebnissen führt so ist nicht die schrittweise Unterwanderung dieses Grundsatzes die Lösung. Vielmehr gehört der Grundsatz selbst, auch wenn er bereits sehr lange besteht, auf den Prüfstand gestellt. Es gibt durchaus gute Gründe, die Trennung von Frucht und Stamm zu Gunsten einer durch das Zufluss-/Abfluss-Prinzip ergänzten, reinvermögenstheoretischen Besteuerung aufzugeben. Eine Aufgabe trüge nicht nur zu einer erheblichen Vereinfachung der Besteuerung von Kapitalvermögen bei, sie ersparte den Finanzintermediären auch die Kreation unnötiger Finanzprodukte und böte auf Grund des fehlenden, permanenten Eingriffsbedarfs durch die Finanzverwaltung Planungssicherheit" (KORN 2001, S. 1514).

[530] Das Bemühen der Finanzverwaltung war in den letzten Jahren darauf gerichtet, zum einen gänzlich steuerfreie Geschäfte als private Veräußerungsgeschäfte (§ 23 EStG) zu erfassen und zum anderen Gewinne und Verluste aus Veräußerungsgeschäfte in Einkünfte aus Kapitalvermögen (§ 20 EStG) umzuqualifizieren. Vgl. besonders die Neuregelungen in § 23 Abs. 1 EStG ab 01.01.1999 im Rahmen des *Steuerentlastungsgesetzes 1999 / 2000 / 2002*).

1.6.3.1	Wertänderungen von Wertpapieren im Vergleich zu Zinsen und Dividenden	ESt alt	ESt neu	ESt Ab	ESt SZE	UESt	UESt SZE	ASt	ZbSt
Steuerpraktische Beurteilung		4		5		1-2		1	1

1.6.3.2 Wertänderungen von Grundstücken im Vergleich zu Einkünften aus Vermietung und Verpachtung

Wertänderungen von Grundstücken und Wohnungen unterliegen im *deutschen Steuerrecht* einer eingeschränkten Besteuerung. Steuerbar sind grundsätzlich nur Veräußerungsgewinne von im sog. Privatvermögen gehaltenen Immobilien wenn die Veräußerung innerhalb der Veräußerungsfrist erfolgte (§ 23 Abs. 1 Satz 1 Nr. 1 EStG). Dass nicht alle mit Wohnungen zusammenhängenden Sachverhalte in gleicher Weise besteuert werden, lässt sich zwecks Reduzierung der persönlichen Steuerbelastung ausnutzen: Steht jemand vor der Frage einer Investition in eine Wohnung, wird er bei gänzlicher Steuerfreiheit prinzipiell sämtliche mit der Wohnung in Zusammenhang stehenden Erträge (d.h. Einkünfte aus Vermietung, Verpachtung bzw. Eigennutzung sowie Wertänderungen) und Aufwendungen – größenordnungsmäßig dürften Schuldzinsen am bedeutendsten sein – bei seiner Kalkulation berücksichtigen.[531] Vor diesem Hintergrund sollte man erwarten, dass auch für die Ermittlung steuerrechtlicher Bemessungsgrundlagen sämtliche Erträge und Aufwendungen zu berücksichtigen sind. Zwingend (im Sinne einer Logik des Zweitbesten) dürfte es allerdings sein, wenn (aus irgendwelchen Gründen) nicht sämtliche Erträge steuerliche Beachtung finden, auch diejenigen Aufwendungen außer Ansatz zu lassen, die direkt mit den steuerfreien Erträgen zusammenhängen und daneben Aufwendungen, die gleichermaßen durch steuerfreie und steuerpflichtige Erträgen bedingt sind, anteilig zu kürzen. Eine solche Aufteilung findet, wie schon in D.1.3.2 erwähnt, bei teils vermieteten und teils selbstgenutzten Häusern auch statt. Analog wäre bei einer Nichtbesteuerung von Wertänderun-

[531] Insofern macht es keinen Sinn, bei der Bestimmung der Rendite von Investitionen in den Wohnungsbau nur auf die Mieteinnahmen abzustellen. Es ist daher nicht überraschend, wenn entsprechende Studien eine niedrige Rendite von Wohnungsbauinvestitionen ermitteln (vgl. etwa *Rendite von Investitionen im Wohnungsbau* 1998).

gen im Grunde gleichfalls ein Teil der Aufwendungen als Kosten der Erzielung von steuerfreien Einkünften aus Wertsteigerungen abzuspalten. Im deutschen Steuerrecht findet dergleichen allerdings nicht statt, so dass Wohnungen zu „Steuersparmodellen" werden können: Aufwendungen können selbst dann steuerlich geltend gemacht werden, wenn sie im Grunde mit Blick auf steuerfreie Erträge unternommen wurden.[532]

Eine wie eben angedachte Aufspaltung dürfte allerdings (wie schon im Zusammenhang mit Wertpapieren unter D.1.6.3.1 dargelegt) kompliziert sein, zumal innerhalb der Veräußerungsfrist erzielte Wertänderungen zu versteuern sind. Steuerpraktisch spricht auch deshalb viel dafür, dass ein Einschluss von Wertänderungen in die steuerrechtliche Bemessungsgrundlage wie bei einer *umfassenden Einkommensbesteuerung* der einfachere Weg ist. Im Rahmen einer durch „Sparbereinigung" ermittelten *Ausgabensteuer* würden sich die genannten Probleme nicht stellen, wenn (wie für die Bewertung unterstellt) Immobilien als „qualified account" gelten und Veräußerungsgewinne lediglich bei konsumtiver Verwendung steuerbar sind. *Sollzinsergänzung, Abgeltungsteuer* und *Zinsbereinigung* werden wie die Deutsche Einkommensteuer bewertet, da sie bezogen auf den hier behandelten Problemaspekt keine besonderen Spezifika aufweisen.

1.6.3.2	Wertänderungen von Grundstücken im Vergleich zu Einkünften aus Vermietung und Verpachtung	ESt alt	ESt neu	ESt Ab	ESt SZE	UESt	UESt SZE	ASt	ZbSt
Steuerpraktische Beurteilung		4				2		1	4

[532] Diesem steht auch nicht die Regelung des §3c EStG entgegen, da dort nur der Abzug von Ausgaben soweit verboten wird, wie diese mit steuerfreien Einnahmen in *unmittelbarem* [Hervorhebung durch PJ] wirtschaftlichen Zusammenhang stehen. Die steuerliche Nichtberücksichtigung der Wertänderungen von Wohnungen ist ein Grund dafür, dass sich oftmals negative Einkünfte aus Vermietung und Verpachtung ergeben, die dann mit anderen positiven Einkünften verrechnet werden können.

1.6.3.3 Wertänderungen im Vergleich zu Unternehmensgewinnen

Eine Reihe der hier dargestellten Besteuerungsansätze gewährt steuerliche Ermäßigungen für private Veräußerungsgewinne. Diese Bevorzugung kann auch Anreize bieten, Unternehmensgewinne in private Veräußerungsgewinne zu transformieren. Die weitgehendsten Möglichkeiten bieten sich, wenn das Veräußerungsgut nicht an einem organisierten Markt gehandelt wird. Dann wäre es etwa möglich, dass ein Unternehmen Vermögensgegenstände einem Privaten abkauft und später wieder verkauft und dabei der Private einen Veräußerungsgewinn erzielt und das Unternehmen einen Veräußerungsverlust. Die Finanzverwaltung wird deshalb regelmäßig Transaktionen zwischen Unternehmen und deren Gesellschaftern einer besonderen Kontrolle unterziehen.

Die Lukrativität solcher Geschäfte hängt von der Differenz zwischen den Steuersätzen für Unternehmensgewinne und der effektiven Besteuerung privater Veräußerungsgewinne ab. Bei einer umfassenden Einkommensteuer sollte eine solche Differenz nicht vorhanden sein. Besonders groß ist sie bei einer zinsbereinigten Steuer, bei der private Wertpapierveräußerungsgewinne gänzlich unbesteuert bleiben. Zudem kommt bei ihr noch hinzu, dass Unternehmen auch bei einem unterhalb der Normalverzinsung oder sogar negativen Ertrag steuerlich einen Betrag in Höhe des Produktes von Schutzzinssatz und Steuersatz gleichsam als Aufwand geltend machen können. Allerdings können Unternehmen bei ihr auch nicht Veräußerungsverluste von Aktien geltend machen, so dass als Veräußerungsobjekte lediglich sonstige Kapitalforderungen in Frage kommen.

Tarifliche Steuerunterschiede zwischen Unternehmensbesteuerung und persönlicher Besteuerung von Veräußerungsgewinnen gibt es auch bei den anderen Steuerarten, jedoch in geringerem Ausmaß. Mit Bezug auf das diskutierte Problem dürfte dabei die alte deutsche Einkommensteuer am schlechtesten abschneiden. Die deutsche Körperschaftsteuer nach der Unternehmenssteuerreform 2001 lässt bei Kapitalgesellschaften die Geltendmachung von Aktienkursverlusten regelmäßig nicht mehr zu und bei der Ausgabensteuer gibt es keine Sonderregelungen wie Veräußerungsfristen.

1.6.3.3	Wertänderungen im Vergleich zu Unternehmensgewinnen	ESt alt	ESt neu	ESt Ab	ESt SZE	UESt	UESt SZE	ASt	ZbSt
Steuerpraktische Beurteilung		2-3	2			1		1-2	3

1.6.4 Exkurs: Scheingewinnbesteuerung und Inflationsbereinigung

Ein verbreiteter Kritikpunkt an einer Besteuerung von Zinseinkünften und Wertänderungen im Rahmen einer *Einkommensteuer* ist, dass sie zu einer Besteuerung inflationärer Scheingewinne führen könne:[533] Zinsen oder Vermögenswertsteigerungen seien nicht in vollem Umfang reales Einkommen (im Sinne einer höheren güterlichen Kaufkraft), sondern glichen zum Teil lediglich die Preisniveauänderung aus. Im Grunde wäre es erwünscht, die einen Inflationsausgleich darstellenden Zins- und Wertänderungsanteile nicht in die Steuerbemessungsgrundlage einzuschließen. Da eine solche Vorgehensweise allgemein als administrativ zu aufwendig gilt, wird mitunter ein approximierender Inflationsausgleich in Form einer *abgeltenden Besteuerung von Kapitalerträgen* mit einem niedrigen Steuersatz vorgeschlagen. Dies kann allerdings nicht überzeugen, da ein sinnvoller Inflationsausgleich nicht durch anteilige Kürzung der steuerbaren Zinseinkünfte, sondern nur durch einen (betragsmäßig einheitlichen) Abzug von den Zinssätzen erreicht werden kann.

Im Rahmen einer *umfassenden Einkommensteuer* dürfte eine Inflationsbereinigung wesentlich einfacher zu realisieren sein als im gegenwärtigen Einkommensteuersystem. In einem System von Kontrollmitteilungen bedeutet es administrativ nur einen geringen Mehraufwand, Kapitaleinkünfte in einem bestimmten Umfang steuerlich freizustellen. Die Banken hätten entsprechend die Gesamtzinseinkünfte in einen steuerbaren und einen steuerfreien Teil aufzuteilen. Bei Wertänderungen ließe sich aufgrund der Kenntnis der wertmäßigen Höhe der Vermögensbestände ein entsprechender Betrag abziehen.

---

[533] Vgl. zu dieser Problematik etwa GURTNER (1980), NAUST (1983) oder WISWESSER (1997).

Auch bei der *sollzinsergänzten Einkommensteuer* besteht eine Kenntnis der Vermögensbestände, eine Kenntnis der Vermögenswerte allerdings nur, wenn sie eine umfassende Einkommensteuer ergänzt. In diesem Fall lässt sich auch hier eine Inflationsbereinigung einfach bewerkstelligen. Insoweit an eine Inflationsbereinigung nur bei den steuerlich zu belastenden Erträgen nominellen Geldvermögens zu denken ist, ist aber auch von einer als Folge einer Sollzinsergänzung erleichterten Kenntnis gegenüber den praktizierten Formen einer Einkommensbesteuerung auszugehen.

Für die *zinsbereinigte Einkommensteuer* lässt sich argumentieren, dass der Schutzzinssatz schon eine Komponente zur Inflationsbereinigung enthalte, wenn er sich am Nominalzinssatz orientiere und regelmäßig angepasst werde.[534]

Bei einer *Ausgabensteuer* stellen sich ganz andere Problemdimensionen, sie betreffen weniger das Kapitalvermögen als vielmehr das Sachvermögen. Der Barwert des aus langlebigen Konsumgütern fließenden (inflationsbereinigten) Konsums stimmt nämlich mit den Anschaffungsausgaben nur unter idealtypischen Bedingungen überein. Eine wesentliche Bedingung hierfür ist die Antizipation der künftigen Preisentwicklungen. Hiervon kann regelmäßig nicht ausgegangen werden, eine Ausgabensteuer ist daher realistischerweise nicht „inflationsneutral". Eine Inflationsbereinigung würde eine Besteuerung der aus unerwarteten Preisänderungen resultierenden (positiven oder negativen) Wertänderungen langlebigen Konsumvermögens erfordern. Ein Verzicht auf eine solche Besteuerung dürfte insgesamt jedoch eher unschädlich sein, zumal bei Wohnungen nicht die Ausgaben sondern die Konsumwerte besteuert werden sollen.

---

[534] In Kroatien wurde der „als Schutzzinssatz bezeichnete Nominalzins ... unter Verwendung des gesetzlich fixierten Realzinses .. und der Inflationsrate gemäß der jährlichen Veränderung des Preisindex für Industrieprodukte ... berechnet" (ROSE 1998a, S.262).

1.6.4	Exkurs: Scheingewinnbesteuerung und Inflationsbereinigung	ESt alt	ESt neu	ESt Ab	ESt SZE	UESt	UESt SZE	ASt	ZbSt
Steuerpraktische Beurteilung		4		3	3	3	3	2-3	2

1.6.5 Gesamtbeurteilung

Die gegenwärtige Regelung der Besteuerung von Wertänderungen und privaten Veräußerungsgewinnen im *deutschen Einkommensteuerrecht* überzeugen weder steuerpraktisch noch konzeptionell. Mögliche Lösungswege sind schon in D.1.6.3.1 genannt worden. Insgesamt scheinen die Ansätze von *zinsbereinigter Einkommensteuer* und *Ausgabensteuer*, auf eine Besteuerung von Wertänderungen und auch Kapitaleinkünften bei deren Beziehern generell zu verzichten bzw. diese auf einer Cash-flow-Basis zu erfassen, steuerpraktisch am einfachsten. Bei der zinsbereinigten Einkommensteuer könnte jedoch die Gefahr bestehen, dass Gewinne aus Unternehmen in den steuerfreien privaten Bereich verlagert werden. Auch das Konzept der *Abgeltungsteuer* dürfte wesentliche Vorteile gegenüber der jetzigen Einkommensteuerpraxis haben, da die Erfassung von Veräußerungsgewinnen und die Steuererhebung wesentlich verbessert werden. Ob eine Besteuerung auch *unrealisierter Wertänderungen* insgesamt steuerpraktische Vorteile gegenüber dem Realisationsprinzip der deutschen Einkommensteuer hat, lässt sich nur vermuten. Wenn eine *umfassende Einkommensteuer* hier trotzdem als der deutschen Besteuerungspraxis überlegen angesehen wird, so vor allem, weil es keine weiteren komplizierenden Differenzierungen wie nach der Haltedauer (Veräußerungsfrist) oder danach gibt, ob ein Wirtschaftsgut im Privat- oder Betriebsvermögen gehalten wird. Die Vorteile einer *Sollzinsergänzung* der bestehenden deutschen Einkommensteuer liegen vor allen darin, dass ein Anreiz geschaffen wird, die Anlage in Aktien als Ersparnis zu deklarieren und somit es schwieriger wird, Veräußerungsgewinne zu hinterziehen. Daher bietet eine Sollzinsergänzung steuerpraktische Vorteile gegenüber ihren jeweiligen Basismodellen.

Abschließend sollen die verschiedenen Bemessungsgrundlagen noch mit Blick auf ihre immanente Realisierungslücke betrachtet werden. In den Ausführungen zu diesem Kapitel ist schon deutlich geworden, dass das *deutsche Einkommensteuerrecht* mit seiner Behandlung von Wertänderungen den einkommensteuerlichen Gleichheitsmaßstab nur ungenügend realisiert. Eine mittlere Realisierungslücke lassen *Sollzinsmechanismus* oder *Abgeltungsteuer* erwarten. Am geringsten dürfte die Realisierungslücke bei einer *umfassenden Einkommensteuer* sein. Aus dem Blickwinkel einer Konsumsteuer entspricht die *Ausgabensteuer* recht gut den Idealvorstellungen, erwähnenswerte Abweichungen kann es allerdings bei langlebigem Konsumvermögen geben. Eine (wie hier präsentierte) *zinsbereinigte Einkommensteuer* schließlich weicht von der, im Grunde nur eine Steuerfreiheit der Normalverzinsung begründenden, konzeptionellen Vorstellung nicht unwesentlich ab.

1.6.5	Gesamtbeurteilung Problemfeld: Wertänderungen und private Veräußerungsgewinne	ESt alt	ESt neu	ESt Ab	ESt SZE	UESt	UESt SZE	ASt	ZbSt
Steuerpraktische Beurteilung		4	4-5	2-3	3-4	2-3	2	1-2	2
Immanente Realisierungslücke		H	H	M	M	G	M	G	M

1.7 Problemfeld: Nichtselbständige Arbeit

Einkünfte aus nichtselbständiger Arbeit sind bei allen hier betrachteten Bemessungsgrundlagen in gleicher Weise zu besteuern, sie werden daher konzeptionell gleich beurteilt.[535] Gleichermaßen dürfte auch die praktisch vorteilhafteste Erhebung über den Arbeitgeber (Lohnsteuerverfahren) erfolgen. Unterschiede gibt es jedoch, inwieweit in den Steuersystemen Kontrollmechanismen integriert sind, die eine Nichtbesteuerung von Arbeitsleistungen (Schwarzarbeit) verhindern bzw. eindämmen können. Solche Mechanismen können etwa dadurch wirken, dass auch die durch Schwarzarbeit erstellten Güter[536] oder die Einkommensver-

[535] Eine Ausgabensteuer stellt konzeptionell zwar nicht auf das Einkommen ab, da die Ausgaben jedoch (sinnvollerweise) auf indirekte Weise durch Sparbereinigung gewisser Einkommensteile ermitteltet werden, werden bei ihr Einkünfte aus nichtselbständiger Arbeit in analoger Weise wie bei einer Einkommensteuer ermittelt.

[536] Neben der Schwarzarbeit nichtselbständiger Erwerbstätiger ist auch die Selbständiger von großer Bedeutung, im Prinzip gelten hierfür dieselben Zusammenhänge.

wendung steuerlich beachtenswert sind und sie somit Rückschlüsse auf das entstandene Einkommen zulassen. Kontrollmechanismen in diesem Sinne sind die Besteuerung des Nutzungswertes des eigenen Hauses und die Besteuerung von Zinsen. Wird der Nutzungswert der eigenen Wohnung besteuert, würde es auffallen, wenn jemand weder Nachweise über die Anschaffung (Kaufvertrag) noch über die Herstellung (Handwerkerrechnungen) der Wohnung erbringen kann. Bei einer Ausgabensteuer würde es auffallen, wenn jemand Einzahlungen auf qualifizierte Konten tätigt, gleichzeitig jedoch die Herkunft der Mittel nicht nachweisen kann. Bei einem Kontrollmitteilungsverfahren weisen hohe Kapitalerträge auf ein entsprechendes Vermögen hin.[537] Aus einer solchen Perspektive würden eine *umfassende Einkommensteuer* oder potentiell auch eine *Ausgabensteuer* einen Beitrag zur Bekämpfung der Schwarzarbeit leisten.[538] Eine *zinsbereinigte Einkommensteuer* und eine *Abgeltungsteuer* auf Kapitalerträge beinhalten hingegen keine solchen Kontrollmechanismen.

Auch eine *Sollzinsergänzung* besitzt einen derartigen Kontrollmechanismus. Hinterzieht jemand einen Teil seines Einkommens, wird sein „Konsumfreibetrag" auf Basis eines zu niedrigen Lebenseinkommens berechnet und damit ist c.p. sein Sollvermögen geringer bzw. negativ. Ein ungewöhnlich negatives Sollvermögen – spart jemand also wesentlich mehr als bei seinem Lebenseinkommen im Durchschnitt zu erwarten – kann daher als Indiz dienen, dass weitere – unversteuerte – Einkünfte erzielt werden. Jemand, der Schwarzarbeit nachgeht, wäre aufgrund dieses Mechanismus daher gezwungen, auch seine zusätzlichen Ersparnisse und die daraus resultierenden Zinseinkünfte nicht anzugeben. Da bei einer Sollzinsergänzung jedoch ansonsten der Anreiz, Zinseinkünfte zu hinterziehen, stark gemildert ist, dürfte eine Hinterziehung von Zinsen in vielen Fällen darauf hindeuten, dass noch weitere Einkünfte der Finanzverwaltung verheimlicht wurden.

---

[537] Bei den großen Durchsuchungsaktionen deutscher Banken wegen des Verdachts auf Beihilfe zur Steuerhinterziehung wurde festgestellt, dass vielfach nicht nur die Zinsen nicht versteuert waren, sondern dass es sich um echtes Schwarzgeld handelte (vgl. Süddeutsche Zeitung, 02.01.1997, S. 26).

[538] Eine Ausweichmöglichkeit für die Ersparnisbildung bleiben dann zwar das Horten von Bargeld oder die Führung von Auslandskosten. Letzteres ist allerdings bei dem Personenkreis, der nichtselbständige schattenwirtschaftliche Tätigkeiten ausübt, nur in geringem Maße zu erwarten, da es sich überwiegend um kaufmännisch weniger bewanderte Personen handeln dürfte.

Die immanente Realisierungslücke ist bei den Steuerarten geringer, die zu einer besseren Erfassung der Einkünfte aus nichtselbständiger Arbeit führen. Eine umfassende Einkommensteuer, eine Ausgabensteuer und eine Sollzinsergänzung werden daher als mit „geringer Realisierungslücke" beurteilt, bei allen anderen Steuerarten dürfte sie mittel sein.

1.7	Problemfeld: Nichtselbständige Arbeit	ESt alt	ESt neu	ESt Ab	ESt SZE	UESt	UESt SZE	ASt	ZbSt
Steuerpraktische Beurteilung		3		4	2	2	2	2	4
Immanente Realisierungslücke		M		M	G	G	G	G	M

2 Problembereich: Verlustverrechnung, zeitliche, räumliche und personelle Zuordnungen und Abgrenzungen

2.1 Problemfeld: Verlustverrechnung; zeitliche Zuordnungen und Abgrenzungen

2.1.1 Vertikaler Verlustausgleich

Ein synthetischer Einkommensbegriff impliziert im Grunde, dass für eine Bestimmung des Einkommens alle positiven Einkünfte zu addieren und hiervon etwaige negative Einkünfte (Verluste) abzuziehen sind. Es sollte also einen „Verlustausgleich" zwischen verschiedenen Einkunftsarten geben. Das *deutsche Einkommensteuerrecht* kennt eine solche Regelung im Prinzip auch, in den letzten Jahren ist der Verlustausgleich – ebenso wie der in 2.1.2 zu behandelnde Verlustabzug – jedoch immer stärker eingeschränkt worden (§ 2 Abs. 3 EStG, Fassung ab 01.01.1999), um auf diese Weise eine *Mindestbesteuerung* zu gewährleisten: Ein Ausgleich von Verlusten zwischen verschiedenen Einkunftsarten ist nur noch bis zur Höhe von 51.500 EUR (bei zusammenveranlagten Ehegatten bis 103.000 EUR) uneingeschränkt möglich. Darüber hinaus können positive Einkünfte nur noch zur Hälfte durch negative Einkünfte aus anderen Einkunftsarten gemindert werden. Verbleibende Restbeträge können lediglich im Rahmen des § 10d EStG in einem anderen Veranlagungszeitraum abgezogen werden.[539] Diese Einschränkungen wurden mit Missbrauchstatbeständen begründet. Diese Missbräuche hängen häufig mit Abweichungen des steuerrechtlichen Einkommensbegriffs von einem verfügungsmachtorientierten Einkommensverständnis zusammen. Ursachen sind etwa die Wertminderung weit übersteigende Abschreibungssätze oder die Nichtbesteuerung von Wertänderungen im Privatvermögen. Dieses sind auch ausschlaggebende Gründe für die Attraktivität von Verlustzuweisungsgesellschaften.

Bei einer (konsequent durchgesetzten) *umfassenderen Einkommensteuerbemessungsgrundlage* gäbe es im Grunde keine Möglichkeiten eines „Miss-

---

[539] Der BFH (Beschluss v. 9.5.2001 – XI B 151/00) hält die Mindestbesteuerung nach § 2 Abs. 3 EStG für unbedenklich, wenn es sich um sog. „unechte Verluste" (insbesondere aus der Inanspruchnahme von Sonderabschreibungen) handelt. Mit Blick auf „echte Verluste" hat er jedoch (Beschluss v. 6.3.2003 – XI B 7/02 und XI B 76/02) ernstliche Zweifel an der Verfassungsmäßigkeit der Mindestbesteuerung geäußert, insbesondere wenn dem Steuerpflichtigen dadurch weniger verbleibe als das Existenzminimum. Bei den Verlusten handelte es sich dabei um solche aus Vermietung und Verpachtung und aus einer Kommanditbeteiligung.

Wenn jedoch die Verfassungsmäßigkeit der Mindestbesteuerung daran festgemacht werden soll, ob es sich um „echte" oder „unechte" Verluste handelt, bedarf es zunächst einer Definition, welche Verluste als „echt" und welche als „unecht" zu gelten haben. Unterschiedliche Definitionen wären denkbar. Für die Echtheit der Verluste könnte etwa auf das Vorhandensein von Mittelabflüssen abgestellt werden. Abschreibungen wären in diesem Sinne nicht als Verlust zu werten. Eine solche Cashflow-orientierte Definition passt jedoch nicht zu einer Einkommensteuer, gleichzeitig müssten dann auch alle Mittelabflüsse als „echter Verlust" gelten. Ein anderer Ansatz für die Definition „echter Verluste" würde auf das idealtypische Konzept einer umfassenden Einkommensteuer zurückgreifen und gleichzeitig „echte Gewinne", die jedoch steuerlich nicht erfasst werden, gegenrechnen. Bei einer ansonsten unveränderten deutschen Einkommensteuer wäre damit für die Charakterisierung der Verluste als „echt" bzw. „unecht" eine zweite Bemessungsgrundlage zu definieren. Obwohl der damit verbundene Aufwand unverhältnismäßig groß wäre, weist der Ansatz doch schon in eine sinnvolle Richtung: Auch bei einem ansonsten unverändertem Einkommensteuergesetz dürfte sich der zusätzliche Aufwand in Grenzen halten, wenn im Steuergesetz zunächst die reguläre Bemessungsgrundlage definiert würde und dann alle – etwa wirtschafts-, umwelt-, kultur- oder familienpolitisch begründeten – steuerlichen Begünstigungen gesondert gekennzeichnet würden, etwa auch in einem eigenständigen *Steuerbegünstigungsgesetz*. Für die Ermittlung der Mindestbesteuerung wären dann lediglich die reguläre Bemessungsgrundlage zugrunde zu legen. Eine solche Kennzeichnung der besonders begründeten steuerlichen Begünstigungen förderte zudem die Transparenz und würde klare Zeichen setzen für eine regelmäßige Überprüfung der Berechtigung von Begünstigungen und deren späteren Abbau.

brauchs" des Verlustausgleichs, so dass diesbezügliche Beschränkungen sich in diesem Fall prinzipiell erübrigen. Lediglich für Wertminderungen von Wertpapieren kann es (wie schon in C.1.6.1 ausgeführt) Argumente für eine Beschränkung des Verrechnungsmöglichkeit mit anderen Arten von Einkommen geben, wie es sie auch das deutsche Einkommensteuerrecht[540] kennt.

Auch bei einer *zinsbereinigten Einkommensteuer* und einer *Ausgabensteuer* würden überhöhte Abschreibungen als Grund für die Einschränkung des Verlustausgleichs an Bedeutung verlieren bzw. entfallen. Die Bemessungsgrundlage einer Ausgabensteuer wird auf Basis der Cash-flows bestimmt, bei der zinsbereinigten Einkommensteuer ist es unter idealtypischen Bedingungen belastungsmäßig gleichgültig, zu welchem Zeitpunkt Abschreibungen erfolgen. Allerdings kommen hier andere Missbrauchsmöglichkeiten ins Spiel: Die zinsbereinigte Einkommensteuer ermöglicht es nämlich, auch im Verlustfall eine kalkulatorische Eigenkapitalverzinsung geltend zu machen. Der steuerrechtliche Verlust kann somit den ökonomischen Verlust übersteigen, und ein gerade ausgeglichenes Ergebnis bedeutet steuerlich einen Verlust. Hieraus resultierende Missbrauchsmöglichkeiten wurden schon in D.1.4.1 angesprochen. Damit kann es bei der zinsbereinigten Einkommensteuer noch erforderlicher sein, den Verlustausgleich einzuschränken als bei einer Einkommensteuer.

Gründe für bemessungsgrundlagenmindernde „Verluste" bei einer Ausgabensteuer können die Einzahlung unversteuerter Einnahmen (etwa aufgrund von Schwarzarbeit)[541] auf qualifizierte Konten und die Veräußerung langlebigen Konsumvermögens sein. War die Anschaffung der Konsumgüter als Konsumausgabe zu versteuern, sollte deren Veräußerung prinzipiell zu einer entsprechenden Steuerrückzahlung bzw. –minderung der Bemessungsgrundlage führen. Ohne weitere Einschränkungen würde eine solche Regelung allerdings bedeuten, dass die Steuerminderung die ursprüngliche Steuerzahlung übersteigt, wenn die Veräußerung des Konsumgutes zu einem höheren als dem Anschaffungspreis erfolgt. Dies wäre steuerkonzeptionell allerdings nur dann gerechtfertigt, wenn die Wertänderung die „Normalverzinsung" widerspiegelt

---

[540] Vgl. § 23 Abs. 3 Satz 8f. EStG, Fassung ab 01.01.1999.

[541] Qualifizierte Konten stellen allerdings einen Kontrollmechanismus dar. Wie in D.1.7 erwähnt, würde es sicherlich auffallen, wenn jemand hohe Geldbeträge auf Bankkonten einzahlt, allerdings deren Herkunft nicht nachweisen kann.

(und das Gut keiner Abnutzung unterlag). Einnahmen aus der Veräußerung von Konsumgütern wären daher nur bis zur Höhe des aufgezinsten Anschaffungspreises steuermindernd geltend zu machen. Zwecks praktischer Durchführung müssten auch private Haushalte prinzipiell einer Buchführungspflicht unterliegen. Wer etwaige „negative Konsumausgaben" geltend machen möchte, hätte daher Belege über den ursprünglichen Anschaffungspreis vorzuweisen. Abgesehen von dem Aufwand – und der hier nicht zu klärenden Frage seiner Angemessenheit – spricht gegen ein solches Verfahren das Bestehen relativ einfacher Manipulationsmöglichkeiten. Der Finanzverwaltung wird es kaum gelingen, ältere Quittungsbelege auf ihre Richtigkeit hin zu überprüfen. Zudem könnten Händler bereit sein, auf Wunsch von Kunden auf Quittungen oder Rechnungen falsche Angaben über ver- bzw. angekaufte Waren zu machen.

Selbstkontrollierende Mechanismen, die eine Kontrolle der Wertansätze wie bei einer zinsbereinigten Steuer ermöglichen, gibt es bei einer *Sollzinsergänzung* nicht. „Je niedriger ceteris paribus der Wertansatz bei gegebenen Anschaffungsausgaben und je früher abgeschrieben wird, desto geringer ist bei der SzSt [SZE] wie bei der normalen Einkommensteuer die Steuerbelastung" (Hackmann 1999, S. 108). Was die Problematik von „negativen Einkünften" aufgrund der Beteiligung an Abschreibungsgesellschaften betrifft, weist die Sollzinsergänzung also keine differentiellen Vorteile gegenüber einer Einkommensteuer aus. Hinzu kommt bei der *Sollzinsergänzung* jedoch noch, dass sich „negative Kapitalerträge" auch ergeben könnten, wenn Personen überdurchschnittlich hohe Ersparnisse gebildet haben, jedoch nur eine (positive) Vermögensertragsrate unterhalb des Steuerzinssatzes erzielen. Den negativen Sollzinsen stünden dann keine positiven Kapitalerträge gegenüber. Diese Konstellation dürfte allerdings keine sonderliche empirische Relevanz haben.

Bei den üblichen Verlustfällen ist jedoch eher eine Milderung zu erwarten, weil Verluste c.p. das Einkommen reduzieren, dadurch nur noch ein geringerer Konsumfreibetrag geltend gemacht werden kann und somit das Sollvermögen ansteigt. Insgesamt dürfte das Problem des vertikalen Verlustausgleichs damit bei einer Sollzinsergänzung im Vergleich zur deutschen Einkommensteuer an Bedeutung verlieren. Eine Abgeltungssteuer hingegen hat diesbezüglich keine steuerpraktischen Auswirkungen, so dass sie wie die deutsche Einkommensteuer zu bewerten ist.

2.1.1	Vertikaler Verlustausgleich	ESt alt	ESt neu	ESt Ab	ESt SZE	UESt	UESt SZE	ASt	ZbSt
Steuerpraktische Beurteilung		3			3	2	2	4	4

2.1.2 Verlustabzug (interperiodische Verlustverrechnung)

Reichen die positiven Einkünfte in einem Jahr nicht aus, um die negativen Einkünfte auszugleichen, ergibt sich eine negative Bemessungsgrundlage. Anders als die Umsatzsteuer kennt das Einkommensteuerrecht keine Steuererstattung; Verluste lassen sich lediglich von dem Einkommen anderer Veranlagungszeiträumen abziehen (Verlustvor- und -rückträge).[542] Mit dem Verweis auf bestehende Missbrauchsmöglichkeiten schränkte der Gesetzgeber den Verlustabzug jedoch ein.[543] Unbeschränkte Verlustvorträge sind nur noch innerhalb derselben Einkunftsart möglich.[544] Die Gründe für das Bestehen von Missbrauchsmöglichkeiten bei der intertemporalen Verlustverrechnung sind grundsätzlich dieselben wie bei der intratemporalen Verlustverrechnung zwischen verschiedenen Einkunftsarten. Die Ausführungen und Bewertungen in D.2.1.1 lassen sich daher auch auf diesen Problemaspekt übertragen.

[542] Die Frage, ob bei intertemporalen Übertragungen von Verlusten diese auf- bzw. abgezinst werden sollten, ist für alle Steuerarten von Relevanz, daher wird hier auf diese Frage nicht weiter eingegangen.

[543] Verlustrückträge sind seit Januar 1999 nur noch für das unmittelbar vorausgegangene Jahr zugelassen, der Höchstbetrag beträgt 511.500 EUR (§ 10d Abs. 1 EStG, Fassung ab 01.01.2001). Für eine solche Begrenzungsregelung sprechen auch steuerpraktische Gründe, da ein Verlustrücktrag eine – recht aufwendige – Neufestsetzung der Steuer für vergangene Veranlagungszeiträume erfordert.

[544] Negative Einkünfte sind zunächst von positiven Einkünften derselben Einkunftsart abzuziehen. Soweit die Verluste hiermit nicht vollständig verrechenbar sind, ist eine – allerdings quantitativ begrenzte – Verrechnung mit anderen Einkunftsarten möglich (§ 10d Abs. 2 EStG, Fassung ab 01.01.1999).

2.1.2	Verlustabzug (interperiodische Verlustverrechnung)	ESt alt	ESt neu	ESt Ab	ESt SZE	UESt	UESt SZE	ASt	ZbSt
Steuerpraktische Beurteilung			3		3	2	2	4	4

2.1.3 Jährlichkeitsprinzip

Bei einem progressiven Steuertarif ist es nicht irrelevant, in welcher Periode die zu besteuernde Größe anfällt. Ein Individuum mit gleichmäßigem Einkommensstrom würde dann (c.p.) niedrigere Steuern zahlen als eines mit stark schwankendem Periodeneinkommen. Um diesen interperiodischen Progressionseffekt abzumildern kennt das deutsche Steuerrecht einige Sonderregelungen: Für Abfindungen[545] und Betriebsveräußerungen[546] werden besondere Freibeträge gewährt und zudem dürfen bestimmte außerordentliche Einkünfte (§ 34 EStG) auf fünf Jahre verteilt werden (sog. Fünftelregelung).

Periodische Schwankungen der Bemessungsgrundlage können entweder darauf beruhen, dass die Messgröße der Steuerverteilung schwankt oder dass die der Besteuerung faktisch unterworfene Größe von der eigentlichen Messgröße der Steuerverteilung abweicht. Beispiele für den ersten Grund sind konjunkturabhängige Schwankungen von Unternehmensgewinnen und außerordentliche Einkünfte, für den zweiten Grund die Besteuerung von Vermögenswertänderungen (im Sinne des Realisationsprinzips) erst zum Veräußerungszeitpunkt. Ersteres Problem ließe

---

[545] Abfindungen wegen einer vom Arbeitgeber veranlassten oder gerichtlich ausgesprochenen Auflösung des Arbeitsverhältnisses bleiben im Rahmen bestimmter Freibeträge steuerfrei (§ 3 Nr. 9 EStG). Die Freibeträge sind in ihrer Höhe nach Alter und Dienstzugehörigkeit des Abgefundenen gestaffelt. Über die Freibeträge des § 3 Nr. 9 EStG hinausgehende Abfindungen werden auf Antrag als außerordentliche Einkünfte ermäßigt besteuert (§ 34 EStG).

[546] Für Betriebsveräußerungen wird ein Freibetrag (§ 16 Abs. 4 EStG) sowie eine Tarifermäßigung gemäß § 34 EStG gewährt, wenn der Veräußerer das 55. Lebensjahr vollendet hat oder im sozialversicherungsrechtlichen Sinne dauernd erwerbsunfähig ist. Ab dem Veranlagungszeitraum 2001 kann alternativ wieder eine Besteuerung mit dem halben Durchschnittssteuersatz in Anspruch genommen werden (§ 34 Abs. 3 EStG, Fassung ab 01.01.2001).

sich nur durch die Einführung einer Lebensbesteuerung lösen. Auch wenn sich der diesbezügliche Aufwand bei den einzelnen Besteuerungsformen nicht unterscheiden sollte, dürfte es dennoch Unterschiede in der Dringlichkeit der Einführung einer Lebensbesteuerung geben. Es spricht einiges dafür, dass der verfügungsmachtorientiert definierte Konsum[547] weniger stark schwankt als das Einkommen.

Die zweite Ursache periodischer Bemessungsgrößenschwankungen hat ihren alleinigen Grund in der Bemessungsgrundlagendefinition. Besonders problembehaftet scheint hierbei die *deutsche Einkommensteuerbemessungsgrundlage* zu sein: Vermögenswertänderungen sind erst zum Veräußerungszeitpunkt steuerbar, Gewinnanteile bei Lebensversicherungen werden erst zum Zeitpunkt des Zuflusses besteuert und der sog. Sparer-Freibetrag ist jahresbasiert[548]. *Abgeltungsteuer, umfassende Einkommensteuer* und *zinsbereinigte Einkommensteuer* entschärfen das Problem etwas. Bei einer *Abgeltungsteuer* werden Kapitaleinkünfte unabhängig von den persönlichen Verhältnissen des Steuerpflichtigen mit einem konstanten Satz belastet. Eine *umfassende Einkommensteuer* rückt bei Vermögenswertänderungen vom Realisationsprinzip ab, und die Erträge aus Lebensversicherungen werden nicht erst zum Auszahlungszeitpunkt besteuert. Die (wie in Kroatien vormals praktizierte) *zinsbereinigte Einkommensteuer* stellt private Veräußerungsgewinne aus Anteilen an Kapitalgesellschaften steuerfrei.

Auch bei einer *Ausgabensteuer* bewirken Veräußerungsgewinne keine Bemessungsgrundlagenschwankungen, allerdings stellen sich analoge Problemdimensionen. Eine Ausgabensteuer stellt regelmäßig (bis auf Wohnungen) nicht auf Konsum, sondern auf Konsumausgaben ab. Da wohl davon auszugehen sein dürfte, dass die Ausgaben speziell für die Anschaffung langlebiger Konsumgüter wie Kraftfahrzeuge oder Möbel

---

[547] Bei dieser Konsumdefinition gelten Käufe langlebigen Konsumvermögens nicht als Konsum, sondern lediglich die daraus fließenden Nutzungswerte.

[548] Auch der sog. Sparer-Freibetrag kann unerwünschte Periodizitätseffekte verursachen. Wird er in einem Jahr nicht ausgeschöpft, lässt sich der nicht in Anspruch genommene Betrag nicht auf ein anderes Jahr übertragen. Dies diskriminiert Anlageformen, bei denen die Zinserträge nicht jährlich sondern erst am Ende der Laufzeit ausgeschüttet werden. Individuen mit entsprechenden Anlagen könnten daher versuchen, Zinserträge von einem Jahr in ein anderes zu verlagern, indem sie in einem Jahr negative Stückzinsen erzielen („Zinsen-Stripping“). Der BFH (Urteil v. 27.07.1999 – VIII R 36/98, BStBl 1999 II, S. 769) hat solche Praktiken für rechtswidrig erklärt.

im Zeitablauf stark schwanken, entstehen auch hier starke Progressionseffekte. Es ist sogar für möglich zu halten, dass diese Schwankungen bedeutender sind als typischerweise die Einkommen bei der deutschen Einkommensteuer: Während die Anschaffung langlebiger Konsumgüter „zum Leben dazugehört", wird die Zahl derjenigen Zensiten, die etwa durch Börsenspekulationen private Veräußerungsgewinne erzielt, eher gering sein. Zudem dürften Steuerpflichtige, die private Veräußerungsgewinne erzielen, typischerweise einen höheren Grenzsteuersatz (oder sogar den Spitzengrenzsteuersatz) haben, so dass sich ein etwaiger Progressionseffekt entsprechend nur noch gering auswirkt.

Eine *Sollzinsergänzung* berührt den Problempunkt „Jährlichkeitsprinzip" nicht, daher wird sie die ihr zugrundeliegende Basissteuer bewertet.

2.1.3	Jährlichkeitsprinzip	ESt alt	ESt neu	ESt Ab	ESt SZE	UESt	UESt SZE	ASt	ZbSt
Steuerpraktische Beurteilung		3		2	3*	2		4	2

2.2 Problemfeld: Räumliche Zuordnungen und Abgrenzungen

2.2.1 Unterschiedliche steuerliche Behandlung in Abhängigkeit vom Ort der Einkunftsentstehung und vom Wohnort des Steuerpflichtigen

Sind Inländer auch im Ausland oder Ausländer im Inland wirtschaftlich aktiv, stellt sich neben der Frage, in welchem Staat das Einkommen besteuert werden soll, häufig auch die Frage, in welchem Staat die Einkommen überhaupt entstanden sind. Hier sollen diese Fragen nur im Hinblick darauf interessieren, dass die effektive steuerliche Belastung häufig vom Ort der Einkommensentstehung abhängt.[549] Ohne auf die außensteuerrechtlichen Regelungen näher einzugehen, kann doch konstatiert werden, dass im Ausland entstandene (bzw. aus dem Ausland

[549] Die Frage, in welchem Staat das Steueraufkommen anfällt, bleibt also unberücksichtigt.

bezogenen) Einkünfte von Inländern häufig effektiv niedriger belastet werden als ihre inländischen Einkünfte. Damit Inländer hiervon profitieren können, müssen sie entweder Gewinne direkt im Ausland entstehen lassen bzw. inländische Gewinne an dortige Tochtergesellschaften verlagern. Ersteres würde eine Verlagerung der Wertschöpfung – d.h. auch von Arbeitsplätzen – bedeuten. Zweites lässt sich bewerkstelligen durch Ausnutzung eines Gestaltungsspielraums bei Verrechnungspreisen[550] oder durch Vereinbarung von Beratungs- und Dienstleistungsverträgen zwischen in- und ausländischen Konzernunternehmen. Von besonderer Bedeutung ist die Gründung von Finanzholdings in Niedrigsteuergebieten, von denen aus dann die inländischen Unternehmen mit Fremdkapital versorgt werden.

Da das Inland ein Interesse hat, die Ausnutzung ausländischer Niedrigbesteuerungen zwecks Gewinnverlagerung durch Inländer einzuschränken, ist im *deutschen Steuerrecht* die sog. Hinzurechnungsbesteuerung (§ 7ff. AStG) eingeführt worden. Das Inland verzichtet nur auf die Besteuerung der im Ausland angefallenen Gewinne von Inländern, wenn diese vom Ausland ausreichend hoch besteuert werden. Die Abschirmwirkung ausländischer Gesellschaften wird insofern aufgehoben, als auch von diesen thesaurierte Gewinne den inländischen Anteilseignern (anteilig) hinzugerechnet werden. Bei einem ausländischen Steuersatz von weniger als 25% unterliegt der Hinzurechnungsbetrag einem Steuersatz von 38%. Die schon daraus resultierenden Komplikationen steigen noch dadurch an, dass zwischen *aktiven* und *passiven* Einkünften (§ 8 Abs. 1 AStG) unterschieden wird und es spezielle Holding-Regelungen gibt, auf die hier jedoch nicht weiter eingegangen werden soll. Insgesamt ist eine Regelung wie die Hinzurechnungsbesteuerung im Rahmen des bestehenden deutschen Steuerrechts allerdings wohl unverzichtbar. Zu fragen ist, ob andere Steuerformen eine Vereinfachung ermöglichen oder ob das Gegenteil der Fall ist. Zu einem wichtigen Aspekt wird dabei auch die internationale Vergleichbarkeit und Kompatibilität von Steuersystemen. Hierauf wird in D.2.2.2 noch näher einzugehen sein. An dieser Stelle soll lediglich schon darauf hingewiesen werden, dass bei einer *zinsbereinigten Einkommensteuer* die Vergleichbarkeit der inländischen

---

[550] Die Bedeutung der Verrechnungspreise wird durch eine Umfrage von Ernst & Young bei 582 multinational operierenden Unternehmen aus 19 Ländern deutlich. Bei der Prüfung von konzerninternen Verrechnungspreisen durch Steuerbehörden musste nur die Hälfte aller Unternehmen ihre Gewinne nicht korrigieren. Vgl. ERNST & YOUNG (2001).

Steuerbelastung mit der ausländischen bedeutend erschwert wäre, wenn – wovon wohl sinnvollerweise auszugehen ist – im Ausland weiterhin einkommensorientierte Steuersysteme vorherrschen. Um festzustellen, ob eine ausländische Steuern relativ zu niedrig ist, müsste nämlich dann die dortige Steuerbelastung auf eine zinsbereinigte Bemessungsgrundlage umgerechnet werden, wozu es allerdings der Kenntnis der Höhe des Eigenkapitals der Auslandsunternehmung bedarf.

Ähnlich wie Inländer ein steuerlich bedingtes Interesse an der „Entstehung" von Einkommen im Ausland statt im Inland haben können, gilt dies auch für Ausländer. Ein Verfahren zur Verlagerung des maßgeblichen Ortes der Besteuerung ist die sog. übermäßige Fremdfinanzierung. Dabei wird es ausgenutzt, dass im Inland entstandene Zinserträge – anders als speziell Gewinne – steuerbefreit sind, wenn sie Ausländern zufließen. Finanziert ein ausländisches Unternehmen seine Investitionen in Deutschland bevorzugt durch Zurverfügungstellung von Fremdkapital, fallen die Erträge aus den Investitionen steuerlich somit nicht in Deutschland, sondern im Ausland an.[551] Um diesen Missbrauch einzu-

---

[551] „Der Bundesrechnungshof hat die Besteuerung der Einkünfte ausländischer Kapitalgesellschaften aus Vermietung sowie aus der Veräußerung inländischer Grundstücke geprüft. Hierzu hat er Erhebungen bei 15 Finanzämtern in 5 Bundesländern durchgeführt. Dabei hat er festgestellt, dass die betroffenen Kapitalgesellschaften trotz hoher Einnahmen aus laufender Vermietung und aus gelegentlichen Grundstücksverkäufen in der Regel kaum Körperschaftsteuer zahlen. ... Die ausländischen Muttergesellschaften statten ihre ebenfalls im Ausland ansässigen Tochtergesellschaften ... für die umfangreichen Investitionen in den inländischen Grundbesitz nur unzureichend mit Eigenkapital aus. Deshalb finanzierten die Tochtergesellschaften den Erwerb der Grundstücke fast vollständig mit Fremdkapital, das ihnen die Mutter- oder deren Finanzierungsgesellschaften durch langfristige, verzinsliche und nicht grundbuchlich gesicherte Darlehen zur Verfügung stellten. Während die Zinszahlungen zusammen mit den übrigen Aufwendungen – insbesondere Abschreibungen – bei den Tochtergesellschaften regelmäßig zu hohen Verlusten führten, unterlagen die entsprechenden Zinserträge der ausländischen Mutter- oder Finanzierungsgesellschaften nicht der inländischen Besteuerung. Wegen der fehlenden grundbuchlichen Absicherung der Darlehen stand das Besteuerungsrecht nach den Doppelbesteuerungsabkommen dem jeweils anderen Staat zu. Die wachsenden Verlustvorträge der Tochtergesellschaften bewirkten zudem, dass etwaige steuerpflichtige Einkünfte aus Grundstücksveräußerungen infolge der Verlustverrechnung unversteuert bleiben. Die Finanzämter haben diese Fälle in der Regel nicht beanstandet. Der Bundesfinanzhof hat im Jahre 1997 jedoch entschieden, dass die Zwischenschaltung ausländischer Tochtergesellschaften zur Steuervermeidung rechtsmissbräuchlich und damit steuerlich unbeachtlich sein kann. In solchen Fällen sind die Mieterträge ohne Berücksichtigung der geleisteten Darlehenszinsen unmittelbar der auslän-

dämmen, interpretiert das *deutsche Steuerrecht* (§ 8a KStG) deshalb Schuldzinsen von Gesellschaftern unter gewissen Bedingungen als verdeckte Gewinnausschüttungen, es werden nur Verhältnisse von Eigenkapital zu Gesellschafterfremdkapital von bis zu 1 zu 1,5 bzw. 1 zu 3 (bei Holdinggesellschaften) akzeptiert (*safe haven*). Werden diese Verhältnisse überschritten, handelt es sich bei den Fremdfinanzierungen insofern um eine sog. übermäßige Fremdfinanzierung. Erfolgsabhängig verzinste Gesellschafterdarlehen werden gar nicht als steuerlich abzugsfähig anerkannt. Allerdings kann diesen Anforderungen relativ einfach ausgewichen werden, da sich die Begrenzungen nur auf Gesellschafterfremdfinanzierungen beziehen und auch nur gültig sind, wenn nicht dokumentiert werden kann, dass auch von fremder Seite entsprechende Darlehen eingeräumt würden. Statt eine Gesellschafterfremdfinanzierung direkt zu gewähren, könnten die Gesellschaften auch den Umweg über eine Bank wählen. Die Bank würde dann dem inländischen Unternehmen ein Darlehen zur Verfügung stellen und gleichzeitig würde das ausländische Unternehmen bei der Bank ein Guthaben in Höhe des Darlehens unterhalten.

Ob Ausländer versuchen, ihr inländisches Einkommen in ausländisches zu transformieren, hängt maßgeblich von der verhältnismäßigen steuerlichen Belastung im Inland ab. Die deutsche Körperschaftsteuer mit Anrechnungsverfahren und zusätzlicher Kapitalertragsteuer[552] führte in vielen Fällen dazu, dass Ausländer höher als Inländer besteuert wurden. Da sich diese überdurchschnittliche Besteuerung jedoch nur auf ausgeschüttete Dividenden bezog, war eine andere, schon in D.1.6.3 erwähnte Umgehungsmöglichkeit das sog. *Dividendenstripping*.

Bei einer *zinsbereinigten Einkommensteuer* werden nur Gewinne inframarginaler Investments besteuert, die Normalverzinsung ist steuerfrei. Wegen dieser Steuerfreiheit könnte es für multinationale Unternehmen attraktiv sein, ihr Eigenkapital in ein Land mit zinsbereinigter Besteuerung zu verlagern und dort Gewinne bis zur Höhe des Schutzzinssatzes – steuerbefreit – entstehen zu lassen. Das betreffende Land könnte damit speziell attraktiver Sitz für Finanzholdings werden, die weltweit an ihre Konzernunternehmen Darlehen vergeben. Entspricht der Zinssatz dieser

---

dischen Muttergesellschaft zuzurechnen, so dass sich im Inland regelmäßig steuerpflichtige Überschüsse ergeben" (BUNDESRECHNUNGSHOF 1999, S. 202f.).

[552] Zur Kapitalertragsteuer für ausländische Kapitalgesellschaften vgl. Fußnote 527.

Darlehen dem Schutzzinssatz, würden am Holdingstandort keine steuerbaren Gewinne anfallen.

Eine (im Vergleich zur Belastung der Inländer) faire inländische Belastung von Ausländern dürfte hingegen eine *Körperschaftsteuer mit Halbeinkünfteverfahren* bewirken wie auch eine wie oben dargestellte *umfassende Einkommensteuer*. Auch wenn deshalb, der Anreiz, Gewinne in das Ausland zu verlagern, etwas gemildert sein dürfte, ist nicht zu erwarten, dass auf Safe-haven-Regelungen verzichtet werden kann. Bei einer wie hier beschriebenen *Ausgabensteuer* bleiben Unternehmensgewinne im Inland faktisch unbesteuert, wenn sie an Steuerausländer ausgeschüttet werden. Insofern könnte es bei einer isoliert eingeführten Ausgabensteuer zu Gewinnverlagerungen ins Inland kommen. Allerdings liegt es nahe, dass die einseitige Einführung einer derartigen Steuer wie auch einer zinsbereinigte Einkommensteuer von anderen Staaten als Steuerdumping interpretiert würde (vgl. D.2.2.2).

Sollzinsergänzung und *Abgeltungsteuer* sind wie eine Einkommensteuer (Halbeinkünfteverfahren) bzw. umfassende Einkommensteuer zu bewerten, da sie Ausländer nicht treffen würden.

2.2.1	Unterschiedliche steuerliche Behandlung in Abhängigkeit vom Ort der Einkunftsentstehung und vom Wohnort des Steuerpflichtigen	ESt alt	ESt neu	ESt Ab	ESt SZE	UESt	UESt SZE	ASt	ZbSt
Steuerpraktische Beurteilung		4		3		3		5	5

2.2.2 Internationale Kompatibilität verschiedener Steuerregime und steuerpolitische Kooperationen

Im folgenden soll die *Kompatibilität* der verschiedenen Steuerregime mit anderen (ausländischen) Steuerregimen diskutiert werden. Wenn hier von Kompatibilität gesprochen wird, so soll damit zum Ausdruck gebracht werden, dass als prioritäres Ziel internationaler Steuerpolitik nicht unbedingt eine – sowieso kaum realistische – internationale (bzw. europaweite) *Harmonisierung* der nationalen Steuersysteme gesehen werden kann, sondern vielmehr eine Vereinbarkeit bzw. *Kompatibilität* unterschiedlicher nationaler Steuerregime. Eine solche Kompatibilität bietet aus mehreren Gründen steuerpraktische Vorteile. Der wichtigste ist wohl der, dass sich generelle Regelungen (Musterabkommen) zur Vermeidung von Doppelbesteuerungen finden lassen und nicht für jeden Staat eine Sonderregelung vereinbart werden muss. Dadurch wird die Transparenz gefördert, und verschiedene Standorte lassen sich steuerlich einfacher vergleichen. Ein weiteres wichtiges Argument für steuerliche Kompatibilität ist, dass dadurch die Möglichkeiten für – wie auch immer geartete – steuerpolitische Kooperationen oder Abstimmungen verbessert werden. Bei einer solchen steuerpolitischen Zusammenarbeit kann es um eine Steuerharmonisierung gehen oder auch lediglich um die Schaffung einer *Wettbewerbsordnung der Besteuerung*[553] (vgl. KRAUSE-JUNK 2001, S. 65ff.) zwecks Unterbindung von *Steuerdumping*[554]. Zumindest letzteres Reglement könnte ein Potential für etwaige Wohlfahrtsgewinne enthalten.

Da in wohl allen Staaten der Welt bislang Einkommen und Gewinne besteuert werden, dürfte einer *Einkommensteuer* zunächst einmal eine größere internationale Kompatibilität inne sein als einer isoliert eingeführten *zinsbereinigten Einkommensteuer*[555] oder einer *Ausgabensteuer*. In D.2.2.1 wurde schon erwähnt, dass für einen Vergleich der effektiven Belastungen, wie ihn eine Zurechnungsbesteuerung erfordert, bei einer zinsbereinigten Steuer auch die Höhe des Eigenkapitals bekannt sein muss. Schwierig dürfte vor allem die Anrechnung ausländischer Steuern werden, weil im Grunde ausländische Steuern auf die Normalverzinsung nicht mit inländischen Steuern auf das zinsbereinigte Einkommen verrechnet werden dürften. Gleiches gilt natürlich umgekehrt für die inländische Besteuerung von Ausländern. Bleibt die Normalverzinsung des Eigenkapitals unbesteuert, dürfte es fraglich sein, ob das Ausland entsprechende Einkünfte dem internationalen Schachtelprivileg entsprechend freistellen oder als unbesteuert ansehen wird. Wohl die meisten Doppelbesteuerungsabkommen wären neu zu verhandeln. Die gänzliche Freistellung privater Kapitaleinkünfte könnte zudem vom Ausland als

---

[553] Ein Beispiele für solche Kooperation sind die schon erwähnten, im portugiesischen Feira (19. und 20.06.2000) vom Rat der Europäischen Union festgelegten Grundzüge und der Zeitplan für eine gemeinschaftliche Behandlung der Kapitaleinkünfte.

[554] Es soll an dieser Stelle nicht erörtert werden, wann von unfairem Steuerdumping zu sprechen ist und was als sinnvoller Steuerwettbewerb zu erachten ist.

[555] Anders könnte es sein, wenn eine zinsbereinigte Einkommensteuer das weltweit dominierende System wäre.

feindlicher Akt mit entsprechenden Konsequenzen interpretiert werden.[556] Ähnliche Aussagen gelten auch für eine durch Sparbereinigung des Einkommens ermittelte *Ausgabensteuer.* Die faktische Nichtbesteuerung der Unternehmensgewinne und privaten Kapitaleinkünfte dürfte dazu führen, dass das Ausland diese Gewinne entsprechend nachbesteuert. Zudem ließe sich das System der qualifizierten Konten für Ausländer wohl gar nicht anwenden, es müssten daher besondere Ausländerkonten geführt werden, bei denen sämtliche Zinserträge unbesteuert blieben.

Auch eine *Sollzinsergänzung* besäße eine geringere internationale Kompatibilität als eine Einkommensteuer. Allerdings könnte ihr wohl nicht der Vorwurf des Steuerdumpings gemacht werden und insgesamt dürfte sie auch eine höhere Vergleichbarkeit mit Einkommensteuern besitzen als eine zinsbereinigte Steuer. Eine genaue Beurteilung hängt von der Ausgestaltung der Unternehmensbesteuerung ab.

Mit der Unternehmenssteuerreform 2001 ist die internationale Kompatibilität der Besteuerung der Beteiligung von Ausländern an inländischen Kapitalgesellschaften verbessert worden: Das *Halbeinkünfteverfahren* ist mit einer Vielzahl unterschiedlicher ausländischer Steuerregime kompatibel und gleichzeitig wird auch der (etwa äquivalenztheoretisch begründete) Anspruch des Inlandes auf einen Teil des im Inland entstandenen Einkommens gewahrt. Die hier entwickelte *umfassende Einkommensteuer* unterscheidet sich in der Besteuerung der inländischen Einkünfte von Ausländern hiervon faktisch nicht. Aber auch die Besteuerung ausländischer Einkünfte von Inländern dürfte eine recht hohe Kompatibilität zu den unterschiedlichsten Steuerregimen aufweisen. Eine Abgeltungsteuer auf Basis einer Einkommensteuer mit Halbeinkünfteverfahren ist wie diese selbst zu bewerten.

2.2.2	Internationale Kompatibilität verschiedener Steuerregime und steuerpolitische Kooperationen	ESt alt	ESt neu	ESt Ab	ESt SZE	UESt	UESt SZE	ASt	ZbSt
Steuerpraktische Beurteilung		4	2		3	2	3	5	5

---

[556] Vgl. in diesem Sinne auch WISSENSCHAFTLICHER BEIRAT BEIM BMF 1999, S. 80.

2.3 Problemfeld: Personelle Zuordnungen und Abgrenzungen

In den meisten Steuersystemen wird die marginale Steuerbelastung nicht personenunabhängig sein. Gründe hierfür sind (etwa wohnortbedingt) unterschiedliche oder progressive Steuertarife, unterschiedliche Verlustverrechnungsmöglichkeiten oder die unterschiedliche Ausnutzung von Freibeträgen und Freigrenzen. Hieraus können Anreize für eine interpersonelle Übertragung von Einkunftsquellen bzw. Steuerobjekten resultieren. Auf Konstruktionen einer Übertragung von Einkunftsquellen soll hier nicht weiter eingegangen werden. Zu denken ist etwa an die „Anstellung" von Familienmitgliedern im eigenen Unternehmen oder die Übertragung von Vermögen (Geldvermögen, Immobilien, Wirtschaftsgüter etc.) auf Kinder oder Großeltern, die dann ihrerseits anschließend Darlehen vergeben oder Immobilien an den Schenker vermieten.[557]

Zu prüfen ist nun, ob sich die einzelnen Steuerarten hinsichtlich der Anreize und der Möglichkeiten, die sie für die Übertragung von Einkunftsquellen bieten, unterscheiden. Da eine wesentliche Ursache für eine individuell unterschiedliche marginale Steuerbelastung ein progressiver Steuertarif ist, fällt die Antwort leicht: Generell weniger Anlas für die Übertragung von Einkunftsquellen besteht, wenn eine Steuerart systemisch eine geringere Progressivität ausweist. Auch wenn sich im Grunde jede Tarifgestaltung mit jeder Steuerart verknüpfen lässt, können Steuerart und Steuertarif nicht als völlig unabhängig voneinander begriffen werden. So ist bei einer Steuer mit geringerer Bemessungsgrundlage wohl kaum davon auszugehen, dass die Aufkommensgleichheit allein durch höhere Steuersätze bei gleichem Progressionsgrad erreicht werden kann.[558] In dieser Perspektive würde das Problem der interpersonellen Übertragung von Einkunftsquellen bei einer *umfassenden Einkommensteu-*

---

[557] Vgl. zum Gesamtkomplex etwa den von TIPKE (1978) herausgegebenen Sammelband.

[558] Steuerartspezifische Unterschiede in der Tarifprogressivität ergeben sich regelmäßig auch, wenn die Progression mit distributiven Argumenten gerechtfertigt wird und die distributiv maßgebliche Größe nicht mit der Maßstabsgröße der Besteuerung übereinstimmt. Wird etwa unter Distributionsgesichtspunkten auf das Einkommen abgestellt, ist es evident, dass eine Konsumausgabensteuer einen progressiveren Tarif haben muss als eine Einkommensteuer (wegen der mit Höhe des Einkommens abnehmenden Konsumquote). Vgl. für entsprechende Modellrechnungen WOHLGEMUTH (1996), nach denen eine Ausgabensteuer einen Spitzensteuersatz von 118% aufweisen muss, damit jede Einkommensklasse im Durchschnitt genauso belastet wird wie gegenwärtig durch eine Einkommensteuer.

er und *einer sollzinsergänzten Einkommensteuer* weniger akut sein und bei einer *Ausgabensteuer* und einer *zinsbereinigten Einkommensteuer* an Relevanz gewinnen.

Gründe für die Übertragung von Einkunftsquellen entfallen, wenn die betreffenden Einkunftsarten proportional oder gar nicht besteuert werden. Die (wie in Kroatien ehemals praktizierte) *zinsbereinigte Gewinnsteuer* belastet Unternehmensgewinne abschließend proportional und Kapitalerträge auf der privaten Ebene sind steuerfrei. Bei einer *Abgeltungssteuer* werden Zinserträge abgeltend proportional besteuert. Da sich gerade Geldvermögen (als Quelle für Kapitaleinkünfte) interpersonell leicht übertragen lassen, könnten in der hier interessierenden Hinsicht entsprechende steuerpraktische Vorteile vermutet werden. Werden allerdings im Rahmen eines allgemein progressiven Tarifs einige Einkünfte proportional besteuert, bedeutet dies grundsätzlich eine ungleiche Belastung verschiedener Einkunftsarten, wodurch Anreize für die Transformation von höher besteuerten Einkünften in niedrig besteuerte geschaffen werden. Liegt der Abgeltungssatz für Kapitalerträge etwa unterhalb dem persönlichen Grenzsteuersatz könnte Gesellschaftergeschäftsführer von Kapitalgesellschaften motiviert sein, ihre Geschäftsführervergütung zu reduzieren und statt dessen höhere Gewinne auszuschütten. Statt einer personellen Übertragung von Einkunftsquellen käme es dann zu einer sachlichen Transformation von Einkünften einer Art in eine andere Art.

Eine proportionale Besteuerung einzelner Einkunftsarten bei ansonsten progressivem Tarif würde daher Regelungen erforderlich machen, die die Transformation von Einkünften einer Art in solche anderer Art begrenzen (hierauf ist schon in D.1.4.3.3 eingegangen worden). Die Angemessenheit von Geschäftsführergehältern wäre etwa durch Branchenvergleich zu prüfen. Solche Prüfungen dürften tendenziell ähnlich aufwendig sein wie der Fremdvergleich bei Geschäften zwischen Familienangehörigen.[559] Insgesamt dürften, bezogen auf das Problemfeld der interpersonellen Übertragung von Einkunftsquellen, die steuerpraktischen Vorteile einer proportionalen Besteuerung einzelner Einkunftsarten somit etwas reduziert sein.

---

[559] Da die Übertragung von Kapitaleinkunftsquellen nicht die einzige Art der interpersonellen Einkünfteverlagerung ist, könnte auf Fremdvergleiche bei Geschäften mit Familienangehörigen auch im Rahmen einer zinsbereinigten Einkommensteuer und einer Abgeltungsteuer nicht verzichtet werden.

Bei einer *Ausgabensteuer* steht weniger die Verlagerung von Einkunftsquellen als vielmehr des Steuerobjektes Konsumausgaben im Mittelpunkt – nicht die Erzielung von Einkommen ist steuerbar, sondern deren Verausgabung, wobei im Grunde beabsichtigt ist, auf den eigentlichen Konsum abzustellen. Tätigung von Konsumausgaben und Konsum können jedoch personell auseinanderfallen. Hieraus erwächst ein Potential für Steuerumgehungen, wenn Geldübertragungen als steuerbefreite Einkommensverwendung gelten: Jemand mit einem hohen Grenzsteuersatz könnte dann einen Geldbetrag an einen niedriger besteuerten Strohmann „schenken", der für den Betrag Konsumgüter kauft und diese an den Schenker weitergibt.[560] Würden hingegen Schenkungen als Konsum gewertet, könnten die Steuerpflichtigen die Kaufkraftübertragung als Darlehen titulieren. Bei einer progressiv ausgestalteten Ausgabensteuer hätte die Finanzverwaltung daher ein besonderes Augenmerk auf Privatdarlehen und durch Privatdarlehen finanzierte Konsumausgaben zu werfen.[561]

Einer *sollzinsergänzten Einkommensteuer* senkt die Anreize zu Vermögensübertragungen von Personen mit hohen Einkommen auf Personen mit niedrigem Einkommen.[562] Wird eine Schenkung nicht durch die Schenkungsteuer erfasst, wird sie bei dem Schenkenden „steuerlich als Konsum gewertet werden und sich bei den Beschenkten als Minderung des steuerlich erfassten Konsums auswirken. Dieser Effekt kommt im Rahmen einer SZE automatisch zustande ... Als Folge davon kann der Schenkende sein Progressionsniveau nicht senken. Zwar hat er niedrigere Kapitalerträge; sie werden idealtypisch jedoch gerade durch erhöhte Sollzinseinkommen ausgeglichen. Der Beschenkte erführt zwar keine höhere Steuerbelastung – ohne Schenkung wäre sein steuerlich erfasster Konsum höher und seine zu versteuernden Kapitalerträge entsprechend

---

[560] Vgl. PEFFEKOVEN / FISCHER (1982, S. 700).

[561] Diese Steuerumgehungsmöglichkeiten geben Anhaltspunkte, dass sich eine Ausgabensteuer sinnvollerweise wohl nur bei einem proportionalem Steuertarif realisieren lässt.

[562] Eine Person mit einem hohen Grenzsteuersatz könnte allerdings einer Person mit niedrigem Grenzsteuersatz, die dann die Konsumausgaben tätigt, ein Darlehen gewähren mit einer Verzinsung unterhalb des Sollzinssatzes. Der Darlehnsgeber könnte auf diese Weise seine Bemessungsgrundlage senken, da c.p. sein Sollzinseinkommen sinkt, diesem jedoch keine enstprechenden Zinserträge gegenüberstehen. Beim Darlehnsnehmer hingegen würde sich die Bemessungsgrundlage erhöhen, da aufgrund des höheren Konsums sein Sollzinseinkommen steigt, diesem jedoch keine entsprechenden Zinsaufwendungen gegenüberstehen.

niedriger -, aber Schenkern und Beschenkten zusammen ist der Weg zur Steuerarbitrage grundsätzlich versperrt" (Hackmann 1999, S. 93f.). „Werden Schenkungen jedoch der Schenkungsteuer unterworfen, sind sie für die Ermittlung des Sollvermögens bei den Schenkenden hingegen dadurch zu ‚neutralisieren', daß das für die Konsumermittlung maßgebliche zu versteuernde Einkommen – nur für Zwecke der Konsumermittlung – um die Schenkungen gekürzt wird. Eine solche Neutralisierung wäre allerdings damit zu verknüpfen, daß in analoger Weise auch bei den Beschenkten eine Neutralisierung erfolgt" (ebd., S. 94, FN 119). In diesem Fall würde die Schenkungsteuer steuerlich motivierten Vermögensübertragungen entgegenwirken.[563]

2.3	Problemfeld: Personelle Zuordnungen und Abgrenzungen	ESt alt	ESt neu	ESt Ab	ESt SZE	UESt	UESt SZE	ASt	ZbSt
Steuerpraktische Beurteilung		3		2	1-2	2	1-2	3	2

3 Problembereich: Tarifliche Steuersätze

Die Gewichtigkeit der mit einer bestimmten Bemessungsgrundlage verbundenen steuerpraktischen Probleme hängt wesentlich von der Höhe der Steuersätze und der Tarifgestaltung ab. Der Steuertarif ist dabei sozusagen als ein Niveauparameter aufzufassen, ein höherer Steuertarif verschärft regelmäßig Besteuerungsprobleme. Dieser Sachverhalt bekommt eine besondere Relevanz, wenn sich die einzelnen Steuerregime systematisch in der Höhe der Steuersätze unterscheiden. Ein solcher endogener Zusammenhang zwischen Steuerverfahren und Steuersätzen ist anzunehmen, wenn Unterschiede in der Breite der Bemessungsgrundlage bestehen. Um ein gegebenes Steueraufkommen zu erzielen, müssen bei einer schmaleren Bemessungsgrundlage c.p. die Steuersätze höher sein.[564] Das Bestehen gleicher Problemdimensionen vorausgesetzt, wür-

[563] Es könnte dabei überlegt werden, den Steuersatz der Schenkungsteuer auch von der Höhe der Differenz der Grenzsteuersätze zwischen Schenkendem und Beschenkten abhängig zu machen.

[564] Differentielle Wachstumswirkungen der einzelnen Steuerarten bleiben dabei unberücksichtigt. Vielfach werden Konsumsteuern und der zinsbereinigten Einkommens-

den *umfassende Einkommensteuer* und *Sollzinsergänzung* grundsätzlich eine Entschärfung und *zinsbereinigte Einkommensteuer* und *Ausgabensteuer* grundsätzlich eine Verschärfung steuerpraktischer Probleme im Vergleich zur deutschen Einkommensteuer bewirken.

Seit der Unternehmenssteuerreform 2001 werden die Erträge von Kapitalgesellschaften auf Ebene der Kapitalgesellschaft steuerlich mit einer nicht anrechenbaren Körperschaftsteuer vorbelastet und auf der Ebene der Anteilseigner erfolgt eine weitere hälftige Besteuerung ausgeschütteter Gewinne. Die Aufkommenswirkung hängt für ausgeschüttete Gewinne vom Verhältnis des Körperschaftsteuersatzes zum durchschnittlichen Einkommensteuersatz ab und kann hier nicht abgeschätzt werden. Eine negative Aufkommenswirkung dürfte jedoch daraus resultieren, dass bei einbehaltenen Gewinne derselbe Körperschaftsteuersatz zur Anwendung kommt, jedoch keine durchgängige Besteuerung privater Veräußerungsgewinne erfolgt. Insgesamt ist daher für die deutsche *Einkommensteuer (neu)* von einer geringeren Bemessungsgrundlage auszugehen als bei der alten deutschen Einkommensteuer.

Bei der (wie in Kroatien ehemals praktizierten) *zinsbereinigten Einkommensteuer* unterliegen Unternehmensgewinne einer abschließenden proportionalen Gewinnsteuer. Ob dieses c.p. zu einem höheren oder niedrigeren Steueraufkommen führt, als wenn eine progressive zinsbereinigte Besteuerung auch auf Ebene der privaten Haushalte praktiziert würde, hängt von der differentiellen Höhe der Steuersätze und der Einkommensverteilung ab. Negative Steueraufkommenswirkungen dürfte auf jeden Fall jedoch die generelle Nichtbesteuerung privater Kapitaleinkünfte haben.

Eine *abgeltende Besteuerung von Kapitalerträgen* bewirkt eine proportionale Besteuerung dieser Einkünfte. Wie bei der zinsbereinigten Einkommensteuer lassen sich die komparativen Wirkung im Vergleich zu einer normalen Einkommensteuer nur bei Kenntnis der Steuersätze und der personellen Verteilung der Einkünfte abschätzen. Bei einem relativ niedrigen Abgeltungssatz dürfte c.p. mit einem niedrigeren Steueraufkommen als bei einer normalen Einkommensteuer zu rechnen sein. Bei einem höheren Abgeltungssatz könnte sich – weitere Kapitalflucht unberücksich-

---

teuer positive Wachstumseffekte zugeschrieben (zum Mechanismus vgl. Fußnote 30). Aus diesem Grunde sei bei konsumorientierten Besteuerungsformen die Bemessungsgrundlage wesentlich größer als bei einer Einkommensteuer.

tigt gelassen – auch ein höheres Steueraufkommen ergeben. Die jüngste Diskussion in Deutschland über die Einführung einer Abgeltungsteuer auf Kapitalerträge lässt einen – im Vergleich zum durchschnittlichen Grenzsteuersatz – eher niedrigen Abgeltungssatz erwarten. Gleichzeitig erhofft man sich mit einer abgeltenden Besteuerung jedoch „Fluchtkapital" wieder in das Inland zurückzuholen zu können, und somit die Bemessungsgrundlage zu erhöhen. Gegen eine solche Hoffnung spricht allerdings, dass vielen Steuerflüchtigen auch noch ein Abgeltungssatz von etwa 25% zu hoch sein dürfte, wenn woanders gar keine Steuern zu entrichten sind.[565] Insgesamt dürfte daher eine Abgeltungsteuer das Steueraufkommen aus der Besteuerung von Zins- und Dividendeneinkünften eher reduzieren. Im Vergleich zur derzeitigen deutschen Regelung, die die Besteuerung von privaten Veräußerungsgewinnen faktisch in das Belieben der Steuerpflichtigen stellt, dürfte eine Abgeltungsteuer Spekulationsgewinne wirkungsvoller erfassen. Insgesamt könnte daher das Steueraufkommen ähnlich wie bei der deutschen Einkommensteuer (neu) sein.

3	Problembereich: Tarifliche Steuersätze	ESt alt	ESt neu	ESt Ab	ESt SZE	UESt	UESt SZE	ASt	ZbSt
Steuerpraktische Beurteilung		2-3	3-4	3-4	2-3	2	2	5	4

[565] Wenn allerdings auf Grund von internationalem Druck auch Steueroasen wie die Schweiz und Liechtenstein gezwungen würden, auf ausländische Kapitalerträge eine Quellensteuer in ähnlicher Größenordnung zu erheben, könnte dieses (zusammen mit einer Amnestieregelung) Anreize für einen Kapitalrückfluss nach Deutschland setzen.

E. Zusammenfassende Schlussfolgerungen und abschließende Bemerkungen

In dieser Arbeit wurde der Frage nachgegangen, ob die bestehende deutsche Einkommensteuer aus steuerpraktischen Gründen reformiert oder abgeschafft und durch eine andere Steuerart ersetzt werden sollte. Dazu wurde das deutsche Einkommensteuersystem (einschl. Körperschaftsteuer) vor und nach der Unternehmenssteuerreform 2001 mit ausgewählten einkommen- und konsumorientierten Steuerreformvorschlägen verglichen. Besondere Beachtung fand die Hypothese, dass ein wesentlicher Grund für die Kompliziertheit des deutschen Einkommensteuersystems in der starken Abweichung des steuerlichen Einkommensbegriffs von einem umfassenden Einkommensbegriff im Sinne einer verfügungsmachtorientierten Einkommensdefinition liegt. Ein Schwerpunkt dieser Arbeit war daher zunächst die Entwicklung einer auch praktisch sinnvoll realisierbaren Einkommensteuer mit umfassender Bemessungsgrundlage und umfassender Steuererhebung (*umfassende Einkommensteuer*), wozu als Ausgangspunkt auf theoretische Überlegungen für eine Konkretisierung des verfügungsmachtorientierten Einkommensbegriff zurückgegriffen wurde.

Daneben wurden in den Vergleich noch zwei *Modifikationen der deutschen Einkommensteuer*, eine *Modifikation der umfassenden Einkommensteuer* sowie eine durch *„Sparbereinigung“* des Einkommens ermittelte *Ausgabensteuer* und eine *zinsbereinigte Einkommensteuer* einbezogen. Bei den berücksichtigten Modifikationen handelt es sich zum einen um eine Sollzinsergänzung (bezogen auf die deutsche Einkommensteuer und eine umfassende Einkommensteuer) und zum anderen um eine *abgeltende Besteuerung privater Kapitalerträge* (nur bezogen auf die deutsche Einkommensteuer).

Die zinsbereinigte Einkommensteuer hat in letzter Zeit eine besondere Aufmerksamkeit als Reformansatz erfahren, weil sie zeitweilig in Kroatien implementiert worden war. Die Erörterung dieser Reformvorschläge erfolgt vergleichsweise knapp, da sie in der Literatur hinreichend beschrieben sind. Relativ große Aufmerksamkeit wurde jedoch – auch wenn dies keine unmittelbare steuerpraktische Bedeutung hat – der Fragestellung gewidmet, welche Gerechtigkeitsvorstellungen den einzelnen Bemessungsgrundlagen zugrunde liegen und ob diese mit allgemein akzeptierbaren Gerechtigkeits- und Freiheitsvorstellungen kompatibel sind. Dabei ergab sich, dass die Argumente, mit denen Ausgabensteuern und zinsbereinigte Einkommensteuer gewöhnlich gerechtfertigt werden, aus einer freiheitlichen Perspektive nicht überzeugen.

Im Mittelpunkt der Arbeit steht jedoch der steuerpraktische Vergleich der genannten Besteuerungsvorschläge. Hierzu wurden die Bemessungsgrundlagen mit Blick auf ausgewählte steuerpraktische Problemdimensionen verglichen und quantitativ zu bewerten versucht. Die Ergebnisse dieser Bewertungen sind in Tabelle E-1 zusammengestellt, die Legende folgt auf den darauf anschließenden Seite. In der linken Hauptspalte der Tabelle sind die einzelnen steuerpraktischen Problemaspekte entsprechend der Systematik von Kapitel D dieser Arbeit aufgelistet. Diese Systematik unterscheidet zunächst unterschiedliche Kategorien von Einkommen und weitere zeitliche, räumliche und personelle Problemaspekte. Grau unterlegt sind die Aspekte, die sich auf einzelne Problemaspekte einer Einkunftskategorie beziehen. Die zusammenfassenden Bewertungen für alle mit einer Einkunftsart verbundenen Problemaspekte sind weiß hinterlegt. In der rechten Spalte erfolgt eine Schätzung der Größe der immanenten Realisierungslücke, die einer Steuerart im Vergleich zu der ihr zugrunde liegenden steuertheoretischen Konzeption innewohnt. Referenzmaßstab für einkommensorientierte Besteuerungsansätze ist dabei das Einkommen, für konsumorientierte Besteuerungsansätze der Konsum.

Wie die Tabelle E-1 zeigt, ist keine der untersuchten Steuerarten steuerpraktisch eindeutig überlegen. Bei einer *zinsbereinigten Einkommensteuer* und einer *Ausgabensteuer* dürften zwar Fragen der Bewertung von im Unternehmen befindlichen Wirtschaftsgütern im Vergleich zu Einkommensteuern an Relevanz verlieren, dafür wäre aber ein stärkeres Augenmerk auf die Schnittstelle zwischen privatem und betrieblichem Bereich zu legen. Das Problem der Abgrenzung von Erwerbssphäre und Privatsphäre würde an Bedeutung gewinnen mit Fragen wie der Bewertung von Sacheinlagen und –entnahmen bzw. ob bestimmte Ausgaben Betriebsausgaben (Werbungskosten) sind oder privaten Charakter haben. Werden beide Aspekte zusammengenommen, ist zu vermuten, dass die steuerpraktische Entlastung der zinsbereinigten Steuer insgesamt weniger stark als vielfach vermutet ist.[566]

---

[566] Hierzu passt auch, dass TIPKE (2002, S. 149) in seiner Aufzählung der Hauptmängel des derzeitigen deutschen Steuerrechts zwar „die unübersichtliche, ungeordnete,

Bei der zinsbereinigten Einkommensteuer ist es steuerpraktisch obendrein ungünstig, wenn sie – wie üblicherweise und vormals auch in Kroatien – als abgeltende Unternehmensbesteuerung praktiziert wird. Aus dieser Eigenschaft resultieren auch die hauptsächlichen Probleme beim *Halbeinkünfteverfahren.* Als etwas umständlicher in der „technischen Handhabung", jedoch aufgrund geringerer steuerpraktischer Folgeprobleme insgesamt sinnvoller ist ein *Anrechnungsverfahren* zu werten – entweder als (auch die einbehaltenen Gewinne einbeziehende) vollständige Integration der Besteuerung von Unternehmen und Privatpersonen (mehrstufige Teilhabersteuer) wie bei einer *umfassenden Einkommensteuer* oder begrenzt auf ausgeschüttete Gewinne. Allerdings sollte ein solches Verfahren nicht mit dem identisch sein, wie es in Deutschland von 1977 bis 2000 praktiziert wurde. Durch entsprechende Ausgestaltungen könnte bei solchen Anrechnungsverfahren auch die internationale Kompatibilität gewährleistet werden. Die mangelnde internationale Kompatibilität ist übrigens auch ein bedeutender Nachteil von *zinsbereinigter Einkommensteuer* und *Ausgabensteuer.*

Ein weiterer großer steuerpraktischer Problemkreis neben der Unternehmensbesteuerung ist die Besteuerung privater Kapitalerträge (Zinsen, Wertänderungen und private Veräußerungsgewinne). Die aus isoliert steuerpraktischer Sicht einfachste Lösung ist eine Nichtbesteuerung, wie im Rahmen von *zinsbereinigter Einkommensteuer.* Nahezu die gleichen steuerpraktischen Erleichterungen lassen sich jedoch durch eine *abgeltende Besteuerung privater Kapitalerträge* erreichen. Ein Verzicht auf eine Besteuerung von Zinsen ist also keine Voraussetzung für wesentliche administrative Vereinfachungen bei der Besteuerung privater Kapitalerträge. Kompliziert scheint auch eine durch Abzug der Ersparnisse vom Einkommen ermittelte *Ausgabensteuer* zu sein. Zinserträge werden zwar nicht besteuert, allerdings sind alle Zahlungsvorgänge zwischen qualifizierten Konten und dem nicht registrierten Bereich zu erfassen.

Bei einer *umfassenden Einkommensteuer* wird versucht, das Einkommen möglichst umfassend zu besteuern. Auf den ersten Blick bedeutet dies einen höheren Erhebungsaufwand: Wer mehr Einkommensbestandteile besteuern will, muss halt mehr ermitteln und hat insofern einen höheren Ermittlungsaufwand. Eine nähere Analyse zeigt jedoch, dass diese zu-

---

inkonsequente Regelung der Abgrenzung von Erwerbssphäre und Privatsphäre" nennt, jedoch nicht das Problem der richtigen Bemessung der regulären Abschreibungen.

sätzlichen Kosten zugleich sonstige Probleme und die daraus resultierenden Kontrollaufgaben und Abgrenzungserfordernisse reduzieren und auf diese Weise eine Verringerung von Verwaltungsaufwand ermöglichen. So entfallen weitgehend Probleme aufgrund unterschiedlich starker Belastung verschiedener Einkommen darstellender Sachverhalte. Namentlich die Besteuerung von Wertänderungen und Veräußerungsgewinnen könnte vereinfacht werden, weil nicht mehr zwischen Privat- und Betriebsvermögen und nach Haltedauer und Beteiligungshöhe differenziert würde. Abgeschwächt werden kann auch die Problematik des privaten Schuldzinsenabzugs. Werden Wertsteigerungen und Nutzungswerte eigengenutzter Wohnungen besteuert, wäre ein genereller Schuldzinsenabzug – bei Begrenzung des Abzugs von Schuldzinsen auf die Höhe der Vermögenseinkommen – denkbar.

Fast gänzlich würde die Problematik des privaten Schuldzinsenabzugs bei einer *Sollzinsergänzung* der einkommensteuerlichen Bemessungsgrundlage entfallen. Auch das Problem der Nichtdeklaration privater Kapitalerträge ließe sich damit in Griff bekommen und gleichzeitig würde eine Besteuerung von Nutzungswerten selbstgenutzter eigener Wohnung weniger dringlich. Eine Sollzinsergänzung wie eine Abgeltungssteuer auf private Kapitalerträge könnten Alternativen zu einer umfassenden Einkommensteuer sein, wenn vor einem weitgehenden Umbau des Steuersystems zurückgescheut wird.

In jeder Steuerreform sollten auch die damit implizierten Steueraufkommenswirkungen beachtet werden. Steuern mit niedriger Bemessungsgrundlagen erfordern – wenn ein unverändertes Steueraufkommen erzielt werden soll – c.p. höhere Steuersätze. Hierdurch kann nicht nur der Steuerwiderstand der höher belastenden Steuerpflichtigen ansteigen, es spricht auch einiges dafür, dass die steuerpraktischen Probleme – ähnlich den allokativen Zusatzlasten – regelmäßig überproportional zum Steuersatz ansteigen. Aus diesem Blickwinkel dürfte insbesondere die Ausgabensteuer jedoch auch die zinsbereinigte Einkommensteuer sehr problematisch sein.

Auch wenn sich im Rahmen dieser Arbeit die steuerpraktische Vorziehenswürdigkeit der untersuchten Steuerreformvorschläge nicht abschließend klären lässt – zumal keine Analyse über die praktische Gewichtigkeit der einzelnen Problemaspekte erfolgte – so scheint doch die Aussage, dass eine zinsbereinigte Einkommensteuer einer Einkommensteuer steuerpraktisch generell überlegen ist, vorschnell – zumal Probleme häufig erst im Nachhinein zutage treten.[567] Diesbezüglich sind noch weitere theoretische und empirische Untersuchungen anzustellen, wobei das deutsche Einkommensteuersystem nicht als alleinige Referenz genommen werden sollte, sondern vielmehr auch andere Formen einer Ausgestaltung der Einkommensteuer zu berücksichtigen sind. Weitergehende Untersuchungen müssten zudem auch andere Beurteilungskriterien für Steuerbemessungsgrundlagen wie die allokative Effizienz und konjunkturelle bzw. wachstumsmäßige Wirkungen einbeziehen und nach möglichen Wechselwirkungen fragen. Schließlich ist letztendlich auch nach der normativen Akzeptierbarkeit einer Besteuerungsidee zu fragen.[568] Selbst wenn – was nicht unbedingt zu erwarten ist – zinsbereinigte Einkommensteuer und Ausgabensteuer bezüglich der anderen Kriterien einer Einkommensteuer überlegen sein sollten, könnte es dennoch gute Gründe für eine umfassende Einkommensbesteuerung geben.

---

[567] Die Erfahrungen mit der zinsbereinigten Einkommensteuer beschränken sich auf Kroatien und auch dort beendete man das Experiment rasch wieder. Es fehlt noch an genauen und langfristigen steuerpraktischen Analysen und auch die Übertragbarkeit auf andere Staaten ist noch nicht ausreichend untersucht. Der Vorbehalt mangelnder Erfahrungen lässt sich daher weiterhin vorbringen. „The features of tax systems that exist in the real world have been forged through a combination of revenue requirements, political pressures, responses to taxpayer avoidance and evasion, lobbying, and other processes that any operating tax system would eventually have to face. Notably, all these factors tend to raise complexity. In contrast, tax systems that exist only on paper ... appear simpler in significant part because they have not had to face real-world tests" (GALE 2001, S. 1464).

[568] Leider wird dem Gesichtspunkt, dass die Kriterien der kostengünstigen Erhebung oder Effizienz niemals allein begründend für ein Steuersystem sein können, sondern dass an oberster Stelle immer normativ-ethische Argumente zu stehen haben, oftmals zu wenig Beachtung geschenkt. Schon WAGNER (1890, S 460f.) weist zu Beginn seiner Ausführungen über *Die Principien der Steuerverwaltung* darauf hin, dass allein steuerpraktische Argumente nicht ausreichen, um eine Steuer „zu verurtheilen." Ähnlich dürfte TIPKE (2002, S. 148) zu verstehen sein: „Mit P. Kirchhof verbindet mich unser gemeinsames Verständnis der Steuerrechtsordnung als einer Wertordnung. Unsere gemeinsame Überzeugung geht dahin, daß Steuerrecht sich nicht in juristischer Technik erschöpfen darf, sondern primär angewandte Ethik sein muß. Steuerrecht ohne Wertgrundlage ist m.E. in des Wortes eigentlicher Bedeutung wertlos."

				Steuerpraktische Beurteilung								Immanente Realisierungslücke							
Steuer-praktischer Problemaspekt				ESt alt	ESt neu	ESt Ab	ESt SZE	UESt	UESt SZE	ASt	ZbSt	ESt alt	ESt neu	ESt Ab	ESt SZE	UESt	UESt SZE	ASt	ZbSt
1	1	1		4			5	3	4	6	5								
		2		3			1-2	2	1-2	1	2								
		3		4			3-4	3	3	4	4	M			G	G	G	G	M
	2			3				2		3	3	M				G		M	M
	3	1		2			2	3	2	3	2								
		2		4			3	2	2-3	2-3	4-5								
		3		3			2	2-3	2	2-3	3-4	H			G	G	G	G	G
	4	1		2				2		4	4								
		2	1	3				4		1	2								
			2	3	2			4		1	1								
			3	3				2		5	5								
		3	1 / 1	2	5			3		1	2								
			1 / 2	3	5			2		1	5								
			2	3	5			2-3		2	3								
			3	3	5	4	5*	2		2	4								
		4		3	4	4	4*	2-3		2	3	M	H	H	H*	G		G	M
	5			3		1-2	2-3	2	1-2	4	2	H		M	M	G	M	G	M

<table>
<tr><th colspan="4"></th><th colspan="8">Steuerpraktische Beurteilung</th><th colspan="8">Immanente Realisierungslücke</th></tr>
<tr><th colspan="4">Steuer-praktischer Problemaspekt</th><th>ESt alt</th><th>ESt neu</th><th>ESt Ab</th><th>ESt SZE</th><th>UESt</th><th>UESt SZE</th><th>ASt</th><th>ZbSt</th><th>ESt alt</th><th>ESt neu</th><th>ESt Ab</th><th>ESt SZE</th><th>UESt</th><th>UESt SZE</th><th>ASt</th><th>ZbSt</th></tr>
<tr><td rowspan="11">1</td><td rowspan="10">6</td><td rowspan="2">1</td><td>1</td><td colspan="2">4</td><td>1-2</td><td>2</td><td>3</td><td>2-3</td><td>3</td><td>1</td><td colspan="8" rowspan="9"></td></tr>
<tr><td>2</td><td colspan="4">2</td><td colspan="2">3</td><td>2-3</td><td>2</td></tr>
<tr><td rowspan="3">2</td><td>1</td><td colspan="4">3</td><td colspan="2">1</td><td>1</td><td>1</td></tr>
<tr><td>2</td><td colspan="4">4</td><td colspan="2">1</td><td>1</td><td>1</td></tr>
<tr><td>3</td><td colspan="4">4</td><td colspan="2">1</td><td>1</td><td>1</td></tr>
<tr><td rowspan="3">3</td><td>1</td><td>4</td><td colspan="3">5</td><td colspan="2">1-2</td><td>1</td><td>1</td></tr>
<tr><td>2</td><td colspan="4">4</td><td colspan="2">2</td><td>1</td><td>4</td></tr>
<tr><td>3</td><td>2-3</td><td colspan="3">2</td><td colspan="2">1</td><td>1-2</td><td>3</td></tr>
<tr><td colspan="2">4</td><td colspan="2">4</td><td>3</td><td>3</td><td>3</td><td>3</td><td>2-3</td><td>2</td></tr>
<tr><td colspan="2">5</td><td>4</td><td>4-5</td><td>2-3</td><td>3-4</td><td>2-3</td><td>2</td><td>1-2</td><td>2</td><td>H</td><td>H</td><td>M</td><td>M</td><td>G</td><td>M</td><td>G</td><td>M</td></tr>
<tr><td colspan="3">7</td><td colspan="2">3</td><td>4</td><td>2</td><td>2</td><td>2</td><td>2</td><td>4</td><td colspan="2">M</td><td>M</td><td>G</td><td>G</td><td>G</td><td>G</td><td>M</td></tr>
<tr><td rowspan="6">2</td><td rowspan="3">1</td><td colspan="2">1</td><td colspan="3">3</td><td>3</td><td>2</td><td>2</td><td>4</td><td>4</td><td colspan="8" rowspan="7"></td></tr>
<tr><td colspan="2">2</td><td colspan="3">3</td><td>3</td><td>2</td><td>2</td><td>4</td><td>4</td></tr>
<tr><td colspan="2">3</td><td colspan="2">3</td><td>2</td><td>3*</td><td colspan="2">2</td><td>4</td><td>2</td></tr>
<tr><td rowspan="2">2</td><td colspan="2">1</td><td>4</td><td colspan="3">3</td><td colspan="2">3</td><td>5</td><td>5</td></tr>
<tr><td colspan="2">2</td><td>4</td><td colspan="2">2</td><td>3</td><td>2</td><td>3</td><td>5</td><td>5</td></tr>
<tr><td colspan="3">3</td><td colspan="2">3</td><td>2</td><td>1-2</td><td>2</td><td>1-2</td><td>3</td><td>2</td></tr>
<tr><td colspan="4">3</td><td>2-3</td><td>3-4</td><td>3-4</td><td>2-3</td><td>2</td><td>2</td><td>5</td><td>4</td></tr>
</table>

Tabelle E-1: Alternative Bemessungsgrundlagen im steuerpraktischen Gesamtvergleich

Legende zu Tabelle E-1:

1 Problembereich: Einkommensfeststellung und Einkünfteabgrenzung

1.1 Problemfeld: Abgrenzung der Aufwendungen der privaten Lebensführung von den Kosten der Einkunftserzielung
- 1.1.1 Güter und Dienstleistungskäufe
- 1.1.2 Schuldzinsenabzug
- 1.1.3 Gesamtbeurteilung

1.2 Problemfeld: Eigenerstellung von Konsumgütern zur privaten Nutzung

1.3 Problemfeld: Vermietung, Verpachtung und Eigennutzung von Sachvermögen (insbesondere Wohnungen)
- 1.3.1 Feststellung von Einkünften aus Vermietung, Verpachtung und Eigennutzung von Sachvermögen (insbesondere Wohnungen)
- 1.3.2 Unterschiedliche steuerliche Behandlung von Einkünften aus Vermietung, Verpachtung und Eigennutzung von Wohnungen in Abhängigkeit von der Nutzungsart
- 1.3.3 Gesamtbeurteilung

1.4 Problemfeld: Unternehmensgewinne
- 1.4.1 Generelle Möglichkeiten der Hinterziehung von Steuern auf Unternehmensgewinne
- 1.4.2 Feststellung des Unternehmensgewinns
  - 1.4.2.1 Bewertung des Vermögens (ohne Beteiligungen, Grundstücke und Immobilien), Abschreibungen
  - 1.4.2.2 Bewertung von Unternehmensbeteiligungen
  - 1.4.2.3 Transaktionen zwischen verbundenen Unternehmen und zwischen Gesellschaftern und Unternehmung
- 1.4.3 Unterschiedliche steuerliche Belastungen von Unternehmensgewinnen in Abhängigkeit von Entstehungsgründen und Verwendung
  - 1.4.3.1 Belastungsunterschiede in Abhängigkeit von Gewinnentstehungsgründen: Gewinne aus Unternehmensbeteiligungen im Vergleich zu anderen Unternehmensgewinnen
    - 1.4.3.1.1 Gewinnausschüttungen von Beteiligungsunternehmen
    - 1.4.3.1.2 Veräußerung von Anteilen an anderen Unternehmen

2 Problembereich: Verlustverrechnung, zeitliche, räumliche und personelle Zuordnungen und Abgrenzungen

2.1 Problemfeld: Verlustverrechnung; zeitliche Zuordnungen und Abgrenzungen

2.1.1 Vertikaler Verlustausgleich

2.1.2 Verlustabzug (interperiodische Verlustverrechnung)

2.1.3 Jährlichkeitsprinzip

2.2 Problemfeld: Räumliche Zuordnungen und Abgrenzungen

2.2.1 Unterschiedliche steuerliche Behandlung in Abhängigkeit vom Ort der Einkunftsentstehung und vom Wohnort des Steuerpflichtigen

2.2.2 Internationale Kompatibilität verschiedener Steuerregime und steuerpolitische Kooperationen

2.3 Problemfeld: Personelle Zuordnungen und Abgrenzungen

3 Problembereich: Tarifliche Steuersätze

F. Literaturverzeichnis

1 Monographien und Aufsätze

ADMINISTRATIVE AND COMPLIANCE COSTS OF TAXATION (1989). Rotterdam : Kluwer (Cahiers de Droit Fiscal International, édités par l'Association Fiscale Internationale 74b)

ANDEL, NORBERT (1998[4]): *Finanzwissenschaft*. Tübingen : Mohr (Siebeck)

ANDREWS, WILLIAM D. (1974): A Consumption-Type or Cash Flow Personal Income Tax. *Harvard Law Review* 87, 1113 – 1188

ARROW, KENNETH J. (1973): Some Ordinalist-Utilitarian Notes on Rawls's Theory of Justice. *Journal of Philosophy* 70, 245 – 263

ARROW, KENNETH J. (1999): Observations on Social Capital. In: DASGUPTA, PARTHA (Hg.) ; SERAGELDIN, ISMAIL (Hg.): *Social Capital: A Multifaceted Perspective*. Washington, D.C. : World Bank, 3 – 5

ATKINSON, A[NTHONY] B[ARNES] ; SANDMO, A[GNAR] (1980): Welfare Implications of the Taxation of Savings. *Economic Journal* 90, 529 – 549

ATKINSON, ANTHONY BARNES ; STIGLITZ, JOSEPH E. (1976): The Design of Tax Structure: Direct Versus Indirect Taxation. *Journal of Public Economics* 6, 55 – 75

AUERBACH, ALAN J. (1979): A Brief Note an a Non-Existent Theorem about the Optimality of Uniform Taxation. *Economics Letters* 3, 49 – 52

AUERBACH, ALAN J. (1985): The Theory of Excess Burden and Optimal Taxation. In: AUERBACH, ALAN J. (Hg.) ; FELDSTEIN, MARTIN (Hg.): *Handbook of Public Economics* , Vol. I. Amsterdam : North-Holland (Elsevier), 61 – 127

AUERBACH, ALAN J. (1991): Retrospective Capital Gains Taxation. *American Economic Review* 81, 167 – 178

BAREIS, PETER (2001): Zur Systematik der Steuerreform. *List Forum für Wirtschafts- und Finanzpolitik* 27, 44 - 56

BARON, STEFAN (Hg.); HANDSCHUCH, KONRAD (Hg.) (1996): *Wege aus dem Steuerchaos : Aktueller Stand der steuerpolitischen Diskussion in Deutschland.* Stuttgart : Schäffer-Poeschel

BAUER, ERNST-RUDOLF (1988): *Was kostet die Steuererhebung? Eine kritische Analyse des Steuersystems.* Göttingen : Vandenhoeck u. Ruprecht

BAYER, HERMANN-WILFRIED (1983): 175 Jahre Deutsches Einkommensteuerrecht. *Finanz-Rundschau* 65, 77 – 78

BENSON, E[DGAR] J[OHN] (1969): *Proposals for Tax Reform.* Ottawa : Queen's Printer for Canada

BLESES, PETER (1999): Revision der Volkswirtschaftlichen Gesamtrechnungen 1999 : Anlass, Konzeptänderungen und neue Begriffe. *Wirtschaft und Statistik* , 257 – 281

BLUEPRINTS (1977 / 1984^{2}): *Blueprints for Basic Tax Reforms.* Airlington, Virginia : Tax Analysts

BOADWAY, ROBIN ; BRUCE, NEIL (1984): A General Proposition on the Design of a Neutral Business Tax. *Journal of Public Economics* 24, 231 – 239

BOADWAY, ROBIN ; WILDASIN, DAVID (1994): Taxation and Savings : A Survey. *Fiscal Studies* 15, 19 – 63

BOND, STEPHEN R. ; DEVEREUX, MICHAEL P. (1995): On the design of a neutral business tax under uncertainty. *Journal of Political Economics* 58, 57 – 71

BRADFORD, DAVID F. (1980): The Case for a Personal Consumption Tax. In: PECHMAN, JOSEPH A. (Hg.): *What Should Be Taxed: Income or Expenditure?* Washington, D.C. : Brookings Institution, 75 – 113

BRADFORD, DAVID F. (1986): *Untangling the Income Tax.* Cambridge, Mass. : Harvard University Press

BROWN, E. CARY (1948): Business-Income Taxation and Investment Incentives. In: *Income, Employment and Public Policy : Essays in Honor of Alvin H. Hansen.* New York : Norton, 300 – 316

BROWN, HARRY GUNNISON (Hg.) [u.a.] (1955): *Land-Value Taxation Around the World : Reports on current and historical efforts to apply the principle of collecting the community-created value of land for community benefit.* New York : Robert Schalkenbach Foundation

BRYDEN, MARION H. (1961): *The Costs of Tax Compliance : A report on a survey conducted by the Canadian Tax Foundation.* Toronto : Canadian Tax Foundation (Canadian Tax Papers 25)

BT-DRUCKS. 10/4268 (1995): Deutscher Bundestag, 10. Wahlperiode, Drucksache 10/4268 (18.11.1985)

BUNDESFINANZHOF (Hg.) [2002]: *Jahresbericht 2001.* München : Bundesfinanzhof

BUNDESMINISTERIUM DER FINANZEN (Hg.) (2003): *Datensammlung zur Steuerpolitik, Stand: Februar 2003.* Berlin : Bundesministerium der Finanzen

BUNDESRECHNUNGSHOF (Hg.) (1999): *Bemerkungen zur Haushalts- und Wirtschaftsführung des Bundes.* Frankfurt am Main : Bundesrechnungshof

BUNDESRECHNUNGSHOF (Hg.) (2002): *Bericht nach § 99 BHO über die Besteuerung der Einkünfte aus privaten Veräußerungsgeschäften mit Wertpapieren.* Bonn : Bundesrechnungshof

CATTELAENS, HEINER (1993): Standortsicherung durch Anrechnung ausländischer Körperschaftsteuer? *Steuer und Wirtschaft* 70, 249 – 259

CLEMENS, CHRISTIANE (1999): *Endogenes Wachstum, Einkommensunsicherheit und Besteuerung.* Marburg : Metropolis. Zugl.: Hannover, Univ., Diss., 1997

COHEN STUART, ARNOLD JACOB (1889 / 1958): On Progressive Taxation. In: MUSGRAVE, RICHARD A. (Hg.) ; PEACOCK, ALAN T. (Hg.): *Classics in the Theory of Public Finance.* London : Macmillan, 1958 [Auszugsweise Übersetzung aus dem Holländischen von JOHAN C. TE VELDE des Titels: *Bijdrage tot de theorie der progressieve inkomstenbelasting.* 'S-Gravenhage : Nijhoff, 1889]

CORLETT, W. J. ; HAGUE, D. C. (1953): Complementarity and the Excess Burden of Taxation. *Review of Economic Studies* 21, 21 – 30

CUNNINGHAM, NOEL B. ; SCHENK, DEBORAH H. (1992): Taxation Without Realization: A „Revolutionary“ Approach to Ownership. *Tax Law Review* 47, 725 – 814

DURCHLAUB, THOMAS (1993): *Zur Steuerpflicht der Gewinne aus der Veräußerung von Privatvermögen*. Berlin : Duncker & Humblot. Zugl.: Bochum, Univ., Diss., 1992

DZIADKOWSKI, DIETER (2001): Karlsruher Grundfreibetrag – ein Rechenfehler? *Betriebs-Berater* 56, 1765 – 1768

EBNET, OTTO (1978): *Die Besteuerung des Wertzuwachses : Ein theoretischer Ansatz im Rahmen der Einkommensbesteuerung*. Baden-Baden : Nomos

EDWARDS, CHRIS (2001): *Simplifying Federal Taxes : The Advantages of Consumption-Based Taxation*. Washington, D.C. : Cato Institute (Policy Analysis 416)

EEKHOFF, JOHANN ; ENSTE, DOMINIK H. ; LEPACH, ALEXANDER (1998): Plädoyer für eine investitions- und beschäftigungsstimulierende Steuerreform : Kurzgutachten im Auftrag des Verbandes deutscher Hypothekenbanken. In: *Die Steuerreform aus immobilienwirtschaftlicher Sicht – Materialien*. Frankfurt am Main: Knapp (Schriftenreihe des Verbandes deutscher Hypothekenbanken)

EINKOMMENSTEUERKOMMISSION (1964): *Untersuchungen zum Einkommensteuerrecht unter besonderer Berücksichtigung textkritischer, rechtssystematischer und verfassungsrechtlicher Gesichtspunkte*. Bonn : Stollfuß (Schriftenreihe des Bundesministeriums der Finanzen 7)

EISNER, ROBERT (1988): Extended Accounts for National Income and Product. *Journal of Economic Literature* 26, 1611 – 1684

ELSTER, JON (1992): *Local Justice : How Institutions Allocate Scarce Goods and Necessary Burdens*. Cambridge, UK : Cambridge University Press

ENGELS, WOLFRAM ; STÜTZEL, WOLFGANG (1968²): *Teilhabersteuer: Ein Beitrag zur Vermögenspolitik, zur Verbesserung der Kapitalstruktur und zur Vereinfachung des Steuerrechts*. Frankfurt am Main : Knapp

ENGEN, ERIC M. ; GALE, WILLIAM G. (1997): Consumption Taxes and Saving: The Role of Uncertainty in Tax Reform. *AEA Papers and Proceedings – American Economic Review* 87, 114 – 119

ENTWURF STEUERENTLASTUNGSGESETZ (1998): *Entwurf eines Steuerentlastungsgesetzes 1999/2000/2002 der Fraktionen der SPD und BÜNDNIS 90/DIE GRÜNEN*. Deutscher Bundestag, Drucksache; 14/23

ENTWURF UNTERNEHMENSTEUERFORTENTWICKLUNGSGESETZ (2001): *Gesetzentwurf der Bundesregierung : Entwurf eines Gesetzes zur Fortentwicklung des Unternehmensteuerrechts*. Deutscher Bundestag, Drucksache; 14/6882

ERNST & YOUNG (Hg.) (2001): *Verrechnungspreise: Prüfungen verschärfen sich weltweit*. Pressemitteilung vom 18.02.2001. Stuttgart : Ernst & Young – Deutsche Allgemeine Treuhand AG

EUROPÄISCHE KOMMISSION (Hg.) (2000): *Vorschlag für eine Richtlinie des europäischen Parlaments und des Rates zur Änderung der Richtlinien 78/660/EWG und 83/349/EWG im Hinblick auf die im Jahresabschluß bzw. im konsolidierten Abschluss von Gesellschaften bestimmter Rechtsformen zulässigen Wertansätze : Von der Kommission der Europäischen Gemeinschaften vorgelegt*. Brüssel: Kommission der Europäischen Gemeinschaften

FEHR, HANS ; WIEGARD, WOLFGANG (1998a): Effizienzorientierte Steuerreformen – läßt sich die Verteilungsfrage vernachlässigen? In: KRAUSE-JUNK, GEROLD (Hg.): *Steuersysteme der Zukunft*. Berlin: Duncker & Humblot, 199 – 245 (Schriften des Vereins für Socialpolitik ; N.F. 256)

FEHR, HANS ; WIEGARD, WOLFGANG (1998b): *Effizienz- und Verteilungswirkungen einer zinsbereinigten Gewinnsteuer*. Tübingen : Wirtschaftswissenschaftliche Fakultät der Eberhard-Karls-Universität Tübingen (Tübinger Diskussionsbeiträge 124)

FIEDLER, JÜRGEN (1985): Verfassungsfragen zur „Privatgutlösung" für selbstgenutztes Wohneigentum : Erwiderung zu dem Beitrag von Ostendorf, DB 1985, S. 198. *DB – Der Betrieb* 38, 1422 – 1425

FISHER, IRVING (1906): *The Nature of Income and Capital*. New York : Macmillan

FISHER, IRVING (1928): Der Einkommensbegriff im Lichte der Erfahrung. In: MAYER, HANS (Hg.): *Die Wirtschaftstheorie der Gegenwart* ; Bd. 3 (Einkommensbildung: Allgemeine Prinzipien, Lohn, Zins, Grundrente, Unternehmergewinn, Spezialprobleme). Wien : Julius Springer, 22 – 45

FISHER, IRVING (1930): *The Theory of Interest as determined by Impatience to Spend Income and Opportunity to Invest it*. New York : Macmillan

FISHER, IRVING (1937): Income in Theory and Income Taxation an Practice. *Econometrica* 5, 1 – 55

FLICK, HANS (1998): Die österreichische Endbesteuerung von Zinserträgen – Ein Modell für Europa? *Deutsche Steuer-Zeitung* 86, 186 – 194

FLÜGE, HANSPETER (1956): *Probleme der Kapitalgewinnbesteuerung : Eine theoretische Untersuchung der Rechtsnatur des Kapitalgewinns und eine kritische Darstellung des geltenden kantonalen und eidgenössischen Rechts.* Basel, Univ., Diss., 1956

FÖRSTER, URSULA (2001): Die steuerneutrale Übertragung von Gewinnen aus der Veräußerung von Anteilen an Kapitalgesellschaften durch Personenunternehmen: Zur geplanten Neuregelung des § 6b Abs. 10 EStG. *DStR – Deutsches Steuerrecht* 39, 1913 – 1917

FRIEDRICH, ELISABETH INA (1992): *Die Steuer als Instrument der deutschen Bodenpolitik in Tsingtau (1898 – 1914) : Triebkräfte, Ziele, Ergebnisse.* Bonn : Matzat (Studien und Quellen zur Geschichte Schantungs und Tsingtaus 3)

FRIESE, FRANZ-JOSEF (1989): *Spanisches Steuerrecht : Eine systematische Übersicht.* Frankfurt am Main: R. G. Fischer

Für eine abschließende Bilanz der Durchsuchungsaktionen ist es noch zu früh. Süddeutsche Zeitung, 02.01.1997, S. 26

GADDUM, JOHANN WILHELM (1986): *Steuerreform: Einfach und gerecht! Für ein besseres Einkommensteuerrecht.* Stuttgart : Bonn Aktuell

GALE, WILLIAM G. (2001): Tax Simplification: Issues and Options. *Tax Notes* , 1463 – 1483

GEHRKE, CHRISTIAN (1991^2): Wachstumstheoretische Vorstellungen bei Adam Smith. In: KURZ, HEINZ D. (Hg.): *Adam Smith (1723 – 1790) : Ein Werk und seine Wirkungsgeschichte.* Marburg: Metropolis, 129 – 151

GENSER, NORBERT (2001) Ist eine duale Einkommensteuer einfacher und gerechter als eine umfassende Einkommensteuer? Schriftliche Ausarbeitung eines Vortrages am Steuerkongress des Heidelberger Kreises, 21.-22. Juni 2001, Universität Heidelberg

GERLOFF, WILHELM (1926): Steuerwirtschaftslehre. In: GERLOFF, WILHELM (Hg.) ; MEISEL, FRANZ (Hg.): *Handbuch der Finanzwissenschaft* ; Bd. 1. Tübingen : Mohr (Siebeck), 436 – 489

GERLOFF, WILHELM (1928): Die Rechtfertigung der Besteuerung. In: TESCHEMACHER, HANS (Hg.): *Beiträge zur Finanzwissenschaft : Festgabe für Georg von Schanz zum 75. Geburtstag* ; Bd. 2. Tübingen : Mohr (Siebeck), 141 - 157

GESETZENTWURF STEUERVERGÜNSTIGUNGSABBAUGESETZ (2002): Gesetzentwurf der Bundesregierung : Entwurf eines Gesetzes zum Abbau von Steuervergünstigungen und Ausnahmeregelungen (Steuervergünstigungsabbaugesetz – StVergAbG). Bundesrat Drucksache 866/02

GOODE, RICHARD (1980): The Superiority of the Income Tax. In: PECHMAN, JOSEPH A. (Hg.): *What Should Be Taxed: Income or Expenditure?* Washington : Brookings Institution, 49 – 73

GRAETZ, MICHAEL J. (1980): Expenditure Tax Design. In: PECHMAN, JOSEPH A. (Hg.): *What Should Be Taxed : Income or Expenditure?* (A Report on a Conference sponsored by the Fund for Public Policy Research and the Brookings Institution). Washington, D.C. : Brookings Institution, 161 – 276

GREß, MANFRED ; ROSE, MANFRED ; WISWESSER, ROLF (1998): *Marktorientierte Einkommensteuer : Das neue kroatische System einer konsum- und damit marktorientierten Besteuerung des persönlichen Einkommens.* München : Vahlen

GROH, MANFRED (1984): Gewinnerzielungsabsicht und Mitunternehmerschaft: Anmerkungen zum Beschluß des Großen Senats des BFH vom 25.6.1984 GrS 4/82. *DB – Der Betrieb* 37, 2424 – 2428

GRÜSKE, KARL-DIETER (1987): Erhebungs- und Folgekosten der Besteuerung. *Wirtschaftsdienst* 63, 528 – 536

GRÜSKE, KARL-DIETER (1989): Additional Costs of Taxation: Administration and Compliance Costs – Some Empirical Evidence. In: CHIANCOME, ALDO (Hg.) ; MESERE, KEN (Hg.): *Changes in Revenue Structures – Modifications dans les Structures des Recettes Publiques (Proceedings of the 42nd Congress of the International Institutte of Publice Finance, Athens, 1986)*. Detroit: Wayne State University Press, 243 – 264

GURTNER, PETER (1980): *Inflation, Nominalwertprinzip und Einkommensteuerrecht unter besonderer Berücksichtigung des Gewinnsteuerrechts.* Bern : Haupt

HACKMANN, JOHANNES (1972): *Zur wohlfahrtstheoretischen Behandlung von Verteilungsproblemen.* Berlin : Duncker & Humblot

HACKMANN, JOHANNES (1979): *Die Besteuerung des Lebenseinkommens : Ein Vergleich von Besteuerungsverfahren.* Tübingen : Mohr (Siebeck) Zugl.: Überarb. u. erg. Habil.-Schr., Berlin, Freie Universität, 1976

HACKMANN, JOHANNES (1982): Ein Gesetzesvorschlag für einen generellen interperiodischen Progressionsausgleich. *Steuer und Wirtschaft* 59, 173 – 191

HACKMANN, JOHANNES (1983): Die Bestimmung des steuerrechtlichen Einkommensbegriffs aus finanzwissenschaftlicher Sicht. In: HANSMEYER, KARL-HEINRICH (Hg.): *Staatsfinanzierung im Wandel.* Berlin: Duncker & Humblot, 661 – 702 (Schriften des Vereins für Socialpolitik ; N.F., 134)

HACKMANN, JOHANNES (1985): Konsequenzen einer einkommensteuerlichen Freistellung von Vermögenswertänderungen. *Finanzarchiv* ; N.F. 43, 421 – 450

HACKMANN, JOHANNES (1986). Buchbesprechung: Haller, Heinz: Die Steuern. Grundlinien eines rationalen Systems öffentlicher Abgaben. 3., überarbeitete Auflage. Verlag J. C. B. Mohr (Paul Siebeck), Tübingen 1981. *Zeitschrift für Wirtschafts- und Soziwalwissenschaften* 106, 431 – 435

HACKMANN, JOHANNES (1990): Freiheit und Sicherheit in Systemen der sozialen Sicherung: Zu einer Theorie sozialer Sicherungssysteme. In: SCHMIDT, KURT (Hg.): *Finanzierungsprobleme der sozialen Sicherung I.* Berlin: Duncker & Humblot; 41 – 144 (= Schriften des Vereins für Socialpolitik ; N.F., 194/I)

HACKMANN, JOHANNES (1991/1992): Die Durchsetzung der Zinsbesteuerung. *Finanzarchiv* ; N.F. 49, 3 – 83

HACKMANN, JOHANNES (1992): Die Überwindung von Kapitalfehlallokationen durch eine Besteuerung von Sollzinseinkommen. *Kredit und Kapital* 25, 491 – 527

HACKMANN, JOHANNES (1992): Meldepflicht für Kapitaleinkünfte als Alternative zur „Abschlagsteuer" verbunden mit einer Erhöhung des Sparer-Freibetrages : Der Vorschlag der „Zinskommission" in kritischer Hinsicht. *Betriebs-Berater* 47, Beilage 11

HACKMANN, JOHANNES (1999): Zinsbereinigte Einkommensteuer und Sollzinsbesteuerung im Vergleich. In: ANDEL, NORBERT (Hg.): *Probleme der Besteuerung II*. Berlin: Duncker & Humblot, 35 – 126 (Schriften des Vereins für Socialpolitik ; N.F., 259/II)

HACKMANN, JOHANNES (2000): Die unterlassene Besteuerung der Nutzungswerte selbstgenutzten Wohneigentums : Vergebene Reformpotentiale. In: LÜDEKE, REINAR (Hg.) ; SCHERF, WOLFGANG (Hg.) ; STEDEN, WERNER (Hg.): *Wirtschaftswissenschaft im Dienste der Verteilungs-, Geld- und Finanzpolitik : Festschrift für Alois Oberhauser zum 70. Geburtstag*. Berlin: Duncker & Humblot, 387 – 412

HACKMANN, JOHANNES (2003): *Familienbesteuerung und Besteuerungstheorie*. Bislang unveröffentlichtes Manuskript, Hamburg

HAEP, GÜNTER (2001): Erläuterungen zu §3c EStG: Anteilige Abzüge, Erläuterungen zu Abs. 2. In: HERRMANN, CARL (Hg.) ; HEUER, GERHARD (Hg.) ; RAUPACH, ARNDT (Hg.) (1950 / 2001[21]): *Einkommensteuer- und Körperschaftsteuergesetz : Kommentar ; Steuerreform-Kommentierung*. Köln : O. Schmidt

HAEP, GÜNTER ; NACKE, ALOYS (2001): Erläuterungen zu §3c EStG: Anteilige Abzüge. In: HERRMANN, CARL (Hg.) ; HEUER, GERHARD (Hg.) ; RAUPACH, ARNDT (Hg.) (1950 / 2001[21]): *Einkommensteuer- und Körperschaftsteuergesetz : Kommentar ; Steuerreform-Kommentierung*. Köln : O. Schmidt

HAIG, ROBERT MURRAY (1921): The Concept of Income – Economic and Legal Aspects. HAIG, ROBERT MURRAY (Hg.): *The Federal Income Tax by Robert Murray Haig et al. : A Series of Lectures Delivered at Columbia University in December, 1920*. New York : Columbia University Press, 1 – 28

HAIG, ROBERT MURRAY (1935): The Cost to Business Concerns of Compliance with Tax Laws. *The Management Review* 34, 323 – 333

HALL, ROBERT E. ; RABUSHKA, ALVIN (1995[2]): *The Flat Tax*. Stanford : Hoover Institution Press

HALLER, HEINZ (1957 / 1972[5]): *Finanzpolitik : Grundlagen und Hauptprobleme.* Tübingen : Mohr (Siebeck)

HALLER, HEINZ (1964 / 1981[3]): *Die Steuern : Grundlinien eines rationalen Systems öffentlicher Abgaben.* Tübingen : Mohr (Siebeck)

HAUPTKOMMISSION BAUGESETZGEBUNG (1956): *Entwurf eines Baugesetzes vom 2. März 1956, aufgestellt von der Hauptkommission für die Baugesetzgebung beim Bundesminister für Wohnungsbau.* Köln : Rudolf Müller, ca. 1956 (Schriftenreihe des Bundesministers für Wohnungsbau 7)

HAUPTKOMMISSION BAUGESETZGEBUNG (1957): *Entwurf eines Baugesetzes: Begründung, aufgestellt von der Hauptkommission für die Baugesetzgebung beim Bundesminister für Wohnungsbau.* Bonn: Hansa, ca. 1957 (Schriftenreihe des Bundesministers für Wohnungsbau 9)

HEWETT, WILLIAM WALLACE (1925): *The Definition of Income and its Application in Federal Taxation.* Philadelphia, Diss.

HICKS, J[OHN] R[ICHARD] (1946[2]): *Value and Capital : An Inquiry into Some Fundamental Principles of Economic Theory.* Oxford : Clarendon Press

HICKS, JOHN [RICHARD] (1981): The Concept of Income in Relation to Taxation and to Business Management. In: ROSKAMP, KARL W. (Hg.) ; FORTE, FRANCESCO (Hg.): *Reforms of Tax Systems – Réformes des Systèmes Fiscaux : Proceedings of the 35th Congress of the International Institute of Public Finance*, Taormina, 1979. Detroit : Wayne State University Press, 73 – 85

HOMBURG, STEFAN (1997): *Allgemeine Steuerlehre.* München: Vahlen

HOMBURG, STEFAN (2000): Perspektiven der internationalen Unternehmensbesteuerung. In: ANDEL, NORBERT (Hg.): *Probleme der Besteuerung III.* Berlin: Duncker & Humblot, 9 – 61 (Schriften des Vereins für Socialpolitik ; N.F. 259/III)

HOMBURG, STEFAN (2001): Die Unternehmenssteuerreform 2001 aus Sicht der Wissenschaft. *Steuerberatung* 44, 8 – 16

JENETZKY, JOHANNES (1978): *System und Entwicklung des materiellen Steuerrechts in der wissenschaftlichen Literatur des Kameralismus von 1680-1840 dargestellt anhand der gedruckten zeitgenössischen Quellen.* Berlin : Duncker & Humblot

JUSTI, JOHANN HEINRICH GOTTLOB VON (1766): *System des Finanzwesens, nach vernünftigen aus dem Endzweck der bürgerlichen Gesellschaften, und aus der Natur aller Quellen der Einkünfte des Staats hergeleiteten Grundsätzen und Regeln ausführlich abgehandelt*. Halle : Rengerische Buchhandlung

KALDOR, NICHOLAS (1955): *An Expenditure Tax*. London : Allen & Unwin

KAPLOW, LOUIS (1994): Human Capital under an Ideal Income Tax. *Virginia Law Review* 80, 1477 – 1514

KAPLOW, LOUIS (1995): The Income Tax Versus the Consumption Tax and the Tax Treatment of Human Capital. *Tax Law Review* 51, 35 – 46

KAPLOW, LOUIS (1996a): On the Divergence Between „Ideal" and Conventional Income-Tax Treatment of Human Capital. *AEA Papers and Proceedings – American Economic Review* 86, 347 – 352

KAPLOW, LOUIS (1996b): How Tax Complexity and Enforcement affect the Equity and Efficiency of the Income Tax. *National Tax Journal* 49, 135 – 150

KAPLOW, LOUIS (1998): Accuracy, Complexity, and the Income Tax. *Journal of Law, Economic and Organization* 14, 61 – 83

KAY, JOHN ALEXANDER ; KING, MERVYN A. (1978 / 1983[3]): *The British tax system*. Oxford : Oxford University Press

KESNER-ŠKREB, MARINA ; KULIŠ, DANIJELA (2001): *The Citizen's Guide to Taxation*. Zagreb, Croatia : Institut za javne financije (Institut[!] of Public Finance), Internetausgabe: http://www.ijf.hr (Übersetzung aus dem Kroatischen: Porezni vodi• za gra•ane. Zagreb: Institut za javne financije, 2001).

KIESEWETTER, DIRK (1997): Theoretische Leitbilder einer Reform der Unternehmensbesteuerung: Eine vergleichende Analyse der Reformmodelle Kroatiens, Österreichs und Skandinaviens. *Steuer und Wirtschaft* 74, 24 – 34

KIESEWETTER, DIRK (1999): *Zinsbereinigte Einkommen- und Körperschaftsteuer : Die Implementierung im deutschen Steuersystem*. Bielefeld : E. Schmidt

KING, M[ERVYN] A. (1980): Savings and Taxation: In: HUGHES, G. A. ; HEAL, G. M.: *Public Policy and the Tax System*. London : Allen & Unwin, 1 – 35

KIRCHHOF, PAUL (1985): Der verfassungsrechtliche Auftrag zur Besteuerung nach der finanziellen Leistungsfähigkeit. *Steuer und Wirtschaft* 62, 319 – 329

KIRCHHOF, PAUL (1988): *Empfiehlt es sich, das Einkommensteuerrecht zur Beseitigung von Ungleichbehandlungen und zur Vereinfachung neu zu ordnen?* Gutachten für den 57. Deutschen Juristentag (Mainz 1988). (Verhandlungen des Siebenundfünfzigsten Deutschen Juristentages , Mainz 1988 ; Bd. 1,F) München: Beck

KIRCHHOF, PAUL (1990): Staatliche Einnahmen. In: ISENSEE, JOSEF (Hg.) und KIRCHHOF, PAUL (Hg.): *Handbuch des Staatsrechts der Bundesrepublik Deutschland,* Bd. IV – Finanzverfassung – Bundesstaatliche Ordnung. Heidelberg: Müller, 87 – 233

KIRCHHOF, PAUL (1994): Der verfassungsrechtliche Auftrag zur Steuervereinfachung. In: BÜHLER, WILHELM (Hg.) ; KIRCHHOF, PAUL (Hg.) ; KLEIN, FRANZ (Hg.): *Steuervereinfachung : Festschrift für Dietrich Meyding zum 65. Geburtstag.* Heidelberg : Müller, 3 – 20

KIRCHHOF, PAUL (1998): Steuergleichheit durch Steuervereinfachung. In: FISCHER, PETER (Hg.): *Steuervereinfachung.* Köln: O. Schmidt, 9 – 28

KIRCHHOF, PAUL [u.a.] (2001): *Karlsruher Entwurf zur Reform des Einkommensteuergesetzes.* Heidelberg: Müller (Heidelberger Forum 116)

KLEINWÄCHTER, FRIEDRICH V. (1896): *Das Einkommen und seine Verteilung.* Leipzig : Hirschfeld (Hand- u. Lehrbuch d. Staatswissenschaften in selbst. Bänden, hrsg. v. Kuno Franckenstein ; Abt. 1: Volkswirtschaftslehre , Bd. 5)

KOCH, CHRISTIAN FRIEDRICH (1863): *Allgemeines Deutsches Handelsgesetzbuch : Herausgegeben mit Kommentar in Anmerkungen.* Berlin : Guttentag

KÖRNER, JOSEF (1994): Zinsabschlag: Explosiver Jahresendspurt. *IFO Schnelldienst* 47.7, 3 – 7

KOMMISSION REFORM UNTERNEHMENSBESTEUERUNG (1999): *Brühler Empfehlungen zur Reform der Unternehmensbesteuerung : Bericht der Kommission zur Reform der Unternehmensbesteuerung , eingesetzt vom Bundesminister der Finanzen.* Bonn : Stollfuß (Schriftenreihe des Bundesministeriums der Finanzen 66)

KORN, CHRISTIAN B. (2001): Die Besteuerung von Anleihen nach dem Entwurf des Steueränderungsgesetzes 2001. *DStR – Deutsches Steuerrecht* 36, 1507 - 1514

KOTLIKOFF, LAURENCE J. ; SUMMERS, LAWRENCE H. (1979): Tax Incidence in a Life Cycle Model with Variable Labor Supply. *Quarterly Journal of Economics* 93, 705 – 718

KRAFT, CORNELIA (1991): *Steuergerechtigkeit und Gewinnermittlung : Eine vergleichende Analyse des deutschen und US-amerikanischen Steuerrechts.* Wiesbaden : Gabler: Zugl.: Mannheim, Univ., Diss., 1990 u.d.T.: Die Verwirklichung des Leistungsfähigkeitsprinzips bei der Besteuerung von Einkommen aus unternehmerischer Fähigkeit

KRAUSE-JUNK, GEROLD (1999): Steuerwettbewerb: Auf der Suche nach dem Offensichtlichen. In: *Fiskalischer Föderalismus in Europa (62. Wissenschaftliche Tagung der Arbeitsgemeinschaft deutscher wirtschaftswissenschaftlicher Forschungsinstitute*). Berlin : Duncker u. Humblot, S. 143 - 160 (Beihefte der Konjunkturpolitik, Zeitschrift für angewandte Wirtschaftsforschung ; H. 49)

KRAUSE-JUNK, GEROLD (2001): Zur Europatauglichkeit der neuen deutschen Unternehmensbesteuerung. *List Forum für Wirtschafts- und Finanzpolitik* 27, 57 – 70

KRAUSE-JUNK, GEROLD ; MÜLLER, REGINA (1999a): Einkommensteuer, Konsumsteuer und die ausgelassenen Chancen der Einkommenserzielung. *Wirtschaftsdienst* 79, 545 – 547

KRAUSE-JUNK, GEROLD ; MÜLLER, REGINA (1999b). *Nachgelagertes Verfahren bei der Besteuerung der Alterseinkünfte. DB – Der Betrieb* 52, 2282 - 2285

KREBS, HANS-JOACHIM (1998): *Das Guthaben-Modell : Ein Weg zur Vereinfachung des Körperschaftsteuer-Anrechnungsverfahren.* Bonn : Institut „Finanzen und Steuern"

KROKER, ROLF ; FUEST, WINFRIED (2000): Rentenbesteuerung – eine Reform ist überfällig. *ifo schnelldienst* 53.21, 6 – 8

KRONBERGER KREIS (2000): *Abgeltungssteuer bei Kapitaleinkommen.* Bad Homburg: Frankfurter Institut

LANG, JOACHIM (1988): Die Bemessungsgrundlage der Einkommensteuer: Rechtssystematische Grundlagen steuerlicher Leistungsfähigkeit im deutschen Einkommensteuerrecht. Köln : O. Schmidt. Zugl.: Köln, Univ., Habil.-Schr., 1981

LANG, JOACHIM (1990): Reform der Unternehmensbesteuerung auf dem Weg zum europäischen Binnenmarkt und zur deutschen Einheit. *Steuer und Wirtschaft* 67, 107 – 129

LANG, JOACHIM (1993): *Entwurf eines Steuergesetzbuches.* Bonn: Stollfuß (Schriftenreihe des Bundesministeriums der Finanzen 49)

LANG, JOACHIM (1994): Wege aus dem Steuerchaos. *Steuerberatung* 37, 10 – 23

LANG, JOACHIM (2002[17]): § 4: Rechtsstaatliche Ordnung des Steuerrechts ; § 8: Einführung in das besondere Steuerschuldrecht ; § 9: Einkommensteuer. In: TIPKE, KLAUS (Hg.) ; LANG, JOACHIM (Hg.): *Steuerrecht.* Köln: O. Schmidt

Lang, Joachim (1999): Perspektiven der Unternehmensteuerreform. In: KOMMISSION REFORM UNTERNEHMENSBESTEUERUNG (1999): *Brühler Empfehlungen zur Reform der Unternehmensbesteuerung : Bericht der Kommission zur Reform der Unternehmensbesteuerung , eingesetzt vom Bundesminister der Finanzen.* Bonn : Stollfuß (Schriftenreihe des Bundesministeriums der Finanzen 66)

LASARS, WOLFGANG (1993): Eigenkapitalrentabilität und Einkommensbesteuerung : Ein Beispiel aus der national-chinesischen Steuergeschichte. *Steuer und Wirtschaft* 70, 179 – 188

LASARS, WOLFGANG (1994): Die Bodenwertzuwachssteuer in Taiwan. *Internationale Wirtschaftsbriefe* ; Fach 6: Taiwan, Gruppe 2, S. 1 – 8 (25.05.1994, S. 477 – 484)

LEITLINIEN ZUR NEUORDNUNG DER STEUERLICHEN FÖRDERUNG DES SELBSTGENUTZTEN WOHNEIGENTUMS (1984): Beschluss des Bundeskabinetts vom 3. Juli 1984. *Bulletin* (hrsg. v. Presse- und Informationsamt der Bundesregierung) 1984, S. 741

LEMCKE, JOACHIM (1966): Die steuerliche Erfassung von Wertsteigerungen bei Grundstücken : Übersicht über die Lage in den wichtigsten Industriestaaten. *Europäische Steuer-Zeitung* , Nr. 20, S. 467 – 479

LEY, REINHARD (1985): Die Neuregelung der steuerlichen Förderung selbstgenutzten Wohneigentums und die Auswirkungen auf die Schwarzarbeit. *DB – Der Betrieb* 38, S. 2116

LINDAHL, ERIK (1933): The Concept of Income. In: *Economic Essays in Honour of Gustav Cassel – October 20th 1933*. London: Allen & Unwin, 399 – 407

LION, MAX (1928): Der Einkommensbegriff nach dem Bilanzsteuerrecht und die Schanzsche Einkommenstheorie. In: TESCHEMACHER, HANS (Hg.): Beiträge zur Finanzwissenschaft : Festgabe für Georg von Schanz zum 75. Geburtstag, 12. März 1928. Bd. 2, 273 – 300

LITTMANN, KONRAD (1964): Steuersystem oder Steuerchaos? Bemerkungen zu einem aktuellen Kapital Finanzpolitik. *Hamburger Jahrbuch für Wirtschafts- und Gesellschaftspolitik* 9, 112 – 129

LITTMANN, KONRAD (1970): Ein Valet dem Leistungsfähigkeitsprinzip. In: HALLER, HEINZ (Hg.) ; KULLMER, LORE (Hg.) ; SHOUP, CARL S. (Hg.) ; TIMM, HERBERT (Hg.): *Theorie und Praxis des finanzpolitischen Interventionismus : Festschrift für Fritz Neumark zum 70. Geburtstag*. Tübingen: Mohr (Siebeck), 113 – 134

LITTMANN, KONRAD (1985): *Steuerreform statt Tarifanpassung*. Berlin: Duncker & Humblot

LITTMANN, KONRAD (1991): Kommentar zu: Dieter Pohmer, Wachstumspolitik versus Verteilungspolitik. In: ROSE, MANFRED (Hg.): *Konsumorientierte Neuordnung des Steuersystems*. Heidelberg : Springer, 230 – 233

LODIN, SVEN-OLOF (1976 / 1978): *Progressive Expenditure Tax – An Alternative? A Report of the 1972 Government Commission on Taxation*. Stockholm: LiberFörlag, 1978 [Übersetzung aus dem Schwedischen: Progressiv utgiftsskatt – ett alternativ? : teknik, funktion, effekter. Rapport fran 1972 års skatteutredning. Stockholm: LiberFörlag, 1976]

MANN, FRITZ KARL (1937 / 1978): *Steuerpolitische Ideale: Vergleichende Studien zur Geschichte der ökonomischen und politischen Ideen und ihres Wirkens in der öffentlichen Meinung 1600 – 1935. Um ein Nachwort und ein Schriftenverzeichnis ergänzter unveränderter reprografischer Nachdruck*. Stuttgart : G. Fischer

MARTIN, JAMES W. (1944): Costs of Tax Administration: Nature of Public Costs. *Bulletin of the National Tax Association* 29, 104 – 112, 132 – 147, 162 – 169, 194 – 205

MATZAT, WILHELM (1992): Der Zusammenhang der Bodenpolitik von Tsingtau und Taiwan. *Zeitschrift für Sozialökonomie* 94, 29 – 34

MATZAT, WILHELM (1999): Die deutsche Land- und Steuerordnung von Tsingtau und ihr Weiterwirken auf China. *Zeitschrift für Sozialökonomie* 120, 10 – 14

MCCOMBS, J. B. (1990): An Historical Review and Analysis of Early United States Tax Policy Scholarship : Definition of Income and Progressive Rates. *St. John's Law Review* 64, 471 – 525

MCLURE, CHARLES E. ; ZODROW, GEORGE R. (1991): Administrative Vorteile des individuellen Steuervorauszahlungs-Ansatzes gegenüber einer direkten Konsumbesteuerung. In: ROSE, MANFRED (Hg.): *Konsumorientierte Neuordnung des Steuersystems*. Heidelberg : Springer, 117 – 174

MEYDING, DIETRICH (1993): Steuerchaos – und kein Ende? Einsparungspotentiale durch eine strukturelle Neuordnung des Steuerwesens. *Steuerberatung* 36, 530 – 533

MILL, JOHN STUART (1848 / 1965): *Principles of Political Economy with Some of Their Applications to Social Philosophy*. Books III-V and Appendices. Introduction by V. W. Bladen, Textual Editor: J. M. Robson (Collected Works of John Stuart Mill ; 3) Toronto: University of Toronto Press

Milliarden für den Staat bei Fahndung in Banken. Süddeutsche Zeitung, 23.08.2000, S. 6

MOLL, BRUNO (1924): *Probleme der Finanzwissenschaft : Methodologische und finanztheoretische Untersuchungen*. Leipzig : Akademische Verlagsgesellschaft (Probleme des Geld- und Finanzwesens ; Bd. 1)

MOXTER, ADOLF (1980): Steuerliche Gewinn- und Vermögensermittlung. In: NEUMARK, FRITZ (Hg.): *Handbuch der Finanzwissenschaft*. Bd. 2. 3. Auflage. Tübingen: Mohr (Siebeck), S. 203 – 237

MUSGRAVE, RICHARD A. (1991): Zur Wahl der „richtigen" Steuerbemessungsgrundlage : Eine historische Betrachtung. In: MANFRED ROSE (Hg.): *Konsumorientierte Neuordnung des Steuersystems*. Heidelberg : Springer, 35 – 49

NACKE, ALOYS (2001): Erläuterungen zu §3c EStG: Anteilige Abzüge, Erläuterungen zu Abs. 2. In: HERRMANN, CARL (Hg.) ; HEUER, GERHARD (Hg.) ; RAUPACH, ARNDT (Hg.) (1950 / 2001[21]): *Einkommensteuer- und Körperschaftsteuergesetz : Kommentar ; Steuerreform-Kommentierung*. Köln : O. Schmidt

NAUST, HERMANN (1983): *Direkte Steuern und intertemporale Allokation : Eine wohlfahrtsökonomische Betrachtung*. Köln : Heymann. Zugl.: Saarbrücken, Univ., Diss.

NEUMARK, FRITZ (1947): *Theorie und Praxis der Modernen Einkommensbesteuerung*. Bern: Francke

NEUMARK, FRITZ (1965 / 1970[2]): *Grundsätze der Besteuerung : In Vergangenheit und Gegenwart*. Wiesbaden: Steiner

NEUMARK, FRITZ (1970): *Grundsätze gerechter und ökonomisch rationaler Steuerpolitik*. Tübingen : Mohr (Siebeck)

NEUMARK, FRITZ (1980): Überblick über die Personalsteuern. In: NEUMARK, FRITZ (Hg.): *Handbuch der Finanzwissenschaft*. Bd. 2. 3. Auflage. Tübingen: Mohr (Siebeck), S. 317 – 329

NIESKENS, HANS (1989): *Die Konsumgutlösung im Bereich der Immobilienbesteuerung*. Frankfurt am Main: P. Lang

OBERHAUSER, ALOIS (1998): Leistungsfähigkeitsprinzip und Steuerreform. In: *Hamburger Jahrbuch für Wirtschafts- und Gesellschaftspolitik* 43, 113 – 127

OSTENDORF, BERNHARD (1985a): „Privatgutlösung" für selbstgenutztes Wohneigentum ohne Mieterfreibetrag? : Verfassungswidrigkeit zumindest bei Mietern mit privaten Vermögenseinkünften. *DB – Der Betrieb* 38, 198 – 204

OSTENDORF, BERNHARD (1985b): Replik zu Fiedler (1985). *DB – Der Betrieb* 38, 1426 – 1427

PEFFEKOVEN, ROLF (1980): Persönliche allgemeine Ausgabensteuer. In: NEUMARK, FRITZ (Hg.): *Handbuch der Finanzwissenschaft*. Bd. 2. 3. Auflage. Tübingen: Mohr (Siebeck), S. 417 – 452

PEZZER, HEINZ-JÜRGEN (2000): Die Einkünfteerzielungsabsicht bei den Einkünften aus Vermietung und Verpachtung – ein Mysterium als Folge des Einkünftedualismus. *Steuer und Wirtschaft* 77, 457 – 466

PFEIFFER, ULRICH (1971): Die „Land Commission-Act" – eine fehlgeschlagene Reform? *Stadtbauwelt* 32 (27.12.1971) (Beilage zu Bauwelt 62.51/52)

PREST, A. R. (1979): The Structure and Reform of Direct Taxation. *Economic Journal* 89, 243 – 260

PUTTERMAN, LOUIS ; ROEMER, JOHN E. ; SILVESTRE, JOAQUIM (1998): Does Egalitarianism Have a Future? *Journal of Economic Literature* 36, 861 – 902

RÄDLER, ALBERT J. ; BLUMENBERG, JENS (1995): Harmonisierung der Körperschaftsteuersysteme in der Europäischen Gemeinschaft : Anhang 10A zum *Bericht des unabhängigen Sachverständigenausschusses zur Unternehmensbesteuerung* [Ruding-Komitee]. Luxemburg: Amt für amtliche Veröffentlichungen der Europäischen Gemeinschaften, S. 461 – 482

RECKTENWALD, HORST CLAUS (1984): Neue Analytik der Steuerwirkungen : Ein Konzept für vernachlässigte Forschung. *WiSt – Wirtschaftswissenschaftliches Studium* 13, 393 – 400

RENDITE VON INVESTITIONEN IM WOHNUNGSBAU (1998): Ergebnisse einer Umfrage zur aktuellen Kosten- und Finanzierungsstruktur im freifinanzierten Wohnungsbau: Kurzstudie im Auftrag des Verbandes deutscher Hypothekenbanken der F + B Forschungs- und Beratungs-GmbH für Wohnen, Immobilien und Umwelt, Hamburg. In: *Die Steuerreform aus immobilienwirtschaftlicher Sicht : Materialien*. Frankfurt am Main: Knapp

RICHTER, WOLFRAM F. ; WIEGARD, WOLFGANG (1993): Zwanzig Jahre „Neue Finanzwissenschaft" : Teil I: Überblick und Theorie des Marktversagens ; Teil II: Steuern und Staatsverschuldung. *Zeitschrift für Wirtschafts- u. Sozialwissenschaften – ZWS*, 113, 169 – 224 u. 337 – 400

ROEMER, JOHN E. (1986): Equality of Resources implies Equality of Welfare. *Quarterly Journal of Economics* 101, 751 – 784

ROSCHER, WILHELM (1886a[18]): *Grundlagen der Nationalökonomie : Ein Hand- und Lesebuch für Geschäftsmänner und Studierende*. Stuttgart: Cotta (System der Volkswirthschaft 1)

ROSCHER, WILHELM (1886b[2]) : *System der Finanzwissenschaft : Ein Hand- und Lesebuch für Geschäftsmänner und Studierende*. Stuttgart : Cotta (System der Volkswirthschaft 4.1)

ROSE, MANFRED (1992): *Reform der Besteuerung des Sparens und der Kapitaleinkommen zur Neuregelung der Zinsbesteuerung aus der Sicht einer konsum- und damit marktorientierten Neuordnung des Gesamtsteuersystems.* Heidelberg: Universität Heidelberg, Wirtschaftswissenschaftliche Fakultät (Diskussionsschriften Universität Heidelberg, Wirtschaftswissenschaftliche Fakultät ; 172)

ROSE, MANFRED (1996): Schutz des Kapitalexistenzminimums. *Betriebs-Berater* 51, 1085 – 1090

ROSE, MANFRED (1998a): Konsumorientierung des Steuersystems – theoretische Konzepte im Lichte empirischer Erfahrungen. In: KRAUSE-JUNK, GEROLD (Hg.): *Steuersysteme der Zukunft (Jahrestagung des Vereins für Socialpolitik* 1996). Berlin : Duncker & Humblot, 247 – 278 (Schriften des Vereins für Socialpolitik ; N.F., 256)

ROSE, MANFRED (1998b): *Mehr Arbeitsplätze durch marktorientierte Einkommensteuern.* Heidelberg : Alfred Weber-Gesellschaft e.V.

ROSE, MANFRED (1998c): Zur praktischen Ausgestaltung einer konsumorientierten Einkommensbesteuerung. In: OBERHAUSER, ALOIS (Hg.): *Probleme der Besteuerung I.* Berlin: Duncker u. Humblot; 99 – 123 (Schriften des Vereins für Socialpolitik ; 259/I)

ROSE, MANFRED (1999): Einführung marktorientierter Einkommensteuersysteme in osteuropäischen Reformstaaten. In: SMEKAL, CHRISTIAN (Hg.) ; SENDLHOFER, RUPERT (Hg.) ; WINNER, HANNES (Hg.): *Einkommen versus Konsum : Ansatzpunkte zur Steuerreformdiskussion.* Heidelberg : Physica, S. 167 – 195

ROSS, HARTMUT (1998): Einkunftserzielungsabsicht bei steuersparenden Anlagen: Einfluss des Nominalwertprinzips auf die Ergebnisprognose. *Deutsche Steuer-Zeitung* 86, 717 – 721

RUCK, HERBERT (1973): Die Problematik der Besteuerung des Bodenwertzuwachses. *Betriebs-Berater* 28, 1037 – 1041

RUPPE, HANS-GEORG (1978): Möglichkeiten und Grenzen der Übertragung von Einkunftsquellen als Problem der Zurechnung von Einkünften. In: TIPKE, KLAUS (Hg.): *Übertragung von Einkunftsquellen im Steuerrecht : Möglichkeiten und Grenzen der Einkommensverlagerung durch Nießbrauch, Beteiligung und Darlehen mit einem rechtsvergleichenden Teil.* Köln : O. Schmidt, 7 – 40

RUPPE, HANS GEORG (1998) Steuergleichheit als Grenze der Steuervereinfachung. In: FISCHER, PETER (Hg.): *Steuervereinfachung*. Köln : O. Schmidt, 29 – 65

SANDMO, AGNAR (1974): A Note on the Structure of Optimal Taxation. *American Economic Review* 64, 701 – 706

SANDMO, AGNAR (1987): A Reinterpretation of Elasticity Formulae in Optimum Tax Theory. *Economica* 54, 89 – 96

SANDFORD, CEDRIC ; GODWIN, MICHAEL ; HARDWICK, PETER (1989): *Administrative and Compliance Costs of Taxation*. Bath: Fiscal Publications

SANDFORD, CEDRIC (1989): Generalbericht: Die Kosten der Steuererhebung für Verwaltung und Steuerpflichtige. In: ASSOCIATION FISCALE INTERNATIONALE (Hg.) : *Administrative and Compliance Costs of Taxation*. Rotterdam : Kluwer, 67 – 93

SCHANZ, GEORG (1896a): Der Einkommensbegriff und die Einkommensteuergesetze. *Finanzarchiv* 13, 1 – 87

SCHANZ, GEORG (1896b): Besprechung von: Kleinwächter, Das Einkommen und seine Verteilung. *Finanzarchiv* 13, 434 – 437

SCHANZ, GEORG (1919): Die bayrische Steuerreform vom Jahre 1918. *Finanzarchiv* 36, 38 – 117

SCHEER, CHRISTIAN (1987): Steuer, Steuerverteilung und Steuerinzidenz in der deutschen Finanzwissenschaft der ersten Hälfte des 19. Jahrhunderts und der Einfluß der britischen Nationalökonomie. In: SCHERF, HARALD (Hg.): *Studien zur Entwicklung der ökonomischen Theorie VII*. Berlin: Duncker & Humblot, 105 – 169 (Schriften des Vereins für Socialpolitik ; N.F. 115/VI)

SCHEER, CHRISTIAN (1998): Steuerpolitische Ideale – gestern und morgen. In: KRAUSE-JUNK, GEROD (Hg.): *Steuersysteme der Zukunft*. Berlin: Duncker & Humblot, 155 – 198 (Schriften des Vereins für Socialpolitik ; N.F. 256)

SCHNEIDER, DIETER (1971): Gewinnermittlung und steuerliche Gerechtigkeit. *zfbf : Schmalenbachs Zeitschrift für Betriebswirtschaftliche Forschung ;* N.F. 27, 352 – 394

SCHNEIDER, DIETER (1978): *Steuerbilanzen: Rechnungslegung als Messung steuerlicher Leistungsfähigkeit*. Wiesbaden: Gabler

SCHNEIDER, DIETER (1979): Bezugsgrößen steuerlicher Leistungsfähigkeit und Vermögensbesteuerung. *Finanzarchiv*. N.F. 37, 26 – 49

SCHNEIDER, DIETER (1987[3]): *Allgemeine Betriebswirtschaftslehre*. München : Oldenbourg

SCHUSTER, HELMUT (1999): *Die österreichische Abgeltungsteuer – Modell für Deutschland?* Köln : Bundesverband deutsche Banken

SEICHT, GERHARD (1970): *Die kapitaltheoretische Bilanz und die Entwicklung der Bilanztheorien*. Berlin: Duncker & Humblot

SELIGMAN, EDWIN R[OBERT] A[NDERSON] (1919): Are Stock Dividends Income? *American Economic Review* 9, 517 – 536

SENDLHOFER, RUPERT (1999): Die Spekulationsertragsteuer aus finanzwissenschaftlicher Sicht. *Österreichische Steuer-Zeitung* 52, 534 – 537

SHAKOW, DAVID J. (1986): Taxation without Realization: A Proposal for Accrual Taxation. *University of Pennsylvania Law Review* 134, 1111 – 1205

SIEGEL, THEODOR (1999): Rückstellungen, Teilwertabschreibungen und Maßgeblichkeitsprinzip. *Steuern und Bilanzen* 1, 195 – 201

SIEGEL, THEODOR (2000): Konsum- oder einkommensorientierte Besteuerung? Aspekte quantitativer und qualitativer Argumentation. *zfbf : Schmalenbachs Zeitschrift für betriebswirtschaftliche Forschung* ; N.F. 52, 724 – 740

SIMONS, HENRY C. (1938 / 1970[6]): *Personal Income Taxation: The Definition of Income as a Problem of Fiscal Policy*. Chicago : University of Chicago Press

SLEMROD, JOEL [B.] (1984): Optimal Tax Simplification: Toward a Framework for Analysis. In: *1983 Proceedings of the Seventh-Sixth Annual Conference on Taxation held unter the Auspices of the National Tax Association – Tax Institute of America*. Columbus, Ohio, 158 – 162

SLEMROD, JOEL [B.] (1989): The Return to Tax Simplification: An Econometric Analysis. *Public Finance Quarterly* 17, 3 - 28

SLEMROD, JOEL [B.] (1996): Which is the Simplest Tax System of Them all? In: AARON , HENRY J. (Hg.) ; GALE, WILLIAM (Hg.): *Economic Effects of Fundamental Tax Reform*. Washington, D.C. : Brookings Institution, 355 – 391

SLEMROD, JOEL B. ; BLUMENTHAL, MARSHA (1996): The Income Tax Compliance Cost of Big Business. *Public Finance Quarterly* 24, 411 – 438

SLEMROD, JOEL [B.] ; SORUM, NIKKI (1984): The Compliance Cost of the U.S. Individual Income Tax System. *National Tax Journal* 37, 461 – 474

SLITOR, RICHARD E. (1973): Administrative Aspects of Expenditures Taxation. In: MUSGRAVE, RICHARD A. (Hg.): *Broad-Based Taxes : New Options and Sources*. Baltimore : Johns Hopkins University Press, 227 – 263

SMITH, ADAM (1776 / 1976): *An Inquiry into the Nature and Causes of the Wealth of Nations* (The Glasgow Edition of the Works and Correspondence of Adam Smith). Oxford : Clarendon Press

SÖHN, HARTMUT (1995): Markteinkommenstheorie und Besteuerung nach Leistungsfähigkeit. In: LANG, JOACHIM (Hg.): *Die Steuerrechtsordnung in der Diskussion : Festschrift für Klaus Tipke zum 70. Geburtstag*. Köln: O. Schmidt, 343 – 364

SÖHN, HARTMUT ; MÜLLER-FRANKEN, SEBASTIAN (2000): Vorgelagerte und/oder nachgelagerte Besteuerung von Altersbezügen? *Steuer und Wirtschaft* 77, 442 – 451

SÖLLNER, FRITZ (2000): Die Reform der Unternehmensbesteuerung. *List Forum für Wirtschafts- und Finanzpolitik* 26, 183 – 206

SØRENSEN, PETER (1994): From the global income tax to the dual income tax : Recent tax reforms in the northern countries. *International Tax and Public Finance* 1, 57 – 79

SOLOW, ROBERT M. (1971): *Wachstumstheorie: Darstellung und Anwendung*. Göttingen : Vandenhoeck u. Ruprecht

SPD (Hg.) (1989 / 1998): *Grundsatzprogramm der Sozialdemokratischen Partei Deutschlands*. Beschlossen vom Programm-Parteitag der Sozialdemokratischen Partei Deutschlands am 20. Dezember 1989 in Berlin, geändert auf dem Parteitag in Leipzig am 17.04.1998. Berlin : SPD-Parteivorstand

SPENGEL, CHRISTOPH (2002): *Inwieweit eignen sich die International Accounting Standards für die steuerliche Gewinnermittlung?* Mannheim : ZEW (ZEW-Discussion Paper; 02-52)

STANGL, CHRISTIAN (2000): *Die Spekulationsertragsteuer*. Wien: Universität, Sozial- und Wirtschaftswissenschaftliche Fakultät, Diplomarbeit. Im Internet veröffentlicht unter:
http://www.univie.ac.at/steuerrecht/Spekulationsertragsteuer.pdf

STATISTISCHES BUNDESAMT (Hg.) (2001): *Statistisches Jahrbuch 2001 für die Bundesrepublik Deutschland*. Stuttgart : Metzler-Poeschel

STEICHEN, ALAIN (1995): Die Markteinkommenstheorie: Ei des Kolumbus oder rechtswissenschaftlicher Rückschritt? In: LANG, JOACHIM (Hg.): *Die Steuerrechtsordnung in der Diskussion : Festschrift für Klaus Tipke zum 70. Geburtstag*. Köln: O. Schmidt, 365 – 390

STEUERREFORMKOMMISSION (1971): *Gutachten der Steuerreformkommission 1971*. Bonn: Stollfuß (Schriftenreihe des Bundesministeriums der Finanzen 17)

STEUERREFORMKOMMISSION [ÖSTERREICH] (1998): *Steuerreform 2000 : Bericht der beim [österreichischen] Bundesministerium für Finanzen eingerichteten Steuerreformkommission über Möglichkeiten von vereinfachenden, strukturbereinigenden und belastungsausgleichenden steuerpolitischen Maßnahmen im Zuge der „Steuerreform 2000"*. Wien

STÖCKLER, MANFRED ; WISSEL, HARALD (1995): Die Gewinnbesteuerung in der Republik Kroatien. *Internationale Wirtschaftsbriefe* ; Fach 5: Kroatien, Gruppe 2, S. 1-10 (14.06.1995, 527 – 536)

STRNAD, JEFF (1990): Periodicity and Accretion Taxation: Norms and Implementation. *The Yale Law Journal* 99, S. 1817 – 1911

THE STRUCTURE AND REFORM OF DIRECT TAXATION (1978): Report of a Committee chaired by Professor J. E. Meade. London : George Allen & Unwin

STUHRMANN, GERD (1986): Das Wohnungseigentumsförderungsgesetz – Neue steuerrechtliche Behandlung der selbstgenutzten Wohnung. *Deutsche Steuer-Zeitung* 74, 263 – 276

SUMMERS, LAWRENCE H. (1981): Capital Taxation and Accumulation in a Life Cycle Model. *American Economic Review* 71, 533 – 544

TÄUBER, GUDRUN (1984): *Folgekosten der Besteuerung : Eine theoretische und empirische Analyse*. Spardorf : Wilfer

THEISEN, MANUEL RENE (1999): Die Liebhaberei: Ein Problem des Steuerrechts und der Betriebswirtschaftlichen Steuerlehre. *Steuer und Wirtschaft* 76, 255 – 263

TIEBEL, CHRISTOPH (1986): *Überwälzte Kosten der Gesetze : Eine empirische Analyse der Folgekosten für den Markt*. Göttingen : Vandenhoeck u. Ruprecht

TIPKE, KLAUS (1978): *Übertragung von Einkunftsquellen im Steuerrecht : Möglichkeiten und Grenzen der Einkommensverlagerung durch Nießbrauch, Beteiligung und Darlehen mit einem rechtsvergleichenden Teil*. Köln: O. Schmidt

TIPKE, KLAUS (1993): *Die Steuerrechtsordnung*. Köln : O. Schmidt

TIPKE, KLAUS (2002): Der Karlsruher Entwurf zur Reform der Einkommensteuer: Versuch einer steuerjuristischen Würdigung. *Steuer und Wirtschaft* 79, 148 - 175

TRABUCCHI, GUISEPPE (1982): Erwerb und Besitz einer Immobilie in Italien. In: SCHÖNHOFER, JULIUS (Hg.); BÖHNER, REINHARD (Hg.): *Haus- und Grundbesitz im Ausland* (Losebl.), Gruppe 4, Abschnitt C. Freiburg i. Br.: Haufe

UNTERNEHMENSSTEUERREFORM – EINSTIEG IN DIE DUALE EINKOMMENSTEUER? (2000). *Deutsches Institut für Wirtschaftsforschung – Wochenbericht* 67, 139 – 153

VERFASSUNGSGERICHTSHOF ÖSTERREICH (2000): Präsidium : Presseaussendung v. 11.04.2000

WAGNER, ADOLPH (1890): *Finanzwissenschaft*. Zweiter Theil : *Theorie der Besteuerung, Gebührenlehre und allgemeine Steuerlehre* (Lehr- und Handbuch d. pol. Oekonomie ; Vierte Hauptabtheilung). Leipzig : Winter

WAGNER, FRANZ W. (1999): Die Integration einer Abgeltungssteuer in das Steuersystem – Ökonomische Analyse der Kapitaleinkommensbesteuerung in Deutschland und der EU. *DB – Der Betrieb* 51, 1520 – 1528

WAGNER, FRANZ W. (2000): Korrektur des Einkünftedualismus durch Tarifdualismus – Zum Konstruktionsprinzip der Dual Income Taxation. *Steuer und Wirtschaft* 77, 431 – 441

WEISFLOG, W. E. (1983): Die konsumbasierte oder Mittelfluß-Einkommensteuer von W. D. Andrews: Betrachtungen über Steuerbemessungsideale und Steuerrechtsrealitäten. *Steuer und Wirtschaft* 60, 337 – 345

WENGER, EKKEHARD (1983): Gleichmäßigkeit der Besteuerung von Arbeits- und Vermögenseinkünften. *Finanzarchiv*. N.F. 41, 207 – 252

WERNSMANN, RAINER (1998): Die verfassungsrechtliche Rechtfertigung der Abzugsfähigkeit von Vorsorgeaufwendungen: Zugleich zum Unterschied zwischen existenznotwendigem und indisponiblem Einkommen. *Steuer und Wirtschaft* 75, 316 – 327

WERNSMANN, RAINER ; STALBOLD, REIMER (2000): Das Vollzugshindernis bei der Zinsbesteuerung – ein Phantom? Die Verfassungsmäßigkeit des §30a AO im Lichte der jüngsten BFH-Rechtsprechung. *Steuern und Bilanzen* 2, 252 – 255 (Teil A) u. 302 – 308 (Teil B)

WIEGARD, WOLFGANG (2000): Nachgelagerte Besteuerung von Alterseinkünften: Das trojanische Pferd der Befürworter einer Konsumsteuer. *ifo Schnelldienst* 53.21, 8 – 12

WISSENSCHAFTLICHER BEIRAT BEIM BMF (1976): *Probleme und Lösungsmöglichkeiten einer Bodenwertzuwachsbesteuerung : Gutachten über Probleme und Lösungsmöglichkeiten einer Bodenwertzuwachsbesteuerung, erstattet vom Wissenschaftlichen Beirat beim Bundesministerium der Finanzen*. Bonn: Stollfuß (Schriftenreihe des Bundesministeriums der Finanzen 22)

WISSENSCHAFTLICHEN BEIRAT BEIM BMF (1999): *Reform der internationalen Kapitaleinkommensbesteuerung : Gutachten erstattet vom Wissenschaftlichen Beirat beim Bundesministerium der Finanzen*. Bonn : Stollfuß (Schriftenreihe des Bundesministeriums der Finanzen 65)

WISWESSER, ROLF (1997): *Einkommens- und Gewinnbesteuerung bei Inflation*. Frankfurt am Main : P. Lang. Zugl.: Heidelberg, Univ., Diss., 1996

WITTMANN, ROLF (1992): *Das Markteinkommen : Einfachgesetzlicher Strukturbegriff und verfassungsdirigierter Anknüpfungsgegenstand der Einkommensteuer?* Augsburg : Wittmann Zugl.: Augsburg, Univ., Diss., 1992

WÖHE, GÜNTER (1992[8]): *Bilanzierung und Bilanzpolitik : Betriebswirtschaftlich – Handelsrechtlich – Steuerrechtlich, mit einer Einführung in die verrechnungstechnischen Grundlagen*. München : Vahlen

WOHLGEMUTH, MATTHIAS (1996): *Die persönliche Ausgabensteuer : Simulation alternativer Tarifvorschläge für die Bundesrepublik Deutschland*. Frankfurt am Main : P. Lang. Zugl.: Gießen, Univ., Diss., 1995

WUELLER, PAUL H. (1938a): Concepts of Taxable Income I : The German Contribution. *Political Science Quarterly* 53, 83 – 110

WUELLER, PAUL H. (1938b): Concepts of Taxable Income II : The American Contribution. *Political Science Quarterly* 53, 557 – 583

WUELLER, PAUL H. (1939): Concepts of Taxable Income III : The Italian Contribution. *Political Science Quarterly* 54, 555 – 576

YITZHAKI, SHLOMO (1979): A Note on Optimal Taxation and Administrative Costs. *American Economic Review* 69, 475 – 480

YOUNGMAN, JOAN M. ; MALME, JANE H. (1994): *An International Survey of Taxes on Land and Buildings*. Deventer, Netherlands : Kluwer Law and Taxation Publishers

ZELENAK, LAWRENCE (1995): The Reification of Metaphor: Income Taxes, Consumption Taxes and Human Capital. *Taw Law Review* 51, 1 – 34

ZINK, GÜNTER (1973a): Die Probleme einer Wertzuwachsbesteuerung. *Steuer und Wirtschaft* 50, 150 – 156

ZINK, GÜNTER (1973b): Die gegenwärtige Diskussion über eine Bodenwertzuwachssteuer. *Wirtschaftsdienst* 53, 140 – 142

ZODROW, GEORGE R. (1990): The Choice between Income and Consumption: Efficiency and Horizontal Equity Aspects. In: Cnossen, Sijbren (Hg.) ; Bird, Richard M. (Hg.): *The Personal Income Tax: Phoenix form the Ashes?* Amsterdam : Elsevier, 85 – 120 (Contributions to Economic Analysis ; 191)

2 Gesetze, Abkommen und Verwaltungsanweisungen

2.1 Gesetzestexte und Abkommen

Aktiengesetz (idF v. 06. 09.1965) (AktG 1965). BGBl 1965 I, S. 1089 – 1184

Außensteuergesetz (idF v. 16.05.2003)

Bilanzrichtlinien-Gesetz (BiRiLiG) (Gesetz zur Durchführung der Vierten, Siebenten und Achten Richtlinie des Rates der Europäischen Gemeinschaften zur Koordinierung des Gesellschaftsrechts vom 19. Dezember 1985). BGBl 1985 I, S. 2355 – 2433

Einkommensteuergesetz 1920 [Deutschland] (idF v. 29. 09. 1920)

Einkommensteuergesetz 1925 [Deutschland] (idF v. 10. 08. 1925)

Einkommensteuergesetz 1985 (EStG 1985) [Deutschland] (idF v. 12.06.1985). BGBl 1986 I, S. 977 – 1059

Einkommensteuergesetz 1997 (EStG) [Deutschland] (idF v. 16.04.1997). BGBl 1997 I, S. 821 – 929

Einkommensteuergesetz [Österreich] 1988. BGBl. I Nr. 21/2000 und BGBl. I Nr. 59/2001

Einkommensteuer-Richtlinien 2001 (EStR) [Deutschland]: Amtliche Bearbeitungshinweise 2002

Fünftes Vermögensbildungsgesetz [Deutschland] (idF v. 04.03.1994). BGBl 1994 I, S. 407 – 415

Handelsgesetzbuch (HGB)

Kapitalanlagengesellschaftengesetz (KAGG) (idF v. 09.09.1998). BGBl 1998 I, S. 2726 - 2764

Körperschaftsteuergesetz 1999 (KStG) [Deutschland] (idF v. 22.04.1999). BGBl 1999 I, S. 817 – 842

OECD-MA 2000. OECD-Musterabkommen 2000 zur Vermeidung der Doppelbesteuerung auf dem Gebiet der Steuern vom Einkommen und vom Vermögen (OECD-MA 2000). Stand: Dezember 2000

Steuerentlastungsgesetz 1999/2000/2002 vom 24. März 1999. BGBl 1999 I, S. 402 – 496

Wohngeldgesetz (WoGG) [Deutschland] (idF 23. Januar 2002). BGBl 2002 I, S. 475 – 549

2.2 Verwaltungsanweisungen

BMF-Schreiben v. 24.01.1985 – IV B 4 – S 2252 – 2/83 [Ermittlung des einkommensteuerpflichtigen Kapitalertrags aus Zero Coupon Bonds, die zum Privatvermögen gehören]. BStBl 1985 I, S. 77 – 81

BMF-Schreiben v. 20.12.1990 – IV B 2 – S 2240 – 61/90 [Abgrenzung zwischen privater Vermögensverwaltung und gewerblichem Grundstückshandel]. BStBl 1990 I, S. 884 – 888

BMF-Schreiben v. 10.11.1994 – IV B 3 – S 2256 – 34/94 [Einkommensteuerrechtliche Behandlung von Options- und Finanztermingeschäften an der Deutschen Terminbörse (DTB) und von anderen als Optionsscheine bezeichneten Finanzinstrumenten im Bereich der privaten Vermögensverwaltung]. BStBl 1994 I, S. 816 – 819

BMF-Schreiben v. 16.12.1996 – IV B3 – S 2211 – 69/96 [Abgrenzung von Herstellungs- und Erhaltungsaufwendungen bei Instandsetzung und Modernisierung von Gebäuden; Anwendung der BFH-Urteile vom 9. Mai 1995 - IX R 116/92 – BStBl 1996 II S. 632; - IX R 88/90 - BStBl 1996 II S. 628; - IX R 69/92 - BStBl 1996 II S. 630; - IX R 2/94 - BStBl 1996 II S. 637, vom 10. Mai 1995 - IX R 62/94 - BStBl 1996 II S. 639 und vom 16. Juli 1996 - IX R 34/94 - BStBl 1996 II S. 649]. BStBl 1996 I, S. 1442 - 1445

BMF-Schreiben v. 10.12.1999 – IV C 6 – S 1900 – 228/991 [Börsengang der Deutschen Telekom AG (DTAG); ertragsteuerrechtliche Beurteilung der Ausgabe von Bonusaktien]. BStBl 1999 I, S. 1129

BMF-Schreiben v. 25.02.2000 – IV C 2 – S 2171b – 14/00 [Neuregelung der Teilwertabschreibung gemäß § 6 Abs. 1 Nrn. 1 und 2 EStG durch das Steuerentlastungsgesetz 1999/2000/2002; voraussichtlich dauernde Wertminderung; Wertaufholungsgebot; steuerliche Rücklage nach § 52 Abs. 16 EStG]. BStBl 2000 I, S. 372

BMF-Schreiben v. 24.05.2000 – IV C 1 – S 2252 – 145/00 [Steuerrechtliche Behandlung von Umtauschanleihen].

BMF-Schreiben v. 07.02.2001 – IV C 1 – S 2252 – 26/01 [Steuerliche Behandlung von Erträgen aus variabel verzinslichen Schuldverschreibungen]. BStBl 2001 I, S. 149

BMF-Schreiben v. 02.03.2001 – IV C1 – S 2252 – 56/01 [Besteuerung von Hochzins- und Umtauschanleihen]. BStBl 2001 I, S. 206

BMF-Schreiben v. 31.05.2002 – IV D 2 – S 1544 – 5/02 [Pauschbeträge für unentgeltliche Wertabgaben (Sachentnahmen) für das Kalenderjahr 2002]. BStBl 2002 I, S. 583

BMF-Schreiben v. 15.10.2002 - IV D 2 – S 0338 – 69/02 [Abgabenordnung: Vorläufige Steuerfestsetzung im Hinblick auf anhängige Musterverfahren (§ 165 Abs. 1 AO); Ruhenlassen von außergerichtlichen Rechtsbehelfsverfahren (§ 363 Abs. 2 AO)]. BStBl I 2002, S. 1024

BMF-Schreiben v. 18.07.2003 – IV C 3 – S 2211 – 94/03 [Abgrenzung von Anschaffungskosten, Herstellungskosten und Erhaltungsaufwendungen bei der Instandsetzung und Modernisierung von Gebäuden]. BStBl 2003 I, S. 386 – 391

BMF-Schreiben v. 05.08.2003 – IV A 6 – S 2241 – 81/03 [Einkommensteuer: Ertragsteuerliche Behandlung von Film- und Fernsehfonds]. BStBl 2003 I, S. 406 – 407

OFD Karlsruhe, Verwaltungsanweisung v. 17.04.2001 – S 2742 A – St 331 [Gesellschafter-Geschäftsführer: Angemessenheit der Gesamtbezüge]

OFD München, Verwaltungsanweisung v. 16.09.1999 – S 2252 [Einkommensteuerrechtliche Behandlung diverser Kapitalanlageformen im Rahmen des § 20 Abs. 1 Nr. 7 EStG i. V. m. § 20 Abs. 2 EStG]

SfF Bremen, Verwaltungsanweisung v. 28.08.2000 – S 2252 [Einkommensteuerliche Behandlung währungsgesicherter Festgeldanlagen; Abgrenzung von Einkünften aus Kapitalvermögen und nicht steuerbaren Kursgewinnen]. NWB-EN 1291/2000

3 Gerichtsentscheidungen

BFH-Urteil v. 20.02.1975 – IV R 241/69 [Einkommensteuer: Keine gesonderte AfA für Herstellungskosten an fertiggestelltem Gebäude, EStG 1965 § 7 Abs. 4 und 5]. BStBl 1975 II, S. 412 – 414

BFH-Urteil v. 08.11.1979 – IV R 145/77 [Einkommensteuer: Das Aktivierungsverbot des § 5 Abs. 2 EStG ist auch bei der Gewinnermittlung nach § 4 Abs. 1 oder § 4 Abs. 3 EStG anzuwenden]. BStBl 1980 II, S. 146 – 147

BFH-Urteil v. 08.12.1981 – VIII R 125/79 [Einkommensteuer: Einkünfte aus nicht auf Leistung gerichteten privaten Devisentermingeschäften sind weder Einkünfte aus Spekulationsgeschäften noch Einkünfte aus Leistungen]. BStBl 1982 II, S. 618 – 620

BFH-Urteil v. 23.03.1982 – VIII R 132/80 [Einkommensteuer: Keine Kapitaleinkünfte aus mit Kredit erworbenem Kapitalvermögen, wenn wegen ständiger Verluste anzunehmen ist, daß Substanzverwertungsabsicht im Vordergrund steht]. BStBl 1982 II, S. 463 – 465

BFH-Urteil v. 29.01.1986 – I R 22/85 [Doppelbesteuerung / Einkommensteuer: Aufteilung der Einkünfte bei nur kurzfristig ausgeübter nichtselbständiger Arbeit in Italien]. BStBl 1986 II, S. 479 – 481

BFH-Urteil v. 9.12.1986 – VIII R 317/82 [Einkommensteuer: Abgrenzung privater Vermögensverwaltung vom gewerblichen Grundstückshandel]. BStBl 1988 II, S. 244 – 245

BFH-Urteil v. 25.08.1987 – IX R 65/86 [Einkommensteuer: Überschüsse aus privaten Devisentermingeschäften]. BStBl 1988 I, S. 248 – 249

BFH-Urteil v. 19.06.1991 – IX R 134/86 [Abgabenordnung: Eine wechselseitige Vermietung kann Missbrauch von Gestaltungsmöglichkeiten i.S. von § 42 AO sein]. BStBl 1991 II, S. 904 – 906

BFH-Urteil v. 18.09.1991 – XI R 23/90 [Einkommensteuer: Gewerblicher Grundstückshandel bei Veräußerung von vier Objekten in fünf Jahren]. BStBl 1992 II, S. 135 – 137

BFH-Urteil v. 7.11.1991 – IV R 57/90 [Einkommensteuer: Keine vorrangige Tilgung privater Schuldanteile bei Fremdfinanzierung eines einheitlichen Kaufpreises für gemischt genutztes Wirtschaftsgut]. BStBl 1992 II, S. 141 – 143

BFH-Urteil v. 24.11.1993 – X R 49/90 [Einkommensteuer / Abgabenordnung: Spekulationsfrist und –gewinn bei sammelverwahrten Wertpapieren]. BStBl 1994 II, S. 591 – 593

BFH-Urteil v. 20.12.1994 – IX R 61/91 [Einkommensteuer: Renovierungsaufwendungen nach Ende der Vermietung und vor Selbstbezug nicht abziehbar]. BFH / NV 1995, S. 958 – 959

BFH-Urteil v. 12.09.1995 – IX R 54/93 [Einkommensteuer / Abgabenordnung: Kein Rechtsmißbrauch i. S. des § 42 AO 1977, wenn Alleineigentümer von zwei Eigentumswohnungen einem nahen Angehörigen nicht die an ihn vermietete Wohnung, sondern die selbstgenutzte Wohnung zu Eigentum überträgt, und mit ihm gleichzeitig einen Mietvertrag über die übertragene Wohnung abschließt]. BStBl 1996 II, S. 158 – 160

BFH-Urteil v. 30.09.1997 – IX R 80/94 [Einkommensteuer: Einkünfteerzielungsabsicht bei einer auf Dauer angelegten Vermietung und Verpachtung; Ermittlung des Totalüberschusses]. BStBl 1998 II, S. 771 – 774

BFH-Beschluss v. 08.12.1997 – GrS 1-2/95 [Einkommensteuer: Maßgebend für die steuerliche Anerkennung von Schuldzinsen als Betriebsausgaben ist allein der tatsächliche Verwendungszweck des Darlehens; gesonderte Konten für Betriebseinnahmen und Betriebsausgaben sowie die Entnahme der Betriebseinnahmen sind nicht schädlich. Das gilt entsprechend für die steuerliche Anerkennung von Schuldzinsen als Werbungskosten]. BStBl 1998 II, S. 193 – 200

BFH-Urteil v. 29.10.1998 – XI R 80/97 [Einkommensteuer: Der An- und Verkauf von Wertpapieren ist nur dann eine gewerbliche Tätigkeit, wenn der Steuerpflichtige sich wie ein Händler verhält. Auch Wertpapiergeschäfte im größeren Umfang gehen im allgemeinen nicht über den Rahmen einer privaten Vermögensverwaltung hinaus]. BStBl 1999 II, S. 448 – 450

BFH-Urteil v. 15.12.1998 – VIII R 6/98 [Einkommensteuer: Die Besteuerung der im Veranlagungszeitraum 1993 erzielten Kapitaleinkünfte verstößt nicht gegen das Grundgesetz GG Art. 3 Abs. 1]. BStBl 1999 II, S. 138 – 140

BFH-Urteil v. 18.5.99 – I R 118/97 [Einkommensteuer / Gewerbesteuer: Mehrfamilienhäuser und Gewerbebauten als Objekte i. S. der sog. Drei-Objekt-Grenze zur Abgrenzung einer privaten Vermögensverwaltung vom gewerblichen Grundstückshandel]. BStBl 2000 II, S. 28 – 31

BFH-Urteil v. 27.07.1999 – VIII R 36/98 [Einkommensteuer: Für den Erwerb von Wertpapieren kurz vor Jahresende gezahlte Stückzinsen sind wegen § 42 AO keine negativen Einnahmen, wenn bei Veräußerung zu Beginn des Folgejahres ein Verlust eintritt und sich das Geschäft nur aufgrund des Sparer-Freibetrags steuerlich vorteilhaft auswirkt]. BStBl 1999 II, S. 769 – 771

BFH-Urteil v. 15.12.1999 – I R 29/97 [Einkommensteuer / Abgabenordnung: Zur Frage des Übergangs von wirtschaftlichem Eigentum (§ 39 AO), der Anwendung der Börsenklausel in § 50c Abs. 8 Satz 2 EStG 1987/1990 sowie zum Charakter der Vorschrift des § 50c als einer besonderen Missbrauchsvorschrift]. BStBl 2000 II, S. 527 – 533

BFH-Urteil v. 11.7.2000 – IX R 48/96 [Einkommensteuer: Abziehbarkeit von Erhaltungsaufwendungen nach Beendigung der Vermietung und vor Beginn der Selbstnutzung]. BStBl 2001 II, S. 784 – 785

BFH-Urteil v. 24.10.2000 – VIII R 28/99 [Einkommensteuer: Variabel verzinsliche Wertpapiere werden nicht vom Tatbestand des § 20 Abs. 2 Satz 1 Nr. 4 Buchst. c und d EStG erfasst, da sie keine Emissionsrendite haben]. BStBl 2001 II, 345 – 346

BFH-Urteil v. 19.12.2000 – IX R 100/97 [Einkommensteuer: Bei der Ermittlung des Veräußerungsgewinns nach § 23 Abs. 4 Satz 1 EStG sind die Anschaffungskosten der Anteile an Kapitalgesellschaften um den auf kostenlos gewährte Bezugsrechte oder Gratisaktien entfallenden Betrag zu kürzen]. BStBl 2001 II, 97 – 101

BFH-Urteil v. 26.01.2001 – VI R 26/98 [Einkommensteuer: AfA-Berechtigung für ein über 300 Jahr altes Musikinstrument, das regelmäßig in Konzerten bespielt wird]. BStBl 2001 II, S. 194 – 195

BFH-Beschluss v. 05.03.2001 – IX B 90/00 [Einkommensteuer: An der Verfassungsmäßigkeit der rückwirkenden Verlängerung der Veräußerungsfrist bei privaten Veräußerungsgeschäften mit Grundstücken durch das StEntlG 1999/2000/2002 bestehen schwerwiegende verfassungsmäßige Zweifel, die eine Aussetzung der Vollziehung rechtfertigen]. BStBl 2001 II, S. 405 – 407

BFH-Urteil v. 12.09.2001 - IX R 39/97 [Einkommensteuer: Änderung der Rechtsprechung zum sog. anschaffungsnahen Aufwand; Zur Frage der wesentlichen Verbesserung gemäß § 255 Abs. 2 Satz 1 HGB, wenn durch Instandsetzungs- und Modernisierungsmaßnahmen der Gebrauchswert eines Wohngebäudes gegenüber dem Zustand im Zeitpunkt des Erwerbs deutlich erhöht wird; Zur Bestimmung des Gebrauchswertes eines Wohngebäudes und der Sanierung „in Raten"]. BStBl 2003 II, S. 569 - 574

BFH-Urteil v. 12.09.2001 – IX R 52/00 [Einkommensteuer: Änderung der Rechtsprechung zum sog. anschaffungsnahen Aufwand; Zur Frage der Anschaffungskosten eines Wohngebäudes bei Aufwendungen, die zur bestimmungsgemäßen Nutzung erforderlich sind]. BStBl 2003 II, S. 574 - 577

BFH-Beschluss v. 10.03.2002 – IX R 62/99 [Einkommensteuer: Zur Frage, ob die Besteuerung von Einkünften aus Spekulationsgeschäften i. S. des § 23 Abs. 1 Satz 1 Nr. 1 Buchst. b EStG in der für das Kalenderjahr 1997 geltenden Fassung verfassungsgemäß ist, wird das BMF zum Beitritt aufgefordert]. BStBl 2002 II, S. 296

BFH-Urteil v. 22.01.2003 – X R 9/99 [Einkommensteuer: Plant der Erwerber eines vermieteten Gebäudes bereits im Zeitpunkt der Anschaffung die Eigennutzung und nicht die weitere Vermietung, machen die von vornherein geplanten und nach Beendigung des Mietverhältnisses durchgeführten Baumaßnahmen das Gebäude betriebsbereit, wenn dadurch ein höherer Standard erreicht wird. Die betreffenden Aufwendungen sind daher Anschaffungskosten]. BStBl 2003 II, S. 596 - 599

BFH-Beschluss v. 6.3.2003 – XI B 7/02 [Einkommensteuer: Verfassungsrechtliche Zweifel an der sog. Mindestbesteuerung nach § 2 Abs. 3 EStG, soweit das Existenzminimum angetastet wird]. BStBl 2003 II, S. 516 – 519

BFH-Beschluss v. 6.3.2003 – XI B 76/02 [Einkommensteuer: Verfassungsrechtliche Zweifel an der sog. Mindestbesteuerung nach § 2 Abs. 3 EStG, soweit das Existenzminimum angetastet wird]. BStBl 2003 II, S. 523 – 526

BVerfG-Beschluss v. 03.12.1958 – 1 BvR 488/57 [Beschluß des Bundesverfassungsgerichts zu Vorschriften über die Besteuerung des Nutzungswerts der Wohnung im eigenen Haus]. BStBl 1959 I, S. 68 – 73

BVerfG-Urteil v. 27.06.1991 – 2 BvR 1493/89 (Zweiter Senat) [Der Gleichheitsgrundsatz des Art. 3 Abs. 1 GG verlangt für das Steuerrecht, daß die Steuerpflichtigen durch ein Steuergesetz rechtlich und tatsächlich gleich belastet werden]. BStBl 1991 II, S. 654 – 670

FG Berlin, Urteil v. 29.10.1992 – IV 298/90

FG Düsseldorf, Urteil v. 17.07.2002 – 2 K 4068/01 E [„Telekom-Treueaktien“: Privatanlegern des zweiten Börsengangs zugeteilte T-Bonusaktien nicht steuerpflichtig]

ROHG, Sen. II, Urteil v. 03.12.1873 i.S. Oldenburgische Spar- und Leihbank c. Propping, Rep. 934/73. Entscheidungen des Reichs-Oberhandelsgerichts, herausgegeben von den Räthen des Gerichtshofs; 1874 (Vol. 12), S. 15 – 23

Verfassungsgerichtshof [Österreich], Urteil vom 15.03.2000 – G 141/99-12 – G 150/99-12)

SCHRIFTEN ZUR WIRTSCHAFTSTHEORIE UND WIRTSCHAFTSPOLITIK

Herausgegeben von Rolf Hasse, Jörn Kruse, Wolf Schäfer, Thomas Straubhaar, Klaus W. Zimmermann

Band 1 Lars Bünning: Die Konvergenzkriterien des Maastricht-Vertrages unter besonderer Berücksichtigung ihrer Konsistenz. 1997.

Band 2 Andreas Henning: Beveridge-Kurve, Lohnsetzung und Langzeitarbeitslosigkeit. Eine theoretische Untersuchung unter Berücksichtigung des Insider-Outsider-Ansatzes und der Entwertung des Humankapitals. 1997.

Band 3 Iris Henning: Die Reputation einer Zentralbank. Eine theoretische Untersuchung unter besonderer Berücksichtigung der Europäischen Zentralbank. 1997.

Band 4 Rüdiger Hermann: Ein gemeinsamer Markt für Elektrizität in Europa. Optionen einer Wettbewerbsordnung zwischen Anspruch und Wirklichkeit. 1997.

Band 5 Alexander Tiedtke: Japan und der Vorwurf des Trittbrettfahrerverhaltens in der US-amerikanisch-japanischen Allianz. 1997.

Band 6 Wolfgang Grimme: Ordnungspolitisches Konzept der Regionalpolitik. Darstellung der Defizite und des Reformbedarfs der Regionalpolitik am Beispiel Mecklenburg-Vorpommerns. 1997.

Band 7 Christian Ricken: Determinanten der Effektivität der Umweltpolitik. Der nationale Politikstil im Spannungsfeld von Ökonomie, Politik und Kultur. 1997.

Band 8 Christian Schmidt: Real Convergence in the European Union. An Empirical Analysis. 1997.

Band 9 Silvia Marengo: Exchange Rate Policy for MERCOSUR: Lessons from the European Union. 1998.

Band 10 Jens Kleinemeyer: Standardisierung zwischen Kooperation und Wettbewerb. Eine spieltheoretische Betrachtung. 1998.

Band 11 Stefan M. Golder: Migration und Arbeitsmarkt. Eine empirische Analyse der Performance von Ausländern in der Schweiz. 1999.

Band 12 Stefan Kramer: Die Wirkung einer Internationalisierung des Yen auf die japanischen Finanzmärkte, die japanische Geldpolitik und die Usancen der Fakturierung. 1999.

Band 13 Antje Marielle Gerhold: Wirtschaftliche Integration und Kooperation im asiatisch-pazifischen Raum. Die APEC. 1999.

Band 14 Tamim Achim Dawar: Deutsche Direktinvestitionen in Australien. Eine Evaluation der theoretischen Erklärungsansätze und der Standortattraktivität des Produktions- und Investitionsstandortes Australien. 1999.

Band 15 Hans-Markus Johannsen: Die ordnungspolitische Haltung Frankreichs im Prozeß der europäischen Einigung. 1999.

Band 16 Annette Schönherr: Vereinigungsbedingte Dimensionen regionaler Arbeitsmobilität. Wirkungen unter analytisch einfachen Bedingungen und potentielle individuelle Migrationsgewinne in Deutschland nach der Vereinigung. 1999.

Band 17 Henrik Müller: Wechselkurspolitik des Eurolandes. Konfliktstoff für die neue währungspolitische Ära. 1999.

Band 18 Lars H. Wengorz: Die Bedeutung von Unternehmertum und Eigentum für die Existenz von Unternehmen. Eine methodenkritische Analyse der Transformation des Wirtschaftssystems in Russland. 2000.

Band 19 Eckart Bauer: Konzeptionelle Grundfragen eines Kinderleistungsausgleichs im Rahmen einer umlagefinanzierten zwangsweisen Rentenversicherung. 2000.

Band 20 Hubertus Hille: Enlarging the European Union. A Computable General Equilibrium Assessment of Different Integration Scenarios of Central and Eastern Europe. 2001.

Band 21 Tobias Just: Globalisierung und Ideologie. Eine Analyse der Existenz und Persistenz von Partisaneffekten bei zunehmender Internationalisierung der Märkte. 2001.

Band 22 Simone Claber: Großbritannien und die Europäische Integration unter besonderer Berücksichtigung ordnungspolitischer Aspekte. 2002.

Band 23 Silvia Rottenbiller: Essential Facilities als ordnungspolitisches Problem. 2002.

Band 24 Peggy Dreyhaupt von Speicher: Die Regionen Polens, Ungarns und der Tschechischen Republik vor dem EU-Beitritt. Interregionale Disparitäten, Bestimmungsfaktoren und Lösungsansätze. 2002.

Band 25 Gerhard Rösl: Seigniorage in der EWU. Eine Analyse der Notenbankgewinnentstehung und -verwendung des Eurosystems. 2002.

Band 26 Jörn Quitzau: Die Vergabe der Fernsehrechte an der Fußball-Bundesliga. Wohlfahrtsökonomische, wettbewerbspolitische und sportökonomische Aspekte der Zentralvermarktung. 2003.

Band 27 Małgorzata Stankiewicz: Die polnische Telekommunikation vor dem EU-Beitritt. 2003.

Band 28 Sarah Schniewindt: Einführung von Wettbewerb auf der Letzten Meile. Eine ökonomische Analyse von Netzinfrastruktur und Wettbewerbspotential im Teilnehmeranschlussbereich. 2003.

Band 29 Jens Bruderhausen: Zahlungsbilanzkrisen bei begrenzter Devisenmarkteffizienz. Ein kapitalmarkttheoretischer Ansatz. 2004.

Band 30 Philip Jensch: Einkommensteuerreform oder Einkommensteuerersatz? Alternative Ansätze einer Reform der direkten Besteuerung unter besonderer Berücksichtigung steuerpraktischer Gesichtspunkte. 2004.

Kolibri 360 GmbH
Ferdinand-Jühlke-Straße 7
99095 Erfurt, Deutschland
produktsicherheit@kolibri360.de

Druck:
CPI Druckdienstleistungen GmbH
im Auftrag der
Kolibri 360 GmbH
Ferdinand-Jühlke-Str. 7
99095 Erfurt